C. MEHRHARDT-ILOW · KANADISCHES SCHERZO

C. MEHRHARDT-ILOW

Kanadisches Scherzo

Mit lachenden Jägeraugen
durch Prärie und Busch

Mit 56 Zeichnungen
von Karl Wagner

VERLAG PAUL PAREY · HAMBURG UND BERLIN

87.–96. Tausend

CIP-Kurztitelaufnahme der Deutschen Bibliothek

Mehrhardt-Ilow, Curt:
Kanadisches Scherzo: mit lachenden Jägeraugen durch Prärie und Busch / C. Mehrhardt-Ilow.
Mit 56 Zeichn. von Karl Wagner. - 87.-96. Tsd. - Hamburg; Berlin: Parey, 1982.
ISBN 3-490-19911-1

ISBN 3 490 19911 1

 Printed in Germany by Kleins Druck- und Verlagsanstalt GmbH., Lengerich (Westfalen). Einbandgestaltung: E. Fischer, Hamburg, unter Verwendung eines Photos von E. Engel.

Als ich noch ein unnützer Knabe war, widerfuhr meinen Eltern großes Heil. Ein bekannter Professor hatte ein epochales Geschichtswerk geschrieben und meiner Mutter mit eigenhändiger Widmung ein Exemplar zugesandt.

Blaß vor freudiger Erregung öffnete meine gute Mutter dieses Standardwerk und entdeckte überrascht nicht nur das Vorwort, sondern sogar ein „Vorwort zum Vorwort"!

Ernst betrachtete auch mein Vater dieses Vorwort zum Vorwort, schüttelte den Kopf, klappte das Werk endgültig wieder zu und erklärte: „Der Kerl ist verrückt!"

Dieses väterliche Kraftwort imponierte mir mächtig. Nur die Androhung fürchterlicher Prügel hielt mich ab, es bei jeder passenden und unpassenden Gelegenheit anzuwenden. Seitdem stehe ich dem „Vorwort" ablehnend gegenüber.

Wenn ich trotzdem meinem Buch über Kanada ein Vorwort mit auf den Weg gebe, so geschieht dies nur, um einige Aufklärung zu geben, warum und wieso ich nach Kanada kam.

Ein Besuch bei einem Farmerfreunde in Kanada brachte mich mitten in die Prärie, und Jagd- und Abenteuerlust trieben mich immer weiter nach Norden, bis ich schließlich mit zwei „Freunden", einem Deutschen, dem einzigartigen Albert the Kid, und einem Indianerhäuptling, dem geduldigen Nashen-Popee, bis zum Polarkreis vordrang, wo wir in einer Blockhütte überwinterten.

Was ich auf dieser ganzen sich über mehrere Jahre erstrekkenden Reise erlebte und wie wir zuletzt die sieben Monate lange Winternacht verbrachten, wie wir jagten, trappten und lebten und was wir uns gegenseitig erzählten, davon handelt dieses Buch.

INHALT

ERSTES KAPITEL

Ausgerechnet Kanada

„... und in einem Waldgebirge, das bequem von meiner Farm zu Pferde zu erreichen ist, findest Du alle diese Tiere, Hirsche, Bären, Elche und Wölfe, kurz, alles, was Du willst, und einige Seen, ganz in der Nähe, sind voll von Fischen, deren Hauptsächlichster der Hecht ist.

Meine liebe Frau und ich freuen uns furchtbar, nach so langer Einsamkeit in der Fremde Besuch aus der alten Heimat zu erhalten. Komme darum möglichst bald, alter Freund, das Gastzimmer ist bereit, Dich zu empfangen!"

So schrieb mir mein Freund und Studiengenosse Fred, mit dem ich einst gemeinsam Humpen und Schläger geschwungen hatte und der nach „ausgiebigstem" Studium mit den Resten seines Vermögens nach Kanada ausgewandert und Farmer geworden war. „Hill Farm", so nannte er stolz seine Klitsche. Da gab es kein Überlegen mehr! Das schien ja das Paradies für mich als leidenschaftlichen Naturfreund und Jäger.

Alle für einen mehrjährigen Auslandsurlaub nötigen Schritte wurden sofort eingeleitet, die Ausrüstung bestellt, die Berliner Junggesellenwohnung aufgelöst, und schon nach kurzer Zeit dampfte ich nach der heimatlichen Oberförsterei ab, um dort die endgültige Regelung und den Tag der Abreise zu erwarten.

Mit den Worten „Mutter, Mutter, ich fahre nach Kanada!" sprang ich in die Arme meiner mich am Bahnhof mit dem Wagen erwartenden Eltern, stolz wie ein Fasanenhahn und selig vor Freude.

Mütterchen erblaßte, denn sie war schon allerhand gewöhnt. „Allmächtiger!" sagte sie und sah mich entgeistert an.

„Wo willst Du hin?" fragte der alte Herr. „Bist Du verrückt?" „Ach", sagte Mutter, und ein Hoffnungsschimmer verklärte ihr liebes Gesicht, „er ulkt ja bloß mal wieder!"

Lange Erklärungen folgten, Mutter machte sich langsam mit dem Gedanken vertraut, und der alte Herr war bald Feuer und Flamme. „Du", meinte er, „in Kanada, da gibt's Hummer, Lachs und frischen Bärenschinken!" Dann ging er auf seine geliebten Kaliberfragen über und legte mir dringend ans Herz, ja nicht auf das „urige" kanadische Wild die modernen, kleinen Kaliber zu benutzen.

„Ranpirschen mußte, hinhalten mußte, na, das haste ja bei mir gelernt, das kannste ja, und dann mit Kaliber elf Millimeter, das haut hin, das gibt Schweiß, das reißt zusammen!"

Während wir beide, zu Hause angelangt, weiter in Jagd fachsimpelten, war Mutter geschäftig, die große Neuigkeit brieflich den lieben Tanten und Verwandten mitzuteilen.

Die Wirkung trat prompt ein. Tante Rosa, früher „Röschen" genannt, und Tante Berta rückten an, um sofort handelnd in das vermeintliche Drama einzugreifen.

Tante Rosa, Vorstandsdame im Frauenverein des nahen Landstädtchens, galt als die gewiegteste Kennerin des lasterhaften Treibens der Großstadt, seit sie mich einst in Berlin besucht und unter meinem Schutze auf ihren dringenden Wunsch in einem Tanzkabarett gewesen war, von wo sie dem entsetzten Frauenverein die schamlosen Worte „keß" und „Edelnutte" als Befähigungsnachweis mitgebracht hatte!

Sie fühlte sich seitdem als durchaus „kompetent", witterte überall Unsittlichkeit und stand das Laster vor, so daß ihr auf jeder Preissuche eine höchst lobende Erwähnung sicher gewesen wäre.

Ein Engel an Güte war dagegen Tante Berta, dafür glich sie aber körperlich einem „Pfannkuchen mit Beene", eine Bemerkung, die mir als Bengel einst fürchterliche Prügel einbrachte, ohne daß man auch nur den Versuch gemacht hätte, sie zu bestreiten oder gar zu widerlegen!

Tante Rosa sah mich ernst, aber sichtlich milde an. „Armer Junge", eröffnete sie das Verhör, „so ist es denn also auch Dir passiert! Sprich Dich ruhig aus, das erleichtert! Sieh mal, jetzt darfst Du den Kopf nicht hängen lassen, so etwas bringt doch auch heilige Pflichten. In der Großstadt kommt das ja so häufig vor, ich ahnte es ja schon lange, die Lokale, in denen Du, wie ich mit Schrecken sehen mußte, verkehrst, ließen es mich ja täglich erwarten!"

Ich verstand noch nicht, fragte daher erstaunt: „Sag mal, liebe Tante, was willst Du denn eigentlich?"

„Ach Junge", fuhr sie fort, „mir machst Du doch nichts vor, ich kenne das doch vom Sittlichkeitsverein her. Wenn die jungen Männer plötzlich fort, weit fort wollen, so ist immer mit einem Mädchen etwas passiert, ein Kindchen ..."

Weiter kam sie nicht, mein erst empörtes Erstaunen wich einem schallenden Gelächter, und – Tante Berta eilte herbei!

Sie war im Bilde. „Siehst Du, Rosa, ich wußte es ja gleich, dazu ist er viel zu schlau, nein, ich werde wohl recht haben, es sind Schulden, leichtsinnig war er ja immer, und", zu mir sich wendend, „um Schulden, lieber Junge, bloß des Geldes wegen, brauchst Du nicht fort. Sei unbesorgt, wir helfen Dir, wir, Deine Tanten. Wieviel ist es, sage es uns, wir haben ein heiliges Recht, alles zu wissen!"

Donnerwetter, durchfuhr es mich, sollte man nicht diese Gelegenheit -- aber nein, die Tanten meinten es ja gut!

„Nein, nein", sagte ich deshalb, „weder Kinder noch Schulden noch sonstwas! Jagen und fischen will ich, Farmen sehen, auf einer Ranch leben, wilde Pferde reiten, Cowboy spielen, kurz, raus aus der Kultur, rin in die Wildnis!"

Mit den Worten: „Wir werden ja sehen, wohin das führt", schritten sie untergefaßt zur Tür, machten dort nochmals halt, sahen mich traurig an, sagten: „Es ist schrecklich" und „Rauche wenigstens nicht so fürchterlich viel" und zogen schließlich seufzend ab.

Die Zeit verging, alles war in Ordnung, der Abschied kam.

Am nächsten Morgen stand ich frisch und in bester Stimmung am Pier in Cuxhaven, starrte auf den Riesendampfer, der weit draußen lag, und wartete auf den Tender, der uns hinüberfahren sollte.

Da es meine erste Seereise war, beobachtete ich alles mit der gespannten Aufmerksamkeit eines jungen Hundes.

Es gelang mir, mit dem ersten Tender zum Schiff zu kommen, und ich begab mich sofort zum Headsteward, wie der Herr Schiffsober nun mal überall heißt, um mir vor allem einen guten Tischplatz anweisen zu lassen.

Dann suchte ich nach meiner Kabine, um mein Handgepäck loszuwerden und mich zu überzeugen, ob auch alles stimmte.

Der Dampfer führte nur zweite Klasse, und ich hatte einen Platz in einer der früheren Luxuskabinen, die etwas teurer waren und mittschiffs lagen, ausgewählt.

Nach längeren Irrfahrten kam ich auch an die richtige Tür, trat ein und fand, mitten in der Kabine auf einer üblen Kiste sitzend, ein ziemlich verboten aussehendes Individuum, das eine kurze Pfeife mit fürchterlichem Kraut qualmte und mich, kräftig auf den Boden spuckend, mit den erfreulichen Worten begrüßte: „Ich hab' zweite Klass'!"

Meine Begeisterung für die Reise und die gewählte zweite Klasse ließ merklich nach bei der Vorstellung, mit diesem Untier die Kabine teilen zu müssen. Schnell verstaute ich meine Sachen und eilte hinaus, um die Einschiffung der Reisenden vom Promenadendeck aus zu beobachten.

Eine ältere Dame, die es nicht erwarten konnte und schon auf dem Tender seekrank geworden war, wurde gerade von zwei Stewards auf das Schiff mehr geschleift als geführt, da ihr Zustand eine weit nach vorn geneigte Körperlage dringend benötigte! Das waren ja liebliche Aussichten!

Ein eleganter Jüngling, kurz geschorenes Haar, mit der Haltung eines Leutnants aus den Fliegenden Blättern, der eben mit einer Helmschachtel und einem gelben Degenfutteral auf Deck eilte, bekam eine Ladung, die sich aus der Dame süßem Mund über Helmschachtel, Degenfutteral, Beinkleid und Lackstiefel ergoß.

Da ertönten hinter mir die Worte: „Gugge mal, Bauline, da goddzd schon eene!"

„Ach Garl, ich wolld, ich wär widder derheeme!"

Inzwischen war die Einschiffung beendet, und mit dem Liede: „Muß i denn, muß i denn zum Städtele hinaus" setzte sich der Dampfer in Bewegung.

Langsam, denn es gab so viel zu sehen, schlenderte ich durch das Schiff. Am Saloneingang, vor einem Spiegel, stand „Bauline" und sagte: „Garl, an meiner Libbe gommd enn gleener Biggel, ich gloobe, ich wärd seegrang!" „Heere", antwortete Karl, „da mußte een Gognag nähm!" „Gognag brennd mer auf der Libbe." „Nu, dän mußde äben kleich rundr gibben!"

Lachend suchte ich meine Kabine auf und fand dort, auf seiner üblen Kiste sitzend, die Stinkpfeife im Munde, das Individuum von vorhin, das fortgesetzt erklärte: „Ich hab' zweite Klass'!" Vor ihm stand, rot vor Wut, mit Helmschachtel und Degenfutteral, der Leutnant aus den „Fliegenden".

Es roch nach Waldmeistertabak, versengtem Filzschuh, den Resten der seekranken Dame und nach Apfelsine, die der dritte Gast, ein Amerikaner, auf seiner Koje sitzend, seelenruhig verzehrte.

Der Jüngling mit dem Degenfutteral hatte die gleiche Kabinen- und Bettnummer wie das Individuum, nur mit dem Unterschied, daß letzteres in die Kabinen auf dem Hinterdeck gehörte, dies aber nicht einsehen wollte. Dem Kerl gefiel es anscheinend großartig auf dem Schiff. „Ich hab' zweite Klass'!", dabei blieb er, das erledigte jede weitere Erörterung.

Das Degenfutteral tobte und drohte, das Individuum blieb bei seiner „zweite Klass'", der Amerikaner kaute und bemerkte nur ab und zu in größter Ruhe: "That's allright!"

„Aber meine Herren", sagte ich, „so kann es doch die ganze Reise nicht bleiben, fragen Sie doch im Büro an, außerdem stinkt es hier scheußlich", wobei ich mühsam das Bullauge öffnete.

In diesem Augenblick erschien unser Steward mit drei höchst verdächtig aussehenden, flachen Emaillegefäßen, die er zu meinem steigenden Befremden seitlich an drei Betten festmachte.

„Was soll das denn?“ fragte ich. „Spucknäpfe“, war die Antwort. Das konnte ja nett werden, arme „Bauline“.

Sein Gutes hatte der Besuch aber doch, denn der Steward nahm wenigstens das Individuum mit, trotz seiner „zweite Klass’“, und mit der Miene des Siegers begann das Degenfutteral, auf seinem endlich eroberten Bette sitzend, mit der Reinigung seiner Sachen.

„Schweinerei, so was“, erleichterte sich der schwer geprüfte junge Mann, doch der Vertreter Uncle Sam’s, der Deutsch verstand und glaubte, besagte Schweinerei stamme von dem Jüngling selber, bemerkte trocken: „Well, that’s nothing! Wenn im ‚Chännel‘ (Kanal) schlecht Wetter ist und alle splitten (spucken), that’s allright! Sie sollten einen Gin nehmen.“ Und als vorsichtiger Mann fügte er hinzu: „Well, ich glaube, ich nehme einen.“ Und damit verließ er uns.

Der Jüngling hatte inzwischen sein Großreinemachen vollendet. Er sah mich prüfend an, warf „hochachtungsvolle“ Blicke auf meine Schmisse, klemmte ein Einglas in das linke Auge, wölbte die Brust, schlug knallend die Absätze zusammen und näselte: „Gestatten, Karlheinz S., dolles Volk hier! Fahren auch nach New York? Äh!“

Ich nannte meinen Namen und erklärte, daß ich leider unterwegs aussteigen würde.

„Ha, ha“, lachte er, „sehr gut, Kamel gewesen. Dampfer fährt ja durch!“

Dann fing er an, wie das junge Leute so machen, mir seine ganzen Absichten zu erzählen, seine vorzügliche Stellung in New York, seine Anstellungspapiere, alles brachte er vor, als ob er sagen wollte: „Siehst du, solch ein wichtiger Mann bin ich!“

„Warum“, fragte ich ihn schließlich, „haben Sie denn eigentlich das Degenfutteral und die Helmschachtel mit?“

„Na“, antwortete er wichtig, „ohne das und ohne Überrock fährt man doch überhaupt nicht!“

Ich war überrascht! „Und was wollen Sie damit in Amerika?“

„Erlauben Sie“, gab er überlegen zurück, „man kann nie wissen!“

„Rindvieh!“ dachte ich und ging an Deck.

Die Freiheitsstatue in Sicht! Alles starrt, ein Witzbold ruft: „Sehen Sie sich die Statue der Freiheit ja gut an, meine Herrschaften, denn wenn Sie die hinter sich haben, ist es auch mit der Freiheit in Amerika vorbei!“

Der Hudson, Hoboken, New York, alles zieht wie im Traum vorüber. Endlich stehe ich, mit anderen armen Opfern, in meiner Fremdheit aber doch mutterseelenallein, auf den Kaianlagen der Hapag, in der Zollhalle, am Buchstaben M, so wie sich das gehört.

Mein einer Koffer ist da, aber der andere kommt nicht. Ich warte und warte, mein zweiter Koffer glänzt durch Abwesenheit!

Es vergeht eine Stunde, ich bekomme Hunger und Durst, Leute kommen und gehen, nur mein elender Koffer ist und bleibt verschwunden. Ich stehe schon fast allein, nur wenig Gepäck ist noch da, endlich erscheint er, der Heißersehnte!

Die typische Frage meiner Mutter, wenn ich von Jagd kam, „Wo warst du denn so lange?“ fiel mir ein, und ich sehnte mich in diesem Augenblick, die drohende Zollrevision vor Augen, mit aller Macht nach Haus, denn mir graute davor, hungrig und durstig, wie ich war, ohne Kenntnis der Sprache, meine Koffer auszupacken, wie es andere hatten tun müssen.

Dabei hatte ich kaum etwas Zollpflichtiges, fuhr ja auch laut Fahrschein nach Kanada durch, doch wie, um alles in der Welt, sollte ich dort auf dem Kai alles wieder in die beiden Ungetüme hineinkriegen?

Im Geiste bildete ich die fürchterlichsten englischen Sätze, um den Beamten energisch zu erklären, daß ich mit meinem Gepäck nach Kanada durchfahren würde, als plötzlich die Gefürchteten erschienen.

Ich öffnete meine Koffer, der eine der Zöllner griff, heftig kauend, mit einem Arm tief hinein und fing an, auf dem Boden des Koffers herumzusuchen, er schien einen sechsten Sinn, den Tastsinn, besonders ausgebildet zu haben, er fühlte gewissermaßen, was zollpflichtig war und was nicht.

Bis jetzt ging alles gut. Da, seine Augen begannen zu leuchten, sein Arm verschwand bis zur Schulter in des Koffers Tiefe, er krabbelte mit Macht und zog schließlich mit dem Ausdruck höchster Spannung, sogar das Kauen stellte er dabei ein, den – grünen Porzellankopf nebst Ausguß meiner kurzen Jagdpfeife heraus!

Mißtrauisch besah er sich den verdächtigen Gegenstand von allen Seiten.

“Well, what to hell do you have here?” (Was zum Teufel haben Sie denn hier?) fragte er mehr erstaunt und wißbegierig als böse.

Um einen so ungewöhnlichen Vorfall des täglichen Lebens aufzuklären, war mein Schulenglisch leider durchaus unzureichend! Ich konnte wohl, wie ich das in der Schule gelernt, einfache Sätze bilden, z. B.: “Did aunt Mary come to see you, dear friend?” (Hat Euch Tante Marie besucht, lieber Freund?), fürchtete aber, mit einer derartigen Antwort berechtigtes Aufsehen zu erregen.

Ich begnügte mich daher, mit dem Finger auf den Pfeifenkopf deutend, schüchtern zu fragen: "That duty? That duty?", wobei ich mich bemühte, meiner Stimme einen möglichst verbindlichen Klang zu geben.

Der Zöllner sah mich, die vorspringenden Kiefer in mächtiger Kaubewegung, forschend an, spuckte mit unfehlbarer Sicherheit in einen mindestens vier Meter entfernten Spucknapf und rief: "Damned monkey-business, hallo John!" (Elende Affenwirtschaft!)

John kam, und auch er drehte das geheimnisvolle grüne Ding nach allen Seiten. Es war für die hochwohllöblichen U. S. custom officers ein schwerer, ein sehr schwerer Fall!

Da erschien, als Retter in der Not, ein zwar kleiner, aber höchst würdevoll blickender Mann, der laut rief: „Mister Mehrhardt, Mister Mehrhardt!" „Hier!", antwortete ich, freudig überrascht, daß mich hier in diesem Affentheater jemand kannte.

Das Männchen, das im Hutband einen Zettel trug mit der Aufschrift „Hapag", trat heran.

„Wie geht es Ihnen, Mister Mehrhardt?"

„Danke, ich habe Zollschwierigkeiten."

Das Männchen sah voll Verachtung auf die Zollbeamten, steigerte seine würdevolle Haltung noch um ein beträchtliches und sprach: "Well, gents, das gehört zu einer deutschen Tabakpfeife!"

Die Beamten rissen vor Erstaunen den Mund auf, wobei dem einen ein Stückchen weißes Zeugs entfiel, das auf meinem Kofferdeckel landete und dort sofort kleben blieb.

Was war das nun wieder? Ich staunte!

Doch schnell packte der Besitzer das anscheinend kostbare Stückchen und schob es wieder in den Mund, der sofort zu kauen begann.

"Ah, I see", sagte er, sichtlich befriedigt, „ich denke, es ist alles in Ordnung!"

Er beugte sich blitzschnell vor, klebte mir einen kleinen Zollzettel an mein umgehängtes Doppelglas, sagte "allright", und ich stand allein mit dem Männchen. Die Zollrevision war überstanden!

Das Männchen hatte die Aufgabe, mich in New York zu empfangen und nach Winnipeg, Kanada, so weit ging mein Fahrschein, weiterzuleiten. Er erledigte das sehr einfach!

Ein Wink mit der Hand, und ein dicker Kerl eilte herbei, mit dem das Männchen, noch so schnell im Fortgehen, einige Worte wechselte.

Der Dicke kam auf mich zu und sagte: „Du leben wohl! Das Koffer fixt das Mister. Du mir geben ein Dollar 'and a half' (und ein halber) und ich bringen dir at station."

Ich verstand, zahlte einen Dollar “and a half”, und der Dicke brachte mich richtig zum Bahnhof, von wo ich nach Winnipeg weiterfuhr.

Halb betäubt von meiner Unselbständigkeit saß ich im Schnellzug nach Chikago, es ging hier alles so „selbstverständlich“!

Die Einrichtung der Wagen war großartig! Die Sitze, einzelne Polsterstühle, erinnerten mich lebhaft an die unangenehme Menschenklasse der Zahnärzte, man konnte mit dem Sitz machen, was man wollte, jeder Teil war beweglich, man saß mehr als bequem.

In Chikago stieg ich um, ebenso in St. Paul, alles ging glatt, und am nächsten Morgen fuhren wir bei Emerson über die kanadische Grenze.

Kurz danach kam ein Beamter auf mich zu, sah meinen Fahrschein und Paß nach, stellte sich dann mit gezücktem Blei und Notizblock vor mich hin und fragte:

“Have you ever been in ‘Cänädä’ before?”

„Aha, das erste Interview“, dachte ich. Auf derartiges war ich vorbereitet, die Antwort auf derartige Fragen an der Grenze hatte ich schon seit Deutschland bereit, und ich sagte mit Nachdruck: “I shall see my friend Fred S., Hill Farm!” (Ich will meinen Freund Fred S., Hügel Farm, besuchen.)

“O, I see”, sagte der Beamte – es war der Auswanderungsbeamte –, “but have you ever been in Canada before?” (Sind Sie schon einmal in Kanada gewesen?)

Ich verstand natürlich nicht, wollte ihm das sagen, verwechselte in der Erregung die Worte und antwortete: “I do not remember!” (Ich kann mich nicht erinnern!)

Er sah mich erstaunt an, schüttelte sein langes, schmales Wilsonhaupt und zog ab mit den Worten: “Crazy German!” (Verrückter Deutscher.)

Sein Glück, daß ich damals nicht wußte, was das heißt. So war ich froh, daß er ging, doch da kam er schon wieder an, ich gefiel ihm anscheinend!

Es entspann sich ungefähr folgendes interessante Zwiegespräch:

“German? Eh?” (Deutscher, ja?)

“Yes!” antwortete ich mit Nachdruck.

“Berlin?”

“Yes!”

“Köln?”

“No!”

“O, I know it!”

Strahlend vor Freude über seine Kenntnisse Deutschlands fuhr er fort: “Well, too bad, it is a beautiful town! How do you like Canada?” (Ach,

das ist zu schade, es ist eine prächtige Stadt! Wie gefällt Ihnen Kanada?)

Wir waren gerade zehn Minuten über die Grenze, ich antwortete aber doch mit dem Wort, das immer paßt: "Allright!"

"They are raising healthy kids here, hallo!", und damit ging er lachend weiter. (Sie ziehen hier gesunde Kinder auf.)

Ich grübelte gerade darüber nach, was das wohl sei, "raising healthy kids", da kam er schon wieder an, winkte und rief: „Hallo, Winnipeg!"

Ich war vorläufig am Ziel!

Der freundliche Beamte schien seine Vorliebe für Köln auf mich zu übertragen, er brachte mich zur Zollstation und verhandelte mit den Zöllnern, die mit lachenden Gesichtern meine beiden Koffer anbrachten und sofort abfertigten!

Vor allem studierte ich jetzt die Fahrpläne. Ich kalkulierte, daß ein Telegramm zur Hill Farm drei Tage brauchen würde, nahm zur Sicherheit das Doppelte und gab außerdem noch Freund Fred drei Tage zu, sandte also ein Telegramm, das meine Ankunft auf der Station K. in acht Tagen ankündigte.

Einige Tage bummelte ich notgedrungen in Winnipeg herum. Es war eine neue, saubere Stadt, großzügig gebaut, an Platz war ja kein Mangel! Aber ich langweilte mich fürchterlich, Stadt hatte ich in Berlin gerade genug gehabt, Wildnis, das wollte ich jetzt, und bald, schneller als erwartet, sollte ich sie mit allen ihren Reizen zur Genüge kennenlernen!

Nach glücklicher Abfahrt von Winnipeg war es mit der „Stadt" vorbei! Es gab nur noch Stationen, endlos, zehn, zwanzig, hundert, es nahm kein Ende! Und immer dasselbe Bild!

Stationsgebäude aus Holz, Häuser und Bürgersteige aus Holz, letztere hoch gebaut, damit man bei Regen nicht im Schlamm ertrank! Riesige Getreideelevatoren, ein Hotel aus Holz, ein Leihstall aus Holz und – einige Bengels, die das sicher sehr schöne, mir aber stets unklar gebliebene Nationalspiel, Baseball, spielten.

Ein Kerl mit einem keulenartigen Knüppel und einer mit einem wahren Monstrum von Handschuh waren immer dabei und schienen besonders wichtige Personen zu sein.

Wir fuhren durch endlose Wälder, meist Pappel, oft auch durch Sumpf mit Tannen und Lärchen. Schließlich wurde der Wald spärlicher, es kamen immer mehr offene Grasflächen dazwischen, bis endlich die Prärie erreicht war.

Rechts ein Drahtzaun, links ein Drahtzaun, dahinter Acker oder Steppe, je nach der Besiedelung. Ab und zu eine Holzbude, oft nur drei mal vier Meter groß – das „Farmhaus"!

Ab und zu prächtiges Vieh und herrliche Pferde, aber meist nichts!

Das war also die vielgerühmte Prärie!

Wo war das Wild, wo waren die Büffel?

So traurig und öde es auch draußen war, so interessant war es im Zuge selbst.

Die Wagen waren meist gut besetzt. Durch den ganzen Zug lief ein breiter Mittelweg, in dem ein fortwährendes Kommen und Gehen herrschte.

Ein Teil der Reisenden, das hatte ich bald heraus, wallfahrte fortgesetzt zu einem Apparat am Kopfende des Wagens, wo man sich Eiswasser holen konnte. Das tat gut bei der trockenen Hitze, die Blut und Gaumen ausdörrte!

Ein anderer Teil blieb meist längere Zeit fort, um dann, mehr oder weniger nach Alkohol duftend, etwas unsicher zurückzukehren. Ich schlängelte mich auch in dieser Richtung weiter und fand einen großartigen Restaurationswagen mit bequemen, drehbaren Ledersesseln.

„Hier bleibst du", sagte ich mir und ließ mich sanft in einen Sessel fallen.

Sofort erschien ein schwarzes Untier, grinste erschrecklich und quäkte: "Whisky, Mister? Black and White, King George, Irish, Scotch?"

Ich nahm mich zusammen und bestellte ernst, aber voll heimlicher Sorge das, was auf einem Plakat an der Wand empfohlen wurde – "Gin Flip, please".

"Gin Flip, allright", quäkte der Neger und sauste ab.

Auf dem Plakat stand noch "good for the kidneys" (gut für die Nieren), well, was das auch war, ich war entschlossen, es zu trinken, ich war auf alles gefaßt!

Lange Zeit zur Sammlung blieb mir indes nicht, der Flip kam schneller, als erwartet, und – schmeckte wie Mottenpulver, es war ganz gemeiner Genever, ein mir höchst unangenehmes Getränk!

Da kam ein Kerl oder „gentleman“, wie man hier sagt, und trank Bier! Sofort ließ ich auch Bier kommen, Calgarybier, es war vorzüglich!

Der Zug fuhr und fuhr, und schon merkte man an der Umgebung wie auch an den neu hinzukommenden Fahrgästen die nahende Wildnis. „Zurück zur Natur“ wurde immer mehr Devise!

So saß da ein Mensch, dessen behaarte Brust das fehlende Hemd nur mangelhaft ersetzen konnte, während sämtliche Frauen, soweit sie mit Säuglingen gesegnet waren – und das schien die Regel zu sein –, das Kind während der ganzen Fahrt an der Brust liegen hatten.

Anscheinend kannte man dort schon den späteren Karnevalsschlager aus Köln am Rhein: „Dä Klein, dä muß ene Nüggel han!“

Wenn dann Mutter und Kind einschliefen und die Mutter im Schlaf die Armee sinken ließ, so schadete das nichts, die Hauptsache blieb, daß der „Nüggel“ beim Erwachen gleich wieder mundgerecht da war.

Und wieder mußte ich denken: „Merkwürdige Sitten und Gebräuche fremder Völkerstämme!“

Was die guten Leute wohl von mir dachten? Ich hatte einen hellgrauen, langen Gehrock, auf Taille natürlich, mit grauvioletten Aufschlägen als besonders geeignete Reisebekleidung ausgewählt.

Heute weiß ich, daß ich damit auf die dortige Bevölkerung urkomisch gewirkt haben muß, aber keiner verzog eine Miene, nur einige Kinder brüllten fürchterlich, wenn der große graue Mann näher kam, und die Mütter glotzten mich dann vorwurfsvoll an.

Endlich nahm auch diese Fahrt ein Ende! Mein Ziel, die „western town“ K., vierundsechzig Einwohner, nahte, und meine Spannung erreichte den Gipfelpunkt! Hier sollte mein Freund mich mit dem Wagen erwarten, zur Dreißig-Meilen-Fahrt nach seiner Farm!

Der Zug hielt, ich stieg aus, – allein!

Ich sah, wie meine Koffer ausgeladen wurden, der Zug fuhr ab, kein Fred war zu sehen!

Ich stellte mich vor die Holzbude, die sich stolz „Station“ nannte, rechts ein Koffer, links ein Koffer, dazwischen mein Handgepäck, im grauen Gehrock mit grauvioletten Aufschlägen, rauchte und wartete.

Irgend etwas mußte doch jetzt geschehen!

Aber niemand kam, weder Fred, noch Beamte, noch sonst wer! Man kümmerte sich von seiten der Bahn weder um mich noch um mein Gepäck. Ich war „angelangt“, das war aber auch alles.

So stand ich eine halbe Stunde, wartete, rauchte, überlegte und stellte dabei fest, daß ich rings von Stacheldrahtzäunen umgeben war.

Ich dachte an Karl May und war gerade dabei, meine Pistole aus der Tasche zu nehmen, um durch Abgabe einiger „Signalschüsse" irgendeinen Menschen heranzulocken, denn die Sache wurde mir denn doch zu dumm, da schimmerte es knallrot durch die Zäune, ein Vertreter der berühmtesten Polizei der Welt, der „Royal Northwest Mounted Police" (der kgl. nordwestlichen berittenen Polizei), in der kleidsamen, leuchtend roten Uniform, erschien – Sergeant Lee!

Er lachte mich an, mit blitzenden Zähnen im gebräunten Sportgesicht, und fragte: "Hallo, Sir, lost?" (Hallo, mein Herr, verlaufen?)

Ich betete sofort meinen Vers: "I shall see my friend Fred S., Hill Farm!"

Da strahlte sein Gesicht vor Freude, und er schüttelte mir die Hand. "I'm so glad, to see you, Mr. Mehrhardt."

Sergeant Lee, dem der dortige Bezirk unterstand, kannte nicht nur meinen Freund sehr gut, sondern er wußte sogar, daß mein Besuch bevorstand. Die Freude war also groß.

Lee sprach ein reines Englisch, so daß ich ihn einigermaßen verstand, und sein herzliches Wesen erleichterte mir das Englischsprechen erheblich.

Ich erfuhr, daß ich im Hotel übernachten könnte, daß aber jeder hier im Lande sein Gepäck selber transportieren müßte. Ich könnte alles ruhig stehen und liegen lassen, nichts käme hier fort!

So zogen wir denn gemeinsam los, borgten uns eine Handkarre und brachten mein Gepäck mit vereinten Kräften zum Hotel.

Dort gab es zwei Zimmer und sechs Betten! Erst nach langem Verhandeln gelang es, dem Wirt klar zu machen, daß ich weder zu zweit in einem Bett schlafen, noch ein Zimmer mit einem Fremden teilen, sondern ein Zimmer allein haben wollte.

Der Wirt war starr! So etwas war noch nicht dagewesen!

"Well", fragte er, "old countryman, German?" Ich nickte und erhielt schließlich das Gewünschte!

Aber wo blieb Fred? Ich erfuhr von Lee, daß das Telegramm nur bis zu der Poststation ging, wo Fred seine Post selber abholte. Dort mußte es schon lange liegen! Lee wollte daher sofort hinausreiten, um Fred zu benachrichtigen.

Einen Tag später konnte mein Freund erst hier sein, mich zu holen, ich hatte also Zeit genug, mich in der western town umzusehen.

Mit Interesse stellte ich fest, daß es schon beinahe nach Indianern roch, und ich rekapitulierte im Geiste Karl May, um mich gegebenenfalls auch richtig zu verhalten. Ich ging den Brettersteig entlang, durch den Ort, zweihundertachtzehn Schritt hin und zweihundertachtzehn zurück.

Dabei entdeckte ich ein chinesisches Restaurant und beschloß, da zu essen. Es war ein kleiner, durch einen Vorhang abgeteilter Raum. Hinter diesem Vorhang kroch der Sohn des Himmlischen Reiches hervor, grinste mich an und sagte: "Wuinnies?"

Ich glaubte, es sei ein chinesischer Gruß und rief daher fröhlich „Hallo!" Woher konnte ich wissen, daß es „Wiener Würstchen" heißen sollte! Hatte er mich doch sofort als Deutschen erkannt!

"Wuinnies, Wuinnies?" wiederholte er fragend.

Ich glotzte und griente nun meinerseits auch und suchte nach der Speisekarte.

Der Chinamann hatte aber keine und rief fragend: "Porterhousesteak?" Ich nickte energisch, das kannte ich, das war gut.

"Porterhousesteak, allright", antwortete er, sichtlich befriedigt, und verschwand hinter dem geheimnisvollen Vorhang.

Das Steak kam und schmeckte ausgezeichnet. Gesättigt und bester Laune bummelte ich nun mal die Hinterseite der Häuser ab oder wollte dies wenigstens tun, da sah ich – Winnetou, den roten gentleman – wahrhaftig, da war ein Indianer!

Armer Karl May! Wie sah dieser kanadische Winnetou aus!

Ein Lump in einem Bündel Lumpen, der mit einem Sack und gebogenem Draht die Abfalleimer hinter den Häusern nach eßbaren Dingen durchsuchte.

Ich glaube, der Kerl hatte so eine Art "second hand grocery-store" (Alt-Kolonialwarenladen), denn der Sack war fast voll von allerhand Abfällen.

Und die nackten Füße! Ich hatte mal was von einem Stamm der Schwarzfußindianer gehört. Augenscheinlich hatte ich einen Krieger dieses Stammes vor mir!

Da, das war denn doch die Höhe! Er bückte sich tiefer über den Abfalleimer, aus dem er sich und seinen Stamm gerade verproviantierte, und ich sah – Old Shatterhand möge mir verzeihen – 4, in Worten vier, Hosen, aber keinen – Boden!

Der äußerste, erste Hosenboden war weg, fort, verschwunden, abgesessen, was weiß ich, der zweite dreiviertel, der dritte halb, und der vierte ließ gerade noch durch zwei handtellergroße Löcher die rotbraunen „Hinterbacken“ seines Stammes sehen! Meine Enttäuschung war gewaltig!

Statt des blanken Tomahawks den blanken – nein, die Feder sträubt sich!

Eins war mir jedenfalls klar, nie und nimmer hätte ich mit dieser Rothaut die Friedenspfeife geraucht! Mir grauste davor, daß der rote Krieger in dieser gebückten Stellung das Kriegsgeheul seines Stammes ausstoßen könnte, und ich ergriff die Flucht!

Als vorsichtiger Mann zog ich mich gleich bis in die Halle des Hotels zurück, die dem roten Krieger verboten war, einen sehr großen Raum, rings von Sesseln und Spucknäpfen, in lieblicher Abwechslung, eingefaßt.

Diese Spucknäpfe ähnelten, vom Erhabenen bis zum Lächerlichen ist ja bekanntlich nur ein Schritt, verzweifelt einem modernen Sektkühler, bis auf den Inhalt natürlich.

In den Stühlen saßen vier „gentlemen“, die mich lebhaft an regelrechte Strolche erinnerten, nur daß sie absolut selbstbewußt dort saßen. Keiner sprach ein Wort.

Durch die offene Flügeltür konnte man in die Bar sehen, hinter deren Schanktisch Jack, der Bartender, hantierte, der mir sofort fröhlich zuwinkte.

„Hallo, Jack“, rief ich, als mir ein Bild an der Wand des Barraums ins Auge fiel, das anscheinend einen Indianerkopf vorstellte. Das mußte ich sehen, stand daher auf und ging hinüber, um es genauer zu betrachten.

Da hörte ich ein Scharren von schweren Stiefeln, die Strolche erhoben sich wie ein Mann, folgten mir gemächlich nach und stellten sich vor dem Schanktisch auf.

Ich achtete absichtlich nicht darauf, außerdem interessierte mich auch das Bild, „Küster's last fight“, wohl der berühmteste Indianerkampf der Geschichte!

Ja, es war unbedingt Küsters letzter Kampf, denn er lebte nur noch allein von allen Weißen und war von einigen hundert brüllenden Wilden umgeben! Seine Gefährten lagen überall herum, teils bereits frisiert, wollte sagen skalpiert, teils wurde ihnen gerade von einem wütenden Krieger der Sklap geraubt! Man konnte deutlich sehen, daß nicht etwa die ganze Kopfhaut, sondern nur ein etwa eigroßer Lappen mit der begehrten Skalplocke abgeledert wurde. Ein feines Bild, ein sehr feines Bild!

Ich dachte gerade darüber nach, was wohl solch geübter Krieger getan hätte, wenn ihm eine echte, moderne Glatze unter die Finger gekommen wäre, als ein allgemeines, unwilliges Scharren der Stiefel mich in die Wirklichkeit zurückversetzte.

Da standen meine Hobos noch vor dem Schanktisch und sahen sich mißbilligend nach mir um.

Was wollten die bloß? Angst hatte ich ja vor dem Gesindel nicht, eher Abscheu!

So ging ich denn wieder in die Halle, und siehe, gemessenen Schrittes folgte mir meine „Leibwache“ nach, um seufzend, mit enttäuschten Mienen, wieder Platz zu nehmen.

Das war ja beinahe unheimlich! Ich wollte gerade verduften, als ein Mann, anscheinend ein Farmer, eintrat und zur Bar durchging.

Sofort dasselbe Bild! Die Kerle folgten und bauten sich vor dem Schanktisch auf.

Und siehe, da kam des Rätsels Lösung! Der Farmer rief: “Hallo boys!”, und jeder der Strolche erhielt sein Glas Whisky, seinen „drink“.

So ist es im wilden Westen: Wer Geld hat, gibt aus, an alle. Wer keins hat, wartet, bis jemand mit Geld kommt, denn Durst hat man dort immer! Mit rührender Ausdauer sitzen die Leute und warten auf den „drink“, niemand stört sie, und wenn sie tagelang herumsitzen.

Wer aber betrunken, „drunk“ ist, wird sofort hinausgeworfen. Und das ist bei den meisten dieser Gents das Ende.

Und wieder mußte ich denken: „Merkwürdige Sitten und Gebräuche fremder Völkerschaften!“

Der Abend kam, und ich ging auf mein Zimmer.

Das Bett war nicht frisch bezogen.

Nachdem ich mir meine Ruhestätte einige Zeit mißtrauisch betrachtet hatte, beschloß ich, in meine Reisedecke gewickelt, auf der bloßen Matratze zu schlafen.

Ich entfernte das Oberbett, eine mit einem Laken belegte Wolldecke, und zog das andere Laken mit einem Ruck herab.

Da bemerkte ich schaudernd, daß ich doch nicht allein im Zimmer war!

Meine „Bettgenossen“, wohl durch den plötzlichen Ruck erschreckt, eilten, über die Störung mit Recht empört, kribbelnd und wibbelnd über die Matratze! Es war mir, als ob jedes einzelne Insekt blutgierig rief: „Wo ist der Kerl, wo ist der Kerl!“

Sprachlos stand ich und starrte voll Entsetzen auf dieses Massenaufgebot!

Vor langen Jahren mietete ich in Berlin in der Invalidenstraße ein möbliertes Zimmer als garantiert insektenfrei. Schon am zweiten Tage mußte ich meiner Wirtin mitteilen, daß ich das Zimmer sofort verlassen würde, da Wanzen da wären.

Die gute Frau war empört! „Wat, dat nennen Sie Wanzen, ab und zu mal eene? Det sag ick Ihnen, wenn ick nich so hinterher jewesen wäre, denn hätten se Ihnen schonst in de erste Nacht wechjedragen!“

Ich hielt das damals für Übertreibung, ja sogar für unmöglich. Hier wurde dies Unmögliche Erlebnis!

Um nicht „wechjedragen“ zu werden, setzte ich mich auf einen Stuhl ans offene Fenster, fortgesetzt summte es in meinen Ohren kritze kratze, kritze kratze, es knisterte und raschelte, kurz, Küsters berühmter letzter Kampf war ein harmloses Schäferspiel gegen diese meine erste Nacht im wilden Westen!

Erst gegen Morgen, als die aufgehende Sonne die Gefahr vermindert hatte, schlief ich ein. Wilde Träume umgaukelten mich!

Ich war an „Küsters letztem Kampf“ beteiligt und wurde trotz meines Protestes zweimal skalpiert, dann war ich wieder Student und hatte mit dem Schläger meine Farben gegen ganze Rotten von Angreifern zu verteidigen!

Die Klinge surrte und schwirrte, schon drohte ich zu unterliegen, da ertönte hell und scharf unser Pfiff, der mir das Nahen der Freunde ankündigte. Da pfiff es wieder, und ich erwachte.

Vor dem Fenster stand Fred und pfiff den alten, lieben Bundespfiff! Er war sofort aufgebrochen und die Nacht durchgefahren! Lieber Kerl!

Freund Fred, immer noch der alte, sorglose Optimist von früher, war in seiner Freude, ohne zu überlegen, am Abend, sobald er mit der Arbeit fertig war, losgefahren, und zwar mit dem Buggy und seinen beiden schnellsten Bronchos.

Bronchos, auch Brankos genannt, sind wild aufgewachsene, erst später eingefangene Pferde. Ein Buggy ist ein Wagen mit vier großen, ganz schmalen Rädern, wie man sie nur auf der steinharten Grasnarbe der Prärie gebrauchen kann, und einem Sitz, in dem gerade zwei Personen Platz haben, wenn sie jeder das äußere Bein heraushängen lassen. Ein Buggy ist der leichteste und schnellste, aber auch der kleinste Wagen der Welt.

An sich interessierte mich ja dieses „Buggy“ gewaltig, ich fragte aber doch besorgt, wie wir denn mein Gepäck transportieren wollten.

Fred hatte in seiner Freude gar nicht daran gedacht, daß ich Gepäck hatte! Strahlend antwortete er: “That’s allright!”

Damit schien in diesem gesegneten Lande alles erledigt und geregelt zu sein!

Er borgte sich einfach aus dem Leihstall, in dem die Ansiedler ihre Pferde einstellten, einen „Demokrat“ und ließ das niedliche Buggy als Pfand dort.

Solch „Demokrat“ ist eine Art Wagen, ähnlich wie das Buggy, aber länger, mit einem Wagenkasten dran, in dem man Gepäck und ähnliche Dinge unterbringen kann. Aber auch dieser Wagen ist sehr leicht und für schwere Sachen, wie ich zu meinem Leidwesen erfahren sollte, nicht geeignet. Immerhin war es vorläufig mal wieder “allright”!

Nachdem wir ausgiebig gefrühstückt und uns ausgeruht hatten, ging die Reise, dreißig Meilen durch die meist noch wilde Prärie, mit dem Demokrat los, vorne wir beiden, hinten das Gepäck!

Zuerst war noch eine Art Weg und alles ging gut, aber nach zweistündiger Fahrt begann die durch Karl May sattsam bekannte „rolling prärie“ mit allen ihren Tücken!

Es ging rauf und runter, mal war das rechte Rad oben, mal das linke. Der Demokrat seufzte, er schwankte auch hier, wie im politischen Leben, hin und her.

Die Prärie rollte, der Demokrat rollte mit, die Koffer konnten das nicht länger mit ansehen, auch sie wollten rollen, so daß wir absteigen und sie, rechts und links nebenher gehend, bei jeder Neigung stützen mußten!

Natürlich waren die großen, vollgepackten Koffer für den leichten Wagen zu schwer, aber der Optimist Fred meinte “That’s allright!”, und damit war alles in Ordnung!

So marschierten wir denn Meile auf Meile, einer rechts, einer links, und hielten die Koffer mit den Armen fest, wenn der Wagen kippen wollte! Die Sonne brannte, bald war ich in Schweiß gebadet, meine Knie zitterten, ich fing an zu taumeln, da, der Demokrat neigte sich, genau wie in der Politik, mal wieder stark nach links, ich konnte nicht schnell genug zufassen, und krach, der Wagen stürzte um!

Das war ja eine heitere Gegend!

„Macht nichts“, meinte Fred, kam herum, stemmte die Schulter unter und hob den Wagen samt Gepäck wieder auf.

Ich staunte! Er schien die Anstrengung absolut nicht zu empfinden, sondern sang in fröhlicher Laune Studentenlieder, was auch nicht gerade ein Genuß zu nennen war, da er zu den rein quantitativen Sängern gehörte.

Und so ging es weiter, Meile für Meile, rauf und runter, mal das rechte Rad oben, mal das linke, über die steinharte Grasnarbe, glatt wie Parkett, in der trockenen kanadischen Sommerhitze, kein Baum, kein

Strauch, immer weiter, Schritt für Schritt, bis wir endlich an einige Wasserlöcher kamen, wo wir haltmachten, die Pferde tränkten und ausruhten.

Von da ab wurde es besser, es gab ab und zu etwas Gebüsch, das Rollen hörte auf, und es kam sogar wieder eine Art Weg, da eine Siedlung in der Nähe lag.

Endlich, es war schon dunkel, erreichten wir die Farm, Fred in seligster Laune, ich mehr tot als lebendig!

Fred hatte gut lachen! Er trug derbe Schuhe, bequeme, weite Breeches, und – seinen ehemaligen Smoking, den er für derartige „feierliche“ Einholungen für besonders geeignet hielt, dazu ein Hemd mit offenem Kragen!

Ich dagegen, well – – – sei dem, wie ihm wolle, jedenfalls mache ich Anspruch darauf, bis heute der einzige Mensch dieser Erde zu sein, der an einem glühend heißen Augusttage dreißig Meilen durch die „rolling prärie“ gewandert ist, in Stehkragen, grauem Gehrock mit grauvioletten Aufschlägen nebst eleganten Lackschuhen, und dabei mit erhobenem Arm zwei Riesenkoffer gestützt hat, damit der unselige Demokrat nicht umkippte!

Im Farmhaus empfingen mich die Frau meines Freundes und einige Kinder, deren Zahl ich bei der Beleuchtung durch eine kleine Petroleumlampe ohne Glocke nicht genau feststellen konnte.

Dann setzte ich mich langsam, ganz langsam auf das Sofa, um glücklicherweise noch im letzten Augenblick von der aufschreienden Hausfrau wieder hochgerissen zu werden: Um ein Haar hätte ich mich auf das Baby gesetzt, das in der Sofaecke, in eine Decke gewickelt, schlief.

Endlich saß ich aber doch und streckte langsam, ganz langsam die Beine, mein Bedürfnis nach „Wildnis“ war schon am ersten Tage reichlich gedeckt!

ZWEITES KAPITEL

Hill Farm

Freds Haus lag auf einem Hügel, mit weiter Fernsicht. In der Nähe waren einige sloughs, kleinere, mit Gebüsch umgebene Seen und Teiche, die nach dem Waldgebirge zu zahlreicher wurden.

Das Haus, aus doppelten Brettern, bestand aus einem großen unteren Raum und zwei Zimmern im ersten Stock. Nur in dem großen Raum unten war ein Heizofen, außerdem stand dort der große Küchenherd.

An der einen Seite war ein Anbau, der als eine Art Vorratsraum diente, wo sich auch die typische kanadische Waschgelegenheit befand, bestehend aus einer alten Kiste, einer blechernen Waschschüssel, einem Handtuch, einem Stück Seife in einer an die Wand genagelten alten Konservendose, einem Bleikamm, der an einer Kette hing, und einem Spiegel!

Im Zimmer stand außer dem Tisch, mehreren Stühlen, einer riesigen Kommode und einigen Koffern das Prachtstück, ein Sofa!

In dem großen Raum oben schlief Fred mit seiner Familie, Frau und vier kleinen Mädchen. Das kleine Zimmer daneben erhielt ich, möbliert mit einem riesigen, zweischläfrigen Bett, fast so groß wie der ganze Raum.

Die Fenster waren, wie überall in Kanada, Schiebefenster, deren untere Hälfte nach oben hochgeschoben wurde, wenn man das Fenster öffnen wollte.

An einer Seite war das Renommierfenster, ein Riesending mit bunten Scheiben, das von der Schneidemühle, die derartige Farmhäuser fix und fertig herstellte, als Gratisbeilage mitgeliefert und von den Farmern hoch geschätzt wird!

Dieses Renommierfenster sollte sich gelegentlich eines Schneesturmes höchst unangenehm bemerkbar machen und soll deshalb hier mit erwähnt werden.

Wollte man ein Fenster nun zum Teil öffnen, so mußte die untere Hälfte hochgeschoben und ein Gegenstand daruntergestellt werden. Gewöhnlich benutzte man auf der Farm dazu die – Kleiderbürste, da sie doch kaum anderweitig Verwendung fand!

Alle Familienmitglieder, wie auch gelegentlich Gäste, wuschen sich im Vorraum in der Blechschüssel und trockneten sich an dem einen Handtuch ab!

Wasser wurde in einer auf einem primitiven Schlittengestell stehenden Tonne aus dem ungefähr zweihundert Meter entfernten Ziehbrunnen herangefahren. Aus dieser Tonne, in der eine Kelle lag, schöpfte jeder nach Bedarf das köstliche Naß!

Um das Haus herum zog sich ein gepflügter Streifen Land als Schutz gegen Präriefeuer, in dem aber bei dem sorglosen Fred Gerste wuchs, da er, als er gerade seine Sämaschine, in der noch Gerste war, für Weizen brauchte, über diesen Feuerschutzstreifen fuhr, damit nichts umkomme!

Die landwirtschaftlichen Maschinen, zum Teil wertvolle Geräte, standen oder lagen überall im Freien herum, rostig und verdreckt, ebenso die Wagen und Schlitten.

Ungefähr sechzig Schritte entfernt lag der Stall, an einem Abhang zu drei Vierteln in die Erde eingegraben, die Wände halb zerfallen. Darin standen die Acker-, Reit- und Wagenpferde, darunter meine spätere Freundin, der Sattelpony Dora, einer der größten Gauner von ganz Kanada! Ferner hausten dort die Hühner und Puten, wie es ihnen gerade paßte!

Freds erstes Wohnhaus, eine Bretterhütte mit schmaler Tür und zwei Fenstern, diente als Futterraum. Die Fenster waren mit Brettern vernagelt, die Tür, ein neues Patent, wurde jedesmal mit einem Stein, der zu diesem Zweck dort lag, und einem Riesennagel lose angenagelt, da Fred die ehemaligen Angeln anderweitig gebraucht hatte!

Die Scheune war ein Ding für sich! Fred hatte sie vor einigen Jahren neu erbaut. Als er die Dachsparren aufgesetzt hatte, überraschte ihn der Winter, er kam nicht mehr dazu, das Dach zu vollenden, und so diente die Scheune denn seit dieser Zeit als „dachloser“ Getreidespeicher!

Der Brunnen war weiter nichts als ein fünf Meter tiefes, quadratisches Loch, innen mit Brettern verkleidet. Am Rande lag ein Eimer, der an einem Strick mit kühnem Schwunge, der gelernt sein wollte, hinabgeworfen und gefüllt wieder heraufgezogen wurde!

Ein großer, mit Draht eingezäunter Platz diente den Kühen als Nachtquartier, die „pasture“.

Kühe, Pferde und Schweine, darunter das urkomische Tier Munko und das Shealdschwein, von denen ich mehr zu erzählen habe, trieben sich nach Belieben frei herum.

Die Kühe kamen jeden Abend entweder von selbst zurück, um gemolken zu werden, wohl auch der Kälber wegen, die um das Haus herum angepflockt waren, solange sie noch tranken, oder sie mußten geholt werden.

Der Sattelpony war ganz wild darauf, die Kühe nach Hause zu treiben! Er machte das ganz allein, man brauchte ihn nur laufen zu lassen. Die letzten und langsamsten biß er sogar ins Hinterteil, wenn sie ihm nicht schnell genug weitergingen!

Ferner gab es noch einige Katzen und Bob, einen großartigen Köter!

Fred und seine Frau hatten es schwer, sehr schwer! Abgesehen von der Arbeitszeit im Sommer, wo Erntearbeiter und ein Hausmädchen angenommen wurden, machten sie alles allein!

Man denke: Morgens zwölf Kühe melken, Vieh und Pferde besorgen und Frühstück zurechtmachen. Dann fuhr Fred aufs Feld, die Frau versorgte das Kleinvieh, kochte Mittag und kümmerte sich um die vier Kinder von einhalb bis fünf Jahren! Mittags wieder Pferde füttern, am Abend nochmals, dazu das Vieh, Abendbrot machen, die Kühe holen, und, zum Schluß, wieder die zwölf Kühe melken!

Dazu die Milch entrahmen, buttern, backen, schlachten, Holz besorgen und klein hacken, das Haus reinigen, nähen, ausbessern, kurz, es war harte, schwere Arbeit, und es konnte eben nur das Allernotwendigste gemacht werden. Diese für unsere Begriffe haarsträubenden Zustände sind auf den meisten Farmen, soweit es sich um Ansiedler handelt, die Regel!

Der Leutemangel und der dadurch bedingte sehr hohe Lohn zwingt den Farmer, allein fertig zu werden.

Geheizt wird mit Holz, das aus dem Walde im Winter in ganzen Stämmen mit dem Schlitten geholt und mit der Axt zerkleinert wird.

Alle sonstigen Bedürfnisse mußten in der nächsten „town“ W., einer deutschen Siedlung, die an einer anderen Bahnlinie, zwanzig Meilen entfernt, lag, gekauft werden.

Post gab es bei dem zwölf Meilen entfernt wohnenden Mister Whiteside, der zugleich Friedensrichter war.

Die nächsten Nachbarn, je drei Meilen entfernt, waren eine deutsche Familie namens Roloff und ein Engländer, John Little, der als Junggeselle in einer drei mal vier Meter großen Bretterbude hauste.

Der jungfräuliche Prärieboden war schwer und fruchtbar. Flachs, Weizen, Gerste, Hafer und Kartoffeln gediehen glänzend, aber Frost, Dürre und Hagelschlag vernichteten jedes Jahr wenn nicht alles, so doch einen Teil der Ernte.

Siebenundzwanzig Pferde und sechsundachtzig Kühe nebst Kälbern und Schweine hatte Fred selbst, aber ganze Herden von Vieh und Pferden trieben sich frei auf den endlosen Grasflächen der Prärie herum, verschiedenen Besitzern gehörend.

Das Ackerland war entweder durch Drahtzäune geschützt, oder das Vieh wurde bei seinem Erscheinen mit dem Sattelpony und den Hunden verjagt. Die Tiere wußten ganz genau, daß bestelltes Land „tabu" war, und nur selten versuchten sie, die verbotenen Fruchtfelder zu betreten.

Die ganz vorzügliche Milch wurde täglich zweimal entrahmt, d. h. durch die Zentrifuge gedreht, die Sahne in großen Blechkannen gesammelt und wöchentlich zur Post gebracht, von wo sie zur Molkerei versandt wurde. Es war dies die einzige regelmäßige Einnahme des Farmers!

Das Getreide mußte im Winter mit Schlitten zur Station gefahren werden, wo es von den Speichergesellschaften aufgekauft wurde. Vieh und Pferde konnten an gelegentlich vorsprechende Aufkäufer verhandelt werden.

Sämtliche landwirtschaftlichen Arbeiten wurden mit Maschinen ausgeführt, die fertig geschnittenen Ernten von Kolonnen, die mit Dreschmaschinen herumreisten, gedroschen, wobei sich die Nachbarn gegenseitig halfen, das fertig gedroschene Getreide einzufahren.

Futter, z. B. Hafer, wurde gleich in Garben, in großen Haufen aufgeschichtet, dicht beim Stall aufbewahrt und so verfüttert. Das Heu blieb da, wo es geschnitten worden war, in riesigen Mieten liegen, zum Schutz gegen das herumlaufende Viehzeug mit Stacheldraht eingezäunt.

Abgesehen von den mit niedrigem Buschwerk und vereinzelten Birkenstämmchen umgebenen Wasserlöchern war die Prärie öde und leer, trostlos in ihrer unendlichen Weite!

Vögel in allen Farben bevölkerten die Büsche, und Schmetterlinge wiegten sich über den Blumen. Alle paar Schritte traf man die Erdbaue der Gopher, einer Art Ziesel, vom Dachs und, hol's der und jener, vom Stinktier!

Abends erhob sich das kläffende Heulen der Präriewölfe, die überall und nirgends ihr Unwesen trieben, eine fröhliche, unverschämte Gesellschaft!

In den Wasserlöchern und Teichen wohnten die Moschusratten und eine Art Molch, bis vierzig Zentimeter lang, aber keine Fische, da das Wasser alkalisch war, dazu riesige Mengen von Enten, seltener Gänse.

Auf den Feldern trieben sich die Kraniche umher, überall lockten die Präriehühner, während Hasen und Kaninchen seltener waren. Riesige Raubvögel zogen am Himmel ihre Kreise, und fast auf jedem Holzpflock oder Stein, der aus dem Boden hervorragte, saß ein amselgroßer Vogel mit gelb und braun gesprenkelter Brust und sang sein wehmütig ergreifendes Liedchen: die Prärielerche!

Unmassen von Fliegen und Moskitos, darunter einer mit drei Zentimeter langen Beinen, schwirrten überall umher. Eine Art von schwarzen Fliegen machte sich besonders unangenehm bemerkbar, da sie die niederträchtige Fähigkeit hatte, sich anzukleben, eine ekelhafte Art der Belästigung!

Dies sei in groben Zügen ein Überblick über die Lage des Präriefarmers. Schwere, harte Arbeit füllt sein primitives Leben, aber auch grenzenlos ist dafür seine Freiheit!

Wie bereits erwähnt, bestand die Ausstattung meines Zimmers aus einem Bett, in dem, wie überall auf der Farm, bequem zwei Leute schlafen konnten. Ich fand gerade noch soviel Platz, um meine beiden Koffer übereinander aufzustellen.

Wenn auch hierdurch die Möblierung etwas reichlicher wurde, so konnte mich das doch nicht zufriedenstellen. Ich vermißte als Kulturmensch noch verschiedenes, konnte aber vorläufig mich um nichts mehr kümmern, da mein zerschundener Organismus unbedingt nach Schlaf verlangte.

Am nächsten Morgen öffnete ich neugestärkt mein Gepäck, nahm die für die Farm meiner Ansicht nach geeignete Kleidung, vor allem auch die Jagdausrüstung, heraus, zog mich sportsmäßig an und ging hinab, um eine Waschgelegenheit ausfindig zu machen.

Fred war noch im Stall, und in dem Vorraum wusch sich ausgerechnet die Hausfrau, „bis an den Gürtel"! Sobald Fred kam, erfuhr ich auf meine Frage, daß die bereits geschilderte kanadische „Badeeinrichtung" auch für mich bestimmt sei. Ich benutzte sie nur dies eine Mal und schwur mir zu: Nie wieder!

Beim Frühstück erklärte ich, nebenbei ein unglaublicher Leichtsinn, ich wolle mit dem Demokrat zur Station fahren, ihn gegen das Buggy wieder auswechseln und gleichzeitig einige Besorgungen machen.

Fred war einverstanden. Wir spannten an, und ich fuhr los, natürlich als Jäger mit Drilling, Jagdglas, Rucksack und Jägerhut. Im scharfen Trabe sauste ich ab, das ging anders als mit dem Gepäck! Die rassigen Tiere, die geübte Zügelhand fühlend, gingen wie die Puppen!

Bald waren die Wasserlöcher erreicht, an denen ich im Schritt vorbeifuhr. Es wimmelte von Enten, ich stellte sieben verschiedene Arten fest.

Da, was war das? Ein einsamer, wohl verflogener Pelikan! Runter vom Wagen, die Stränge gelöst, die Zügel an einem Busch befestigt, dann vorsichtshalber hundert Meter weggepürscht, den Drilling hoch, bäng! und flügelschlagend quittierte das erste kanadische Wild die Kugel.

Ein Krachen und Rattern folgte, Böses ahnend sprang ich eilends zurück – Pferde und Wagen waren fort!

Was nun?

Ich hatte zwar den Pelikan, aber der Demokrat wär mir lieber gewesen!

Sollte ich meine erste kanadische Jagdbeute verludern lassen? Nimmermehr! Ich dachte an den alten Herrn und holte zuerst, bis weit über die Knie im Wasser watend, den stolzen weißen Vogel. Mit dem Pelikan in der Hand nahm ich dann die Verfolgung der durchgegangenen Pferde auf.

Ein Sprichwort sagt: „Mit dem Hute in der Hand, kommt man durch das ganze Land", und ich bin überzeugt, daß dem so ist. Weit schwieriger gestaltet sich dies aber mit einem Pelikan! Schon dachte ich daran, ihn irgendwo zu verstecken, da fiel mir mein Rucksack ein. Aus alter Gewohnheit hatte ich ihn umgehängt, als ich den Unglückswagen verließ. Der Pelikan wurde vorsichtig hineingestopft, nur der Kopf mit dem riesigen Schnabel baumelte heraus.

So zog ich denn erleichtert weiter. Bald fand ich Anzeichen der nahen Katastrophe: Die zerbrochene Deichsel! Da sie direkt am Wagen abgebrochen, also eigentlich noch fast ganz war, nahm ich sie mit.

Plötzlich kam mir ein Farmer mit einem schweren Kastenwagen entgegen. Als Gepäck saß hinten drin ein weibliches Wesen, sein Eheweib. Hinterher kam noch ein Jüngling zu Pferde, der Sohn.

Alle drei hielten an und starrten! Noch nie in meinem Leben bin ich so angeglotzt worden! Kann man es den einfachen, prächtigen Menschen verdenken? Schließlich begegnet man auch nicht alle Tage in dortiger Gegend einem Fremden mit für kanadische Begriffe so sonderbaren Dingen wie einem Jägerhut mit Federn dran, einem Rucksack, einem Pelikan, einem Gewehr mit drei Läufen und einer Wagendeichsel.

Und wieder möchte ich einfügen, daß ich Anspruch darauf erhebe, bis heute der einzige Mensch dieser Erde zu sein, der mit einem Pelikan und einer Wagendeichsel seine durchgegangenen Pferde auf der Prärie verfolgt hat.

Die guten Farmersleute fanden allmählich die Sprache wieder und der „old man", wie der Familienvater auf kanadisch heißt, rief fragend:

„Halloh?“ Froh, Menschen und damit Aussicht auf Hilfe gefunden zu haben, betete ich sofort mein Verschen: “I shall see my friend Fred S., Hill Farm!”

“O, I see”, riefen die beiden Alten erstaunt, während der Junge in ein lautes Gelächter ausbrach bei der Vorstellung, daß ich mit meiner Deichsel und dem Pelikan jemanden besuchen wollte.

Natürlich kannten diese Leute Fred und wußten, daß er mich erwartete. So kam mir denn der Alte zu Hilfe. Ich stieg zu ihm in den Wagen, wir folgten der Galoppspur weiter und fanden schließlich die Pferde, friedlich grasend, neben den Resten des unglücklichen Demokrats, der mir das Leben schwer genug gemacht hatte!

Wir luden alles auf den Wagen, banden meine Pferde hinten an und fuhren zur Station. Der Farmer erbat und erhielt für seine Hilfe fünf Dollar.

Schnell besorgte ich mir noch Waschgerät, Lampe und allerlei Kleinkram, belud das Buggy, fuhr noch am Spätnachmittag ab und war wirklich in der Nacht wieder zu Haus, denn jeder Branko findet den Weg zum Stall mit unfehlbarer Sicherheit!

Fred und Frau kamen mir lachend entgegen, Fred jauchzte geradezu vor Vergnügen, denn die Geschichte von dem sonderbaren Fremden, der einen grünen Hut mit Federn dran aufhabe und mit einer Wagendeichsel und einem toten Pelikan auf der Prärie herumlief, war ihnen bereits durch den berittenen Jüngling brühwarm überbracht worden.

Der Vollständigkeit halber sei noch erwähnt, daß dieser erste selbständige Ausflug mir eine Rechnung von siebenundzwanzig Dollar Reparaturkosten einbrachte!

Aller Anfang ist schwer!

Die ersten Tage auf der Farm vergingen mir wie im Fluge. Es herrschte gerade Indianersommer, die schönste Zeit des Jahres. Die Ernte war gut bis auf ein ausgehageltes Haferfeld von hundertsechzig Morgen.

Fred, mit dem Schneiden seiner Felder fertig, war meist unterwegs, um den Nachbarn beim Dreschen zu helfen, bis er eines Tages mit dem ganzen Dreschbetrieb auf seine eigene Farm kam.

Es war eine wüste Kolonne, die sechs Tage in ihrem Wohnwagen bei uns hauste, alle arbeiteten aber wie die Wilden! Ich selbst spielte als „greenhorn“ nur den stummen Zuschauer.

Zu meiner Schande muß ich überhaupt gestehen, daß meine Versuche in der ehrenwerten Tätigkeit des Farmers kläglich verliefen! Einmal setzte ich mich auf Fred’s Brechpflug, einschartig mit fünf schweren Pferden, womit der Prärieboden zum ersten Male aufgebrochen wurde, fuhr trotz größter Anstrengung statt einer geraden Linie ein undefinierbares, sich schlängelndes Gebilde und erklärte nach zehn Minuten: „Nie wieder!“ Das andere Mal half ich beim Garbenaufsetzen, bei dem dortigen Arbeitstempo gelinde gesagt eine Schinderei. Beinahe zwei Stunden hielt ich das aus, um dann endgültig auf weitere Farmarbeit, soweit sie mit Ackerbau zusammenhing, zu verzichten. Dagegen beschäftigte ich mich gern und viel mit dem Vieh, den Pferden und den dringend nötigen Ausbesserungen der primitiven und meist zerfallenen landwirtschaftlichen Anlagen wie Gebäude, Ställe, Zäune usw.

Täglich schweifte ich weit umher, zuerst zu Fuß, dann zu Pferde, um die Gegend, die Nachbarn und vor allem die Tierwelt kennenzulernen.

Zu meiner Überraschung fand ich überall noch Büffelschädel, leider alle ohne Horn, nur die gebleichten Knochenansätze waren noch vorhanden. Es gab ganze kleine Berge davon, wohl gelegentlich von Indianern zusammengetragen. In jedem Wasserloch lagen sie, im Sonnenlicht deutlich sichtbar, stumme Zeugen vergangener Zeiten!

Unglaublich war auch die Masse der Vögel, die die Gebüsche rings um die Wasserlöcher bevölkerten! Dort war ein fortwährendes Jubilieren, Kreischen und Pfeifen, ein Schwirren und Flattern, wie ich es noch nie erlebt! Meistens waren es Singvögel in der Art unserer Stare.

Die wunderbarsten Farben kamen vor! Es gab ganz schwarze, dann blauschwarze, mit einem Schimmer wie Stahl, schwarze mit grauem Kopf, dieselben mit weißen, andere mit gelben Flügeldecken, einer, den ich den kleinen Burschenschafter taufte, trug sogar auf beiden Schultern ein deutliches schwarz-rot-gold-gelbes Band!

Raubvögel, zum Teil sehr große, starke Burschen, waren häufig. Ihren Lieblingssport, auf Fred's Haus zu sitzen und sich von da aus bei passender Gelegenheit ein Huhn zu holen, gewöhnte ich ihnen allerdings schnell ab. Ich schoß jeden, den ich in der Nähe der Gebäude erwischen konnte, erbarmungslos herunter und hing den Räuber am nächsten Pfahl auf. Diese Galgen verstimmten sie schließlich, bald ließ sich keiner mehr blicken, und die armen Hühner hatten wenigstens von oben Ruhe.

Vor den Wölfen konnte ich sie leider nicht schützen, alle Versuche, diese Schlauesten der Schlauen zu überlisten, scheiterten kläglich.

Schließlich zog ich in einer Mondscheinnacht mit einem weißen Puter unter dem Arm nach einem Hügel, setzte mich dort in ein vorher zurechtgemachtes Loch. Eine Schnur führte zum Puter, der zu seiner größten Verwunderung an einem Pfahl, fünfundvierzig Schritte entfernt, angebunden war. Sobald ich an der Schnur zog, wurde der Puter wütend und tanzte kollernd, soweit die Schnur reichte, um den Pfahl herum.

Dieses schöne, interessante Spiel trieben wir eine ganze Weile, als der Puter plötzlich aufhörte, sich zu ärgern. Er wurde merklich stiller, machte sich kleiner und kleiner, bis er ganz platt am Boden lag, regungslos, wie ein Stück Papier. Da bemerkte ich drei Wölfe, die in sicherer Entfernung auf den Keulen saßen und, lange Geschmacksfäden ziehend, die man im Mondlicht deutlich schimmern sah, nach mir und dem Puter äugten. So beobachteten wir uns stundenlang, mit der Zeit waren es fünf Wölfe, aber keiner kam bis auf Schußnähe heran.

Als um Mitternacht der Mond besonders hell strahlte, glaubten die Wölfe, mir ein Ständchen bringen zu müssen, denn sie fingen mit solcher Hingabe zu singen an, daß ich es nicht mit anhören konnte und es daher vorzog, samt Puter nach Haus zu wandern und die Wölfe bis zum ersten Schneefall zufrieden zu lassen.

Bis ins Haus verfolgte mich das entrüstete Geheul der sich bitter enttäuscht fühlenden Räuber!

Mit dem Nahen des Winters vermehrten sich Enten, Kraniche und Gänse zu großen Scharen, die sich am Tage auf den Seen und Feldern herumtrieben und gegen Abend in mächtigen Schwärmen, oft viele Hunderte, auf dem ausgehagelten Haferfeld, keine dreihundert Meter vom Haus, einfielen.

Dort hatte ich ein mit Hafergarben umstelltes Loch gebuddelt, von wo aus ich abends so reiche Beute machte, daß ich auf den echt amerikanischen

Gedanken kam, damit zu handeln, eine Sache, zu der ich mich nie besonders geeignet habe.

Ich schoß in zwei Tagen einhundertsechsundachtzig Enten, fast lauter „Mallards“, Stockenten, lud sie auf den Wagen, fuhr zur Stadt und verkaufte den ganzen Bestand an das Hotel, das Paar für fünfundzwanzig Cents!

Zwei Enten brachten also fünfundzwanzig Cents, zwei Patronen, Eley rauchlos, kosteten fünfzehn, das ergab pro Ente fünf Cents Gewinn. Da man aber am dunklen Abend auf drei vorbeistreifende Enten fünf Schuß rechnen muß – wer glaubt, daß er es besser kann, soll es erst mal probieren – so brachten sechs Enten dreimal fünfundzwanzig Cents = fünfundsiebzig Cents in bar, kosteten aber auch fünfmal fünfzehn = fünfundsiebzig Cents an Patronen. Dies Geschäft erwies sich somit zum mindesten als unrentabel, und ich gab es auf.

Als die Felder kahl und das Getreide gedroschen war, saß ich häufig oben auf einer der Strohmieten, die am Dreschplatz stehen blieben, bis unter die Arme eingebuddelt, beobachtete so das Leben und Treiben der Tierwelt und kam von dort aus auch öfter auf selteneres Wild zu Schuß. Auf diese Art schoß ich auch meinen ersten Präriewolf, einen selten starken Rüden, der fünfundachtzig Pfund wog, aber mindestens für drei Zentner stank!

Besonders lauerte ich auf eine Art Riesenkranich, fast zwei Meter groß, der zu scheu war, um ihn anzupürschen. Eines Tages war ich gerade von meinem Strohhaufen herabgerutscht und lag, den geladenen, aber gesicherten Drilling in der rechten Hand hochhaltend, in Hockstellung in dem losen Stroh am Rande, als ein Zug von fünf dieser Riesenvögel über mich in Schußhöhe hinwegflog. Ich konnte gerade noch entsichern und, halb auf dem Rücken liegend, auf den letzten abkommen! Er fiel wie ein Stein gerade auf mich los, ich warf mich nach vorn, um auszuweichen, da traf er mich auch schon mit solcher Wucht ins Genick, daß ich erst mal regungslos liegen blieb! Erst nach einer ganzen Weile konnte ich mühsam aufstehen und mit einer unhandlichen Beute – die Beine waren fast anderthalb Meter lang – heimwanken. Wie sagt Schiller? „Doch der Segen kommt von oben!“

Von meiner Unglücksfahrt nach der Station hatte ich den sehr wichtigen Gegenstand, einen Lasso, mitgebracht, und mit Ingrimm und Geschick übte ich mich täglich in der in Kanada hochgeschätzen Kunst des „ropens“, d. h. Lassowerfens!

Überall suchte ich geeignete Objekte, vor allem probierte ich an den größeren Kälbern, die meist um das Haus herumlungerten und mit bewundernswerter Ausdauer auf die abgerahmte Milch warteten. Leider fand ich dort absolut kein Verständnis für mein Bemühen, denn sobald ich, den Lasso in schwungbereiter Faust, heranschlich, rasten sämtliche nicht angepflockten Kälber, den Schwanz senkrecht in der Luft, in donnerndem Galopp auf den nächsten Hügel! Dort standen sie, verdrehten mißtrauisch ihre großen Glotzaugen und gaben ihrer Empörung durch anhaltendes, entrüstetes Blöken Ausdruck.

Eines Tages sattelte ich Dora, den erwähnten Gauner von Sattelpony, um den mir unbekannten „western"-Sattel auszuprobieren.

Als ich den Gurt zuschnallte, blies sich das Biest auf wie ein Ballon, quiekte höhnisch und keilte hinten aus! Na warte! Langsam führte ich Dora zum Stall hinaus und, wie fast alle Pferde, so ließ auch sie, genau auf der Schwelle, etwas fallen, wobei sie sich noch mit geradezu souveräner Verachtung nach mir umblickte.

Da, ein schneller Griff, ein kräftiger Ruck, und der Sattelgurt saß fünf Löcher enger! „Hi hi hie" quiekte sie und keilte wieder aus, aber es war schon zu spät, der Gurt saß fest! Die Zügel fassend, sprang ich in den Sattel, stand aber sofort wieder breitbeinig auf dei Erde, und Dora lag, Todeszuckungen markierend, zwischen meinen Beinen, sie hatte sich einfach hingeworfen.

Ich trat zur Seite, nahm Dora's Kopf, richtete sie auf, sprang in den Sattel – bums!, dieselbe Geschichte! Dies wiederholte sich noch dreimal, bis mir die Geduld riß und ich mir Sporen und Peitsche holte.

Dora spitzte die Ohren, sie war ja so gerissen! Ein Sprung, und ich saß im Sattel, Schenkel ran, Sporen rein und ein Jagdhieb über den Hals! Empört schrie sie auf, und dann ging das bekannte „Bocken" los. Vorne hoch, hinten hoch, Sprung nach rechts, Sprung nach links, sie drehte sich wie ein Kreisel, machte einen Katzenbuckel und sprang mit allen vier Beinen zugleich in die Höhe, sah aber bald ein, daß sie sich verrechnet hatte. Peitsche, Sporen und ein gewaltiger Schenkeldruck auf die Rippen, ferner eine überlegene Kraft der Zügelfaust zeigten ihr, daß der Fremde in puncto Reiten denn doch nicht das „greenhorn" war, für das sie ihn gehalten hatte, und von da ab waren wir die besten Freunde!

Den größtmöglichen Grad der Zuneigung, es war eigentlich schon mehr Belästigung, fand ich aber bei dem bereits erwähnten Shealdsschwein! Ein Nachbar, mit Namen Shealds, hatte es vor einiger Zeit gegen ein anderes einjähriges Schwein zur Blutauffrischung umgetauscht.

Bei meiner großen Liebe zu Tieren und der mir angeborenen Art, richtig damit umzugehen, lief ja eigentlich schon nach vierzehn Tagen der ganze Viehbestand, soweit dies gerade möglich war, hinter mir her, hatte ich doch stets Salz und Hafer in der Tasche! Das Shealdsschwein ging mir schließlich aber überhaupt nicht mehr von der Pelle.

Mit fröhlichen Grunztönen folgte es mir, schubberte sich an meinem Knie, drängelte mich dabei fast vom Platz, grunzte freudig erregt und sah mich dann erwartungsvoll an, so daß ich eigentlich nur noch auf geheimen Schleichwegen die Farm ungestört verlassen konnte.

Eines Abends saß ich in meinem Haferloch und wartete der Enten. Da, der Schreck fuhr mir durch die Glieder, die Garben flogen nach allen Seiten und zu mir ins Loch stieg mit einem Grunzen tiefster Befriedigung – das Shealdsschwein! Es gab kein Mittel, es wieder los zu werden, also marschierten wir zusammen nach Haus, wobei ich, etwas ärgerlich, die Zärtlichkeitsbeweise der Sau mit dem Gewehrkolben energisch, wenn auch vergeblich, abwehrte.

Ich erzählte den Vorfall des Abends bei Tisch, wo gerade zwei Nachbarn zu Besuch waren, und Fred machte sein bekanntes dummes Gesicht, das er stets aufsetzte, wenn er etwas ganz besonders „Schönes" vorbringen wollte. „Du", meinte er schmunzelnd, „sieh mal, wir haben doch hier auf der Farm keinen Eber und du bist doch Junggeselle, das riecht die Sau..."

Allgemeines Gelächter unterbrach diese Weisheit, das sich nur noch steigerte, als die gute Hausfrau versuchte, mir zu helfen, und in ihrer Unschuld erklärte, daß sie niemals so etwas von mir glauben würde!

Und doch hatte Fred recht! Am nächsten Tage wollte er nach einer zehn Meilen entfernten Siedlung fahren, um einen Farmarbeiter zu mieten. Auf dem Wege dahin lag in sechs Meilen Entfernung eine große, bewaldete Schlucht, in der Hirsche stehen sollten, weshalb ich mitfahren und bis Freds Rückkehr dort auf Hirsche jagen wollte.

Als wir die Pferde an das Buggy spannten, erschien zu meinem Schreck in größter Eile das Shealdsschwein und wollte mit! „Nimm sie auf den Schoß" höhnte Fred. „Ekel" antwortete ich, und wir fuhren ab, hinterher, mit dem Rüssel in der Wagenspur, ein unheimliches Glühen der Enttäuschung im Auge, die Sau!

„Mensch, die kommt uns nach", rief ich entsetzt! „Na ja", ulkte Fred, „und grunzend folgt sie seinen Spuren." Dann sah er mich prüfend von der Seite an und fuhr befriedigt fort: „Aber Geschmack hat meine Sau, das muß ich sagen. Na laß nur, sobald wir auf der Prärie sind, fahre ich Galopp, dann sind wir sie sofort los!"

Dem Galopp war das Shealdsschwein nicht gewachsen, und als wir schon über die dritte Geländewelle fuhren, sahen wir es noch auf der ersten geschäftig herumsuchen, um es bald ganz aus den Augen zu verlieren.

An der Schlucht stieg ich aus und begann, das wilde, einige hundert Morgen große Gestrüpp abzusuchen. Viele Vögel, viel Kleinwild, Fuchs, Wolf, Dachs, Skunk, alles war zu spüren, nur keine Hirsche! Nach zweistündiger Suche ließ ich mich enttäuscht und abgerackert am höchsten Punkt der Schlucht auf einen Stein nieder und schaute erwartend nach Fred aus. Da, ein Rascheln und Brechen – die Hirsche!

Die Büchse schußbereit in der Faust, spähte ich hinab, es brach stärker, ich fieberte vor Spannung, dort über die kleine Blöße müssen sie kommen, dort muß der Schuß fallen, da, die Randbüsche bewegen sich, jetzt! . . .

Wer erschien? Das Shealdsschwein!

Wie betäubt kroch ich wieder auf meinen Stein und murmelte vor mich hin: „Das ist ja allerhand, das ist ja die Höhe!"

Da kam dieses unheimliche Borstentier auch schon freudestrahlend auf mich zugelaufen! Ach, es grunzte so froh und stellte sich dicht an den Stein und schubberte mit dem Rüssel an meiner Wade!

Ich überlegte schon, das Biest einfach totzuschießen und Fred in den Wagen zu schmeißen mit der Bemerkung, das wären seine berühmten Hirsche, da sah ich sein Buggy in schneller Fahrt herannahen und stand auf, um ihm entgegenzugehen.

Dem widersetzte sich aber das Shealdsschwein energisch! Gelaufen sei es nun genug, schien es zu meinen, und zornerfüllt grunzend schob es sich einfach fortgesetzt quer vor meine Beine. Dabei bekam es denn einige saftige Tritte in die Keulen ab, die es jedesmal halb umwarfen.

Als der Kampf am heftigsten tobte, sah ich gerade noch, wie Fred, der inzwischen herangekommen war, aus seinem Buggy fiel und sich wimmernd am Boden wälzte! Ich lief hin und richtete ihn in Sitzstellung auf, aber er stöhnte weiter, drückte die Faust in die Seite und schnappte nach Luft!

Schon bekam ich es mit der Angst, doch seine ersten Worte, die er mühsam, unter Prusten und Stöhnen hervorbrachte, beruhigten mich wieder, denn sie lauteten: „Entschuldigt bitte, wenn ich euch gestört habe!"

Es war dies das einzige Mal, daß ich einen richtigen Lachkrampf mit ansah, es wirkte geradezu beängstigend!

Fred ächzend und vor Freude wimmernd, ich schweigend und etwas gekränkt, so stiegen wir wieder in den Wagen und fuhren unter fortgesetzten neuen Lachanfällen von Fred nach Haus. Die Sau blieb mehr verdutzt als traurig zurück, quiekte laut und enttäuscht auf und zottelte dann langsam wieder hinterher.

Als wir abends zum Stall wollten, stand sie schon vor der Haustür, bei der Wassertonne, wo immer etwas Matsch war, wälzte sich im Dreck und wartete auf mich. Wütend kehrte ich um und erklärte, ich hätte das Vieh jetzt satt!

Fred schlug sofortige Schlachtung vor und schwelgte dabei in taktlosen Bemerkungen wie „der Brautmord, Isoldes Liebestod" usw. Dem widersetzte ich mich aber, ich hätte von der Sau doch nichts essen können! So wurde denn in langer Beratung beschlossen, ich sollte das Shealdsschwein zum Nachbar Roloff bringen, der uns am Abend vorher besucht hatte, und dort versuchen, es gegen ein anderes Schlachtschwein umzutauschen.

„Marie", ermahnte Fred noch seine Gattin, „bereite ja alles vor, damit wir ihn, wenn er mit seiner neuen Braut zurückkommt, auch festlich empfangen können!" Zwar gelang es mir, Fred mit der neuen Braut gründlich hereinzulegen, doch das Maß meiner Leiden in dieser Schweinegeschichte war noch lange nicht voll!

Am nächsten Morgen fuhr ich mit dem Kastenwagen los, ich stand vorn, und hinten trampelte das Shealdsschwein herum, grunzte und war anscheinend restlos glücklich, bei mir zu sein.

Bei Roloffs große Freude! Natürlich, es paßte großartig! Sie hatten einen Eber, konnten also Zuchtsauen brauchen und mir zum Tausch ein zwei Zentner schweres Schlachtschwein abgeben, aber es sei ein Bork!

„Das ist ja famos", rief ich, in Gedanken an Freds „neue Braut" höhnisch grinsend, und der Handel war perfekt.

So schnell kam ich aber von Roloffs nicht wieder fort, es war dort auch alles zu interessant! Der Großvater, einer der ältesten Siedler, kannte noch Büffel und wilde Indianer, hatte viel mitgemacht und erzählte die sonderbarsten, wildesten Geschichten aus alten Zeiten, als sowohl Ansiedler wie Rothäute noch auszogen, „collecting skalps", wie der Alte sich ausdrückte. (Kopfhäute sammelnd.)

Ich war begeistert! Das große Farmhaus war noch aus den alten riesigen Pappelstämmen erbaut, die vor der Präriefeuerzeit die Seen und Teiche umgeben hatten, mächtige, zwanzig Meter lange Stämme. Schon dieses echte „Blockhaus" war sehenswert.

So saßen wir denn, rauchten, tranken und erzählten, und ich lauschte mit dem treuherzigen Vertrauen des Neulings all den haarsträubenden Geschichten, die der alte, hagere, fast zwei Meter große Mann mit langem, gelbweißem Vollbart nur zu gern auftischte!

Da merkte ich bei einer erklärenden Bewegung seiner rechten Hand, daß der kleine Finger mit Bindfaden an den Ringfinger vollständig angewickelt war. Auf meine erstaunte Frage erklärte mir der Alte, in dem Mischmasch der Sprache der alten Deutschkanadier, „well, stranger (Fremder), ich hatte gestern einen disput (Streit) mit meinem son in law (Schwiegersohn) wegen der fenz (Zaun), und da habe ich gesagt, ehe es anders gemacht wird, als ich will, schlage ich ihm die Knochen kaputt, und habe auf den table (Tisch) gehaut, und da ging mein Finger broke (gebrochen), da habe ich ihn denn mit twine (Bindfaden) wieder an den andern gefixt, und nun heilt das allright!“

„Donnerwetter“, entfuhr es mir, „haben Sie denn keine Nerven?“ Prüfend betrachtete er mein Gesicht und, mich wohl genügend vorbereitet glaubend, erzählte mir der old man als Antwort folgende entsetzliche „Geschichte“:

„Vor langen Jahren, als wir jung verheiratet waren und uns hier gerade angesiedelt hatten, lebte zehn Meilen von uns, dort, wo der kleine gabelförmige See ist, ein Schotte, bekannt als ‚Old Mack‘. Er war ein alter Indianfighter (Indianerkämpfer) und ein Sonderling, hatte ein festes, kleines Blockhaus, zwei Pferde und lebte vom Trappen, von Jagd und Fischfang.

An einem eiskalten Wintertage fuhr er in ‚the mountains‘ (ins Gebirge), um Holz zu schlagen. An einem Abhang ließ er seinen Schlitten, auf dem als Sitz eine Kiste stand, stehen und fing an zu arbeiten.

Einige Stämme waren schon umgeschlagen und lagen kreuz und quer herum, da drehte sich der nächste Baum im Fallen und drohte auf ihn zu stürzen. Old Mack sprang zurück, stolperte rücklings über einen der bereits gefällten Stämme, und der fallende Baum fiel direkt auf seine noch auf dem Stamm liegenden Unterschenkel.

Als Old Mack das Bewußtsein wiedererlangte, fand er seine beiden Beine bis zum Knie zerschmettert. Es gelang ihm, seine in der Nähe liegende Axt zu fassen, und, um überhaupt fort zu können, hackte er sich beide Beine am Knie ab!“

„You see, diese oldtimers (Leute aus der alten Zeit) hatten no nerves“, fügte der Erzähler, wohl als eine Art Entschuldigung für diesen etwas außergewöhnlichen Vorgang, hinzu.

„Dann rutschte Old Mack auf den blutigen Stumpen den Abhang hinab zu seinem Schlitten, drehte die Kiste so, daß die Öffnung oben war, kletterte hinein, füllte die Zwischenräume, um nicht umzufallen, mit Decken, dem Futterheu und alten Säcken aus, leerte seine Whiskyflasche, zog den Pelz an und fuhr los, nach Haus.

Er wurde wieder ohnmächtig, aber die Pferde fanden den Weg. Aus dieser Ohnmacht erwachte er leider nicht wieder, sondern er erfror, fror durch das Blut samt Kiste am Schlitten fest und stand nun wie ein steinernes Bild in der Kiste auf seinem Schlitten, die Zügel in den steifgefrorenen Arm gehängt!

Als die Pferde am Stall anlangten, regte sich nichts. Die Tiere standen und warteten, schließlich fuhren sie, vom Hunger getrieben, zur nächsten Heumiete und begannen zu fressen. Da es schwere, schottische Kaltblüter waren, die am liebsten Schritt gehen, passierte dem Schlitten nichts. Und so zogen denn die heimatlosen Tiere das grausige Gefährt mit ihrem erfrorenen Herrn ohne Beine, der steif und starr in seiner Kiste stand, von Heuhaufen zu Heuhaufen, fraßen oder standen an der windgeschützten Seite.

Eines Tages, ich war gerade dabei, Holz zu hacken, hörte ich hinter mir den Schnee knirschen. Nanu, wer kommt denn jetzt, denke ich, drehe mich um, und ja, da standen die Pferde vor mir, und im Schlitten stand Old Mack! You see, stranger, ich habe viel erlebt und wir oldtimers, I told you so (wie ich Ihnen schon gesagt) haben no nerves, aber da kriegte ich doch das Zittern und rannte schreiend ins Haus! Die Pferde, die endlich mal wieder in einen Stall wollten, folgten und rieben mit den Nasen an der Tür. Meine Frau kam hinzu, und zitternd starrten wir durch das Fenster auf Old Mack, der uns kalt und stumm, bedeckt mit Schnee und Eis, anglotzte!

In diesem Augenblick kamen meine Hunde um das Haus herum und stürzten sich sofort mit gesträubtem Fell, wütend bellend, auf den unheimlichen Schlitten. Die Pferde, zu Tode erschrocken und von den wild tobenden Hunden angetrieben, jagten im Galopp davon, und mit Grausen sahen wird Old Mack in den Hügeln verschwinden. Sofort spannte ich an und fuhr hinterher, um den Schlitten einzuholen, aber die einmal erregten Pferde ließen mich nicht herankommen, sondern entgingen mir in den Gebüschen nach Norden, wo damals noch wilde Indianer und graue Wölfe hausten. Wir sahen nie etwas von Old Mack wieder!"

Mir grauste, und ich drängte heimzufahren. Wir spannten also an, schoben das Schwein, mit einem Strick gefesselt, in den Wagen, und ich fuhr mit vielen Dankesworten und nach herzlichem Abschied los.

Meine Laune war hin, ich mußte immer an Old Mack denken!

Als ich ungefähr den halben Weg zurückgelegt hatte, wurde der Bork hinter mir lebendig, er strampelte wie toll, und ehe ich es verhindern konnte, war er los, sprang vom Wagen und stand, zufrieden grunzend, auf der Prärie!

Schnell hielt ich an und stieg ebenfalls ab, um den Ausreißer wieder zu greifen, aber wie? Der Schweinewallach ließ mich ruhig auf drei bis vier Schritte herankommen, dann ein paar schnelle Sprünge, und fort war er!

Ziemlich ratlos blieb ich schließlich stehen, um zu überlegen, während Mr. Bork sich hinten tiefer setzte, die Schweinsäuglein zu unwahrscheinlich kleinen Schlitzen zusammenklemmte und, befriedigt schmatzend, sich erst einmal kräftig löste!

Zum Glück hatte ich eine Menge Stricke mit, das Ergebnis meiner Beratung war daher eine lange, zusammengeknotete Leine mit einer Schlinge, die sich aber als zu unhandlich und auch zu kurz erwies. Ach, hätte ich jetzt mein Lasso gehabt! Der Schweinerich blieb immer gerade so weit von mir ab, wie der Strick lang war. Merkwürdigerweise lief er nicht fort, sondern vergnügte sich absolut sorglos und zufrieden auf der Prärie, immer um den Wagen herum. Ausreißen tat er nur, wenn ich ihm zu nahe kam.

Ich hielt wieder Kriegsrat. Ein Schuß durch beide Hinterfesseln schien mir zu roh und wurde als „ultima ratio“ zurückgestellt. Ich überlegte: Schweine mögen gute Steher sein, sind aber bestimmt schlechte Flieger, also hetzen! Dazu wollte ich aber zuerst Wagen und Pferde sichern, fuhr darum zu einem nahen Wasserloch mit Gebüsch und band dort die Pferde fest an.

Jetzt ergriff ich meine Schlinge und begann, den Bork im Galopp hin und her zu jagen, immer dem Wagen zu. Obgleich ich öfter bis dicht heran kam, gelang mir der Fang nicht, einmal hatte ich das Biest sogar mit einer Hand am Schwanz, konnte es aber nicht halten! Die Zeit verging, bald mußte es dunkel werden, doch immer wieder tobte ich hinter dem Schwein her. Mein Gegner ermüdete sichtlich, ich aber leider auch, die Chancen waren also gleich.

Da tat der Bork etwas sehr Dummes. Ihm war wohl sehr heiß, mir übrigens auch, und so trabte er denn in das Wasserloch, um sich im Schlamm zu kühlen und frische Kräfte zu sammeln. Ich folgte, und siehe da, in dem tiefen Schlamm – bis ans Knie ging der Dreck – konnte ich herankommen und die Schlinge ihm richtig ins Gebräch werfen. Ein kräftiger Ruck, und ich hatte ihn, oder er mich, wie man's nimmt, denn wir steckten beide im Schlamm.

Jetzt ging's los! Er zog rein, ich raus, und – ich gewann! Meter für Meter zerrte ich, in Schweiß gebadet, über und über voll schwarzen Schlammes, dieses Unglückstier wieder heraus, bis es mir gelang, den Strick am Ufer mit meinen letzten Kräften an einen Baum zu binden! Der Bork schrie bei diesem Gewalttransport durch den Schlamm wie ein Besessener, man mußte das meilenweit hören, doch niemand kam uns zu Hilfe.

Was nun? Zunächst stopfte ich mir die Pfeife und hielt zum dritten Mal Kriegsrat ab. Auf einstimmigen Beschluß holte ich dann den Wagen herbei, band den Strick hinten an und fuhr, oder vielmehr schleifte das Schwein, das absolut nicht mit wollte, erst mal wieder auf den Weg nach Haus.

Dann quälte ich mich vergebens, obgleich ich die Sache jetzt von der athletischen Seite anfaßte, trotz meiner beträchtlichen Körperkräfte, mein in den schrillsten Tönen quiekendes Opfer in den Wagen zu zerren. Zwei Zentner strampelndes Lebendgewicht, dazu die unglaublichen Kräfte eines Bork, nein, es war mir unmöglich.

Keuchend und von Schweiß triefend verlor ich schließlich die Geduld. Die Nacht brach an, und ich geriet in Wut! Mit dem Schlachtruf: „Elender Schweinewallach!" stürzte ich mich mit einem ganzen Bündel von Stricken auf meinen Gegner, fort konnte er ja nicht mehr, und begann, ihn nach allen Regeln der Kunst an das vorher aus dem Wagen geworfene Sitzbrett anzuwickeln. Es war eine Heidenarbeit, aber wie eine Spinne wand ich um seine Glieder Schleife auf Schleife, zog sie mit aller Kraft zu, und als ich einige sechzig Meter Stricke zu Knoten verarbeitet hatte, war ich stolzer Sieger.

Mein unentwegt brüllender Gegner klebte wie ein geschnürter Rollschinken an dem Brett und konnte nur noch mit den Ohren wackeln und das Schwänzchen ringeln, ich aber blutete aus Mund und Nase und tropfte von Schweiß und Schlamm!

Jetzt hob ich das große Ortscheit ab, zog das Geschirr rückwärts in den Wagenkasten, hakte die für Unglücksfälle stets mitgeführte Wagenkette ein und schlang das andere Ende der Kette um das Schweinebrett.

Die Sache erinnerte lebhaft an ein Seebegräbnis. Man hätte eigentlich einen Choral singen sollen.

Dann nahm ich die hintere Wand des Wagenkastens heraus, lehnte sie schräg hinten gegen den Wagenboden, ergriff die Zügel, und mit einem Ruck zogen die Pferde meine „Seeleiche" in den Wagenkasten.

Jetzt hatte ich gewonnen, aber es war auch inzwischen Nacht geworden. Schnell den Wagenkasten zugemacht, die Pferde wieder richtig angespannt, und los ging meine Fuhre in sausendem Schritt. Wo war ich? Ich wußte es nicht. Also rief ich: "Go home, Dandy, go home, Fly!" Und die braven Tiere, klug und treu, brachten mich sicher nach Haus und gingen, in Ruhe gelassen, auf direktem Wege zu ihrem Stall, je nach Auffassung.

Stolz fuhr ich am Farmhaus vor, mit Hallo empfangen von Freund Fred nebst Familie und – Sergeant Lee, der gekommen war, mich zu begrüßen!

Mit der Laterne leuchtete Fred in den Wagen und prallte zurück! „Großer Gott, Lee, komm bloß her, hast Du schon mal etwas Derartiges gesehen?“ rief er erschrocken. Lee eilte herbei, ebenso Freds Frau, und alle drei starrten sprachlos in den Kasten, es war wie im Panoptikum!

„Und Mensch, wie siehst Du denn aus?“ Entsetzt beleuchtete mich Fred mit der Laterne.

„Fang' Du doch allein ein ausgerissenes Schwein von zwei Zentnern im Schlamm, und dann rede!“ antwortete ich gereizt, „bringe lieber die Gäule in den Stall, ich muß mich erst waschen, und dann will ich erzählen!“

Als ich später den wilden Kampf schilderte, lachten sie mich nicht aus, sie kannten wohl derartiges aus eigener Erfahrung, und Lee meinte sogar anerkennend: "Some fight!" (Großartiger Kampf!)

Dann wurde die Seeleiche, den Namen behielt das Schwein, in den Stall getragen, um von den Fesseln befreit zu werden.

Die Prärie war ja soweit ganz schön, aber ich sehnte mich allmählich doch nach dem Waldgebirge, den Hirschen und den Seen voller Fische. Tagtäglich lag ich Fred damit in den Ohren, bis wir uns schließlich eines Tages auf den Weg machten.

Resultat: Es gab keine Hirsche! Vor sieben Jahren wurden die letzten geschossen.

„Ja“, meinte Fred, der Optimist, auf meine Vorwürfe, weshalb er mir dann ganz anders geschrieben habe, „sieh mal, sonst wärest Du doch nicht gekommen!“

Ich fand mich in das Unvermeidliche, aber mein Entschluß, die Farm zu verlassen und weiter nach Norden zu ziehen, stand sofort fest.

Das Waldgebirge war weit, und wir mußten auf dem Rückweg bei einem Siedler übernachten – Bill Archer!

Dieser Gentleman war eine Klasse für sich! Er wohnte in den Ausläufern des Waldes und lebte von Jagd, Fischen und Alkohol! Seine Ernte fuhr er zur Station, um sie dort gegen Whisky umzutauschen, an Lebensmitteln nahm er nur das unbedingt Nötigste, wie Salz und Pfeffer.

Wir erreichten seine Hütte gegen Abend, und schon von weitem winkte er uns mit einer Flasche zu, lachend über das ganze, puterrote Gesicht. Neben dem Hause, einer Bretterbude, lag ein wahrer Berg von leeren Schnapsflaschen, Hunderte! Es roch wie in einer Brennerei. Vor der Tür stand eine Bank, auf der ein großer Hecht lag, den Bill zum Abendessen zurechtmachte. Rechts davon stand eine Pulle Whisky, links eine Flasche Gin.

Bill strahlte vor Freude über den Besuch, kam uns gleich mit zwei Pullen entgegen und drückte jedem von uns eine davon fast gewaltsam in die Hand, wobei er eine wahre Wolke von Alkoholduft verbreitete. Ich Unglückswurm erwischte natürlich den Gin, den ich nicht ausstehen kann. Na, dachte ich, das kann hier ja gut werden.

Bill Archer war eigentlich nicht betrunken, aber nüchtern war er auch nicht, er befand sich in einer Art Zwischenstadium, was ungefähr genügte, ihm den Schutz des § 51 zu gewähren.

Nachdem wir den Hecht aufgegessen, ging die Sache los. Bill hatte den Burenkrieg mitgemacht. Seine Kriegserinnerungen faßte er in die denkwürdigen Worte zusammen, daß er stets reichlich Whisky gehabt hätte. Der fürchterliche Gin diente ihm als eine Art Medizin, denn er hatte die vernünftige Ansicht, daß Gin die Nierentätigkeit anrege und dadurch einen größeren Whiskykonsum ermögliche! Wir saßen und tranken und tranken und saßen, bis Fred einschlief. Bill machte das Zeichen über ihn, reichte mir auch noch Freds Pulle und rief: „Mach weiter, auf Dein Wohl!“ Dabei nahm er einen gewaltigen Schluck!

So saßen wir zu zweit und tranken weiter, d. h. ich, dem der scharfe Whisky unangenehm war, mogelte fürchterlich und nippte bloß an der Flasche. Bill erzählte, daß er Land von der Regierung erhalten hätte.

„Ich suchte mir ein gutes Stück Prärie aus, verkaufte es für achttausend Dollar, zweitausend Anzahlung und tausend je Jahr Abzahlung, dann nahm ich diese Heimstätte auf und lebe seitdem hier.“

„Und was machten Sie mit dem Gelde?“ fragte ich. “Well”, meinte Bill schläfrig, “I took the best of it (ich tat das Beste, was ich tun konnte), ich kaufte Whisky dafür!“

Großer Gott! Der Mensch hatte wahrhaftig die achttausend Dollar einfach versoffen! Und das nannte er: I took the best of it!

Es wurde Mitternacht, Bill saß und trank. "You see", lallte er, „ich friere nicht, ich schwitze nicht, ich bin nie krank, die Moskitos stechen mich nicht, all das macht der Whisky!"

Zweifellos hatte er mit den Moskitos recht. Die Dunstwolke, die von ihm ausging, vertrieb sie sofort. Wenn ihn einer leichtsinnigerweise gestochen hätte, so wäre das arme Insekt sicher sofort vergiftet zu Boden gestürzt!

Endlich so gegen zwei Uhr stammelte Bill langsam: "I – go – to– bed!", streckte sich, rutschte vom Stuhl, wälzte sich schnaufend auf die Seite und schlief den Schlaf des Gerechten.

Ich weckte Fred, der taumelnd in Bills Bett, einen mit Stroh gefüllten Holzkasten, kroch. Ich selbst schlich hinaus, suchte und fand im Mondlicht einen Heuhaufen, schob mich mit meiner Wagendecke hinein und schlief dort herrlich und traumlos bis zum Morgen.

Mit der Sonne war ich auf, tränkte und fütterte die Pferde und weckte Fred. Bill schlief, er war nicht zu ermuntern! Nüchtern fuhren wir ab.

„Kaffee", meinte Fred, „trinken wir bei dem alten Handsworth, bei dem ich gleich Petroleum mitnehmen will."

Old Handsworth, ein alter Schotte, wohnte an einem See, zog dort Enten, trieb Gartenbau und handelte mit Petroleum. Sein Haus war eine Bretterbude, sechs Meter im Geviert. Der Tür gegenüber stand eine Art Schilderhaus, darinnen das Handelsobjekt, eine Tonne Petroleum.

Die Morgensonne wärmte, wir saßen vor dem Haus, im Garten, mit herrlichem Blick auf den See, es war ein Idyll, bloß das Frühstück fehlte!

Dieser alte Sohn Schottlands mit wildem, sechzig Zentimeter langem Bart, voller Speisereste, Erde, Stroh und Gott weiß was alles, war ein ernster, fleißiger, wortkarger Mann. Seine Enten waren berühmt, sein Garten ebenso, die Beete in musterhafter Verfassung, aber das Innere seines Hauses spottete einfach jeder Beschreibung!

Das Bett, ein Holzgestell voll Heu, war bedeckt mit zusammengeknäulten Decken und abgelegten Kleidern, die Fenster fast undurchsichtig vor Schmutz! Auf den Fensterbrettern lagen ganze Haufen von toten Fliegen, nicht Hunderte, nein Tausende! Links vom Kochherd war ein Stapel gehacktes Holz und ein Berg Kohlen, rechts davon ein mindestens dreiviertel Meter hoher Haufen Asche! In einer Ecke stand die Brutmaschine, in der er im Frühjahr die Enteneier ausbrütete. Jetzt diente sie als Speisekammer und war vollgepfropft mit Lebensmitteln, Brotresten, schmutzigem Geschirr und einer sehenswerten „Mundtasse", schwarz vor Dreck, mit einem weißen Halbmond da, wo beim Trinken der Mund sitzt.

Auf dem Tische lag alles wild durcheinander. Ich stellte während des Petroleumhandels folgendes Verzeichnis schriftlich auf: Messer, Gabeln, Salz, Pfeffer, Tinte, Federn, Papier, Briefe, einige Schecks, eine Brille, Patronen, ein Revolver, Bindfaden, ein großer Löffel, Zeitungen, einige Kartoffeln, ein blaues Papier mit Lichten, ein Stück Wurst in Leinewand statt in Darm und ein zerbrochener Kamm, einige Tomaten, Hammer, Zange, ein Haufen alter Nägel, ein Pflanzholz, einige Petroleumlappen, schwarzer Zwirn mit Nadel, ein Eatonkatalog (das größte Warenhaus), ein abgerissener Absatz, Streichhölzer, einige Knöpfe, viele tote Fliegen, zwei Pfeifen, eine ohne Mundstück, Tabak, ein Entenflügel, ein zerbrochener Messerschärfer, eine Rolle Bindedraht, kupferne Nieten zum Flikken der Pferdegeschirre, verschiedene Ein-, Zwei- und Fünfdollarscheine, ein Wahlaufruf der liberalen Partei, ein Paar alte Lederhandschuhe und eine Schachtel Patentmedizin für Bandwurm mit Kopf!

In einer Ecke stand auf einem Stuhl die Schüssel mit Brotteig, der in Kanada alle zwei Tage neu angesetzt wird, darüber hing am Deckenbalken ein frisch abgezogener Minkbalg, von dem bei der in dem niedrigen Raum herrschenden Hitze ab und zu ein Tropfen „Fett“ in den Teig tropfte!

Lederschuhe, Gummistiefel, Mokassins lagen auf dem Fußboden herum, dazwischen Fallen zum Pelztierfang, Gartengeräte, Petroleumkannen, kurz, es war ein wüstes Durcheinander von fürchterlichem altem Krempel!

Old Handsworth war ein fleißiger Arbeiter in seinem Garten, bei seinem Vieh und vor allem bei seinen Enten. Seit Jahren allein, anspruchslos und an Dreck gewöhnt, kam ihm der Gedanke, irgend etwas sauber zu machen, gar nicht in den Sinn.

Ich bin überzeugt, daß sich dieser schottische Gentleman weder abends beim Schlafengehen auszog noch sich jemals gewaschen hat, denn weder Waschgelegenheit noch Seife konnte ich in seinem Tuskulum entdecken!

Als Fred seine Gallone Petroleum erhalten hatte, fuhren wir weiter, der Appetit auf Frühstück war uns vergangen!

Um endlich etwas zu essen zu erhalten, machten wir einen kleinen Umweg und suchten einen anderen Farmer auf, diesmal aber einen verheirateten, denn von den Junggesellenwirtschaften hatten wir vorläufig genug! Dort waren wir sehr gut aufgehoben, es war alles sauber, reichlich und gut.

Unser Wirt, der alte Ständer, und sein ältester Sohn, zwei Riesengestalten, genossen beide großes Ansehen, sie gehörten sozusagen zu den

„Prominenten“, denn der Alte wohnte mit am längsten in dieser Gegend und war sehr wohlhabend, sein Sohn war bekannt als der beste Boxer!

Vater Ständer gehörte außerdem dem Schulvorstand an und war der eifrigste Förderer der Schule. Er konnte selbst nicht lesen und schreiben und betonte bei jeder Gelegenheit, wie leid ihm das täte und daß dies jeder unbedingt lernen müßte.

Nun kommt eine höchst sonderbare Geschichte, wie sie eben nur in solch einem neuen Lande und bei solch einfachen Leuten, wie diese Siedler es eben waren, vorkommen konnte, so unglaublich sie auch klingen mag.

Wenn eine Gegend besiedelt wird, schließt die Regierung eine Sektion Land aus, die sogenannte Schulsektion. Dort wird, sobald es den umwohnenden Farmen möglich ist, ein Schulhaus gebaut, ein „teacher“, meist eine ganz junge Lehrerin, wird angestellt, und der Unterricht, Lesen, Schreiben, Rechnen usw., geht los. Jeder, der irgend kann und noch nicht zu alt ist, geht zur Schule, um wenigstens Lesen und Schreiben zu lernen.

Vater Ständer war schon zu alt, aber der Sohn, sechsundzwanzigjährig und ein Meter fünfundneunzig groß, nahm mit noch einigen anderen Jünglingen am Unterricht teil. So hatte denn die kaum achtzehn Jahre alte Lehrerin ein sehr gemischtes Auditorium, doch sie ging mutig und mit Energie ans Werk.

Da, eines Tages, als er wohl an einer besonders schwierigen Aufgabe druckste, ließ der Preisboxer, wie er das so von Jugend auf gewöhnt war, seinen Gefühlen, noch dazu mit erheblichem Geräusch, freien Lauf!

Die Lehrerin, empört über dieses Benehmen, forderte den jungen Ständer auf, sofort das Schulzimmer zu verlassen! Als dieser, im Vollgefühl absoluter Unschuld, verwundert fragte, warum, geriet das kleine Fräulein in begreifliche Erregung und schloß den Naturburschen unter fürchterlichem Gezeter vom Unterricht aus.

Der Boxheros, der „lady“ gegenüber wehrlos, beklagte sich bitter bei seinem Vater, dem Herrn Schulvorstand, und dieser berief umgehend eine Versammlung sämtlicher an der Schule beteiligter Farmer, wo der Fall Ständer hin und her besprochen und schließlich darüber abgestimmt wurde, ob man: 1. in der Schule, wie sonst überall üblich, laut – na ja, oder ob man diese erleichternde Lebensäußerung während des Unterrichts oder im Schulzimmer überhaupt zu unterdrücken habe, 2. ob die von den Farmern bezahlte Lehrerin das Recht habe, den als „honourable“ (ehrenwert) bekannten jungen Ständer wegen einer solchen Sache vom Unterricht auszuschließen.

Zur Ehre der kanadischen Kultur sei hiermit festgestellt, daß die Lehrerin gewann!

Der alte Ständer hatte zwar gesagt: „Den Pflug, den hat mein boy in der Hand, den kann er halten, aber wer kann halten, was er nicht in der Hand hat?"

Doch die Mehrzahl stimmte gegen ihn, zumal ein alter, erfahrener Irländer erklärte, er wisse es genau, im Parlament in Ottawa wäre das auch nicht erlaubt!

Einer fragte zwar zweifelnd dagegen: „Auch nicht bei der liberalen Partei?" Worauf der Irländer voller Würde antwortete, in solchen Sachen, die sich auf „society" (Gesellschaft) bezögen, wären die Sitten bei der liberalen und der konservativen Partei gleich. Und das gab den Ausschlag!

Als wir uns der Farm näherten, sagte Fred: „Du, hier riecht es nach Skunk!" Der Geruch wurde stärker, vor dem Hause stank es wie die Pest, Tür und alle Fenster waren weit offen.

„Marie!" gröhlte Fred, sprang vom Wagen und stürmte ins Haus – das Haus war verlassen!

Ja, nun kommt ein anderes dunkles Kapitel! Ich schäme mich heute noch deshalb, aber ich konnte die Zeit nicht erwarten, ich wollte doch zu gern mir die berühmten kanadischen Pelztiere mal ganz genau besehen und hatte deshalb, obgleich der Fang noch verboten war, ganz heimlich, an einer stark begangenen, zwangspaßähnlichen Stelle, ein Eisen gelegt.

Als ich am nächsten Morgen hinkam, saß ein niedliches schwarzes Tier, mit zwei weißen Streifen auf dem Rücken, darin, das mir freundlich und ruhig entgegensah, als ich mich näherte, langsam aufstand, den kleinen, hübschen Kopf zurückwendend mir das Hinterteil zudrehte und, als ich noch näher herantrat, langsam, wie zu seinem größten Bedauern dazu gezwungen, den buschigen Schwanz drohend senkrecht emporhob.

Natürlich, der erste Fang ein Stinktier. Anders konnte es ja gar nicht sein!

Was nun? Der Skunk verhielt sich absolut ruhig. Nachdem ich ihn mit dem Glase genau betrachtet hatte, entschloß ich mich, den armen Kerl totzuschießen, denn heranzugehen und ihn wieder aus dem Eisen herauszulassen, traute ich mich nicht.

Als vorsichtiger Mann ging ich erstmal außer Wind, hob das Gewehr und schoß dem Tier die Kugel durch den Schädel. Dieser an sich richtige Schuß ist nun aber gerade beim Skunk das Dümmste, was man machen kann. Er muß die Kugel ins Rückgrat, direkt über dem Schwanz, bekommen, um den Schwanzmuskel zu lähmen, damit er von seiner Waffe, der Stinkdrüse, keinen Gebrauch machen kann.

So hob das Stinktier im Todeskampf den Schwanz und spritzte zweimal hintereinander eine gelbliche Flüssigkeit aus, die erst wie ein Strahl aussah, nach ein bis zwei Metern auseinanderging und schließlich fünf bis sechs Meter weit und drei bis vier Meter im Umkreis völlig zerstäubte!

Der stets auf der Prärie wehende Wind trug den Gestank zwar davon, aber ich war neugierig, wollte das auch mal riechen und ging herum, bis ich in den Wind kam. Aha, jetzt! Ich nahm eine ordentliche Nase voll. Heiliges Kanonenrohr! Das hatte ich doch nicht erwartet! Es war ein infernalischer Gestank! Meine Augen tränten, ich drohte zu ersticken, und mir wurde übel zum Erbrechen!

Mit einem Riesensatz war ich wieder aus dem Wind, setzte mich auf einen Stein, machte Atemübungen und überlegte, wie ich dieses fürchterliche Geschöpf aus dem Eisen kriegen könnte, ohne selbst von dem Geruch abzubekommen.

Schließlich holte ich mir eine lange Stange, näherte mich von der Windseite, schob die Stange unter die Bügel des Eisens und trug Freund Skunk erstmal an eine sandige Stelle vor einem alten Dachsbau. Dann machte ich an einer Schnur eine Schlinge, schob sie dem Stänker über den Hals, drückte mit dem dicken Ende der Stange das Eisen auf und zog ihn vorsichtig heraus.

Im Galopp brachte ich jetzt das an der Stange hängende Eisen zum nächsten Wasserloch und versenkte es in den Schlamm.

Inzwischen war es Essenszeit geworden, und ich ging nach Haus. Als ich das Zimmer betrat, hieß es allerseits „es riecht nach Skunk!“, und da erzählte ich die Geschichte. Leider kam ich am Nachmittag nicht mehr dazu, den Skunk beiseite zu bringen, dachte auch gar nicht daran, da wir die Fahrt ins Waldgebirge besprachen, und so blieb das Tier, mit dem zwei Meter langen Bindfaden am Hals, auf dem hellen Sande fein sichtbar, liegen.

Am nächsten Morgen, kaum waren wir fort, machte sich die fünfjährige Guste, Freds älteste, hoffnungsvolle Tochter auf, den vom Onkel gefangenen Skunk zu suchen.

Das Unglückskind fand ihn auch, entdeckte den Bindfaden, ergriff ihn und trabte stolz nach Haus.

Man denke sich das Entsetzen der ahnungslosen Mutter, als sich plötzlich die Tür öffnete und Guste ins Zimmer stürmte, das Stinktier hinter sich herziehend, um es der kleinen Schwester Bessy zu zeigen!

Bob, der Hund, stürzte sich sofort auf den Feind, packte ihn im Genick, schüttelte ihn unter wütendem Geknurr, daß die Haare nur so flogen und die Kinder anfingen zu brüllen.

Die Mutter konnte den Gestank nicht mehr aushalten, sammelte ihre Nachkommenschaft und flüchtete ins Freie. Bob und Skunk blieben im Haus zurück.

Nach lebhaftem Verhandeln durch die offene Tür bequemte sich der Hund endlich, durch fürchterliche Drohungen eingeschüchtert, von seinem Feind abzulassen und herauszukommen. Er wurde sofort zum Auslüften in den Stall gesperrt. Jetzt wurde die weinende Guste beordert, den Skunk heraus und auf den Dunghaufen zu schleifen. Dort wurde er von der für das Wohl ihrer Kinder wie eine Löwin kämpfenden Mutter im Mist verbuddelt!

Die duftende Guste wurde ausgezogen, abgeseift und bekam ihre Sonntagssachen an. Alle Fenster und Türen des Hauses wurden weit geöffnet und das Farmleben, soweit dies möglich, im Freien fortgesetzt.

Guste, die nach dem Ausziehen erst mal gehörig das Sitzleder vollbekommen hatte, war einerseits schwer gekränkt, anderseits aber auch wieder stolz, weil sie ihr gutes Kleid anhatte. Während die Mutter das jüngste Kind versorgte und ihm in der Scheune eine Art Bett zurechtmachte, ging Guste in den Stall zu Bob, weil ihr das extra verboten war. Die Mutter war gerade dabei, das Baby in Schlaf zu wiegen, als plötzlich mit den Zeichen der höchsten Freude Bob erschien.

Nanu, sagte sich die Mutter, Bob, den habe ich doch in den Stall gesperrt. Aha, Guste! Na warte!

„Guste, Guste!" Der Ruf verhallte, nichts regte sich.

Die Mutter lief zum Stall, die Tür war auf und Guste fort, verschwunden! Sie rief und suchte überall, vergebens, Guste war fort! Sie umkreiste schreiend und jammernd die ganze Farm, von Guste war nichts zu sehen und nichts zu hören! Schließlich, am Ende ihrer Kraft, setzte sich die unglückliche Mutter mit Bessy und dem ganz Kleinen in die Scheune an das Bett des Säuglings und weinte. Da erscholl Freds Ruf: „Marie!"

Heulend, mit aufgelöstem Haar, die natürlich auch brüllende Nachkommenschaft hinterher, kam sie angelaufen und warf sich schluchzend in die Arme des Gatten!

„Marie, um Gottes willen, was ist passiert?" rief Fred, und kaum hörten wir die Geschichte, als wir uns schon aufmachten, nach Guste zu suchen.

„Fahr' mit dem Wagen weiter, ich nehme Dora!" rief ich und rannte zum Stall. Der Sattelpony war fort!

Fred kam auf meinen Ruf zurück, und wir überlegten. „Paß auf", sagte er, „Guste ist mit Dora weg! Das Teufelskind kennt ja keine Angst, und sie hat sowas schon mal gemacht! Die hat Dora losgebunden, ist an den Krippen hochgeklettert, hat sich draufgesetzt, und Dora geht nun mit ihr spazieren. Da passiert ihr nichts, der alte Pony ist viel zu schlau, der paßt auf das Kind auf!"

Wir spannten nun doch erst die Pferde aus, sattelten uns zwei andere, möglichst hohe Gäule, um weit sehen zu können, und galoppierten nach dem nächsten Hügel, um die Gegend abzusuchen.

Da, wir waren noch keine fünf Minuten unterwegs – wer erscheint vor uns hinter dem Hügel, langsam größer und größer werdend? Dora mit Guste. Der Pony ging langsam, Schritt für Schritt, graste ab und zu, und Guste saß im Reitsitz, hatte den Halfterstrick in der Hand und ermunterte das Pferd mit Zurufen wie: "Go on, old boy!"

Während Fred seiner Tochter entgegenritt, raste ich nach Hause, zur Mutter. Ach, war ich froh, daß das Kind wieder da war! Doch wo war Guste gewesen? Der Pony war mit ihr den am meisten benutzten Weg gegangen, zum Nachbar Roloff.

Dort sei Guste, wie uns Roloffs später erzählten, quietschvergnügt angekommen, hatte der erstaunten alten Frau Roloff, die sie in Empfang nahm, gesagt, der Papa schicke sie, ob er nicht etwas Tabak bekommen könnte, und hatte einen schönen Gruß von der Mutter bestellt! Kopfschüttelnd über solchen Leichtsinn hatten Roloffs sie mit etwas Tabak versehen und wieder nach Haus gesandt!

Den Tabak hat Fred aufgehoben, er war gerührt wie Apfelmus! „Siehst du, Marie, an mich hat sie gedacht!" Sein Vaterstolz war grenzenlos!

Trotz alledem stank es aber im Haus noch dermaßen nach Skunk, daß wir draußen essen mußten, wir hätten sonst keinen Bissen herunter gebracht! Glücklicherweise lagen die Schlafräume eine Treppe höher, es roch da zwar auch, aber man konnte immerhin schlafen. Eine Woche verlebten wir so den Tag im Freien, und erst dann trieb uns ein Gewitter ins Haus. Mit der Abkühlung ließ auch der Skunkgeruch nach, aber gespürt haben wir ihn noch monatelang!

Ich war damals der sonderbaren Meinung, daß ich meinen lieben Eltern mit der Übersendung einer Probe des Skunkgestankes eine riesige Freude bereiten würde.

Gleich am folgenden Tage suchte ich den Fangplatz ab und fand auch reichlich Spuren der gelben Ladung, die als eine Art pulveriger Schleim in kleinen Bröckchen an Blättern, Gras und Holzstückchen klebten. Es gelang mir, ein trockenes Blättchen mit einigen stecknadelkopfgroßen Stückchen in eine Glasröhre zu praktizieren. Die Röhre wurde verkorkt, versiegelt, in ein ausgebohrtes Holz gesteckt und ein niedliches Päckchen daraus gemacht.

Stolz kam ich damit auf der Post an, doch Mr. Whiteside, der Postmeister, fing sofort an zu schnüffeln, ergriff es, roch daran und gab es mir zurück. "Skunked" (d. h. mit Skunkgeruch behaftet), meinte er kopfschüttelnd, „ich kann es nicht annehmen."

Ich war sehr traurig, aber wer weiß, ob sich meine Eltern gerade über dieses Geschenk gefreut hätten, und dann, wenn nun dem alten Herrn das Glasröhrchen beim Auspacken hingefallen und zerbrochen wäre? Ich glaube, die ganze Oberförsterei hätte geräumt werden müssen!

Wie auf allen großen Ebenen wehte auch auf der Prärie ein unausgesetzter, mehr oder weniger starker Wind, ein Wind, der einem das Leben zur Hölle machen konnte! Mit dem Herannahen des Winters wuchs dieser ewige Wind oft zum Sturm und steigerte sich, zumal wenn er mit Gewitter verbunden, zum Orkan!

Eines Tages standen Fred und ich am Fenster und beobachteten das Toben der Elemente. Draußen zu arbeiten, war unmöglich, denn ein orkanartiger Sturm fuhr in stoßweisen Böen über die Prärie, bis zur Erde hängende, quatschnasse Regenwolken in Fetzen vor sich her treibend!

Sausend und brausend fegte er um das Farmhaus, von Zeit zu Zeit aufheulend in wahnwitziger Wut!

Da sahen wir, wie das Buggy sich plötzlich in Bewegung setzte, sich überschlug und, mit den Rädern nach oben, einige hundert Meter weit durch die Luft sauste!

Die Bö fegte weiter, riß das Oberteil von einem Heustak ab, große Ballen Heu in der Luft herumwirbelnd, und drehte sich dann zu einer Art Windhose zusammen, die schnurstracks auf John Littles Bretterbude zueilte!

In wenigen Minuten war sie dort, Johns Villa hob sich in die Luft, drehte sich einige Male um sich selbst und fiel dann krachend und in Atome zersplitternd zu Boden.

Mit den schnell ergriffenen Ferngläsern konnten wir erkennen, wie sich Mr. Little mit einem großen weißen, flatternden Papier in der Hand – er hatte gerade die Zeitung gelesen – vom Boden erhob und, im Sturm hin und her schwankend, seiner Behausung nachschaute. „Das kommt davon, wenn man sein Haus ohne Fußboden baut", meinte Fred, der in dem bei seiner Hochzeit neu erbauten Hause diese wichtige Einrichtung besaß!

Nach diesem Gewaltakt schien die Kraft des Wetters gebrochen, und wir spannten an, um John zu Hilfe zu eilen. Kaum waren wir fort, als ein neuer Wind aufkam, eisigkalt, der schnell stärker wurde und in ein gewaltiges Schneetreiben überging.

Mit rasender Wut trieb der Schnee die harten, trockenen Schneekristalle vor sich her, an Umkehren war nicht zu denken, wir mußten einfach mit dem Sturm mit und waren froh, als wir John Littles Stall erreichten und uns dort verkriechen konnten, denn auch dieser Musterbau war zu drei Vierteln in die Erde eingegraben und lag so geschützt, daß er jedem Sturm trotzen konnte.

So schnell er gekommen, so schnell ging der Schneesturm wieder vorüber, und wir liefen zu Johns gewesenem Haus – es war nicht mehr zu gebrauchen!

Mühsam erkämpften wir uns den Weg zurück, immer gegen den Wind, spannten hinter dem Stall an geschützter Stelle aus und rannten, voll Eifer, in die warme Stube zu kommen, Hand in Hand, um nicht umgeweht zu werden, durch den Sturm ins Wohnhaus.

Am nächsten Morgen war das Unwetter vorbei, die Sonne strahlte vom blauen Himmel herab, es war warm und schön, aber Fred meinte ernst: „Das war der erste Ansturm des Winters, noch ein paar Tage, und es friert ab!"

Er sollte recht behalten! Drei Tage später wurde es kalt, es fror, fing an zu schneien, und der gefürchtete kanadische Winter war da!

Schnee, nichts als Schnee, so weit das Auge reicht, trockener Schnee, aus dem man keinen Schneeball machen kann, da er wie Zucker wieder aus den Händen rinnen würde.

Ab und zu heftiger Schneefall, meist aber klarer Himmel mit prächtiger Sonne und großer Kälte, immer windig, oft auch heftiges Schneetreiben mit eisigem, schneidendem Sturm, der trotz Pelz und Wolle durch und durch geht – kanadischer Winter!

Nur die große Trockenheit der Luft macht die oft auf fünfzig Grad Celsius sinkende Kälte erträglich.

Lange Nächte, kurze Tage, bei trübem Himmel nie richtig hell, dafür aber bei Mondschein fast taghelle Nächte!

Ringsum tiefe Stille! Nur das Krachen des Eises und das Sausen des Windes, der bei Sturm zu heulendem Brausen anschwillt, ist zu hören. Abends erhebt sich überall das weithin schallende Geheul der Präriewölfe. Es beginnt mit der Dunkelheit, ganz plötzlich, bald hier, bald da, schwillt an und läßt nach, verstummt auf einmal, um dann, ganz unvermittelt, an allen Ecken wieder mächtig einzusetzen, niemand weiß wann, niemand warum! Das ist nun einmal so, seit Tausenden von Jahren! Meist beginnt ein Tier, die anderen fallen sofort ein, entfernte Rudel nehmen den Gesang auf, und ein allgemeiner Cantus wird angestimmt, bis auf einmal, als ob ein Befehl dazu drahtlos übermittelt worden sei, alles verstummt!

Verlassen, im Schnee versunken, liegt die Farm, und nur der stets rauchende Schornstein zeigt, daß dort Menschen wohnen.

Zu großen Herden versammelt, ziehen Vieh und Pferde auf der Prärie umher, suchen nach vom Wind schneefrei gewehten Hügelkuppen, um dort zu weiden, oder stehen, eng zusammengedrängt, an windgeschützten Abhängen. Das lange, dichte Winterhaar schützt diese abgehärteten Tiere, und nur bei sehr hohem Schnee und an sehr kalten Tagen fährt der Farmer an eine Heumiete und wirft ihnen einige Bündel der duftenden Nahrung vor. Die Tiere sind so klug, daß sie von selbst in den Zeiten, wo eine Fütterung nötig ist, sich an den zugehörigen Heustaks versammeln und auf die Verteilung warten!

An klaren Tagen wird das Getreide im Kastenwagen zur Station gefahren und dort verkauft. Es ist die Zeit des „Geldeinganges" für den Farmer, aber auch die Zeit des „Zahlens" alter Rechnungen, Schulden, Zinsen und die besonders von der Hausfrau ersehnte Zeit des „Einkaufens"! Da wird der viele hundert Seiten starke Katalog des Warenhauses gewälzt und aus den Tausenden von Abbildungen alles ausgesucht, was man braucht. Die Abbildungen sind herrlich, die Waren durchweg reell, denn die kanadischen Gesetze sind in solchen Dingen sehr streng! Immerhin kommen die witzigsten Sachen vor, wenn der ausgesuchte Gegenstand in Wirklichkeit doch so ganz anders aussieht als auf dem Bild!

Die Zeit des eingesalzenen Schweinefleisches, wovon man den ganzen Sommer gelebt hat, ist vorbei! Ein Rind wird geschlachtet und irgendwo aufgehängt. Täglich erscheint dann dort die Hausfrau mit einer – Säge und sägt sich mühsam den hartgefrorenen Tagesfleischbedarf ab.

Mit dem Schlitten geht es in den Wald, Holz schlagen, um den Vorrat an Brennholz zu ergänzen, und rings um das Haus liegen die Stapel der brennfertig gehackten Kloben. Wahre Riesenstücke vermag der kanadische Heizofen, der sogenannte "heater", d. h. Hitzer, aufzunehmen! Wehe, wenn, wie es natürlich bei Fred der Fall war, nicht genügend Holz da ist und fortgesetzte Schneestürme die Fahrt zum Wald unmöglich machen! Ich danke dem die furchtbarsten Tage auf der Farm, wie wir später hören werden!

Der Weg zur Station, durch das ununterbrochene Weizenfahren immer wieder festgedrückt, wird höher und höher und zieht sich schließlich als ein schmaler, fester Damm von oft Meterhöhe durch die verschneite Prärie, manchmal sichtbar, oft durch Schneestürme und Wind vollständig verweht.

Die Pferde finden mit tastendem Huf und vorsichtigem Schritt den harten Damm heraus und verlieren den Weg nicht. Doch sobald der rutschende Schlitten zu nahe an den Rand gerät, versinkt er unweigerlich rechts oder links im meterhohen Schnee oder kippt sogar um! Nur in härtester, stundenlanger Arbeit gelingt es dann, das Gefährt wieder in Gang zu bringen.

Auch ich, in der Absicht, Fred zu „helfen", fuhr einmal solchen Schlitten und landete mit der linken Kufe im Schnee, stürzte Kopf vorneweg bis an den Gürtel hinein und kam erst nach vierstündiger Schinderei wieder in Gang! Ich fuhr nie wieder, rede auch nicht gern davon, denn „Festfahren" oder „Umkippen" gilt als fürchterliche Blamage! Wie groß diese Blamage war, konnte ich an Freds unbändiger Freude ermessen, obgleich er doch eigentlich den Schaden dabei hatte, da eine ganze Menge Weizen, im Schnee verloren, liegen blieb.

Dabei war ich so unschuldig, wie ein eben gewölfter Dackel! An Freds Schlitten fehlte natürlich der Splint, der den die Deichsel haltenden Bolzen vor dem Herausrutschen bewahren soll. An einer verwehten Stelle hob der etwas zusammengeschobene Schnee Deichsel und Bolzen beim Weiterfahren aus der Gabel heraus, der Schlitten rutschte vom Damm herunter, die Pferde, nichts Böses ahnend, gingen mit der Deichsel samt Ortscheiten weiter, ich hielt natürlich die Zügel, wie man so schön sagt, in „eiserner Faust" fest, wurde über den Schlitten hinweggezerrt und machte schließlich den erwähnten „Kopfsprung"!

Andere Wege, wie zu den Nachbarn oder zur Post, sind im Schnee verschwunden. Nur unter Mitnahme von Schaufel und Kette kann man die Fahrt wagen, da der Schlitten oft aus den Schneewehen herausgeschaufelt oder von den Pferden an langer Kette wieder auf festen Boden gezogen werden muß!

Die fürchterlichen Schneestürme, die Blizzards, sind der Schrecken der Ansiedler! Wer sie nicht erlebt hat, kann sich keinen Begriff davon machen! Vom Haus zum Stall zieht der Farmer einen Draht, an dem ein Drahtring hängt. Mit diesem Ring in der Hand geht man beim Blizzard vom Haus zum Stall und wieder zurück!

Selbst dieser nur fünfzig Meter weite Weg ist bei schwerem Schneesturm ohne diese Vorsichtsmaßregel lebensgefährlich. So mancher, der fröhlich und sorglos hinausging, um nach den Pferden zu sehen, kam nie wieder! Frau und Kind, die leichtsinnigerweise, von Sorge getrieben, nachfolgten, um nach dem Vater zu sehen, blieben verschollen! Erst nach der Schneeschmelze fand man die Leichen, oder was die Wölfe davon übrig gelassen, irgendwo auf der weiten Prärie!

Wer vom Schneesturm unterwegs überrascht wird, gilt in den meisten Fällen als verloren! Mit Heulen und Dröhnen treibt der Sturm die nadelscharfen, harten Schneekristalle vor sich her, meterhoch ist die Luft davon erfüllt! Die Augen fest geschlossen, mit den Armen das Gesicht schützend, im Sturm hin und her taumelnd, oft bis an den Leib im Schnee versinkend, versucht der Mensch vergebens, weiterzukommen. Mit den Resten seiner Kraft arbeitet er sich vorwärts, um doch nur zweck- und ziellos in der Runde zu gehen, bis er, am Ende seiner Kraft, sich zum Ausruhen hinsetzen muß, im Handumdrehen verweht ist, und – erfriert!

Tierwelt und Vieh spüren den nahenden Sturm mit ihrem uns noch verschlossenen sechsten Sinn, verkriechen sich rechtzeitig an geschützten Stellen, dicht zusammengedrängt sich gegenseitig wärmend, und lassen das Unwetter über sich hinwegbrausen, geduldig und still!

Aber selbst dieser fürchterliche Sturm hat ein Gutes!

Wenn auch ganze Abhänge, ja ganze bewaldete Teile verweht werden, so daß sie der ebenen Prärie gleichen, so fegt der Wind auch große Flächen, wie Berg- und Hügelkuppen, hoch gelegene Geländewellen, wieder schneefrei, und das Vieh findet dort gutes, kräftiges Futter. Das kurze, dichte Gras der Prärie, das „Büffelgras", hat auch dann noch seinen vollen, bedeutenden Nährwert!

Für mich begann jetzt endlich die lang ersehnte Zeit der Jagd und des Pelztierfanges!

In warme Pelze gehüllt, mit kanadischen Schneeschuhen in Form eines Tennisschlägers an den Füßen, durchstreifte ich die Gegend, mutterseelenallein, kein Mensch weit und breit, ein idealer Zustand!

Überall kroch ich umher, niemand störte mich. An allen mir geeignet erscheinenden Stellen legte ich meine Fallen auf Bisamratten, Hermelin, Mink, Fuchs und Wolf, schoß Hasen, Hühner und Karnickel und saß nächtelang beim Luder, einem toten Kalb, auf Wölfe an. Nur dem Skunk ging ich weit aus dem Wege!

Bald war den intelligenten Pferden die einsam über die verschneiten Felder wandelnde Gestalt bekannt, und als ich einst dem Führer, einem riesigen alten Schimmel, der auf den schönen Namen „Old Adam" hörte, meine Reverenz gemacht, ihm von dem stets in der Rocktasche mitgeführten Hafer und Salz angeboten und – eine Sache, die bei Pferden von verblüffender Wirkung ist –, ihm eine lange Geschichte direkt ins Ohr erzählt hatte, war die Freundschaft geschlossen.

Kaum ließ ich mich auf irgendeiner Geländewelle sehen, so setzten sich auch, unter Führung des alten Adam, die Hunderte von Pferden in Bewegung und versuchten, mir den Weg abzuschneiden. Ich dagegen ging der ersehnten Begegnung mit allen Kniffen des „weißen Mannes" aus dem Wege und hatte meine Freude daran, mit welch unglaublichem Scharfblick Old Adam es verstand, so zu manövrieren, daß ich ihm doch in den Weg laufen mußte!

Dann standen sie alle um mich herum, schnaubten und wieherten, die Zutraulichsten kamen sogar heran und rieben die Nasen an meiner Schulter. Der alte Adam stand mir im Wege wie eine Mauer. Erst wenn er sein Salz und eine Handvoll Hafer intus hatte, gab der gewiegte Wegelagerer die Straße frei. Doch auch dann noch folgten mir die Blicke dieser klugen Tiere voller Neugier und Interesse.

Das Rindvieh dagegen nahm von mir keinerlei Notiz, sondern glotzte nur saudumm, wenn ich in der Nähe vorbeiging.

Die Jagd auf Niederwild war so einfach und öde, daß es nicht lohnt, darüber zu berichten. Wenn wir einen Hasen oder Hühner essen wollten, so nahm ich das, was wir brauchten, so im Vorbeigehen mit. Alle Hasen und Kaninchen waren schneeweiß. Die Hühner hatten ein helles, graufahles Gefieder, so daß es schwer war, ruhendes Wild zu erkennen. Da mir aber die Stellen, an denen sie, je nach der Witterung, vorzugsweise lagen, sehr bald bekannt waren, blieb nur die kleine Mühe, dort mit schußbereitem Drilling entlangzugehen.

Eine Art Hase, das „Schneeschuhkaninchen", hatte derartig große, mit Borsten besetzte Zehen, daß er wie der Wind über die Schneeflächen flitzen konnte, so daß ich ihn öfter verpaßte, was mich stets ärgerte, da er am seltensten war und am besten schmeckte.

Sogar die Präriehühner hatten im Winter an den Zehen eine Art kurzer Federn, wodurch sie ebenfalls, ohne einzusinken, über den Schnee laufen konnten. Im Geschmack war alles Wild mit unserem nicht zu vergleichen, es schmeckte nach gar nichts. Das mag aber auch an der Zubereitung gelegen haben. „Rebhühner mit Speck in Weinkraut“ ist ein schönes Essen, aber die Haare würden jeder Köchin in Deutschland zu Berge stehen, wenn sie unsere Farmkocherei – gegessen hätte sie es bestimmt nicht – gesehen hätte!

Freds Frau hatte ein Schwäche für das an sich ganz gute Gericht „Reis mit Tomaten“! Sie nahm eine Büchse davon, öffnete sie, schüttete den Inhalt in eine Schüssel, machte den Kram warm, und das Essen war fertig, es war „Reis mit Tomaten“!

Fred, der früher ein bekannter Feinschmecker gewesen, konnte sich für ein Dauergericht „Reis mit Tomaten“ absolut nicht erwärmen. Ab und zu kam er dann, bot mir eine Zigarre an und flötete: „Lieber M., wie wär's denn mal mit Hühnern? Du kannst das doch tadellos!“

Morgens brachte ich dann ein halbes Dutzend Präriehühner mit, doppelt so groß wie unsere Feldhühner. Sie wurden fein ausgezogen, aufgehängt und froren erst mal Stein und Bein.

Am nächsten Tag ging dann das „Zurechtmachen“ los. Das Huhn wurde aufgetaut, die Federn auf der Brust wurden auseinandergeblasen, mit scharfem Messer wurde die Brusthaut aufgeschlitzt und rechts und links mit den Fingern daruntergefahren, so daß man die Brust gut umfassen konnte. Dann ein kräftiger Zug, und die Hühnerbrust war vom Huhnkörper abgerissen, wurde sauber abgewaschen und in die Pfanne gelegt. In fünf Minuten waren zwölf halbe „Brüste“ bratfertig! Etwas Speck hinein, ein Klumpen Butter, eine Dose Sauerkohl, und das "dinner" konnte losgehen. Bequem, ja, aber schmecken? Nein!

Den armen Hasen erging es ähnlich. Der Balg wurde am Rücken aufgeschärft, oben ein Querschnitt gemacht und der ganze Rücken mit Gewalt abgeledert, abgewaschen und in die Pfanne geworfen. In vier Minuten hatte ich einen Hasen „bratfertig“, aber schmecken, nein, schmecken tat er nicht. Jedoch Fred, der Hausherr, meinte: „Immerhin noch besser als zum viertenmal in der Woche Reis mit Tomaten“, während die Gattin dabei blieb: „Tomaten sind gesund!“

Der Pelztierfang war mäßig, da auch diese Tiere bereits der vordringenden Kultur gewichen und nordwärts gewandert waren. Trotzdem fing ich eine Menge Bisamratten und Wiesel (Hermeline), einige zwanzig Minks (Nerz), etliche Füchse, jedoch – nicht einen einzigen Wolf! Die waren zu schlau! Dafür erlegte ich aber sechzehn Stück in den Mondscheinnächten am Luder! Eine solche Nacht sei hier geschildert!

Kalt und hart liegt das Mondlicht auf den endlosen Schneeflächen. Ein leiser Wind streicht still und stetig über sie hin, hell flimmern am Himmel die Sterne, und am Horizont steht riesengroß, im flachen Bogen den ganzen nördlichen Teil des Himmelszeltes bedeckend, ein mattes, milchweißes, kaltes Licht ausstrahlend, das Nordlicht. Ein leises Rascheln, wenn der Wind den noch losen Neuschnee vor sich her treibt, als ob Zucker über Papier rieselt, ab und zu ein Krachen und Knallen des Eises, ein Aufheulen entfernter Wölfe, sonst tiefe Stille.

Da öffnet sich knarrend die Tür des Farmhauses und heraus tritt eine dicke, große, unförmige weiße Gestalt, den Drilling im Arm. Mit knirschenden Schritten stapft sie durch den tiefen Schnee hinab zu dem kleinen See, auf dessen Eisfläche ein totes Kalb liegt als Luder für die Wölfe. Der See liegt tief, ist rings von Gebüsch umgeben und bietet guten Schutz gegen Wind und Wetter. Am Rande, vierzig Schritt vom Kalb entfernt, im verschneiten Gebüsch, fast unsichtbar, steht eine rohe Bretterbude, eineinhalb Meter hoch, eineinhalb Meter breit und ein Meter tief, bedeckt mit Schnee, nur vorn ist ein schmales Schußloch, vor dem ein alter Hafersack hängt, und hinten eine kleine Tür. Drinnen steht, versunken im metertiefen Heu, der „Stuhl", eine alte Kiste.

Rings herum im Gebüsch, am Ufer entlang, stehen die Kühe dicht aneinander, wärmen sich gegenseitig, käuen wieder und verdauen. Auch sie haben diese windstille Ecke aufgesucht.

Die plumpe, weiße Gestalt nähert sich der Hütte und freut sich, daß das Vieh da ist, denn der stark duftende Kuhgeruch verdeckt die menschliche Witterung, und das mahlende Geräusch des Kauens, das fortgesetzte Rülpsen, wie auch die deutlich hörbaren Verdauungsgeräusche erlauben dem Jäger, sich wenigstens etwas zu bewegen und in Ruhe zu rauchen.

Das geschilderte riesige, weiße Untier bin ich, in Pelzjacke, Fahrpelz, Pelzstiefeln, weißen Wollhandschuhen, weißer Mütze und, als äußerster Haut, einem abgelegten weißen Nachthemd vom alten Forstmeister Z., das ich mir extra zu diesem Zweck erbettelt hatte, weil sein Besitzer fast zwei Meter groß war und zweihundertfünfundachtzig Pfund wog!

Für dieses Unikum von Hemd spielte der untergezogene Pelz gar keine Rolle, die Pelzjacke gar nicht zu erwähnen, im Gegenteil, ich mußte sogar noch ein Stück Strick als Gürtel tragen, um nicht bei plötzlich aufkommendem Wind wie ein Ballon in die Höhe getrieben zu werden.

Vorsichtig drücke ich mich an den Kühen vorbei, die sich aber absolut nicht stören lassen, zwänge mich mühsam durch das Türchen und verschwinde in der Hütte. Ein Rascheln im Heu, als ich mich setze, der Hafersack vor der Schießöffnung wird etwas beiseite geschoben, so daß nur ein Guckloch frei bleibt, und alles versinkt wieder in eisige Ruhe, nur das Kauen und Verdauen der Kühe dringt leise und beruhigend an mein Ohr.

Die Deckelpfeife im Munde, warm und behaglich, sitze ich und warte.

Das Mondlicht fällt günstig, ich kann das Luder, ein mit der Axt geöffnetes Kalb, den kleinen See, das andere Ufer und den Kamm der gegenüberliegenden Höhe mit dem Glas genau übersehen.

Es ist zehn Uhr nachts, die Kälte ungefähr dreißig Grad, der leichte Wind kusselt etwas um den See herum, ab und zu streicht er raschelnd über meine Hütte, und ich höre, wie die Büsche sich leise bewegen und Schnee und Eis herabrieseln.

Die Kühe stehen und rühren sich nicht vom Fleck. Ab und zu heulen entfernt die Wölfe, in der Nähe bellt kurz ein Fuchs, und ein Wiesel pfeift und keckert direkt vor meiner Bude.

Da, leicht wie ein Schatten, unhörbar, in scharfer Silhouette sich vom Horizont abhebend, schnürt der erste Wolf den Kamm entlang.

Ich bewundere mit dem scharfen Glas (Zeiß, Marine), wie mühelos der Körper von den federnden, sehnigen Läufen getragen wird: Es ist ein Präriewolf, ein starker Rüde, dem Jäger sofort erkennbar an der buschigen, schräg nach unten getragenen Rute, halb so lang wie das Tier selbst. Der Graue Wolf oder Timberwolf hält die am Ende und an der Wurzel schwächer behaarte und etwas kürzere Rute fast waagerecht, während der Fuchs an den langen Lauschern, seiner starken, nach unten hängenden Lunte und dem niedrigen Gebäude sofort kenntlich ist. Die Größe allein kann nie maßgebend sein, da sie dem Menschenauge je nach Beleuchtung und Wetter riesig oder winzig erscheint!

Mein Herz fängt an zu hämmern, kommt er? – Nein, er trabt weiter und verschwindet geisterhaft hinter der Höhe.

Das Hermelin hat inzwischen Gesellschaft gefunden, das pfeift und keckert fortwährend um mich herum, jetzt raschelt es im Heu zu meinen Füßen, und ich fühle, wie sich die beiden kleinen Räuber gegenseitig jagen. Da bewege ich die Beine, ein Ruck – fort sind sie, und das Spiel geht draußen weiter. Meine Gedanken schweifen zurück zur Heimat, und ich lächele in Erinnerung an eine Jagdfahrt, an der eine bekannte Dame, eine alte Jungfer, teilnahm. Ich trug damals, als Jüngling, stets stolz einen mächtigen Standhauer und gab der Dame auf ihre Frage, zu was ich den „Säbel" umhätte, die klassische Antwort, der wäre zum „Nahkampf gegen die Wiesel", eine Antwort, die sie in Angst und Schrecken, meinen alten Herrn aber in größte Verlegenheit versetzte.

Es geht auf Mitternacht, das Wolfsgeheul wird stärker und kommt näher. Die Kälte fängt doch an durchzudringen, und ich werde schläfrig. Die Kühe sind auch ruhiger geworden, ich sitze, friere und kämpfe gegen den Schlaf an, döse aber doch etwas ein.

Da! – Ein fürchterlicher Schreck durchzuckt mich, ich fühle, wie mein

Herz sich zusammenkrampft. Mein Blut erstarrt vor Kälte, um sofort einer Hitzewelle zu weichen, die mir wie ein Feuerstrom durch die Adern rast, daß ich meinen Puls laut klopfen höre!

Ein riesenhafter Schatten steht vor meinem Schußloch, hat den Hafersack ergriffen, zieht ihn fort und versucht, ihn abzureißen!

Im Augenblick sehe ich auch schon, was los ist. Solch verdammtes Stück Rindvieh, kaum mit dem Wiederkäuen fertig, hat den Hafersack entdeckt und frißt ihn gierig hinunter. Rasch fasse ich zu, und ein sonderbarer Kampf beginnt! Die Kuh schluckt und schluckt, hat den Sack schon dreiviertel hinunter, und ich zerre ihn ihr wieder Stück für Stück aus dem Maul heraus, höre dabei deutlich, wie das Gewebe auf der rauhen Zunge kratzt, und spüre den Widerstand!

Da dieses Riesenrind sich absolut nicht von dem Sack trennen will, bleibt mir nicht anderes übrig, als ihn von den Nägeln abzureißen und der Kuh eine gewaltige Tabakswolke in die „Fresse“ zu blasen. Das hilft, und prustend zieht sie ab! Ich bin wütend, nicht des Vorfalles an sich wegen, man kann ja allerhand erleben mit so einer Kuh, sondern weil ich mich in meinem Halbschlaf so fürchterlich erschrocken habe.

Der Mond steht hoch, in allen Richtungen heulen die Wölfe, ich sehe nach der Uhr – es ist einhalb zwölf! „Jetzt könnte eigentlich was kommen“, denke ich und will die Gegend mit dem Glas absuchen, da – vor dem Kalb zwei Schatten – Wölfe!

Erst mal beobachten! Das ganze Nachtglas zeigt mir zwei Buschwölfe, brushwolves, ein Mittelding zwischen Prärie- und Grauem Wolf, der Rüde bedeutend stärker als die Betze. Sie stehen hinten hoch, liegen vorn tief, haben den halben Schädel im Bauch des Kalbes und zerren, knurren und zergeln, wie der „Kapitän“, mein Dackel zu Haus, wenn ich ihm eine gewürgte Katze abnehmen wollte.

Ab und zu springt einer zurück, um ein abgerissenes größeres Stück zu verschlingen. So zerren sie, meist dicht zusammen, an dem Luder herum, doch beide mit einem Schuß zu fassen, erweist sich als unmöglich, da das Kalb zuviel verdeckt, denn solch Buschwolf verträgt allerhand Schrot! Ich muß schießen, wenn der Rüde freisteht, um gerade ein großes Stück zu schlingen. Langsam und vorsichtig visiere ich hin, endlich steht er gut – mit Vollkorn Blatt aufsitzend –, und donnernd bricht sich der Schuß an den Seeufern!

Stumm saß ich, vom Feuerstrahl geblendet, rauchte und lauschte – tiefe Stille. Den Kühen war, was mich stets aufs neue gewundert hat, solch ein Schuß höchst gleichgültig! Endlich, nach Minuten, konnte ich wieder sehen.

Ich erhob mich, reckte und streckte die steifen Glieder, kroch hinaus und ging mit gespanntem Drilling auf das Kalb zu. Deutlich schimmerten im Schnee zwei Spuren, ein Riesenabsprung mit tiefen Eingriffen, mindestens fünf Meter weit, das war der andere, und hier, eine Schleifspur, nach drei Schritten schweißig, und fünfundzwanzig Schritte weiter lag er, ein starker Bursche, der so seine fünfundsiebzig Pfund haben konnte!

Er bekam einen mitgebrachten Strick um den Hals, und befriedigt und angenehm warm geworden stapfte die dicke, weiße Gestalt wieder zum Farmhaus, den Wolf hinterher ziehend, um ihn im Vorraum aufzuhängen, damit er nicht zu steif fror.

Dort empfingen mich im Nachthemd, Pelzmantel und größter Aufregung Fred, Frau und Guste, um den Wolf zu sehen.

Fred benutzte den Vorfall und kam mit dem Whisky an, aber seine Frau riß ihm die Pulle fort und erklärte: „Wer draußen sitzt und in der Kälte Wölfe schießt, der kriegt, weil er halb erfroren sein muß. Wer aber geschlafen hat und aus dem Bett kommt, der darf nicht trinken, weil er schwitzt!" Erst als der schlaue Fred anfing, in seinem „Nachthemd mit Pelz" vor Kälte zu zittern, bekam er auch ein Gläschen.

Leider endete es wieder einmal tragisch, weil Gustes Wunsch, den Wolf mit ins Bett zu nehmen, rundweg abgeschlagen wurde. Todmüde verklüftete ich mich schnellstens in meinen Bau, hörte aber noch lange die tröstenden Worte der Mutter, um die schluchzende Guste zu beruhigen, dazu die Bemerkung des Vaters: „Aber Guste, was willst Du denn mit dem toten Wolf im Bett?"

„Das möchte ich auch wissen", dachte ich noch und schlief ein.

Eine merkwürdige Gesellschaft

Inzwischen war so allerhand im Gange!

Guste und Bessy wurden immer ungeduldiger und warteten auf den angekündigten Weihnachtsmann, genannt Santa Claus.

John Little, der nur seine Hand vor das Gesicht zu halten brauchte, um gegen jedes Unwetter vollständig „gedeckt“ zu sein, hatte sein neues Haus fertig und war ausgezogen, Schlitten und Gäule mit bunten Bändern geschmückt, die Braut einzuholen!

Freds Frau war mal wieder so weit, trotz der vier kleinen Mädchen, und Lissie, die Stütze und Hilfe, wurde täglich erwartet, um bei der Arbeit zu helfen.

Endlich war der „Quellensucher“ eingetroffen, ein Hobo (Stromer), der auf den Farmen durch Klopfen mit seinem Stock Wasser suchte, bis er hinausgeworfen wurde. Einige Tage mußte man ihn schon behalten, da er „feuergefährlich“ war.

Gerade als ich zu meinem Rundgang aufbrechen wollte, kam er an, von Freds Frau mit den Worten begrüßt: „Fred, der Quellensucher ist da!“

Fred, der noch eben rumrumorte, antwortete dumpf: „Gib ihm was zu fressen und schmeiß ihn raus!“

Wichtig oder beliebt schien der Gast also nicht zu sein, seinetwegen dazubleiben, lohnte nicht, ich ging deshalb beruhigt los.

Draußen hatte es heftig gestürmt, der Schnee war hin und her geweht worden, und ich fand zu meiner Überraschung mein Birkenwäldchen, einen Abhang an einem See, der mit Birken bestanden war und den ich als gutes Jagdrevier oft aufsuchte, nicht mehr vor.

Das Wäldchen war verweht, so vollständig, daß aber auch nicht die Spur mehr davon auffindbar war! Vorsichtig rückte ich mit meinen Schneeschuhen immer weiter vor, fast bis an den Rand, wo die Schneewehe sich zum See hinabsenkte, es war fabelhaft, das Wäldchen war fort!

„Zum Kuckuck!“ schimpfte ich los, „der ganze Wald kann doch nicht fort sein!“ und krach, brach ich durch die Schneedecke, rutschte samt Schneeschuhen zwischen die verwehten Birkenkronen, ließ das Gewehr fallen, griff blindlings zu, erfaßte glücklich einen Ast, der sich mit meiner Last sanft neigte, und hing, wie der Rekrut am Querbaum, auf einmal in der „Halle des Bergkönigs“!

Über mir spannte sich eine weiße Schneedecke, und durch das Loch, das ich im Fallen gerissen, schien die liebe Sonne! In freier Luft hing ich zwischen Birkenstämmen, und unter mir war wieder Schnee!

Wie tief war er? Konnte ich den Sprung wagen? Sicher nicht mit meinen Schneeschuhen, die mir wie Merkurflügel an den Füßen herumbaumelten. Ich hangelte daher nach dem Stamm zu, der schwankende Ast hielt trotz des Frostes, und bald saß ich wie ein Klammeraffe am rettenden Baum!

Ich rutschte bis zum nächsten stärkeren Ast, löste die Schneeschuhe, warf sie hinunter und kletterte am Stamm nach. Der Schnee unten trug leider mein Gewicht nicht, er war lose und ich versank bis unter die Arme!

Da stand ich nun und kam mir unglaublich dämlich vor! Von oben brach durch die Erschütterungen immer mehr Schnee nach, der mir liebevoll in den Hals rieselte, es war eine feine Sache. Die Arme hatte ich ausgebreitet auf dem Schnee liegen, wie ein Schwimmer im Wasser.

Das Gewehr, mein geliebter Drilling, war fort! Ich gedachte der noch fälligen Raten an den Büchsenmacher und überlegte, ob ich sie unter solchen Umständen zu zahlen hätte!

Dann kam der furor teutonicus über mich. Ich ergriff den Stamm und rammte meinen ein Meter achtzig langen Körper hin und her, um erstmal Platz zu kriegen, damit ich mich bewegen konnte, wodurch ein wahrer Wolkenbruch von Schnee von oben herabklackerte, bekam aber eine Art Trichter zustande, da der trockene Schnee stets nachrieselte. In diesem Trichter saß ich nun als eine Art Ameisenlöwe und brüllte vor Wut!

Mein Gesicht war durch die Äste völlig zerschunden, die Hände bluteten, und ich schwitzte wie im Dampfbade!

„Zum Donnerwetter“, fluchte ich, „ich muß doch hier raus!“ Ich hob die Beine, hielt mich am Stamm und trampelte den Schnee runter, immer runter, nach und nach wurde der Grund fest, ich kam hoch und befand mich endlich in einer flachen Mulde. Jetzt angelte ich mir die Schneeschuhe, band sie sorgfältig fest und versuchte, vorsichtig zu gehen. Es gelang, ich sank nur etwa zehn Zentimeter tief ein!

An einer Stelle vor mir schien die Schneemauer etwas dünner zu sein, es schimmerte dort Licht, dorthin wandte ich mich, bohrte mich – auf etwas mehr oder weniger Schnee kam es ja nicht mehr an – mit dem Kopf zuerst durch und stand aufatmend am Rande des Sees!

Nachdem ich die Pfeife, die ich glücklicherweise in der Tasche gehabt, in Gang gebracht hatte, kehrte ich um und suchte nach dem Drilling. Weit ab vom Stamm konnte er ja nicht liegen. Kolben nach oben, die Läufe dreiviertel voll Schnee, fand ich ihn schließlich, hing ihn um und machte mich schleunigst auf den Heimweg, denn es war fast Mittag.

Ahnungslos öffnete ich die Tür, trat in den Vorraum und stand einem weiblichen Wesen gegenüber in mittlerem Alter, lang und dürr, mit weit vorstehenden, gelben Zähnen, von denen einer fehlte, und – ich starrte, und eine Art Grausen überkam mich – mit einem regulären fein braun gebratenen Setzei[1] auf dem einen Auge, sorgfältig mit einem schmalen Leinewandstreifen befestigt.

Ich war sprachlos, doch das Setzei verzog den dreieckigen Mund zu einem süßlichen Lächeln und lispelte: „Oh, ich freue mich so, Sie sind sicher Mr. M.! Wie geht es Ihnen?“

“Allright!” brüllte ich entsetzt und flüchtete ins Zimmer.

Dort saßen an dem großen Tisch Freund Fred, dessen Gesicht ich sofort ansah, daß etwas los war, seine Frau, in sichtlich größter Erregung, und – John Little, der Hochzeiter, der sein geisterhaft bleiches Haupt mit zerwühltem, zu Berge stehendem Haar tief in seine eine Holzschaufel versenkt hatte. Die andere Tatze lag löwenartig über zwei mir noch unklaren, fleischfarbenen Gegenständen, die mit Bändern, sogar rosa Bändern, verbunden waren.

John gegenüber hockte auf einem Schemel der Quellensucher, ließ die geradezu groteske Nase über dem Kinn hin und her baumeln, starrte mit weit aufgerissenen Augen auf die rätselhaften rosa Dinger unter John Littles Hand und brabbelte fortgesetzt vor sich hin: “I never heard anything like that!” (Noch nie habe ich von solcher Sache etwas gehört!)

Ich rief „Hallo“, legte meine Sachen ab und näherte mich mit forschendem Blick dem Tisch, als Fred aufsprang, die Hand vor den Mund preßte und nach oben in sein Schlafzimmer rannte! Ich folgte sofort, Fred berichtete, und beide wälzten wir uns minutenlang in den Betten herum, das Lachen in den Kissen dämpfend!

Die geheimnisvollen Dinger waren – der Büstenhalter von John Littles Braut!

„Und das Tier mit dem Setzei?“ fragte ich. Es war die Stütze, Lissie, die ihr entzündetes Auge damit heilen wollte!

Nachdem wir uns etwas beruhigt hatten, gingen wir wieder hinunter und nahmen am Tische Platz. Lissie mit dem Setzei war auch wieder dabei und lispelte gerade: “It is a shame!” (Es ist eine Schande!)

Kaum saß ich, als John aus seinem dumpfen Brüten erwachte. Er hob die Tatze mit dem rosa Büstenhalter, hielt ihn mir unter die Nase und sprach: “Look here, that’s all, she has left, I threw her out this morning!” (Sehen Sie her, das ist alles, was sie zurückgelassen, ich habe sie diesen Morgen hinausgeworfen!)

Dann schilderte er, zitternd vor Entsetzen, daß an seiner Braut alles

[1] Spiegelei

falsch gewesen sei, Haare und Zähne, die blühenden Farben alle nur angemalt, und sogar dies! Und wieder streckte er mir die ausgearbeitete feste und ehrliche Hand hin, sah mir düster in die Augen und fuhr fort: „Well, Mr. M., ich weiß, Sie sind ein hochgebildeter Mann, Sie kennen die Staaten wie auch die Länder des alten Europas, sagen Sie mir, please, wissen Sie, daß es so etwas gibt?"

Ich blickte starr auf das Setzei, um ernst zu bleiben, und schüttelte den Kopf, sprechen konnte ich nicht.

„Eine Schande ist's!" rief Freds Frau.

Lissie, die Stütze, die kein Wort Deutsch verstand, hörte der „lady", der Hausfrau, Wort, beugte sich vor und fragte, das Setzei balancierend, „Was sagen Sie, Frau S., ich kann es nicht verstehen?" Worauf die Hausfrau, damit Lissie besser verstand, laut brüllte: „Eine Schande ist das!"

Die Stütze verstand aber wieder nicht und schüttelte bedauernd das Haupt, so daß das Setzei bedenklich auf und ab schwabberte!

„Über ganz Kanada suchte ich nach Wasser", meinte der Quellensucher und schielte an seinem Riechorgan entlang nach dem rosa Büstenhalter, „aber noch nie hörte ich von so einer Sache!"

Um das Lachen zu verbeißen, beschäftigte ich mich mit Guste und Bessy, die als echte Kinder zitternd vor Neugierde dabeistanden, und erzählte ihnen, ich hätte heute draußen den Santa Claus getroffen, er hätte einen großen haarigen Pelz an und einen langen, weißen Bart und käme vielleicht heute noch her.

Die Aufregung der Kinder lenkte mich ab und ermöglichte es mir, ab und zu etwas zu lachen. Auch Fred stand Qualen aus, und wir vermieden auf das sorgfältigste, uns anzusehen!

John fuhr in seiner Erzählung fort und schilderte gerade, wie er bei seiner Braut die falschen Zähne entdeckt hätte, wobei er den Mund so weit aufriß, daß er, wenn auch mühsam, mit dem Daumen hineingreifen konnte, um den Vorgang genauestens zu demonstrieren, da hörten wir draußen Glockenklang, ein Schlitten kam an, kurz darauf klopfte es, und herein trat ein gut aussehender älterer Herr mit weißem Bart, in einem vornehmen Waschbärpelz.

Freundlich grüßend wollte der Fremde nähertreten, da taumelte er aber auch schon zurück, Guste war ihm mit dem Jubelruf „Santa Claus" mit aller Wucht gegen den wohlgepflegten Bauch gerannt!

Es war aber nicht Santa Claus, sondern der Wahlmann der liberalen Partei, der der kommenden Wahl wegen eine Rundfahrt bei den Farmern seines Sprengels machte!

Da saß nun Freds „Besuch" um den Tisch herum, der Werber für die liberale Partei, alias Santa Claus, die dürre Lissie mit dem Setzei, John Little mit den Holzschaufeln und dem Büstenhalter seiner hinausgeworfenen Braut und, den erstaunten Blick unverwandt auf dieses rosa Wunder gerichtet, der Quellensucher mit der Baumelnase!

Fürwahr, eine merkwürdige Gesellschaft.

Der Winter begann, sich sehr unangenehm bemerkbar zu machen. Das Brennholz, Fred hatte natürlich keinen Vorrat, wurde knapp, doch vergebens warteten wir auf gutes Wetter, um in den Wald zu können, denn ein Schneesturm jagte den andern.

Unser Tabak war aufgeraucht, und das Weihnachtsfest verging, ohne daß wir Post holen konnten!

Endlich, es war der fünfte Januar, schien der Himmel ein Einsehen zu haben, und es klärte auf.

Sofort machte ich mich auf den Weg zu Mr. Whiteside, dem Postmeister, um die ersehnte Weihnachtspost abzuholen. Morgens um neun Uhr fuhr ich ab, im leichten Schlitten, mit zwei kräftigen Pferden, wohlversehen mit Pelzen, Decken, Schaufel und Kette.

Der Weg war furchtbar, oder besser, er war überhaupt nicht. Nach Möglichkeit suchte ich mir Stellen mit niedrigem Schnee und hielt im großen und ganzen die Richtung ein.

Endlich, nach schweren Mühen, erreichte ich die Post, fand eine Menge Briefe, Zeitungen und Pakete vor, steckte alles in einen mitgebrachten Sack, aß etwas und brach, sobald die Pferde gefressen hatten, wieder auf.

Besorgt schaute der erfahrene Mr. Whiteside dabei auf den Himmel und meinte: „Bleiben Sie lieber hier, es kommt ein Blizzard!“ Ja, so sah es aus, aber ich wollte nach Haus.

Da ich auf meiner eigenen Spur zurückfuhr, ging es natürlich bedeutend schneller, weil das Suchen nach einem Weg und das Schneeschaufeln fortfielen.

Das Unwetter zog sich immer mehr zusammen. Schon um fünf Uhr war es dunkel, der Wind wurde stärker, ein dumpfes Bullern ließ sich ab und zu aus Nordost vernehmen, und der Himmel nahm mehr und mehr eine teils fahlgelbe, teils düstergraue Färbung an.

Die Pferde wußten, was bevorstand, und hasteten nach dem Stall. Der Wind schwoll an, es begann zu schneien, und der Bodenschnee fing an zu laufen, d. h. er wurde vom Wind hochgerissen und über den Boden fortgetrieben. Schon nach Minuten war meine Spur nicht mehr zu sehen, noch aber konnte ich sie fühlen, wenn ich, vor den Pferden hergehend, die Hand in den Schnee steckte.

Bald mußte ich auch das aufgeben. Der Wind wurde zum Orkan, mit donnerndem Brausen raste er über die Prärie, der Schnee wurde wie Wolken in die Luft gewirbelt und fegte sausend und pfeifend dahin, den Himmel verdunkelnd. Es war fast Nacht, der Sturm tobte und brüllte, hilflos saß ich armes Menschlein im Schlitten, schützte mich durch eine vorgehaltene Decke und ließ die Pferde gehen, wohin sie wollten, vielleicht half ihnen der Instinkt nach Haus.

Der Blizzard traf mich schräg von hinten, und nur dadurch war es den starken Gäulen möglich, überhaupt weiterzukommen. Der Schlitten fuhr immer schwerer, immer langsamer kämpften sich die armen Tiere vorwärts, bis wir schließlich festsaßen. Die Kufen brachen ein, der Schlitten saß mit dem Kasten auf, und die Pferde standen bis an den Bauch im Schnee! Mühsam stieg ich aus, kroch nach vorn, schnitt die Stränge durch, riß die Geschirre herunter und gab den Pferden die Freiheit.

Dann leerte ich, im wütenden Sturm hin und her taumelnd, den Schlittenkasten aus, wälzte den Schlitten um, so daß der Boden nach oben kam, schaufelte an der windfreien Seite ein Loch darunter, warf alle meine Sachen hinein, kletterte hinterher und richtete mich in der so entstandenen Höhle, den umgestürzten Schlitten als Dach, häuslich ein. Im Handumdrehen war der Schlitten so verweht, daß ich in einem absolut windstillen, fast luftdicht abgeschlossenen Raum saß. Ich bohrte die mitgenommene Peitsche durch den Schnee und hielt so ein Luftloch offen.

In dieser Höhle war es, den Umständen entsprechend, ganz angenehm. Ich machte mir eine Schneebank, so daß ich bequem sitzen konnte, steckte die Füße in einige übereinandergezogene Säcke, wickelte die Schlittendecken um den Unterkörper und steckte mir die Pfeife an. Dabei sah ich nach der Uhr, es war einhalb acht.

Eine lange Nacht stand mir bevor. Vor neun konnte ich kaum auf Tageslicht rechnen. Leider saß ich in tiefster Finsternis, hatte jedoch meine Taschenlampe, die ich aber nur in Notfällen brauchen durfte, um zu sparen. Alle Augenblicke mußte ich mit dem Peitschenstiel das Luftloch wieder frei machen, auch die Pfeife legte ich wieder fort, da der Rauch nicht abziehen konnte.

Aus Langerweile nahm ich den Postsack vor und fingerte darin herum. Ein längliches Kästchen betastete ich lange, es war gerade von der Form, wie in Kanada einzelne Whiskyflaschen versandt werden.

Sollte ...? Rasch griff ich zur Lampe, meine Ahnung hatte nicht getrogen, auf dem Deckel war eine Flasche abgebildet! Absender: Die Gesellschaft, an die Fred sein Getreide verkaufte, die solche Kistchen als Neujahrspräsent an ihre Kunden versandt hatte!

Das war ja großartig. Mit dem starken Jagdmesser brach ich den Deckel auf und nahm den kostbaren Inhalt liebevoll heraus.

Nachdem ich einen kräftigen Schluck genommen, kam mir meine Lage fast interessant vor! Ich spielte eben mal zur Abwechslung „Eskimo".

Der Schneesturm hatte für mich alle Schrecken verloren.

In größter Ruhe und stiller Beschaulichkeit, um möglichst viel Zeit damit totzuschlagen, zog ich meine Beine langsam an und streckte sie ruckartig wieder aus, damit sie nicht steif froren, bohrte mit der Peitsche an meinem Luftloch, nippte genießerhaft an der Pulle und stellte lange Betrachtungen darüber an, ob wohl noch mehr Menschen in dieser Nacht im Sturm draußen lägen und was sie angefangen hätten, um nicht umzukommen. Ich kam zu dem Schluß, daß ich es mal wieder fein gemacht hätte, und saß ordentlich geschwollen vor Stolz in meinem Schneeloch.

Vom Sturm hörte, sah und spürte ich nichts, und nur das schnell verwehende Luftloch ließ mich ahnen, daß er draußen in unverminderter Wut weiter tobte. Dann wurde ich müde und sah nach der Uhr. Mein Gott, erst einhalb zehn! Noch zwölf Stunden standen mir bevor!

Ab und zu duselte ich etwas ein, aber richtig zum Schlafen kam ich nicht. Das Sitzen in dem Loch wurde immer unangenehmer, alle Knochen begannen zu schmerzen, und Hunger bekam ich auch.

Wieder griff ich zur Uhr und machte Licht – elf Uhr! Die Zeit wollte und wollte nicht vergehen. Endlich hielt ich es nicht mehr aus, schlafen wollte ich um jeden Preis, setzte die Whiskypulle an und nahm einen gewaltigen Zug. Das half, und ich schlief ein.

Vollständig steif und verklammt erwachte ich, brauchte eine Weile, bis ich mir klar wurde, wo ich mich befand, und sah nach der Uhr: – sechs. Ich erweiterte das Luftloch und jampelte nach der frischen Luft, doch es stürmte noch immer! Ein Schluck aus der gesegneten Pulle ließ mich neu aufleben, dann verkroch ich mich wieder und döste vor mich hin.

Endlich schien der Sturm nachzulassen, mein Luftloch blieb offen, ein schwacher Lichtschimmer drang hindurch, und ich erhob mich schwerfällig, um das Loch so zu vergrößern, daß ich den schmerzenden Schädel hinausstecken konnte.

Ja, der Blizzard war vorüber, der Himmel aber noch dunkel und trübe, nur weit im Osten lag ein fahler Lichtschein, der grauende Tag.

Gierig atmete ich die frische, kalte Morgenluft. Langsam fing es an, heller zu werden, und ich sah in dem ungewissen, milchigen Dämmerlicht, daß ich mitten im Walde saß. Deutlich konnte ich riesige Baumstämme erkennen. Im Hintergrund hoben sich schwarz am dunklen Horizont zwei Berge ab. Wo war ich bloß hingeraten?

Verwundert sah ich mich um. Manchmal schien es, als ob die Berge sich bewegten, aber alles war noch so verschwommen und ich selbst so überanstrengt und übernächtigt, daß ich alles wie in einem tiefen Traum sah. Es war acht Uhr, ich setzte mich wieder hin, machte die Augen zu, wartete auf den Tag und döste weiter, muß dann wohl etwas eingenickt sein, denn als ich aufblickte, war der Wald verschwunden, aber vor meinem Loch sahen die Spitzen langer Gräser, wie sie an den Rändern der Sümpfe wachsen, aus dem Schnee hervor, die mir im Dämmerlicht als Wald erschienen waren. Die beiden Berge bewegten sich doch, es waren meine Pferde, die einfach stehengeblieben waren, halb im Schnee verweht.

Ächzend und fluchend zwängte ich mich hinaus und hielt Umschau. Nur eine flache Erhöhung der Schneedecke ließ ahnen, daß dort mein Schlitten lag. Zum Zeichen steckte ich die Peitsche oben hinein, um den Platz auch ja wiederzufinden.

Mit jedem Schritt bis an das Gesäß einsinkend, arbeitete ich mich zu den Pferden hin, sie waren ganz fidel. Mit dem Glase suchte ich die Umgebung ab, da, es war kaum zu glauben, keine zehn Schritt entfernt zog sich, deutlich sichtbar, der freigewehte, harte Schneedamm hin, auf dem die Weizenschlitten zur Station fuhren. Eine Meile ab lag das Farmhaus, ich war fast zu Haus. Mit der Schaufel grub ich mich durch und stand bald auf festem Grund.

Und wieder mal erkannte ich bewundernd die Intelligenz des Tieres. Die Pferde hatten den Damm im Sturm gefunden, waren trotz Schneetreibens darauf weitergegangen bis in Höhe der Farm. Dann erst hatten sie ihn in Richtung des Stalles verlassen, um dabei unglücklicherweise in eine verwehte Mulde zu geraten.

Mit Hü und Hott brachte ich jetzt die Gäule auf den Damm hinauf, ergriff meinen Postsack, und gemeinsam suchten wir uns einen erträglichen Weg nach Haus. Auf mein Rufen eilte Fred heraus, nahm mir den Postsack ab, faßte mich unter den Arm, da ich anfing zu schwanken, und führte mich ins Zimmer. Am warmen Ofen brach ich zusammen, doch einige Tassen starken Kaffees machten mich bald wieder mobil.

Neugierig packten wir den Postsack aus und verteilten die Geschenke. Da, ein furchtbares Unglück drohte! Bessys neuer Puppe war der Kopf zerschmettert! Doch wer wird je ein Kinderherz ganz verstehen? Selig preßte Bessy den kopflosen Rumpf an sich und flüsterte: „Mein Baby ist noch so tlein, der Topf muß erst wachsen!“

Den ganzen Tag ruhten wir aus, rauchten und lasen die Briefe und Zeitungen. Nur wer das selbst mal wochenlang entbehrt hat, kann unsere Freude verstehen!

Am nächsten Morgen holten wir den Schlitten, er mußte vollständig ausgegraben werden.

Freds Vorrat an Holz – Kohlen hatte er überhaupt nicht – war zu Ende! Woche auf Woche verging, die Schneestürme hörten nicht auf und machten die Fahrt zum Wald, um neues Holz zu schlagen, unmöglich. Wir verbrannten alle alten Bretter und Pfosten, sogar die Zäune, suchten täglich die Umgebung der Gebäude noch nach unter dem Schnee liegendem Brennstoff ab, und jede alte Kiste wurde mit Gebrüll ausgebuddelt und zu Brennholz verarbeitet.

Als der alte, zerfallene Stall, der uns zur Not noch etwas Holz geliefert hatte, restlos verbrannt war, bekam es sogar der Optimist Fred mit der Angst. Eines Tages nahm er mich ernst beiseite und entwickelte mir seinen Plan, mit dem großen Schlitten und vier Pferden zur Bahn zu fahren und so lange die Stationen abzuklopfen, bis er Kohlen erhalten hätte.

Der Plan war gut, da die kanadischen Bahnen in solchen Fällen Kohlen abgeben, weil sonst ganze Familien erfrieren würden.

Ich stimmte also zu und übernahm schweren Herzens die schwierige Aufgabe, solange für Feuerung zu sorgen. Im Falle größter Not sollte ich die Dachsparren des dachlosen Speichers und das alte, als Futterkammer dienende Haus verbrennen, nachdem ich den Inhalt mit Dachpappe zugedeckt hatte. In drei bis vier Tagen wollte Fred zurück sein.

Leider kam es anders, und es folgte eine Zeit so furchtbarer Sorgen für mich, daß mir die Prärie endgültig verekelt wurde.

Tag auf Tag verging, aber kein Fred kam!

Mit Schaufel und Axt arbeitete ich täglich stundenlang an den verschneiten und verwehten Seeufern, grub tiefe und lange Gänge, um an das Ufergebüsch heranzukommen, schlug ab, was irgend wie Holz aussah, und schleppte es nach Haus. Dort wurde das kümmerliche Geäst in ganz kleine Stücke zerhackt und, vermischt mit dem wenigen trockenen Holz, das ich von Scheune und Futterkammer losbrach, vorsichtig verbrannt.

Und weiter verging Tag auf Tag, kein Fred kam!

Das Holz wurde immer knapper. Um nicht im Zimmer zu erfrieren, zog ich quer durch den Raum, dicht an der Decke, vier Stricke, an denen wir bis zum Boden Decken und Planen aufhängten, so daß der Ofen in der Zimmermitte in einem viereckigen, von diesen Decken gebildeten Raum stand, der so klein war, daß wir gerade zwischen Ofen und Decken das Sofa und einige Stühle aufstellen konnten. In diesem Viereck saßen wir Tag und Nacht und paßten auf das Feuer auf! Auf dem Ofen standen

Kaffee, Milch, Butter und Brot, damit diese unsere ganze Nahrung nicht gefror, denn den Kochherd konnten wir schon tagelang nicht mehr heizen. Es durften immer nur ein trockenes und zwei Stück grünes Holz nachgelegt werden, um zu sparen.

Es gelang mir so, innerhalb der Decken die Temperatur auf über null Grad zu halten, aber im Zimmer selbst herrschte grimmige Kälte!

Am zehnten Tage fing Freds Frau an zu jammern. Am zwölften behauptete sie, ihn irgendwo auf der Prärie blutig und tot im Schnee liegen zu sehen, und wollte fort, ihn zu holen. Am dreizehnten brach sie völlig zusammen und weinte nur noch still vor sich hin. Ihr unglücklicher Blick ging mir durch und durch, und ich getraute mich kaum noch hinaus, nach Holz zu suchen, so unbedingt nötig das auch war, aus Sorge, daß in meiner Abwesenheit etwas passieren würde. Die erwähnten Dachsparren und der größte Teil des alten Hauses waren verbrannt, Kälte, Schlaflosigkeit, Sorge und Jammer zehrten an meiner Widerstandskraft, ich war schon entschlossen, die Farm ihrem Schicksal zu überlassen und mit der ganzen Familie zu Roloffs zu fahren, mochte passieren, was da wollte, da klärte sich der Himmel auf, die Sonne strahlte herab, und ein wunderbarer Tag brach an.

Schnell riß ich den Rest der Bretter vom alten Haus, brachte sie in den Vorraum, übertrug die Sorge für das Feuer an Lissie, sattelte mir den Dandy, das stärkste Pferd, das wir hatten, und ritt ab, zu Roloffs, um Hilfe zu erbitten, begleitet von den Segenswünschen der Frauen.

Immer auf den Höhen entlang, jede tiefere Stelle vermeidend, erreichte ich auf Umwegen den Fahrweg zur Stadt und traf schneller, als ich gehofft, bei Roloffs ein. Ja, sagten sie mir, Fred sei vor zwei Wochen vorbeigekommen, auch noch andere Farmer, die nach Kohlen fahren wollten, aber noch keiner sei zurück!

Da rief der „old man", der zufällig am Fenster stand: „Fred kommt!" Und wirklich sah ich auf dem Wege einen dunklen Punkt, der sich bewegte, es war Fred, die Falkenaugen des Alten hatten ihn sofort erkannt.

Den ganzen Schlitten schwer bepackt mit Kohlen, kam Fred an, er hatte sechs Stationen abfahren müssen!

Im Galopp, auf Leben und Tod, ritt ich zurück, um der Gattin die frohe Botschaft zu bringen, Fred folgte mit dem Schlitten langsam nach, denn seine Pferde waren vollständig „fertig".

Jetzt brauchten wir nicht mehr zu sparen. Ich füllte den Ofen mit Brettern, in kurzer Zeit war er in Glut, und wir hatten es seit vierzehn Tagen endlich wieder warm. Auch der Herd wurde angeheizt und ein ordentliches Mittagessen, das wir seit langem entbehrt hatten, aufgesetzt.

Plötzlich hörten wir Rufen und Peitschenknallen und liefen hinaus, – Fred und die Kohlen waren da!

Und was tat Fred, dieses Riesenroß?

Ehe ich es verhindern konnte, rannte er freudestrahlend mit einem riesigen Stück schneebedeckter Kohle zum runden „heater“, hob den ganzen Deckel oben ab und warf mit den Worten: „Jetzt wollen wir es schon warm kriegen“, den eiskalten Klumpen hinein! Er schrammte noch etwas am Rande, rutschte durch, fiel auf das Feuer und – erstickte es.

Jetzt war guter Rat teuer. Das Kohlenstück füllte den Ofen so aus, daß wir es nicht fassen konnten. Wir mußten es mühsam mit einer spitzen Eisenstange und dem Hammer durch Klopfen zerkleinern und die so abgesprengten Stücke einzeln mit der Suppenkelle herausangeln, ehe wir neues Feuer machen konnten.

Fred war sehr geknickt über seine Heldentat, doch ließ uns das hellprasselnde Kohlenfeuer mit seiner strahlenden Wärme bald allen Ärger vergessen.

Wir aßen mit Genuß und setzten uns dann, trotz unserer Müdigkeit, um den Ofen herum, endlich mal wieder ohne Pelz, dehnten und streckten wohlig die Glieder, tranken heißen Tee mit Rum und erzählten.

Auf dem Herd thronte ein mächtiger Kessel mit heißem Wasser, und nachdem die Kinder gebadet und ins Bett gebracht waren, verschwand einer nach dem andern von uns in eine dunkle Ecke und – wusch sich gründlich, es war die höchste Zeit!

Für mich aber hatte die kanadische Prärie jeden Reiz verloren, ich wollte fort, je eher, desto besser!

DRITTES KAPITEL

Jagdzelte am Sternsee

Ende März, als die grimmigste Kälte vorbei, erhielt ich zu meiner Überraschung einen Brief von einem Deutschen, der hoch im Norden, an der Grenze der Besiedlung, eine große Ranch besaß, wo er Pferde und Vieh „züchtete“, d. h. frei herumlaufen ließ.

Herr B. schrieb, er hätte von mir gehört – in solchen Sachen ist Western Canada nämlich ein Dorf –, und lud mich dringend ein, ihn auf möglichst lange Zeit zu besuchen, da er und seine Frau sich furchtbar freuen würden, von Deutschland zu hören. Der Brief war so gewandt abgefaßt, und alles, besonders die jagdlichen Verhältnisse waren so verlockend geschildert, daß ich der Einladung folgte.

Ende April, sobald der Schnee geschmolzen, nahm ich Abschied von Fred und Familie und zog nordwärts, den Wäldern entgegen!

Das schreibt sich so leicht, ich „zog Nord“, hatte aber seine Schwierigkeiten! Von der letzten Bahnstation aus benutzte ich die Lumberbahn, d. h. die Kleinbahn zu den Schneidemühlen, die über provisorisch gelegte Gleise führte, so daß man in den Loris wie in einer Schaukel auf seinem Koffer saß. Dann nahm mich die Post auf, die einmal wöchentlich mit dreitägiger Tour die Siedlungen verband. Die Fahrt mit dieser Post war allerhand, war ein Ereignis, der Fahrer, ein Drogist aus Chikago, genannt „Postjonny“, natürlich mal wieder ein Deutscher!

Wir fuhren auf kaum sichtbaren Wegen, durch Gestrüpp und Sumpf, wobei wir öfters vorher den aus über den Modder gelegten Ästen hergestellten Übergang ausbesserten! Dann ging es, besonders beim Überschreiten von Flüssen, Abhänge hinauf und hinunter, so steil, daß wir entweder schieben oder den Wagen mit zwischen die Räder gesteckten Knüppeln bremsen mußten. Obgleich ich ja schon allerhand gewöhnt war, so ist es mir doch heute noch unbegreiflich, wie solch eine Fahrerei auf die Dauer möglich war.

Am Mittag des zweiten Tages stieg eine alte Dame ein, die ihren Sohn besuchen wollte, um ihr neugeborenes Enkelkind zu sehen.

Wir verstauten die „lady" hinten im Wagen zwischen Gepäck, Futterheu und den Säcken und Kisten mit Lebensmitteln, so daß sie schließlich dazwischen hockte wie die Made im Speck! Es war das eine ganz famose alte Frau, stets guter Laune, mutig und an das wilde Leben dort gewöhnt.

Leider war durch die unglaublichen Wege ein Gaul lahm geworden, wir mußten langsam fahren und konnten den Übernachtungsort nicht mehr erreichen.

„Wir bleiben", meinte Postjonny, „bei einem jungen Engländer, ich muß sowieso dort hin, weil ich ihm Petroleum mitbringen muß, er hat keins mehr und sitzt im Dunkeln!"

Wir fuhren und fuhren und erreichten auch richtig das Gehöft, allerdings in finsterer Nacht.

Als wir uns näherten, sahen wir einen Schatten herumlaufen, es war der auf Licht wartende Besitzer, der uns entgegenkam, die Zügel ergriff und die Pferde auf den Hof führte, denn wir konnten absolut nichts erkennen.

Jetzt wurde erst die Petroleumflasche herausgesucht, und der Schatten zog ab, um seine Lampe und eine Laterne in Gang zu bringen.

Wir saßen unterdes auf dem Wagen und warteten.

Endlich wurde im Hause Licht, Jonny brachte mit der erhaltenen Laterne seine müden Pferde in den Stall, und wir andern gingen ins Haus, einen Bretterbau mit Wohn- und Schlafraum nebst angebauter Küche.

In dieser Küche saßen wir und wurden bald bekannt. Mr. Curtis, der Engländer, ein erst neunzehn Jahre alter Jüngling aus guter Familie, hauste dort schon seit zwei Jahren, aus reiner Abenteurerlust, jagte und züchtete Vieh. Alles war bei ihm sportsmäßig aufgezogen, überall hingen und lagen Jagdtrophäen, und er selbst trug die unheimlichsten Cowboyhosen, die ich je gesehen, aus Schaffell, mit mindestens fünfundzwanzig Zentimeter langen Locken, dazu fünfmarkstückgroße Sporen und einen Gurt mit riesigem Coltrevolver.

Wir freundeten uns schnell an, schon der Jagdpassion wegen, und er war ein guter Kerl, der uns, obgleich er absolut nicht auf Gäste, noch dazu weibliche, eingerichtet war, herzlich aufnahm.

Als die Pferde versorgt waren, traf Curtis die Vorbereitungen zum Abendbrot. Auf dem einzigen vorhandenen Stuhl saß die alte Dame, auf der Bank räkelte sich Postjonny, Curtis stand am Herd, und ich lehnte mich an den Wandschrank daneben, um ihm die „Materialien" zuzureichen.

Er wollte „hot cakes" backen, die berühmten heißen Pfannkuchen, aus Mehl, Milch, Butter, Zucker, Salz und Wasser, die dann mit dem National-

gericht Kanadas, „Maple Syrup“ (Ahornsyrup) gegessen werden.

In einem Topf rührte er den Teig zusammen und forderte je nach Bedarf von mir Mehl, Zucker usw. Ich griff dann hinter mich in die betreffende Blechdose, nahm eine Handvoll des Gewünschten heraus und warf es in den Topf, auch mit der Hand natürlich. In der einen la main die Pfanne, in der anderen den scharfen Kohlenhaken, stand Mr. Curtis stolz vor dem rauchenden Herd und backte los. Abwechselnd stieß er mit dem Haken in die Glut, wendete damit die Kuchen um oder spießte mit kurzem Hieb ein Stück Holz an, um es nachzulegen, alles mit dem Feuerhaken. Die alte Dame saß dabei und lachte, lachte in einem fort, lachte Tränen über den Betrieb.

Als die „hot cakes“ fertig waren, stellte sich heraus, daß sie ungenießbar waren, Curtis hatte in seiner Eile, Licht zu bekommen, etwas Petroleum auf seine Butter gegossen. Er behauptete zwar, es sei nur ganz wenig gewesen, aber selbst dies Wenige genügte überreichlich.

Da half die gute alte Dame, öffnete ihren Freßkorb und verteilte ungezählte herrliche Butterbrote mit Schinken, kaltem Fleisch und Käse, wozu wir Tee tranken, der, der Deiwel mag wissen warum, ebenfalls nach Petroleum schmeckte, sich aber mit dem nötigen Whisky immerhin trinken ließ.

Nachdem wir abgewaschen, wurden die Schlafmöglichkeiten erörtert. Jonny legte sich in den Stall zu seinen Pferden, die Dame bekam, trotz ihres heftigen Protestes, das einzige vorhandene Bett im Schlafraum, und wir beide – "Well", meinte Curtis, „für uns habe ich zwei handliche, kleine Feldbetten und Decken!“

"Allright", sagte ich, die Lady verschwand in ihrem Raum, Jonny zog mit der Laterne in den Stall, und wir machten es uns im Wohnzimmer bequem, d. h. wir wollten, stießen aber auf unerwartete Schwierigkeiten.

Curtis erschien, in jeder Hand zwei mit Segeltuch umwickelte Stangen.

„Was soll das?“, fragte ich.

„Well, unsere Betten!“

Er rollte das eine Bündel aus und zeigte mir stolz ein sechzig Zentimeter breites und hundertachtzig Zentimeter langes Stück Segeltuch, das rechts und links an eine Stange genagelt war oder vielmehr „gewesen" war, denn ein großer Teil der Nägel war durchgerostet und hielt nicht mehr.

Diese Stangen wurden mit den Enden auf zwei Bänke gelegt, und das Patentbett, Modell Curtis, war fertig. Wenn nur die Tücher noch fest gesessen hätten. So blieb uns nur übrig, in der Nacht das Segeltuch wieder anzunageln.

Curtis benutzte hierzu in Ermangelung eines Hammers, den er tags vorher verloren hatte, den oben erwähnten Feuerhaken und viel zu große, rostige Nägel. Wir konnten uns bei dieser angenehmen Arbeit davon überzeugen, wie schwierig es ist, mit einem Feuerhaken einen alten, mühsam erst gerade geklopften Nagel in ein Stück rundes Naturholz, hart wie Eiche, einzuschlagen. So klopften wir stundenlang, möglichst sanft und leise, um die alte Dame nicht aufzuwecken, die alten Nägel wollten nicht, es war zum Verzweifeln.

Plötzlich regte sich etwas Weißes im Hintergrund, wir fuhren herum, da stand die Lady in der Tür, im Nachtgewand, um zu fragen, weshalb wir denn nicht schlafen gingen, sondern fortgesetzt klopften. Sie könne dabei wirklich nicht schlafen und wolle lieber aufbleiben und zusehen.

Als wir ihr erklärten, wir nagelten Betten, und ihr die Curtis'sche Erfindung zeigten, fing das gute Wesen an, furchtbar zu lachen, fuhr aber erschrocken zusammen, als sich geisterhaft die Tür öffnete und – Postjonny erschien!

„Um Himmels willen, seid ihr verrückt? Was klopft ihr denn die ganze Nacht, da kann ja kein Mensch schlafen!"

Er warf einen prüfenden Blick auf unsere Arbeit und fuhr fort: „Betten sollen das sein? Das sind Tragbaren, und kein Mensch kann in solchem Dings schlafen!"

Und wieder kicherte die famose alte Dame los, wir lachten mit, und die Stimmung wurde so heiter, daß wir uns zusammensetzten und einen Grog nach dem anderen brauten, bis zum Morgen, nur die „lady" zog sich wieder zum Schlafen zurück. Wir kneipten durch bis vier, brachen um fünf schon auf und erlebten eine herrliche Fahrt im taufrischen Morgen.

Unterwegs kam uns ein Wagen mit zwei feurigen, halbwilden Pferden entgegen, in rasendem Tempo, es war B., ich stieg um und war angelangt.

Die Entdeckung des Sternsees!

B.s Ranch lag ideal schön, an großen Flächen bester Prärie und zerklüfteten, bewaldeten Tälern und Seen, die den Übergang zum Wald bildeten.

Nur ein Nachbar, Jakob Langschrammel aus Bayern, früher Mitglied des „Vereins gegen schlechtes Einschenken“, hauste noch dort, ein gutmütiger, aber sehr schmutziger Kerl, der in einer Art Höhle, einer dreiviertel in die Erde eingegrabenen Holzbude, wohnte und den Besitztitel seiner Heimstätte abwartete, um sie dann sofort zu verkaufen.

Jakob kam täglich zu Besuch und machte sich in jeder Weise nützlich, sorgte vor allem unbewußt für Heiterkeit, namentlich wenn er von seiner Tätigkeit als aktives Mitglied des „Vereins gegen schlechtes Einschenken“ erzählte.

Ein geradezu inniges Freundschaftsverhältnis bestand zwischen Jakob und B.s damals fünfjährigem Sohn Hermann; alle Liebe, die der alte, einsame Mann zu vergeben hatte, gehörte diesem Jungen und wurde von ganzem Herzen erwidert.

Als im vergangenen Jahr Frau B. eines schmerzenden Zahnes wegen zur Stadt mußte und ihr Gatte Geschäfte halber selber mitfahren wollte, gaben die Eltern für die sechs Tage, die sie abwesend waren, den Jungen zum alten Jakob. Es wurden Festtage für beide, und ständig erzählte der Alte von der fröhlichen Zeit, die sie in seiner Höhle verbracht hätten. Dabei ereignete sich folgender Fall, typisch für Jakob Langschrammel aus Bayern.

Kaum waren die Eltern fort, als auch schon der kleine vierjährige Hermann ankam und dem erstaunten Jakob, der von Kinderbedürfnissen in dieser Hinsicht keine Ahnung hatte, erklärte, er müsse mal! (usw.), und darum bat, ihm den dazu unbedingt nötigen Apparat aus der Hose zu holen. Jakobs dicke, von Arbeit und Suff geschwollene Finger hatten die größten Schwierigkeiten, bis der große Wurf endlich gelang. Mr. Langschrammel hatte aber in dieser Arbeit ein Haar gefunden, sie erschien ihm als eines ehemaligen Mitgliedes des „Vereins gegen schlechtes Einschenken“ unwürdig, und er sann auf Abhilfe. Schließlich verfiel er auf folgenden Ausweg: Er band dem Jungen an besagten Apparat einen Bindfaden, der ein Ende zur Hose heraushing. Im Fall der Fälle brauchte das Kind nun bloß an dem Bindfaden zu ziehen, und alles war in Ordnung, denn wegstecken konnte er ihn schon allein.

Als bei der Rückkehr die Mutter ihr einziges Kind nach der ersten Trennung umarmen wollte, entdeckte sie sofort den Bindfaden, fragte, was das sei, und zum Entsetzen der Eltern führte der Junge stolz Jakobs „Erfindung“ vor. Seitdem blieb die Mutter Jakob gegenüber etwas mißtrauisch, der Vater dagegen lachte sich halbtot über diese Geschichte.

B. war ein gebildeter Mann, den die Liebe zur wilden Natur hinausgelockt hatte, aber weder Jäger noch Fischer. Für ihn gab es nur Reiten und Lassowerfen, darin war er Meister. Ich selbst war dabei, als er, nur so zum Spaß, mit seinem Lasso einen Hasen fing.

Dabei sperrte er vor Staunen Mund und Nase auf, als ich einst gelegentlich einer Wagenfahrt einen großen Habicht, der auf einem Baum am Weg aufgehakt hatte, mit der Kugel und zwei von den auf ihn hassenden Krähen mit den Schrotläufen herabholte, obgleich es ganz leichte Schüsse waren.

Schon nach ganz kurzer Zeit hatte ich mich dort eingewöhnt und machte den ganzen Betrieb mit Wonne mit, bloß das Einbrennen der Ranchzeichen auf den Keulen der Tiere war mir gräßlich.

Selbst „Bismarck“, der siebzehn Zentner schwere Hengst, der im Bewußtsein seiner riesigen Kraft zeitweise sehr böse und schwer zu leiten war, folgte mir bald wie ein Lamm, so daß ich sogar mit ihm spazieren ritt, ein Unterfangen, das selbst B. als leichtsinnig nicht dulden wollte. Als er aber sah, wie unendlich eingebildet das mächtige Pferd mit mir loszog, den starken Hals anmutig gebeugt und mit dem langen Schweif stolz „wedelnd“, gab er zu, daß ich in Pferdebehandlung etwas „los“ hätte. Dabei war es doch so einfach. Etwas Hafer, etwas Salz, etwas Liebe und – lange ins Ohr geflüsterte Erzählungen waren das ganze Geheimnis.

Sobald das Wetter warm geworden, machte ich zu Pferde mit dem mir zur Verfügung gestellten Sattelpony, dem „General“, lange Erkundungsritte nach Norden, nahm sogar später ein kleines Zelt und Proviant mit und blieb oft tagelang fort.

Ich spürte und sah alle die mir bereits bekannten Pelztiere, aber auch Schwarzwedelhirsche, „Jumpingdeer“ genannt der meterlangen, hohen Luftsprünge wegen, mit denen sie flüchtig werden, Moose (Elch) und vereinzelt graue Wölfe, aber keine Wapitihirsche, die übrigens an sich dort der fast vollendeten Ausrottung wegen gesetzlich geschützt waren.

Mit der Zeit wurde ich immer mehr mit der Gegend vertraut, suchte und fand fahrbare Wege, auf denen ich im Herbst nach Norden ziehen wollte, und drang immer weiter in den Urwald ein, bis ich eines Tages ein Hochplateau erblickte, das mit mächtigen, uralten Weißpappeln bestanden war.

Nach langen Mühen gelang es mir, einen Weg dorthin zu finden, und staunend betrachtete ich die zum Teil zwei Meter dicken Stämme.

Als ich mich dem Rande des steil abfallenden Plateaus näherte, entdeckte ich etwas so wunderbar Schönes, daß ich lange wie verzaubert stehen blieb.

Vor mir lag ein See, in Form eines Seesterns, rings von bewaldeten Hügeln umgeben. An einer Seite zog sich ein schmaler, langgestreckter Wiesenstreifen entlang, auf dem ein Rudel Hirsche äste, darunter zwei Tiere mit Kälbern und drei Geweihte, einer ganz kapital, aber natürlich noch im Bast.

An den Ufern schwammen und gründelten Enten aller Art, auch die seltene und wohlschmeckende braune „Canvasback".

Zwei riesige Weihen zogen in der flimmernden Luft ihre Kreise, spiegelglatt lag das herrliche Wasser, je nach dem Widerschein von Himmel, Tannen- und Laubwald blau, dunkel- und hellgrün schimmernd.

Überall, dicht an der Oberfläche, standen starke Hechte, meist fünf bis zwölf Pfund schwer, regungslos, und sonnten sich.

Eine ungefähr besenstielgroße Schlange, schwarz mit gelben Flecken, hatte anscheinend ihr Morgenbad genommen, denn sie schwamm direkt unter mir ans Ufer und verschwand in eleganten Windungen im Gebüsch.

Es war noch früh am Morgen, die ersten Sonnenstrahlen überfluteten alles mit goldigem Schein, es roch nach Wasser, Erde und würzigen Tannen, die Vögel sangen, und auf einem vom Sturm geknickten, noch etwa mannshohen Stämmchen, keine zehn Schritt von mir, pflockte eine riesige Ohreneule, so groß wie unser Uhu, die sich wohl etwas verspätet hatte, und glotzte mich an.

Versunken, hingerissen von so viel Schönheit, träumend von zukünftigen Jägerfreuden, stand ich lange, atmete voll Entzücken tief die balsamische Luft und sagte plötzlich ganz laut, so daß ich die eigene Stimme störend empfand: „Hier bleibe ich."

Unter dem Schutze eines der hundertjährigen Baumriesen, dessen Stamm, wie bei so vielen schon, durch die Prärie- und Waldbrände tief ausgehöhlt war, möglichst dicht am Rande des Plateaus, um gut sehen zu können, schlug ich mein kleines Zelt auf, setzte mich mit dem Glas davor und beobachtete. Je länger ich schaute, desto besser gefiel mir die Gegend. Es schien ein jagdliches Dorado zu sein.

Tief befriedigt von meiner Entdeckung, beschloß ich, den ganzen See zu umgehen, um am Ufer entlang zu spüren, nachdem ich den Sattelpony, den „General", an eine geschützte, gut begraste Stelle geführt hatte. Man brauchte nur die Zügel, die in Kanada aus zwei einzelnen Riemen bestehen, rechts und links auf dem Boden schleifen zu lassen und ein gut dressiertes Pferd wußte, daß es nicht fortgehen durfte.

Leider war der Weg um den sternförmigen See weiter, als ich geschätzt hatte, es kamen sumpfige Stellen, die mich lange aufhielten, und als ich ungefähr vier Stunden gewandert war, verdunkelte sich der Himmel, ferner Donner grollte, und ein Gewitter zog auf.

So schnell ich konnte, hastete ich weiter, geriet aber doch noch in den Regen und erreichte, naß bis auf die Haut, umzuckt von rollendem Donner, vollständig abgehetzt, mein kleines Zelt.

Der Gewitterregen prasselte auf den See, das Wasser schäumte, und ein wütender Sturm fegte heulend durch die Wälder.

Starke Bäume stürzten unter seinem Angriff krachend zusammen, Äste brachen, und pfeifend fuhr der Wind durch die hin und her gepeitschten Wipfel. Ein Brausen und Dröhnen erfüllte die Luft, wie am jüngsten Tage.

Hilflos und frierend saß ich in meinem leichten Zelt, verkroch mich in meinen Wettermantel und zog die Decke über den Kopf, nahm aber trotzdem ein regelrechtes Brausebad von oben, denn das dünne Zelttuch war solchem Regen nicht gewachsen, er schlug platt durch, während ich von unten durch Ströme von Regenwasser, die rauschend über das Plateau fluteten, „sanft" angefeuchtet wurde.

Trotzdem schaute ich ergriffen durch den Spalt am Zelteingang hinaus auf das Toben der Elemente, als ein ohrenbetäubendes Krachen mich entsetzlich auffahren ließ. Eine der uralten Pappeln, unter denen ich Grünhorn mein Zelt aufgeschlagen, war umgestürzt.

Zehn Schritt entfernt lag der Stamm. Hier durfte ich nicht bleiben. In Riesensprüngen sauste ich den Abhang hinab, verkroch mich in einer Tannendickung und wartete dort das Ende des Unwetters ab.

Nach zwei Stunden brach die Sonne durch, das Gewölk verzog sich, und der Nachmittag wurde warm und schön.

Mein erster Gang war zum Zelt, es war unversehrt. Dann ging ich zum General, der mir fröhlich entgegenkam, auch er war „allright".

Ich nahm ihn mit auf das Plateau, wo es der schrägen Lage wegen nicht allzu naß war, zog mich vollständig aus und trocknete meine Kleider. Nackend spazierte ich umher, verfolgt von des Generals neugierigen Blikken, und fand allein unter den Pappeln sieben umgestürzte Stämme. Wie konnte ich aber auch die alte Regel außer acht lassen, nie unter hohlen Bäumen, sondern stets im jungen Holz oder in Dickungen, am besten auf kleinen Blößen zwischen fünfjährigen Tannen, zu kampieren!

Sobald ich wieder angezogen war und etwas gegessen hatte, suchte und fand ich einen guten Lagerplatz in einer Fichtendickung. Dort war dicht am Rande, keine hundert Schritt vom See, eine kahle, sandige Stelle, mit guter Aussicht und viel Sonne, aber doch gegen Sicht genügend geschützt. Dicht dabei rieselte ein kleiner Bach durch einen Wiesenstreifen, Wasser und Gras für das Pferd waren also ebenfalls vorhanden.

Ich schlug noch einige Bäumchen ab, um mehr Platz und besseren Rundblick zu haben, merkte mir die Stelle und ritt wieder heim, um sofort alles vorzubereiten, denn „Auf zum Sternsee" hieß vorläufig meine Parole!

Die Schilderung des von mir entdeckten Sees erregte auf B.s Ranch allgemeines Interesse, niemand kannte ihn, niemand hatte davon gehört, selbst Cessi Haamann nicht, der verwegenste der Cowboys, der überall herumschweifte, wo man überhaupt zu Pferde hinkommen konnte. Mein Sternsee lag in seiner versunkenen Schönheit in einer schwer erreichbaren, vergessenen Ecke, und nur meinem Interesse an den uralten Weißpappeln auf dem Plateau danke ich diesen Fund.

Es war immerhin ein langer Ritt durch wildesten Busch, um hinzukommen, und, abgesehen von vereinzelten jagenden Trappern und Indianern, war wohl niemand dort gewesen.

Ich war entschlossen, so bald als möglich mir an meinem See ein starkes Zelt aufzuschlagen und alles gleich so einzurichten, wie ich es für einen Winteraufenthalt für nötig hielt.

Man kann ja nun in Kanada jeden gewünschten „camping outfit" (Lagerausrüstung) vom Warenhaus auf Abruf kaufen, vieles davon ist sogar sehr praktisch und brauchbar, ich stellte mir aber trotzdem meine Ausrüstung nach eigenem Geschmack zusammen, konnte ich doch dank der Hilfe B.s alle meine Wünsche für ein ideales Jagdlager erfüllen.

Auf die „Patentsachen", wie Klappstühle usw. verzichtete ich, zimmerte mir aber aus den auf der Ranch reichlich vorhandenen Brettern zwei sauber gehobelte, mit Ölfarbe moosgrün gestrichene Kisten, in die mein ganzes Zeug verpackt wurde und die mir im Zelt als Vorratsschrank und „Schreibtisch mit Aufsatz“ dienten.

Ein Zinkblechkasten, in einer mit Stroh gefütterten, außen geteerten Holzkiste, enthielt Munition und Streichhölzer, eine etwas größere, außen mit Dachpappe benagelt, sollte als Keller im Zelt eingegraben werden.

Inzwischen war ich noch einmal mit dem Wagen am See gewesen, hatte mit Cessi Haamanns Hilfe einen einigermaßen fahrbaren Weg markiert, dabei einige Bretter, Schaufel, Draht und Handwerkszeug hinausgebracht, den Zeltplatz fein eben geschaufelt und die Erde festgestampft.

Ein Pferd wollte ich, der damit verbundenen Arbeit und Verpflichtungen wegen, nicht mitnehmen, wir machten daher aus, daß jede Woche jemand zu mir heraus reiten sollte, um nach mir zu sehen, Lebensmittel, vor allem Butter, mitzubringen und eventuelle Jagdbeute mit zurückzunehmen.

Endlich, Mitte August, war alles soweit, und B. und ich fuhren mit dem großen, schwer bepackten Kastenwagen los, kamen aber der fürchterlichen Wege halber erst am Abend an, ließen die ermatteten Pferde grasen, luden den Wagen ab, aßen etwas und legten uns, todmüde, wie wir waren, einfach in das Heu im Wagenkasten, deckten mein Zelt darüber und schliefen.

Am Morgen gelang es mir erst nach langem Palaver, B. dazu zu bringen, wieder nach Haus zu fahren. Er wollte mir durchaus helfen. Ich aber war fest entschlossen, unbedingt alles allein zu machen, genauso, wie ich es haben wollte, ohne daß mir ein kanadischer Viehzüchter, wenn auch in bester Absicht, dreinredete. Jeder Jäger wird das verstehen.

Endlich fuhr er ab, es war ein herrlicher Augustmorgen, und ich war so glückselig, so voll übermäßiger Freude, daß ich, wie als Jüngling bei meinem ersten Bock, erst mal auf der so schön glatt getrampelten Zeltfläche einen zünftigen Indianertanz aufführte und dazu ein fürchterliches Kriegsgeheul anstimmte, das so ähnlich klang wie: „Die ganze Welt kann mich ...!“

Dann wurde mit Muße und Genuß das Zelt, vorläufig alles noch lose, aufgeschlagen, die Kisten ausgepackt, Ofen und Bett aufgestellt, Tisch und Schemel fertig gemacht und das erste Mittagessen – well, Frau B. hatte es mir mitgegeben – aufgewärmt.

Erst als alles am rechten Ort stand und ich sicher war, nichts mehr zu ändern, wurden die Pfähle richtig eingeschlagen und alle Stricke festgeknüpft.

Mit besonderer Wonne baute ich meinen „Schreibtisch mit Aufsatz“ auf, ließ die Schreibtischplatte herunter, setzte mich davor und verstaute alles, was hinein gehörte, in den Fächern.

Decken und Kissen kamen auf das Bett, das am Tage als Diwan diente, Nägel zum Anhängen der Kleider, Waffen und Gerätschaften wurden eingeschlagen, die Lampen in Gang gebracht, und schon gegen Abend war das meiste in schönster Ordnung.

Nachdem ich noch etwas Holz und Wasser geholt, setzte ich mich stolz auf meinen Schemel vor das Zelt, rauchte und genoß den herrlichen Abend, wunschlos glücklich!

Ach, es war ja hier so wunderbar schön.

Die untergehende Sonne tauchte den westlichen Himmel in feuerrote Glut, ein leiser, linder Abendwind kräuselte die tiefdunkle Wasserfläche und jede kleine Welle blitzte im Widerschein wie blankes Gold, auf den Baumwipfeln der den See umgebenden Höhen spielte die Abendröte in den wunderbarsten Farb – „au! Verpflixtes Biest!“, der erste Moskito! Ich erwachte aus meinen Träumen. Da, schon wieder ein Stich! Ein feines, summendes Singen ließ sich vernehmen, überall waren sie, krochen in die Ärmel, den Hals, Nase und Ohren, ich rauchte mit Macht, dampfte wie ein Schlot, es half nichts, ich mußte flüchten und verschwand im Zelt, sorgfältig den Türspalt hinter mir verschließend.

Licht durfte ich nicht machen, sonst wären diese Blutsauger nachgekommen. Ich war zwar müde, aber ein unbestimmtes, mir bisher unbekanntes Gefühl hielt mich ab, mich auszuziehen und zu Bett zu gehen.

Wie oft schon hatte ich auf der Prärie oder im Wald, in meine Decke gewickelt, geschlafen und mir nichts dabei gedacht, aber die Sache mit dem neuen Zelt, das mit seiner weißen Farbe weithin leuchtete, dann das Bett und das damit verbundene Ausziehen, dazu der mich in dieser Wildnis auf einmal höchst sonderbar anmutende „Schreibsekretär mit Aufsatz“, auch das Gefühl, endlich am Ziel aller meiner Wünsche zu sein, machten mich unruhig.

Ferner wirkte das Märchenhafte dieses Sees auf mein Gemüt, sein Anblick erinnerte mich an die Gemälde Böcklins, an Siegfrieds Drachenkampf im Nibelungenfilm, und ich glaube, ich wäre absolut nicht überrascht gewesen, wenn plötzlich irgendein Fabelwesen aus den Wassern gestiegen wäre, um mit mir zu kämpfen oder gar mich „gebührend“ zu begrüßen, sondern hätte das als ganz natürlich empfunden.

Auch dachte ich an Bären, mir bisher unbekanntes Wild, und überlegte, ob wohl einer, wenn er hier seinen Stand hätte – und die Gegend sah ganz danach aus –, in der Nacht kommen würde, um neugierig mein Zelt zu untersuchen.

Wenn! Wenn man erstmal beim „wenn“ angelangt ist, wird die Sache faul. Wenn nun Indianer oder irgendwelche Lumpen, die sich vor dem

Gesetz in den Wäldern verborgen hielten, von dem Lärm, den das Einschlagen der Pfähle gemacht hat, angelockt, sich heranschlichen.

Würde ich rechtzeitig aufwachen? Wenn ich nun im Bette, im tiefen Schlaf überfallen würde?

Um der Wahrheit die Ehre zu geben, will ich bemerken, daß es nicht etwa Angst war, was ich empfand, o nein, es war mehr eine gewisse Sorge, eine Gelegenheit zu verpassen, meinen „Kampfesmut" unter Beweis zu stellen.

Im Halbschlaf saß ich auf meinem Diwan, noch hatte ich ihn nicht als Bett zurechtgemacht, die Pistole am Gurt, den geladenen Drilling zwischen den Beinen, fühlte deutlich, daß irgend etwas draußen lebte und tätig war, ohne etwas Bestimmtes zu hören, und schwelgte, vor mich hin dösend, in den blödsinnigsten Situationen, kämpfte siegreich mit Ungeheuern, Bären, Indianern und Räubern, um schließlich, nach hartem Kampf Mann gegen Mann, wobei ich die mich umringenden Feinde sogar mit dem Messer abwehrte und deutlich spürte, wie die Wunde die Klinge festklemmte, wenn ich sie nach dem Stich wieder herauszog, auf eine geradezu gemeine Art überwältigt zu werden: Man warf mir die schwere Decke über den Kopf, drückte mich herunter und erstickte mich.

Gerade mit meinem letzten Todesjaps erwachte ich, ganz benommen von all dem wilden Zeugs, der Mond schien, es war fast hell, und – ja zum Donnerwetter, das war ja wahr! Die Decke lag auf mir!

Mit den Armen drückte ich sie hoch, bekam Luft, wurde ganz munter und entdeckte, daß das Zelt zusammengebrochen war und auf mir lag.

„Bär!" fuhr es mir durch den Sinn, und Jagdlust und Freude an Kampf und Gefahr erwachten.

Die Leinewand mit der linken Hand hochstoßend, sprang ich auf und drang, den schußbereiten Drilling in der „nervigten" Rechten, wie es mir vorkam, todesmutig und kühn, durch den Spalt zur Zelttür ins Freie.

Da stand ich nun, der Held der Kämpfer, im schimmernden Mondlicht, ja, es stimmte, das Zelt war zusammengefallen, aber eine nach allen Richtungen forthuschende Schar von Dutzenden von – Karnickeln ließ mich das Lächerliche meiner Lage nur zu schnell erkennen.

Sämtliche Stricke, die das Zelt hielten, waren durchgenagt!

Den funkelnagelneuen, weißgelb leuchtenden Seilen aus feinstem Manilahanf hatten die Karnickel nicht widerstehen können.

Ärgerlich fing ich an, im Mondschein längere Pfähle einzuschlagen, um das Zelt wieder straffzuziehen, hieb mir dabei mit dem umgekehrten Beil auf den Nagel des linken Zeigefingers, warf das Beil fort, wickelte das Taschentuch um die Wunde, ging in das schon einigermaßen wieder stehende Zelt, steckte die Lampe an, holte eine Schale mit Wasser, setzte mich aufs Bett, wickelte den Finger vorsichtig wieder aus und hielt ihn kühlenderweise in das erfrischende Naß.

Alle Märchen und Kämpfe, selbst der See mit all seiner Schönheit, waren mir höchst gleichgültig. Vorläufig hatte ich wie man so sagt, die Nase voll!

Als ich den Finger herauszog, war der Nagel ab. Auch das noch.

Aus Mullbinde, Lanolin, Heftpflaster und einem alten Handschuh machte ich mir einen Verband, zog mühselig Gamaschen und Stiefel aus und verkroch mich samt Kleidern in meinen Decken.

Die „Poesie“ war fort, und höchst prosaisch schlief ich wie ein Bär, mochte kommen, was da wollte.

Ein merkwürdig geschäftig klingendes Scharren, als ob jemand mit größtem Eifer mit den Fingernägeln auf einer Trommel kratzt, weckte mich!

Es war noch früh, aber schon hell, und die Sonne schien bereits wärmend auf mein Zelt.

Was war das nun wieder?

Ich horchte angestrengt und erinnerte mich, daß ich schon in der Nacht durch dumpfe Töne, wie das stoßweise Fauchen beim Anfahren einer Eisenbahn, geweckt worden, aus Übermüdung aber wieder eingeschlafen war, da entdeckte ich ein hamstergroßes, graubraunes Tierchen, das sich große Mühe gab, an den glatten Wänden meines Linoleumkoffers hochzuklettern, mit den bekrallten Vorderpfötchen aber immer wieder abrutschte.

Es war einer der drolligen Gopher, eine Zieselart, die in Erdlöchern wohnt. Der Koffer war leer, er diente mir als Nacht- und Rauchtischchen und wurde abends hochkant vor das Bett gestellt.

Warum der Kleine absolut darauf wollte, weiß ich nicht, aber seine krillen, kohlschwarzen, funkelnden Äuglein blitzten vor Eifer und Neugierde. Ab und zu legte er eine Erholungspause ein, setzte sich und wippte dabei mit dem halblangen Schwänzchen, um dann mit frischer Kraft das Kratzen fortzusetzen.

Ich drusselte wieder ein, als erneutes Kratzen mich ermunterte. Mein Freund arbeitete wieder aus Leibeskräften.

Ich versuchte, ein Gespräch anzuknüpfen, und sagte:

„Sie sollten eine Leiter nehmen!“

Sst! Weg war er, wie ein grauer Strich! Ich sah, wie er durch ein unter dem Zelttuch gebuddeltes Loch verschwand.

Ich wartete. Schon nach Sekunden erschien sein intelligentes Gesicht in dem Loch, der Kopf drehte sich seitwärts, und mit einem Auge, er wollte wohl nur das eine riskieren, wurde ich scharf gemustert.

„Ei, ei, wer tommt denn da?“ flötete ich sanft, er blieb, beobachtete mich genau und rückte dann langsam, ruckweise vor. Ich rührte mich nicht.

Endlich hatte das komische Tier das Ziel seiner Sehnsucht, den leeren Handkoffer, erreicht. Das funkelnde Auge starr auf mich gerichtet, hob es die kleine Pfote mit den Grabkrallen, kratzte damit kurz am Koffer und wartete dann ab, was ich darauf tun würde.

Ich rührte mich nicht, und bald war er wieder in voller Arbeit.

Plötzlich rief ich laut und scharf: „Feierabend!“

Der Kleine machte einen Schreckenssatz, stieß einen schrillen Pfiff aus und verschwand wie der Blitz, um sofort wieder den Kopf durch das Loch zu stecken, seine Augen quollen ordentlich vor, so neugierig, dabei doch ängstlich, glotzte er mich an.

Ich gedachte meiner Vorräte, daß der Gopher trotz seiner Drolligkeit sehr frech und ein Nagetier sei und daß ich unbedingt bei seinen Besuchen der Dumme sein würde, nahm langsam die Sechsmilliter-Büchse und erledigte den Fall, wenn auch ungern.

Mit frischen Kräften ging ich am Morgen wieder an die Arbeit, denn es gab noch genug zu tun.

Das Bächlein wurde an einer passenden Stelle, nahe beim Zelt, durch einige Schaufeln voll Erde abgedämmt, ein Stück halbrunde Borke als Überlauf eingelegt, einige flache Steine darüber, und der Brunnen war fertig.

Dann kam schwerere Arbeit. Von den früher schon mitgebrachten Brettern stellte ich vier hochkant innen rings um das Zelt, rollte außen vier starke Stangen dagegen, schlug einige Pflöcke davor, und das Zelttuch wurde am Boden fest abgeschlossen. Schnell wurde noch außen herum Sand geworfen, so daß ein kleiner Wall und Graben entstand, damit das Regenwasser abfließen konnte.

Das helleuchtende Weiß des Zeltes störte mich, ich besprengte es daher so lange mit meinem Kaffeesatz, bis es eine undefinierbare Farbe angenommen hatte.

Um das Zelt herum wurden einige Pfähle in einhalb Meter Abstand voneinander eingeschlagen und mit mächtigen Tannenzweigen durchflochten, so daß ich gegen Sicht und Wind völlig geschützt war. Nur der Eingang blieb frei. Ich baute mir aber dicht daneben eine bequeme Bank mit

Lehne aus federnden Stangen, auf der man sogar ausgestreckt liegen konnte.

Nachdem ich noch im Zelt einen Stangenrost für Waschschüssel und Eimer eingerichtet hatte, sammelte ich für alle Fälle einen Vorrat trockenes Holz, das in handlichen Stücken im Zelt aufgeschichtet wurde.

Schon am Nachmittag des dritten Tages war alles so, wie ich es haben wollte, und ich setzte das Faltboot zusammen, um die erste „inspizierende“ Rundfahrt um den See zu machen und auch zu angeln, denn meine Pfanne sehnte sich nach einem Brathecht, als ein Gewitter mich ins Zelt trieb, so daß ich die ersehnte Kahnfahrt auf den nächsten Morgen verschob, obgleich es sich am Abend noch aufklärte.

Schon früh ging ich schlafen und erwachte auch in dieser Nacht von dem merkwürdigen Geräusch, das so klang, als ob ein Eisenbahnzug beim Anfahren den Dampf in kurzen Stößen arbeiten läßt.

Da ich ausnahmsweise nicht müde war und der Mond hell schien, ergriff ich Glas und Drilling und ging hinaus, um festzustellen, was das war.

Draußen hörte ich zwischen dem sonderbaren Bullern – es klang, als ob man kurz und laut und immer schneller werdend, Bu! Bu! Bu! Bu! Bu!“ sagt – deutlich das tiefe, unheimliche „Huh, Huhuh“ des Uhus und entdeckte schließlich eine höchst komische Sache.

Auf einem sehr hohen, abgestorbenen Baum saßen fünf (!) Uhus, nach Möglichkeit sich gegenüber, wackelten hin und her, machten sich klein und wieder groß, zogen den Kopf ein, kappten mit den Schnäbeln, riefen „hu huhu“ und – spuckten sich gegenseitig an, indem sie, die dicken Schädel bei jedem Schrei vor- und zurückschnellend, die so merkwürdig klingenden Laute „Bu! Bu! Bu! Bu! Bu! Bu!“ ausstießen, immer zweimal langsam, dann viermal schnell.

Es war ein interessantes, wenn auch komisch wirkendes Bild, wenn die großen Eulen wie die Kobolde auf dem Ast herumtanzten.

Toll sah es aus, wenn sie die mächtigen Schwingen ausbreiteten, lautlos abstrichen und nach kurzem Fluge mit deutlich hörbarem Schlag der scharfen Fänge wieder aufhakten.

Mit allem Nötigen sorgfältig versehen, bestieg ich am nächsten Morgen mein kleines Boot zur ersten Erkundungsfahrt auf „meinem" See, eine Ahnung sagte mir, daß ich allerhand entdecken und Erfolg haben würde, zum mindesten wollte ich aber am Abend mir meinen Hecht braten, denn frisches Fleisch hatte ich ja nicht.

Das federleichte Boot ruderte sich mit dem Doppelpaddel so leicht und geräuschlos, daß ich hoffte, damit auch an Wild heranzukommen.

Auf dem Wiesenstreifen am andern Ufer stand ein Tier mit zwei Kälbern, alle drei gingen aber sofort flüchtig ab, als ich mich näherte.

Gemütlich fuhr ich in der Nähe der Ufer, wo ich die sogenannte Scharkante vermutete, entlang.

Ein rankes Birkenstämmchen, zwei Meter lang, lieferte mir eine brauchbare Spinnrute. An der Spitze wurde ein Drahtring angebunden, groß genug zum Werfen ohne Rutenringe, am Griff die Rolle mit achtzig Meter stärkster Seidenschnur, durch Gummiring festgeklemmt, die Koloradodarre, siebzig Millimeter, angehängt, die Rute schräg ins Boot gelegt, seitlich heraus, da ich ja vorn paddelte, so daß ich mit den Beinen halten konnte, und ich fuhr los, die Schnur langsam laufen lassend.

Die Leine war noch keine fünfzig Meter im Wasser, als sie schon festsaß! Ich drehte das Boot, legte das Paddel fort, nahm die Rute und zog an, um festzustellen, wo ich hängen geblieben war, aber kaum hatte ich Fühlung, als plötzlich die Rolle singend abschnurrte, die Schnur zischend durch das Wasser sauste und in einigen sechzig Metern Entfernung ein wahres Untier von Hecht aus dem Wasser sprang, daß es nur so klatschte.

Zitternd vor Erregung, nahm ich sofort den Kampf auf, rollte Schnur auf und gab ihm Leine, ganz wie er es wünschte, er schien die Gefahr, in der er war, nicht zu kennen, sondern ließ sich ganz großartig drillen, bis es ihm anscheinend zu dumm wurde. Er wollte nicht mehr folgen, sondern raste mit unheimlicher Schnelligkeit im großen Bogen hin und her, daß das Wasser schäumte; wenn er umkehrte, entstanden wahre Wirbel, und langsam trieb ich mit dem Boot mit.

Das war ein Spaß! Rute und Schnur, Stärke zweiundvierzig, hielten sicher. Endlich gab der Fisch auch nach, ich konnte ihn führen und langsam, den mächtigen weißen Bauch nach oben, heranholen.

Als ich ihn neben dem Boot hatte, erkannte ich mit Staunen, daß der Fisch gut seine sechzehn bis achtzehn Pfund hatte! Ein solches Biest konnte ich unmöglich lebend in mein Boot bringen, er hätte mir unbedingt etwas darin entzweigeschlagen, ich griff daher zur Pistole und jagte ihm eine Kugel in sein starkes Genick, mit dem Erfolg, daß er wieder lebendig wurde und wie rasend abging.

Es war aber nur der letzte Todeskampf, schon nach zehn Metern Schnur konnte ich ihn halten, langsam zum Boot ziehen und mit einem Griff der ganzen Hand unter eine Kieme ins Boot heben.

Ein Mordskerl war es, aber wie sollte ich ihn verwerten? Mit Bedauern dachte ich daran, daß er bei der Wärme morgen schon verdorben sein mußte, nahm mir aber vor, heute noch einen Ameisenhaufen zu suchen und den Kopf dort „präparieren“ zu lassen. Schade um solch einen Fisch.

Ich wollte lieber so ein- bis zweipfündige für meine Bratpfanne haben, löste also die Darre ab und machte den Devon Bait an, einen kleinen Spinnfisch, gleich gut für Forelle, Hecht und Barsch, ging näher ans Ufer, warf ein und fing an zu spinnen.

Bereits beim zweiten Wurf erfolgte ein Biß, und ein eineinhalb Pfund schwerer Hecht wurde herausgeholt und abgenickt; das war der Richtige, einen konnte ich noch von der Sorte brauchen.

Ich warf nochmals ein, da ein Ruck, ein Schwanzschlag, daß das Wasser aufspritzte, und weg war der Bursche. Als ich aufrollte, fand ich den Ring zwischen Spinner und Vorfach gebrochen, mein Devon Bait war fort!

Kleine Hechte zu fangen, war hier anscheinend gar nicht so einfach, ich hörte deshalb lieber auf, um nicht noch mehr Angelzeug zu verlieren, und paddelte weiter.

Da, in der dunklen Bucht lag etwas, dicht am Strand, etwas Großes, Dreieckiges! Gespannt fuhr ich hin und fand – den Beweis, daß doch schon Menschen hier gewesen, aber wohl nur Indianer und nur sozusagen auf der „Durchreise“.

Es war ein Floß, zum Rudern eingerichtet, einfachster Art, wie es die Indianer und Trapper herstellen, um zu fischen, bei Feuerschein nachts zu jagen oder über das Wasser zu setzen. Zwei trockene Stämme, mit den dünnen Enden zusammengelegt, die dicken Enden im Winkel von fünfundvierzig Grad auseinander, eine Anzahl Stangen quer darüber gebunden und rechts und links eine Astgabel für die Ruder, alles mit Rindenbast befestigt. Das Floß war alt, die Stämme ganz vollgesogen, und nicht mehr gebrauchsfähig.

Irgendwelche andere Spuren von Menschen fand ich nicht, wohl aber, halb im Modder verborgen, eine geradezu phänomenales, uraltes Wapitigeweih!

Beim Fahren suchte ich mit dem Glas die Ufer stets genau ab, um, so gut es ging, zu spüren, als ich aus einer flachen, moorigen Bucht die weißgebleichten, zum Teil abgebrochenen Enden einer starken Geweihstange hervorragen sah. Nur mit Mühe kam ich bis heran, versuchte aber vergebens das Geweih, dessen andere Stange im Moor lag, herauszuziehen, das Faltboot war dafür zu leicht.

Als erfahrener „Wildwest-Mann“ (siehe: Der Kampf mit dem Bork!) hatte ich den Lasso mit. Durch Hin-und-her-Zerren lockerte ich die Stange im Moor, hob sie so hoch wie möglich, schlang das Lassoende um eine der Rosen, fuhr zum Ufer, wo mir eine Sandbank festen Stand gab, und zog das Geweih heraus.

Heiliger Hubertus, muß das ein Knüppelhirsch gewesen sein!

Der Wapiti bildet ja keine Krone, schiebt dafür aber sehr starke Enden, und acht zählte ich an der im Moor gelegenen, zwar kohlschwarzen, aber gut erhaltenen Stange, zum Teil vierzig Zentimeter lang und handgelenkdick! Die armstarke Stange reichte mir, aufgestellt, bis zur Schulter, und ich bin ein Meter achtzig groß.

Leider waren Schädel und die herausstehende Stange verwittert und morsch. Schade um das kapitale Stück! Die Moorstange mit den acht Enden brach ich ab, nahm sie mit, legte sie drei Tage in den Bach, dann drei Tage in die Prallsonne, sägte sie sauber ab, befestigte sie mit Draht an der hinteren Zeltstütze und hängte meine Gewehre und Jagdsachen daran auf. So hatte doch wenigstens noch jemand seine Freude dran.

Auf der Weiterfahrt genoß ich in vollen Zügen die stets wechselnden Bilder, die dieser herrlich gelegene See mir in überreicher Fülle bot, beobachtete das Leben und Treiben der zahlreichen Enten, sah allerhand Wassergeflügel, das ich kaum kannte, und fand auch wieder eine der gelbgefleckten Schlangen vor, wieder im Wasser. Eilig schwamm sie ans Ufer und verschwand im Gebüsch.

Obgleich es an seichten Stellen von kleinen Fischen wimmelte, konnte ich keine anderen großen sehen als Hechte; die standen überall. Als ich gerade regungslos im Boot saß und einen mächtigen Hecht betrachtete, der sich dicht bei mir sonnte, um sich dann, als er mich sah, ganz langsam sinken zu lassen, trat plötzlich aus dem Ufergebüsch auf der Landzunge gerade vor mir ein feistes Schmaltier heraus, sicherte über den See und begann, vertraut zu äsen.

Wenn nun auch Schonzeit war, so ist doch das Erlegen von Wild nördlich der Besiedlung erlaubt, wenn man Hunger hat, und den hatte ich gewaltig, bekam Appetit auf frisches Fleisch und wollte auch gerne die Decke als Teppich für das Zelt haben.

Das Boot stand wegen des Hechtes ruhig, langsam hob ich den Drilling, der Schuß krachte, ein vierfaches Echo rollte donnernd über den See, Hunderte von Enten flatterten rauschend über das Wasser und erhoben sich in die Luft, um mit singendem Flügelschlag zu kreisen, ein riesiger Raubvogel, den ich nicht gesehen, strich dicht bei mir von einer hohen Lärche ab und schraubte sich hoch, im Gebüsch am Ufer polterte und brach es, und mit hohen Sprüngen sah ich ein Rudel Hirsche den Hang hinaufrasen. Wie lange, wenn überhaupt, war wohl hier kein Schuß gefallen?!

Das Schmaltier war im Feuer geblieben und bereits verendet, als ich anlangte, um es abzufangen. Ich brach es auf und hing es mit einem durch die Hinterläufe gesteckten Knüppel an den dicht am Stamm abgeschlagenen Ast eines schattigen Baumes, um es abkühlen und ausschweißen zu lassen, rodete den Aufbruch an einer sandigen Stelle, wo sich gut spüren ließ, leicht ein, nahm die Leber mit und fuhr, tief befriedigt, aber mächtig hungrig, nach Haus.

„Nanu, was war denn das?" Auf meiner kleinen Wiese am Bach graste ein Pferd.

Rasch das Glas hoch: Vor meinem Zelt, auf der Bank, saß ein Kerl, rauchte fürchterlich und winkte mit einem riesigen bunten Halstuch. Es war Cessi Haamann, der gekommen war, um zu sehen, ob mich die Moskitos noch nicht, wie er prophezeite, aufgefressen hatten.

„Hallo! Cessi!" brüllte ich voll Freude, hatte ich doch Erfolge vorzuweisen und konnte sogar den Riesenhecht und das viele Fleisch mitsenden, und damit gleich einen Teil meiner Dankesschuld an B. abtragen.

Mit Macht legte ich mich ins Zeug, und wie ein Pfeil schoß mein leichtes Boot dem Ufer zu.

An der Landungsstelle empfing mich Cessi, außer sich vor Freude, daß er mich gefunden hatte.

„Ich habe einige Briefe für Sie", brüllte er schon von weitem, „und Butter, Brot und Eier."

„Fein!" schrie ich zurück, „da schau her", und hielt stolz den Riesenhecht hoch.

"By Jove", grölte Cessi, „ich fing einige Krokodile, unten in Florida, mit meinem Lasso, ungefähr vier Yards lang."

„Alter Narr", antwortete ich, „das ist ein Hecht."

"You don't say it" (Was Sie sagen), meinte er erstaunt und hielt das landende Boot, daß ich aussteigen konnte.

„Geben Sie her!" sagte er, und ich reichte ihm den Fisch.

"Well, well", stotterte er, „ich würde ihn nicht essen, er sieht wie ein Krokodil aus."

Lachend gab ich ihm den Anderthalbpfünder. „Und diesen hier?"

"O, he is allright."

Während wir gemächlich hinauf zum Zelt gingen, erzählte ich ihm, daß ich ein deer geschossen hätte, und wir beschlossen, es nach dem Essen mit Cessis Pferd, der berühmten „Kitty-Love", abzuholen.

Cessi konnte mir dabei gleich helfen, einen Weg am See entlang zu brechen, den ich doch als Schneeschuhpfad für den Winter haben mußte.

Wir speisten schlemmerhaft: erster Gang: Gebratener Hecht mit brauner Butter, zweiter Gang: Hirschleber, in Butter gebraten, dritter Gang: Zwieback mit Erdbeerjam.

Dann zogen wir mit „Kitty-Love" los, ich mit dem Beil vorneweg, um störende Äste abzuschlagen. Cessi hinterher, um sie wegzuräumen, und der Pony folgte, wie immer, dicht hinter seinem Herrn, mit einem Gesichtsausdruck, als ob er sagen wollte: „Wo du hingehst, da will ich auch hingehen, doch du, alter Junge, trägst die Verantwortung."

Wir folgten dem Seeufer, schnitten die erste Landzunge ab und folgten wieder dem Ufer. Auf dem nächsten, dicht bewaldeten Einschnitt mußte der Anschuß sein.

Als wir uns mühsam durch das weite Gestrüpp durcharbeiteten, stieß Cessi, der etwas zurückgeblieben war, ein Freudengeheul aus. Laufen war ihm etwas Ungewohntes, er schwitzte fürchterlich, hatte Durst und fluchte schon seit einer ganzen Weile vor sich hin. Jetzt war er plötzlich springlebendig.

„Drei Hurras für rot-weiß-blau, das ist das Richtige, kommen Sie schnell, ich habe ihn erwischt, hier ist ein Sodawasserausschank."

Eilig drang ich zu ihm durch, und wirklich, da war eine Quelle, die in zehn Zentimeter Dicke, aber nur fünf Zentimeter Höhe, klar wie Kristall, aus dem in weitem Umkreis ockergelb gefärbten Boden quoll. Sie mußte stark eisenhaltig sein, schmeckte aber trotz oder vielleicht gerade wegen des Beigeschmacks von allerhand Mineralien sehr gut.

Durstig, wie wir waren, nahm ich meinen Lederbecher und Cessi seinen Hut, das eiskalte Wasser erfrischte uns, und wir tranken reichlich.

Cessi strahlte vor Stolz über seine große Entdeckung, Kitty-Love dagegen schnaubte, steckte die weichen Nüstern ins Wasser, sah sich mißtrauisch die ockerfarbene Umgebung an und lehnte ab.

„Well, es ist ihr zu kalt", meinte ihr Herr bedauernd, und neugestärkt setzten wir unseren schwierigen Weg fort, bis wir den See erreichten, den Anschuß und damit auch das Schmaltier fanden.

Wir legten es über den starken Rücken des Pferdes und machten uns sofort auf den Heimweg, wobei wir den Pfad weiter verbesserten.

Unterwegs begann es, in mir gewaltig zu rumoren, und auch Cessi fühlte das dringende Bedürfnis, Halt zu machen.

In höchster Fahrt stürzten wir uns rechts und links ins Gebüsch.

Kaum waren wir wieder in Bewegung, als Cessi aufs neue verschwand, und auch ich benutzte, einem inneren Drange folgend, die günstige Gelegenheit.

Als sich diese nichts weniger als angenehme „zwingende Notwendigkeit“ immer wieder einstellte, machten wir an einem Windbruch halt und setzten uns nebeneinander auf einen für unsere Zwecke hervorragend geeigneten umgebrochenen Stamm, entschlossen, hier das Ende dieser Katastrophe abzuwarten, als Cessi plötzlich rief: “I tell you, thats’ this dam’d spring.” (Ich sage Ihnen, das macht diese verdammte Quelle.)

„Jetzt weiß ich auch, warum Kitty-Love nicht davon trinken wollte.“

Ich sah Kitty-Love an, die, an einem Zweige knabbernd, dicht vor ihrem Herrn stand und uns beide, wie mir auf einmal schien, hohnlächelnd betrachtete.

Schließlich fand auch dieser sonderbare Betrieb aus „Mangel an Masse“ sein Ende, wir konnten wieder weiter und erreichten in ziemlich elender Verfassung mein Zelt, brauten uns einen starken Kaffee, schlugen das Schmaltier aus der Decke und legten uns schlafen.

Schon um drei Uhr am nächsten Morgen brach Cessi auf, beladen mit dem „Krokodil“ und dem Wildpret, rechts und links von Kitty-Loves Rücken in Säcken verstaut, nachdem er mir noch wiederholt dringend auf die Seele gebunden hatte, ihm ja einige Flaschen von dem Quellwasser bereitzustellen, er wollte sie das nächste Mal mitnehmen, “for the boys” (für die andern Cowboys).

“I tell you”, meinte er schmunzelnd, “they shall get them on Sunday, at dinnertime, and I will have lots of fun the whole afternoon.” (Ich sage Ihnen, sie sollen sie am Sonntag zum Mittagessen bekommen, und ich werde den ganzen Nachmittag ungeheuren Spaß haben.)

Das Präparieren einer Hirschdecke ist, abgesehen von etwas Arbeit, ganz einfach. Alaun und Salz hatte ich für solche Fälle mitgenommen. Die Decke wurde auf der Fleischseite mit Alaun eingerieben, mit Salz bestreut, einmal zusammengeklappt, dann fest aufgerollt, mit Draht verschnürt und in den Bach versenkt.

Nach acht Tagen nahm ich den Pack heraus, die dann ganz weiche Dekke wurde auf dem Tisch nochmals sauber abgekratzt, über zwei Stangen gehängt, darunter ein schwelendes Feuer gemacht, mit viel Rauch, und einige Stunden geräuchert.

Zuletzt spannte ich sie in der gewünschten Form, Fleischseite nach oben, in der Sonne aus, ließ sie trocknen, und sie war, wenigstens für meinen Zeltbetrieb, gebrauchsfertig.

So belegte ich mir mit der Zeit den ganzen Zeltboden mit Decken, wodurch der sonst unvermeidliche Dreck und Staub abgehalten wurde, außerdem ging es sich fein weich und sah auch „jagdlich“ aus.

Den ganzen September, die Zeit des herrlichen Indianersommers, tobte ich auf dem See herum, fischte nach Herzenslust, schoß noch zwei Schmaltiere, um frisches Fleisch zu haben, legte jetzt schon geeignete Fangplätze an und machte lange Pürschgänge, besonders nach Norden.

Eines gesegneten Tages fand ich, daß der See durch eine Reihe von Sümpfen, die schließlich zu einem Bach wurden, einen Ablauf in einen kleinen Fluß hatte, dessen Lauf ich stundenlang folgte.

An seinen Ufern standen so viele Spuren von Pelztieren und Fährten von Großwild, daß ich beschloß, hier später zu jagen und zu trappen.

Ich möchte hier erwähnen, daß die gesetzliche Jagdzeit auf Großwild in Kanada sehr kurz bemessen ist, sie beschränkt sich auf die Monate Oktober bis Dezember, ist aber in den einzelnen Provinzen verschieden. Im hohen Norden ist die Jagd von September bis Mai offen, doch darf dort jederzeit Wild zum Lebensunterhalt erlegt werden.

So streng nun die Gesetze dort gehandhabt werden, wo eine Aufsicht möglich ist, und das Gott sei Dank mit Recht, so wenig Bedeutung haben sie in Gegenden, die nördlich der Besiedelung und abseits jedes Verkehrs liegen, denn wo kein Kläger, ist bekanntlich auch kein Richter.

Die Sache wird nur dann gefährlich, wenn man die Beute, Geweihe und Pelze, ausführen oder verkaufen will, da man dazu in die überwachten Gebiete gehen und über alles Rechenschaft ablegen muß.

Mir machte das alles wenig Kummer, ich bin kein Schießer, die Beobachtung der Tiere und das Aufgehen in der herrlichen Natur genügten mir vollkommen, verkaufen wollte ich nichts, Geweihe und Pelze waren bei Freund B. gut aufgehoben, kurz, ich hatte keinerlei Schwierigkeiten zu erwarten, kein Mensch verirrte sich in meine Wildnis, und ich konnte dort tun und lassen, was ich wollte.

Da bekanntlich Pelztiere und Wild, außer den dann aus Hunger gefährlich werdenden Wölfen, in den Monaten Januar-Februar unsichtbar werden, um erst mit dem Nachlassen der wütendsten Kälte wieder zu erscheinen, und man in diesen Monaten sicher sein konnte, eines Tages sein Zelt vernichtet und sämtliche Vorräte von den Wölfen aufgefressen zu finden, wollte ich sowieso mein Lager Ende Dezember abbrechen, um das Fest bei B. zu verleben.

Der erwähnte Fluß mit den vielen Fährten und Spuren war meist so flach, daß es sich bequem am Ufer, zum Teil in ganz seichtem Wasser, entlanggehen ließ. Ab und zu versperrten tiefe Kolke, in denen fast immer zurückgebliebene Hechte standen, oder umgestürzte Stämme, die oft durch angeschwemmtes Holz sich zu wahren Barrikaden auftürmten, den Weg, so daß ich mir an solchen Stellen einen Pfad am Ufer brechen mußte.

Nach einigen Stunden Marsch verlief sich das Flüßchen in ein riesiges Sumpfgebiet, hinter dem wieder ein gewaltiger See lag.

Trotz fortgesetzter, an verschiedenen Tagen wiederholter Versuche gelang es mir nicht, durch diese Sumpfstrecken, zum Teil mit mächtigen Lärchen, Tannen und Erlen bewachsen, bis zum offenen See durchzudringen oder sie zu umgehen. Die Brüche schienen endlos. Aber in ihnen steckte der König der kanadischen Wälder, das Moose (Elch).

Mächtige Fährten, Himmelszeichen, die ich gerade noch mit dem Jagdstock erreichen konnte, wie auch die dröhnenden und platschenden Absprünge, wenn die schweren Tiere vor mir flüchtig wurden, ließen mich das Beste erhoffen.

Sehnsüchtig wartete ich daher auf Frost und das fallende Laub, wodurch mir alle diese Herrlichkeiten zugänglich und sichtbar werden mußten.

Der Winter sollte mich wohlvorbereitet finden. Dicht beim Zelt stand ein großer, sauber geschichteter Haufen brennfertiger Kloben, mit Tannenzweigen abgedeckt, und ein Vorrat kleingehackter, harziger Splitter lag im Zelt bereit, um jederzeit schnell Feuer anmachen zu können. Ein mächtiger Topf mit eingekochter Butter und ein Sack feinsten Weizenmehls zum Backen der kleinen Pfannkuchen, die mir im Winter, wenn die Verbindung mit B. aufhörte, das Brot ersetzen sollten, wurden unter meinem Feldbett aufbewahrt, und die Eisen zum Pelztierfang warteten, in höchster Gebrauchsfertigkeit, sehnsüchtig darauf, daß es endlich losgehen sollte.

Trotzdem vergaß ich nie, daß mir das Aufgehen in der herrlichen wilden Natur und die Beobachtung der reichen Tierwelt die Hauptsache waren, Erholung und Freude suchte ich, nicht etwa Gelderwerb oder gar Rekorde. „Mit Genuß“ wollte ich alles kennen lernen, was die Wildnis mir bot, nicht aber mich, wie es der berufsmäßige Trapper tun muß, schinden und plagen. Der Leser erwarte daher von mir nicht die Aufzählung gewaltiger Strecken, ich legte keinen Wert darauf, aber was ich schildere, sind wahre Erlebnisse, wie sie die in der Wildnis besonders geschäftige „Tücke des Objekts“ mir fast täglich in ausgiebigstem Maße vorsetzte.

Es war Oktober, jeden Tag konnten Frost und Winter hereinbrechen, das Laub war vertrocknet und größtenteils abgefallen, immer häufiger zeigten sich auf den kahler gewordenen Stellen die Hirsche, und selbst die Wölfe, die mich sonst nur mit ihrem nächtlichen Gesang „erquickt" hatten, wurden dreister.

Leider wartete ich den Frost nicht ab, sondern lieferte vorher nochmals den Beweis, daß ich doch noch ein richtiges Grünhorn war.

An einem schönen Tage wanderte ich hinaus, den Fluß entlang, bis an die Sümpfe, um nach Elchen zu fährten.

Da erblickte ich auf den Höhen dahinter, die anscheinend durch Feuer ziemlich kahl waren, westlich des Sees ganze Scharen äsender Caribous (Waldrentier), die langsam von Ost nach West zogen.

Sie folgten wohl dem Wandertrieb des kanadischen Wildes, der sie mit dem nahenden Winter aus den Eisgefilden der Hudsonbay nach Westen ziehen läßt, wo der Schnee geringer und die Kälte weniger furchtbar ist.

Caribou, ein noch nie gesehenes Wild.

Ich zitterte. Natürlich versuchte ich hinzukommen, drang auf den ur-

alten Wildpfaden in das Sumpfgelände ein und näherte mich, an den schlimmen Stellen vorsichtig über die dunkelgrün schimmernden Wasserlöcher springend, immer mehr der Anhöhe.

Der Elche wegen hatte ich die Büchse mit, womit ich natürlich besser dran war, als mit dem Drilling.

Bald ging es nicht weiter, da mir sonst das Wild hinter den hohen Lärchen am Ufer verschwand, es waren aber immerhin noch weit über zweihundert Meter.

Ich schwankte lange, ob ich den Schuß wagen sollte, als ein ganz kapitaler Hirsch mit mächtigem Geweih sich breit vor mich hinstellte. Die Sonne spielte in den langen, hellgelben Haaren seiner Halsung, wie er langsam das gekrönte Haupt drehte, als ob er seine Gefolgschaft mustern wollte.

Fast unbemerkt hob ich die Büchse, schlug das Fernrohr auf, strich an einer Erle an und haute hin.

Der mächtige Körper ruckte zusammen, Kopf und Geweih senkten sich schwer zu Boden, den Äser weit offen und den Hals vorgestreckt, die Läufe stellten sich auseinander, wie bei einem Sägebock, kurz, es war das typische Zeichen eines reinen Leberschusses.

Da hieß es warten, regungslos warten, bis er zusammenbricht, denn ein Stück Wild mit Leberschuß geht, wenn einmal gestört, in vollen Fluchten ab, bis es irgendwo verendet, und das kann unter Umständen sehr weit sein.

So stand ich denn, das Glas am Auge, schwitzte vor Erregung und wartete.

Endlich, nach fünfundzwanzig Minuten, legte sich der Hirsch auf die Seite, streckte sich und regte sich nicht mehr.

In mir jubelte es, ich sprang, den Blick starr auf die Stelle gerichtet, wo das Caribou zusammengebrochen war, vorwärts, trat dabei fehl, rutschte mit dem rechten Bein in ein Sumpfloch und verschwand im grünen Modder, konnte aber doch noch im Fallen die, Gott sei Dank, gesicherte Büchse fortwerfen und mich mit der Linken zwischen vorstehenden Wurzeln und mit der Rechten an einem Busch festkrallen.

Mit den Beinen suchte ich vergeblich Halt, alles mußte unterhöhlt sein, das Bäumchen in meiner Rechten bog sich gewaltig und ließ mich noch tiefer sinken, schon reichte mir der ekelhafte Sabber bis an die Brust, und große Blasen kamen herauf, die zerplatzend einen widerlichen Gestank verbreiteten.

Merkwürdig ist der Mensch! In dieser schrecklichen Lage, die doch alles andere als komisch war, mußte ich an Fred denken und hätte zu gern gewußt, ob er auch hierzu gesagt hätte: "That's allright!"

Hier ging es ums Leben. Selbst die Gase waren anscheinend giftig, und ich nahm alle meine Energie zusammen.

Da der Versuch, mich an dem Busch hochzuziehen, mißlang, ließ ich dort los, warf mich schnell herum und packte mit der rechten Hand ebenfalls in das Wurzelwerk. Langsam zog ich mich dann höher, bis ich auf den Weg fassen konnte, krallte mich dort nach einigen vergeblichen Versuchen erst mit einer, dann mit beiden Händen fest ein, hob mich bis zur Brust an und angelte so lange mit den Beinen herum, bis es mir gelang, einen Fuß in das Wurzelwerk zu bekommen, hatte so Halt, um mich auf den Weg zu wälzen, und war gerettet.

Ich roch zwar fürchterlich und war quatschnaß, aber abgesehen von grünen Fäden und vielen weißen und grünen Pünktchen, die überall an mir klebten, nicht allzu schmutzig.

Tief atmete ich auf, brachte die geliebte Pfeife, die ich, man sollte es kaum für möglich halten, während der ganzen Prozedur im Munde gehabt hatte, in Gang und ergriff erfreut die treue Büchse, die – Glück im Unglück – wie sorgfältig hingestellt, in einer Astgabel lehnte.

Bald war ich, vorsichtig weitergehend, auf der anderen Seite, stieg den Abhang hinauf und stand bewundernd vor meiner Beute.

Das viele andere Wild war verschwunden, ich hatte durch den Sturz nichts davon gemerkt, bedauere aber noch heute, daß mir der Anblick der Hunderte flüchtender Caribous entgangen war.

Nachdem ich den Hirsch gelüftet, zog ich meine Kleider aus und legte sie in die Sonne zum Trocknen, fror aber dabei so, daß ich ein Feuer anmachte, dicht neben meiner Beute. Da saß ich nun, den freudetrunkenen Blick auf das kapitale Geweih gerichtet, hatte meine Beinkleider auf eine Astgabel gezogen und hielt sie so über das Feuer.

Well, mir wurde die Zeit nicht zu lang. Als ich wieder angezogen war, brach ich den Hirsch auf, nahm Leber und Lecker heraus, schlug das Geweih ab und stellte mit Bedauern fest, daß das Wild zu schwer für mich war, ich konnte es nicht tragen.

Obgleich es schon spät geworden und ich Gefahr lief, von der Dunkelheit überrascht zu werden, brachte ich es doch nicht übers Herz, solchen Hirsch und die prächtige Decke verludern zu lassen.

Ich machte mich also an die Arbeit, schlug ihn aus der Decke, zerlegte ihn und schleppte die Stücke den Hang hinunter, zwischen die hohen Lärchen, wo ich die Decke, mit dem Wildpret darin, möglichst hoch aufhängte.

Jetzt erst war ich befriedigt und dachte an die Heimkehr. Ach, wäre ich doch den alten Weg zurückgegangen!

Da ich aber durch den langen Pürschgang am Sumpf entlang glaubte, fast nördlich vom Sternsee zu sein, und den Umweg zurück zum Fluß sparen wollte, entschloß ich mich zu versuchen, quer durch den Wald zu dringen, packte also zusammen, warf mir das endengespickte Geweih über die Schultern und marschierte los.

Zuerst ging alles gut, ich hatte vorher noch den Rest meines Proviants gegessen und ebenfalls den Rest getrunken, rauchte und war stolz auf mein Waidmannsheil und voll Freude über die Errettung aus dem Sumpfloch, meine Nerven waren, wie man sagt, aufgekratzt.

Nur zu bald trat der Rückschlag ein, ich wurde müde, mußte bald rechts, bald links von der Richtung abweichen, um weiterzukommen, das Gewicht des Geweihes drückte. Alle Augenblicke blieb ich damit hängen und mußte zurück, um mich zu bücken, die Sonne sank, und es wurde kühl, der Abend, dem in dortiger Gegend überraschend schnell die Dunkelheit folgt, war da.

Noch aber hatte ich furchtbares Grünhorn nicht genug, weiter torkelte ich im wilden Busch umher, mal bergauf, mal bergab, durch Sümpfe, über Windbrüche und Schluchten, immer nach dem stets mitgeführten Kompaß in Richtung Süd.

Hinter jeder Hügelkette glaubte ich, meinen See zu finden. Immer dunkler wurde es, die Sonne war verschwunden, eine Kältewelle senkte sich über das Land, und die Nacht brach an.

Jetzt war guter Rat teuer. Schweren Herzens trennte ich mich von dem Geweih, schälte einen etwas freistehenden Baum ringsum ab, daß er weithin leuchtete, und hing es hoch an einen Ast. Um es auch ja wieder zu finden, markierte ich im Weitergehen einzelne Bäume mit dem Beil.

Als ich den Kompaß nicht mehr erkennen konnte, griff ich zu den Streichhölzern, sechzehn Stück waren noch in der Büchse.

Und immer weiter wand ich mich durch den stockfinsteren, wilden Busch. Es war das Dümmste, was ich tun konnte. Ich stieß gegen Äste, rannte gegen Baumstämme, zerriß meine Kleider, verlor alle Augenblicke den Hut, stürzte über umgebrochene Bäume, bis mir schließlich noch ein Ast sogar die Pfeife aus dem Munde schlug.

Mit Streichhölzern suchte ich danach, bis ich nur noch fünf Stück besaß, da endlich dämmerte es mir, was für ein großer Dummkopf ich war.

In Schweiß gebadet, vollständig fertig, setzte ich mich zum Ausruhen auf einen Stamm, über den ich gerade gestolpert war, und sah ein, daß ich im Walde übernachten mußte.

Langsam kroch ich weiter bis zum nächsten Windbruch, wo genügend trockenes Holz war, suchte eine etwas freie Stelle und tat, was ich gleich hätte tun sollen, ehe ich mich in den Zustand völliger Erschöpfung brachte, ich machte ein großes Feuer an, das mir Licht gab und mich erwärmte, denn die Nächte waren schon sehr kalt.

Sobald ich mich etwas erholt hatte, suchte ich genügend trockene Bäume zusammen, was schnell und leicht ging, da diese, vom Sturm umgebrochen, kreuz und quer herumlagen und, von Wind und Sonne ausgedörrt, federleicht waren. Ich schlug die Kronen und Wurzeln ab, trug die Stämme zum Feuer, machte mir daneben ein Bett aus übereinandergelegten Tannenzweigen, warf die Kronen im Halbkreis um mein Lager und steckte einige der größeren Tannenzweige aufrecht hinein, so daß eine Art Wall entstand, der mir Schutz bot und die Wärme zurückstrahlte.

Schließlich saß ich so ganz warm und behaglich, bis auf den Durst, der mich so quälte, daß ich aufstand und den Boden nach Wasser absuchte. Meist sind diese Windbrüche sumpfig, da die Bäume der flachen Wurzeln wegen leichter vom Sturm umgerissen werden können, und so war es auch hier.

Ich fand den feuchten Boden, kratzte das Moos fort und grub mit dem Beil ein Loch. Schon bei fünfundzwanzig Zentimeter Tiefe hatte ich Wasser, es war zwar schwarz und schmeckte moorig, ich trank es aber trotzdem mit Wonne.

Zu hungern brauchte ich auch nicht. Als ich die Wildpretstücke in die Decke legte, hatte ich mir zwei zünftige Filetstücke abgeschnitten, um zu Haus frisches Fleisch zu haben. Davon kaute ich jetzt kleine Brocken langsam aus, roh. Es schmeckte scheußlich.

Ärgerlich dachte ich an meine Pfeife, ich vermißte sie sehr, und da ich doch nicht schlafen konnte, nahm ich ein Stück Holz, schnitzelte und schabte, bis ich ein zwar kurzes, aber doch pfeifenähnliches Gebilde fertig brachte, mit dem Pfriem am Messer langsam durchgebohrt.

Dieses Monstrum von Pfeife biß zwar gewaltig auf der Zunge, aber es ging, ich dampfte wieder.

Dann kam ich auf die Idee, von dem Wildpret zu braten. In dem stets mitgeführten Rucksack befand sich in einer Sondertasche eine Schachtel mit Streichhölzern, Bindfaden, Verbandzeug und Salz.

Ich spaltete einen Ast, klemmte ein Stück Cariboufilet hinein und hielt es über das Feuer, bis es schön braun gebraten war. Es roch ganz prächtig, war jedoch trocken und strohig, ließ sich aber essen.

Gegen Mitternacht wurde ich müde, wollte aber des Feuers wegen nicht einschlafen, denn ich fror. Schließlich holte ich mir noch einige Tannenzweige, recht lange, die ich so einsteckte, daß sie über mich hinweg hingen, band sie oben zusammen und verkroch mich darunter.

Gegen meinen Willen nickte ich doch ein und mußte eine ganze Weile geschlafen haben, als mich das Heulen der Wölfe weckte.

Mein Feuer war niedergebrannt, schwelte aber noch rotglühend unter der Asche, Wind hatte sich erhoben, es war niederträchtig kalt in meinen feuchten und durchschwitzten Kleidern, und dunkle Wolken zogen am Himmel dahin, zwischen denen das schwache Licht des tiefstehenden Mondes gespenstisch hervorleuchtete.

Und wieder ertönte das gemeine Geheul, immer näher.

Langsam setzte ich mich auf und nahm die schußbereite Büchse zur Hand, konnte aber nichts erkennen.

Das Heulen kam von der anderen Seite des Windbruchs, es war ganz nahe, meiner Schätzung nach keine hundert Meter, und ich fieberte schon – o nein, nicht vor Angst – vor Jagdlust.

Es waren graue Wölfe, von denen ich hier noch keinen erwischen konnte. Sie umkreisten mein Lager, heulten und jaulten, kamen aber nicht nahe genug heran, selbst mit dem Glas war nichts von ihnen zu sehen.

Zwar glaubte ich öfters, zwei phosphoreszierende Augen aus dem Dunkeln hervorleuchten zu sehen, halte das aber mehr für eine Täuschung meiner erregten Nerven.

Um vielleicht doch noch zum Schuß zu kommen, versuchte ich, auf dem Bauche kriechend, mich ihnen zu nähern, geriet aber schon nach wenigen Metern derartig zwischen Äste und Gestrüpp, daß ich es schleunigst wieder aufgab, ich kam mir in solcher Lage doch zu wehrlos vor.

Die Wölfe waren wohl durch meine Wildpretbraterei angelockt worden und warteten sehnsüchtig auf mein Fortgehen, in der Hoffnung, an meinem Feuer reichlichen Fraß zu finden.

Daß sie es auf mich abgesehen hatten, ist natürlich ausgeschlossen. Der graue Wolf nimmt wohl Menschen an, aber nur, wenn er wütend vor Hunger ist, was höchstens in den Monaten Januar-Februar eintreten kann, in der Zeit der höchsten Not für jedes Wild.

Endlich ging auch diese Nacht herum, und beim ersten fahlen Morgenlicht wanderte ich weiter, nach Süden, kam bald in Sumpfboden, ging daran entlang und stand schließlich an dem kleinen Fluß, ich war in der Nacht nach links im Halbkreis gegangen.

Nun wußte ich Bescheid, pürschte, denn die Zeit war günstig, vorsichtig am Ufer entlang, überraschte ein Rudel Hirsche an der Tränke, fehlte den kapitalsten im unsicheren Morgenlicht auf achtzig Schritt und, als sie den Hang hinauf in Riesensprüngen an mir vorbeisausten, zum zweitenmal, ärgerte mich wütend, daß ich geschossen, beschaute zweifelnd meine Büchse und fand, daß sich das Visier um gut fünf Millimeter verschoben hatte.

Mit dem Messer wollte ich es wieder auf den Strich klopfen, wo es hingehörte, als es rechts von mir im dicken Busch brach und polterte, ich hörte das Anschlagen der Stangen an die Äste, die Büsche rauschten, und

zehn Schritt an mir vorbei trollte ein Moosetier, gefolgt vom Hirsch.

Was nun? Instinktiv griff ich zur Büchse und hob sie schußbereit, als der Schaufler herumfuhr, den Kopf über die Büsche erhob, daß die mächtigen Schaufeln wie Adlerflügel auseinanderstarrten, und schnaufend, den heißen Atem gleich Dampfstrahlen aus den Nüstern stoßend, nach mir hin sicherte. Weiß der Teufel, was er hatte.

Schießen konnte ich nicht, denn, abgesehen von dem verschobenen Visier, war nur sein Schädel sichtbar, ich selbst aber stand bis an den Hals im Gestrüpp.

Das gewaltige Wild, groß wie ein Pferd, Oberlippe hoch, bleckte mit den daumenbreiten Zähnen, kam einige Schritte, wie mir schien, im spanischen Schritt, näher, so daß ich mich schon nach dem nächsten dicken Baum umsah, bekam plötzlich Wind, fuhr herum, daß es dröhnte, und – war lautlos verschwunden. Geradezu unheimlich wirkte diese Eigentümlichkeit des kanadischen Elchs, sich so absolut ohne jedes Geräusch, und dabei doch unglaublich schnell, aus dem Staube zu machen.

Der Eindruck seiner gewaltigen Figur – seine eintausend Pfund hatte er sicher, war ein so uriger, die bizarr gezackten, riesigen Schaufeln ragten so hoch über mir in der Luft, und der weißdampfende Atem zeugte von solch gewaltiger Kraft, daß ich noch lange stehen blieb, klopfenden Herzens, tief ergriffen von der Wucht dieses Erlebens.

Wie im Traum gelangte ich nach Hause, suchte eine meiner Ersatzpfeifen hervor, rauchte wie ein Schlot und sah, den Rauchwolken nachblickend, immer und immer wieder in Gedanken den erbosten Elch vor mir stehen, bereit, mich anzunehmen und mit den stahlharten Schalen zu Brei zu zerstampfen.

„Warte nur“, nickte ich dem Traumbild zu, „wir sehen uns wieder, oder ich will kein Jäger sein.“

Die Begegnung mit dem Schaufler, das Caribou, vor allem aber das im Walde gelassene Geweih gaben mir keine Ruhe. Ich nahm mir nicht einmal Zeit, die Büchse wieder einzuschießen, sondern zog beim ersten Tagesgrauen mit dem Drilling los, fuhr mit dem Boot über den See bis zur nördlichsten Spitze, schob es ins Gebüsch und begann, mir einen Pfad nordwärts zu brechen, um eine für den Winter bequemere Verbindung zu dem Sumpfufer zu haben.

Ich kam vorwärts und erreichte, als die Sonne schon anfing zu wärmen, einen mächtigen Windbruch, der aussah wie die Urwildnis selbst, fast undurchdringlich, mit feuchtem Untergrund, kreuz und quer lagen die gestürzten Stämme, dazwischen wucherte mannshohes Jungholz, überall ragten die Wurzelböden der gefällten Baumriesen hervor, unzählige alte und frische Spuren und Fährten führten hinein und heraus, besonders von Fuchs, Wolf und Karnickel, und fast in der Mitte erhob sich ein kahler Anberg, bedeckt mit dunkelgrünen, niedrigen Sträuchern, vermischt mit dunkelblau schimmernden Stellen.

Mit großer Mühe gelang es mir, bis zu diesem Hügel vorzudringen, er war über und über mit Heidelbeeren bewachsen, die oft so dicht saßen, daß sie das Grün der Blätter verdeckten.

Ich probierte, die Beeren waren groß, süß und reif, und stieg, Heidelbeeren pflückend, langsam weiter, als ich plötzlich vor mir ein schwarzes, unförmiges, haariges Etwas sitzen sah.

Es entpuppte sich als ein schwacher schwarzer Bär, der eifrig damit beschäftigt war, sich den Wanst mit Heidelbeeren anzufüllen. Er arbeitete mit beiden Pranken, um ja den Rachen recht voll zu kriegen.

Es war mein erster Bär in freier Wildbahn, das Tier kam mir so klein und ungefährlich vor, kurz, ich war enttäuscht und fühlte mich mit dem Drilling mit Acht-Millimeter-Mantelgeschoß, einer Vollkugel und Nummer null in den Schrotläufen so überlegen, daß ich in aller Ruhe das Glas hochnahm, um mir Urian erst einmal genau anzusehen. Doch kaum hob ich die Arme, als der Bär auch schon herumfuhr, sich aufrichtete und mich mit dem Ausdruck größter Verwunderung und Überraschung beäugte.

Er setzte sich auf die Keulen, die eine Pranke wie zum „Schönmachen“ erhoben, die andere hatte er, soweit es irgend ging, in den Rachen geschoben und lutschte daran, von den Lefzen floß der blaue Heidelbeersaft und tropfte auf den wenig behaarten Bauch, der wie eine pralle, dicke Wurst zwischen seinen Schenkeln hing, während die klugen, kleinen Lichter mich musterten, als wollte er sagen: „Nanu, wie kommt denn so etwas hierher?"

Sein ganzes Gebaren hatte nichts von Wildheit, er sah so friedlich aus, so behäbig, dabei so drollig, das ganze Erlebnis war so ganz anders, als sonst ein Zusammentreffen mit Bären geschildert wird, daß es mich fast Überwindung kostete, dem Idyll durch einen Schuß ein rauhes Ende zu bereiten.

Erst nach einer ganzen Weile hob ich den Drilling, ganz langsam, bis zur Herzgegend, als sich der Bär doch wohl angegriffen fühlte, ein kurzes, drohendes Knurren ausstoßend, aufsprang – jedoch zu spät! Der Schuß krachte, und – ja, so etwas kommt leider auch vor – er saß zu tief. Mag sein, daß das Wild im Augenblick des Abdrückens sich doch schon etwas hochgeschleudert hatte oder daß die Schuld an meiner Büchse lag, die, wie alle meine Gewehre, die Kugel auf einhundert Meter mit zwölf Zentimeter Hochschuß schießt, wodurch ich gewöhnt bin, Ziel aufsitzen zu lassen, und der Bär war nur fünfunddreißig Schritt entfernt; jedenfalls hörte und, was selten vorkommt, sah ich genau den Einschlag des Geschosses, es saß deutlich waidwund, und das Zeichnen des Bären, der mit über den Bauch geschlagenen Pranken und krummem Rücken vornüberkugelte, bestätigte dies nur zu deutlich.

„Donnerwetter, jetzt nimmt er mich an!", fluchte ich, denn ich kannte ja Bären nur aus Geschichten, und war entschlossen, ihm die Vollkugel auf fünfzehn und den Schrotlauf auf zehn Schritt auf den Hals zu geben, aber der arme Petz dachte gar nicht daran.

Er versuchte, mit krummem Rücken den Hang hinunter zu entkommen, denn der Windbruch bot Deckung und Wasser zum Kühlen.

Schnell führte ich eine neue Patrone ein und rannte, um ihm den Weg abzuschneiden, kam auch nochmals zum Schuß, haute aber in der Erregung glatt vorbei. Weg war er.

So, jetzt hatte ich den Salat! Jetzt stak der krankgeschossene Bär in dem unzugänglichen Windbruch, wo man kaum durchkriechen, geschweige denn schießen konnte; ihn da aufzustöbern, war immerhin nicht so ganz ohne, und das früher harmlos scheinende Wild kam mir auf einmal ziemlich gefährlich vor.

Ich verbrach die Stelle, an der er im Bruch verschwand, bohrte am Anschuß einen trockenen Knüppel in den harten Boden, stellte auf der Wundfährte Mageninhalt fest, natürlich Heidelbeerbrei, machte noch eine Weile höchst überflüssige Zielübungen nach der zweiten Schußstelle und kam zu dem Schluß, daß ich vorn vorbeigeschossen hatte.

Dann wurde gefrühstückt, geraucht und eine reichliche Stunde gewartet. Die Stunde verging, aber der Ärger blieb, und mit wenig Hoffnung begann ich, langsam der Schweißfährte zu folgen. Schon nach zehn Schritt kam ein Wasserloch, und ich konnte nicht weiter, da, ich traute meinen Augen kaum, in dem Loch, im Wasser lag der Bär.

Ja, die Jagd auf Großwild, allein ausgeübt, in tiefster Wildnis, ohne die uns so gewohnten Hilfsmittel, hat ihren eigenen Reiz. Man denke, wie herrlich weit ich es jetzt gebracht hatte.

Am Sumpf hing das Caribou an einem Baum, mitten im Wald prahlte an einem Stamm das dazugehörige Geweih, der erste Elch hätte mich beinahe angenommen, und der erste Bär lag im Wasser.

Es war kein starker Bär, er mochte so an zwei Zentner wiegen, aber erst nach dreieinhalbstündiger Schinderei hatte ich ihn heraus, sauber aus der Decke geschlagen und den Kopf mit dem prächtigen Gebiß einigermaßen von Wildpret gereinigt, da ich ihn mitnehmen wollte.

Nach einer Ruhepause steckte ich den Schädel in den Rucksack, rollte die Decke zusammen, hing sie mir über die Schulter und kehrte um, nach Hause.

Es wurde ein Weg fortgesetzter Qual mit der schweren, niederträchtigen Decke, die immer und immer wieder auseinanderrutschte, einem förmlich aus den Fingern lief und an irgendeiner Stelle ständig am Boden schleifte. Leider hatte ich wieder mal den Lasso zu Haus gelassen.

Ich schaffte es aber doch, erreichte mit vielen unterwegs eingelegten Erholungspausen schließlich mein Boot und fuhr zum Zelt, wo die Decke sofort auf meine Art gegerbt, der Schädel dagegen einem Ameisenhaufen anvertraut wurde.

Müde und abgespannt legte ich mich dann lang auf den „Diwan“, denn „Bett“ hieß meine Lagerstätte nur nachts, und es war noch lange nicht Abend, rauchte, dachte mit Entsetzen an die erneute Schlepperei, die mir noch mit dem Caribou bevorstand, und schlief ein.

Der rauhe Ruf "Hands up!" weckte mich, vor meinem Lager standen Freund B. und Cessi, jeder mit einer Whiskypulle als Revolver in der Faust, und zur Zeltöffnung herein sah „Kitty-Love“ und wieherte vor Vergnügen.

B. war gekommen, um einige Zeit mit mir zu jagen. Well, zuerst sollte er mit schleppen, er kam wie gerufen.

B. hatte ein Packpferd mit, auf dem seine Ausrüstung verstaut war, darunter auch sein Gewehr, ein alter Winchester, eine Waffe, der vom ersten Augenblick an mein ganzes Mißtrauen gehörte.

Man konnte mit dem Ding, sage und schreibe, vierzehn Schuß hintereinander abgeben, also den größten Unfug damit anrichten.

Als ich meine bisherigen Erlebnisse berichtete und von dem Bären erzählte, weigerte sich Cessi, der die Pferde zurückbringen sollte, heimzukehren, er wollte auch einen Bären sehen, vor allem aber das Wasser haben, das ich natürlich noch nicht besorgt hatte.

"Well", meinte ich daher schmunzelnd, in der sicheren Erwartung, daß die beiden Rauhreiter die Lauferei und das Schleppen bald satt hätten, „wir brechen alle drei früh auf, gehen zum Fluß, schießen dort einen Hirsch oder auch zwei, suchen dann den großen Sumpf ab auf Moose, ‚eventuell‘ kann Cessi eins mit dem Lasso fangen, es fängt sich leichter als ein Pferd, holen dann das Caribou, kriegen vielleicht noch ein paar dazu und frühstücken.“

"Look's allright", unterbrach mich Cessi, „aber Kitty-Love muß mit.“

„Natürlich“, antwortete ich, „der Pony muß mit, er rennt ja doch hinter Cessi her, ihr beide ladet das Wild auf das Pferd und geht denselben Weg zurück, wobei ihr am Fluß sicher noch ein paar Hirsche schießen könnt. Ich selber muß den Weg durch den Wald nehmen, das Geweih holen und den Heidelbeerhügel finden, damit ich den Weg vom See zum großen Sumpf festgelegt kriege.“

„Einverstanden“, meinte B., der nicht gern viel sprach.

„Übermorgen“, fuhr ich fort, „holt sich dann Cessi sein Wasser und reitet mit den Packpferden samt Beute nach Haus.“

Mit grauendem Morgen waren wir auf den Beinen und nahmen am Fluß „Gefechtsformation“ ein, vorn B. und ich, hinterher Cessi mit dem Pony, die beide allerhand Unsinn trieben, wobei Cessi seinen riesigen Coltrevolver hervorzog und seiner geliebten Kitty-Love hoch und heilig versicherte, er würde mit diesem alten „gun“ (Schießeisen) alles Wild nur so runterknallen.

Hohnlächelnd wartete ich auf den Moment, wo für die beiden die

Schlepperei losging und ich mich im Wald verdrücken konnte, ermahnte den fröhlichen Cowboy aber doch, jetzt ruhig zu sein, der Hirsche wegen.

Wir sahen auch ein starkes Rudel, aber auf dreihundert Meter, und nur mit Mühe konnte ich B. abhalten, sofort das Schnellfeuer zu eröffnen. Als wir näher kamen, gingen sie Gott sei Dank flüchtig ab, da es mir gelang, in einem günstigen Augenblick mit dem Taschentuch, von den beiden unbemerkt, zu winken.

Am großen Sumpf sahen sich meine „Jagdgenossen" dumm an und erklärten, da kämen sie mit dem Pferde nicht durch; wir gingen also weiter, bis wir eine geeignete Stelle fanden, wo wir gut hinüber kamen, wanderten an der anderen Seite zurück und machten in der Nähe des Baumes, an dem ich das Caribou aufgehängt hatte, halt.

Hier ließ ich die beiden Helden, des Pferdes wegen, wie ich vorgab, zurück und pürschte mit großer Vorsicht weiter, da die Anwesenheit von Raubwild immerhin möglich war, kam näher und näher, sah mir mit dem Glas die Augen aus dem Kopf, der Baum stand da, aber das Caribou war fort.

Hinter Büschen gedeckt, schlich ich lautlos, Schritt für Schritt, vorwärts, bis ich auf einige sechzig Meter durch eine Lücke die zerstreuten Reste der Wildpretstücke herumliegen sah, an denen sich gerade ein Fuchs zu schaffen machte.

„Besser als nichts", sagte ich und legte Reineke mit sauberem Schuß um,

Ein Geknatter wie bei Mars-la-Tour folgte. Bum! Bum! Bum! Bum! hörte ich B.s alten Winchester, dazwischen in rasender Schnelle das kurze: Pop! Pop! Pop! Pop! Pop! Pop! von Cessis Revolver.

„Heiliger Hubertus, seid ihr verrückt geworden?" brüllte ich.

"Hallo, here they are, plenty deer, loots of them!" grölte Cessis aufgeregte Stimme zurück. (Hier sind sie, viel Hirsche, ganze Haufen!)

Wütend lief ich hin, da kamen mir die Schießer auch schon entgegen und machten verlegene Gesichter.

Auf dem Anberg hatten Hirsche gestanden, die auf meinen Schuß über den Hang zum Sumpfdickicht flüchteten und dort verschwanden. Die beiden hatten, wie ich feststellte, auf abgezählt zweihundertdreiundsechzig Schritt „Schnellfeuer" abgegeben, vier Büchsen- und sechs Revolverschüsse.

Nachzusehen brauchte ich da nicht, man brauchte die beiden Schützen nur anzusehen und war beruhigt.

"Those monkeys have been too far, you know", erklärte mir der erregte Cessi. "I should get them on fifteen yards, and I would fill them so full of lead, that even their ghost would not raise anymore." (Die Affen waren zu weit, wissen Sie, auf fünfzehn Yards sollte ich sie kriegen, und ich würde sie so voll Blei füllen, daß selbst ihr Geist nicht mehr hochsteigen würde.)

Das stimmte, auf fünfzehn Yards schoß Cessi mit dem Colt wie ein junger Gott. B. empfand wohl, daß er eine Dummheit gemacht hatte, und schwieg.

Wir fanden den Boden vor dem Cariboubaum voller Wolfsspuren, die Bestien hatten die Decke heruntergerissen und den Inhalt aufgefressen. Nur die großen Knochen lagen noch herum, an denen der Fuchs genagt hatte.

Es war ein Kreuzfuchs, gut im Haar und seine vierzig Dollar wert. Meine schöne Cariboudecke mit der gelben, leuchtenden Mähne lag, in Fetzen gerissen, zerstreut herum, es war zu ärgerlich! Die Wölfe mußten mindestens zwei Meter hoch gesprungen sein, um sie zu erreichen.

Wir rasteten, wobei ich den Fuchs abbalgte und den beiden Sündern erklärte, daß sie nach ihrem Schnellfeuer ruhig auf weiteres Wild verzichten könnten, das wäre jetzt alles verjagt. Erst am Flusse hätten sie vielleicht wieder Aussicht, zu Schuß zu kommen.

Auf dem alten Wege kehrten wir zurück und trennten uns am Wald an der Stelle, die ich damals markiert hatte. Tatendurstig zogen meine Freunde ab, und froh, sie los zu sein, schlängelte ich mich in die Büsche.

Zuerst fand ich den Weg, den ich durch Abbrechen von Ästen gezeichnet hatte, dann aber hörten diese Merkmale auf, Spuren waren nicht zu sehen, und ich mußte es dem Zufall überlassen, gelegentlich einen der angeschlagenen Bäume und damit den Weg zu dem Geweih zu finden, vorläufig war es für mich verloren. Weiß der Teufel, wo ich in der Nacht damals überall herumgetorkelt bin.

Emsig bahnte ich mir einen Pfad, streng Richtung Süd, und traf – Glück muß man auch mal haben – wirklich auf den großen Windbruch, der in einem langgezogenen Sumpfstreifen auslief. Nur vierhundert Meter links vor mir ragte der Heidelbeerberg heraus und schimmerte blaugrün in der Sonne.

Gewohnheitsmäßig suchte ich ihn mit dem Glase ab, als es mich wie ein elektrischer Schlag durchfuhr. Gerade auf der Stelle, auf der ich den Bären geschossen hatte, war etwas, ein rundlicher schwarzer Klumpen, der sich bewegte. So rasch ich konnte, strebte ich dem Hügel zu, kam bis zu einem mächtigen, umgefallenen Stamm, dessen Wurzelballen über das Jungholz hinausragte, kletterte hinauf, griff zum Glas und erkannte einen ganz außergewöhnlich starken Bären, der sich an der Anschußstelle zu schaffen machte, mit den Pranken den Boden wühlte und den Windfang hineinstecke. Dann windete er die Schweißfährte ab, drehte am Bruch um, zog wieder zum Anschuß und windete, kurz, er schien, wohl aus „Familiengründen“, genau erforschen zu wollen, was dort vorgefallen war. Es war ein Prachtbär.

Näher heran konnte ich nicht, da ich sonst jede Sicht verloren hätte. Ich kroch daher etwas hinter den Wurzelballen, schlug das Fernrohr auf und visierte hin. Es ging, waren aber gut zweihundert Meter.

„Wenn er nur mal verhoffen wollte“, sagte ich leise vor mich hin, und als ob er meinen Wunsch gehört hätte, trabte Meister Petz aufs neue zum Anschuß, stellte sich fast breit, nur wenig spitz von vorn, hin, schwenkte den schweren Schädel langsam, wie wiegend, hin und her, wobei er abwechselnd die Pranken etwas hob, und ließ ein dumpfes grollendes Brummen hören.

Als das Fadenkreuz haarscharf zwischen Halsansatz und linkem Blatt saß, ließ ich fliegen.

Bauf! Wie vom Blitz erschlagen brach der Bär zusammen und wälzte sich, halb drehend, wieder auf die Beine.

Bauf! Der zweite Schuß, mitten drauf gehalten, schlug ein, der Bär lag, kam abermals hoch und richtete sich vorn auf.

Bauf! Wieder mitten drauf.

Das genügte, er fiel auf den Rücken, schlug um sich, rollte auf die Seite und verendete.

Mit schlagenden Pulsen und zitternden Knien kletterte ich von meinem vier Meter hohen Wurzelboden herunter, zog den Rock aus und wischte mir den Schweiß ab, der mir vor Anstrengung in Strömen übers Gesicht lief. Dann sauste ich los, nur ein Gedanke beherrschte mich: Hin!

Ja, das war wirklich ein Bär, wie ich ihn mir gedacht.

Andächtig stand ich vor ihm, nahm den Hut ab und schmückte ihn mit einem großen Busch Heidelbeerkraut, jawohl, mit Heidelbeerkraut, denn – wer zählt die Zufälligkeiten der Jagd – genau auf dem alten Anschuß lag der zweite Bär. Horrido!

Der erste, absolut tödliche Schuß saß genau, wie gezielt, er mußte das Herz gefaßt haben, die beiden andern mitten drauf, kurz hinterm Blatt, handbreit voneinander. Ausschuß war nicht zu finden.

Ich lüftete den Bär, bedeckte ihn mit Tannenzweigen und starken Äste, rief ihm nochmals ein kräftiges „Horrido“ zu und ging meinen alten Weg nach Haus, rauchend, die Büchse umgehängt, in tiefen Gedanken, denn heute hätte ich doch nichts mehr geschossen.

Am See angelangt, saß ich lange am Ufer, träumte weiter, regungslos, bummelte schließlich langsam zum Zelt, kochte Kaffee, setzte mich, die mir seit heute doppelt liebe Büchse im Arm, auf meine Bank und wartete.

Vor mir lag, lieblich in allen Farben schimmernd, umragt von bewaldeten Höhen, der sternförmige See, das herbstliche Land leuchtete, das düstere Grün der Tannen freundlich belebend; ab und zu sprang ein Fisch, dann liefen die Wellen in immer größer werdenden Ringen langsam und glitzernd zum Ufer, und links von mir grüßte im milden Schein der späten Sonne das Plateau herüber mit den uralten Weißpappeln, deren trockene Blätter wie Silber blitzten. Unten, im Wiesengrund, weideten die beiden Pferde, und drüben, auf der hellgrün leuchtenden Spitze einer Landzunge, trat eben ein Tier heraus, weit entfernt, wie ein ockergelber Punkt im hellen Grün wirkend. Da stand plötzlich, wie hingeweht, dicht am Rande des Plateaus, sich scharf abhebend, ein stärker grauer Wolf.

Hoch streckte er den Windfang in die Luft - aha, die Pferde!

Das Fernrohr war leider im Zelt, aber es muß auf Wolf auch so gehen, dachte ich, legte auf dem Tisch auf, nahm Vollkorn, ging am Vorderlauf hoch und ließ, sowie ich Haare faßte, fliegen.

Donnernd hallte der Schuß aus allen Ecken des Sees zurück, der Wolf machte einen Satz senkrecht in die Luft, überschlug sich wie ein Hase und rollte den Abhang hinab, so daß einige Karnickel, die dort gesessen hatten, entsetzt in Zickzacksätzen von dannen stoben.

Pop! Pop! Aha, Cessi hatte den Schuß gehört, hielt ihn für ein Signal und hatte geantwortet. Sie mußten bald kommen, denn die Schüsse klangen ziemlich nahe.

Ich holte den Wolf, nahm den Fuchsbalg aus dem Rucksack, stopfte mit Mühe den schnell abgebalgten Wolf hinein und versteckte beides hinter dem Zelt.

Dann setzte ich Wasser auf und bereitete alles zum Essen vor, baute Brot, Butter, Eier und kaltes Fleisch, alles von B.s mitgebrachten Vorräten, draußen fein auf und empfing meine Freunde mit den so beliebten Worten: “Dinner is ready!” (Das Essen ist bereit.)

„Na, was habt Ihr erlebt?“ eröffnete ich, nachdem wir gesättigt waren und die Pfeifen brannten, die Unterhaltung.

„Well, allerhand, aber wir hörten drei Schüsse“, parierte B. nicht ungeschickt.

„Ja, ich habe geschossen.“

“Have you got it?” rief der neugierige Cessi. (Haben Sie es bekommen?)

„Natürlich, aber erst erzählt Ihr mal.“

„Wir erbeuteten ein Porcupine (kanadisches Stachelschwein), es saß auf einem Baumast, und Cessi fing es mit dem Lasso“, erzählte B., und Cessi bestätigte es mit den Worten: “Yes, I caught it allright.” (Ja, ich fing es, „nach allen Regeln der Kunst“.)

„Weiter nichts?“

„Well“, hohnlächelte Cessi, „der boss (Ausdruck für Chef) hat sein ‚gun‘ verloren.“

„Sein was?“ rief ich überrascht.

„Yes, sein Gewehr“, wiederholte Cessi.

„Sieh mal“, unterbrach ihn B., „Du kannst Dein Gewehr umhängen, ich muß das alte schwere Ding immer in der Hand tragen, und als wir das Stachelschwein fingen, warf ich es fort, und dann fanden wir es nicht wieder.“

Schließlich kam es heraus, daß die beiden das Porcupine bei seinem Spaziergang auf einem Ast „überrascht“ hatten.

Dieses sonderbare Tier, eine Art, na, sagen wir mal dachsgroßer Igel, mit ähnlich kurzen Stacheln, ist insofern gefährlich, als es im Falle der Not durch Schütteln seine Stacheln fortschnellen kann, die, mit Widerhaken versehen, immer weiter ins Fleisch dringen, beim Herausziehen meist abbrechen und dann Eiterungen hervorrufen, die sehr schwer heilen. Das Tier ist sonst die Bierruhe selbst, geht nur langsam, klettert dabei auf Bäume, balanciert über Äste, sogar über Drähte, aber aus Prinzip nur ganz langsam, alle halbe Stunde eine kleiner Schritt.

Hat man es aber mal mit der nötigen Ausdauer in Wut gebracht, so wird das Tier zum rücksichtslosen Angreifer, ganz gleich, wer oder was sein Gegner ist.

Ein verärgertes Porcupine würde in seinem Zorn, dumm, wie es auch noch ist, auf eine Herde von zweihundert Elefanten losgehen, sofort, ohne zu zögern.

Als Cessi das Tier zufällig erblickte, brüllte er vor Vergnügen. Der Lasso schwirrte und faßte es um den Leib. Sofort warf B. sein Gewehr fort, und zehn Sekunden später hatte auch seine Schlinge das Porcupine gefaßt.

Sie zerrten es vom Baum herunter und hatten, wie Cessi sich ausdrückte, "lots of fun" (einen Haufen Spaß), wenn das vor Wut kochende Tier auf sie los wollte, da sie es ja an den beiden Lassos immer sicher halten konnten. Raste es auf Cessi zu, so gab B. seinen Lasso etwas frei und zog erst an, wenn Cessi ausriß, und umgekehrt. Sie wurden dabei immer leichtsinniger, bis Cessi, dem es besonderes Vergnügen machte, ab und zu noch über das Tier hinwegzuspringen, schließlich drei wohlgezielte Stacheln in das beim Sprung angespannte Hinterteil erhielt, wovon ein Stachel gut faßte und noch drin saß.

Das Porcupine hatte sich gerächt, es hatte des Cowboys emfindlichsten Punkt erwischt.

Auch B., der wohl nur Cessis wegen mitgemacht hatte, bekam die Sache satt, und sie hätten das Tier jetzt gern laufen lassen, lockerten daher die Lassos, damit es sich herausarbeiten könnte.

Das tat das Porcupine auch, griff dann aber seinerseits mit solchem Schneid an, daß die beiden „Jäger“ flüchten mußten.

B. rannte nach seinem fortgeworfenen Gewehr, fand es aber nicht, und Cessi griff, als er sich nicht mehr anders helfen konnte, zum Revolver und schoß es tot.

Da sie Hunger bekamen, brachen sie die „Gewehrsuche“ ab und machten, daß sie zum Zelt kamen.

„Cessi, Cessi“, drohte ich ihm scherzend, „sowie ihr Cowboys vom Pferde steigt, geht der Blödsinn los.“

„Well“, meinte er lachend, „und Ihre Schießerei?“

„Ich habe doch den starken Wolf geschossen.“

„Wolf? Ein Fuchs war das.“

Lachend ging ich, holte den Rucksack und sagte: „Cessi, Ihr Cowboys könnt nicht einmal Wolf und Fuchs unterscheiden, bitte, machen Sie auf.“

„Wollen wir wetten? Es ist ein Fuchs.“

Neugierig öffnete er den Rucksack – ein starker Wolf kam zum Vorschein. Cessi war sprachlos.

Ich erklärte den Fall, und Cessi freute sich königlich; als ich aber die Erlegung des Bären erzählte, kam er ganz aus dem Häuschen.

„Da muß ich mit“, rief er, „hallo boss, by Jove, da muß ich noch bleiben.“

„Allright“, meinte der gutmütige B.

„Ja, laß ihn bleiben, wir holen morgen die Decke, und Cessi nimmt sie mit, die ‚boys‘ sollen sie sorgfältig gerben, es wird eine prachtvolle Decke und soll dich stets an mich erinnern, lieber B., es soll mein Gastgeschenk sein.“ B. strahlte, und freudig drückten wir uns die Hände.

Und so geschah es. Wohlversehen mit dem „Wasser“, die Bärendecke sorgfältig auf dem Packsattel verschnürt, nahm Cessi am Mittag des nächsten Tages Abschied, es fiel ihm schwer, immer wieder faßte er unsere Hände und sagte traurig: „Lebt wohl!“, und noch im Fortreiten rief er zurück: „Ich will den boys Geschichten erzählen, Geschichten!“ Ich fürchte, daß er beim Erzählen dieser „Geschichten“ sein Porcupine mit dem Riesenbär vertauscht hat.

Seit Cessi fort war, wurde es still bei uns, denn B., der große Schweiger, sprach nur das Allernotwendigste, war aber ein prächtiger Charakter.

Der Not gehorchend, gingen wir zuerst auf die Gewehrsuche. Da B. es schon lange verloren gegeben hatte und bereits mit meinem Drilling liebäugelte, mußte das Gewehr unbedingt gefunden werden.

Ich suchte mir die Spur der beiden, ehe sie auf das Porcupine gestoßen waren, und folgte ihr langsam, bis wir den Baum wiederfanden, auf dem das Tier aufgebaumt hatte. Dort mußte auch das Gewehr liegen, wir suchten die Umgebung sorgfältig ab, und ich hatte Glück.

Schräg, dicht am Boden in einer Astgabel liegend, vom Busch selbst fast verdeckt, fand ich es. B. und Cessi hatten natürlich nur auf dem Boden gesucht.

Inzwischen hatte sich der Himmel bezogen, weißgraue Wolken hingen auffallend tief hernieder, und es sah ganz nach Schnee aus.

Schon am Abend, wir saßen längst im warmen Zelt, fielen die ersten Flocken, es wurde ziemlich kalt, und der Winter hielt Einzug.

Wir kramten noch etwas herum, es gab ja immer zu tun, gingen sehr früh schlafen und erwachten inmitten einer prächtigen Schneelandschaft.

Mein Thermometer zeigte acht Grad Kälte, und ununterbrochen, wie ein weißer Vorhang, rieselten die Schneeflocken herab. Den ganzen Tag über ging das so weiter. Als wir schlafen gingen, schneite es noch.

Um sechs Uhr wachte ich auf und schaute hinaus, Sterne flimmerten, es hatte sich aufgeklärt, war jedoch ziemlich kalt geblieben. Der See war zugefroren, aber mein Bächlein plätscherte noch lustig, als ich Wasser holte.

Spuren waren nirgends zu finden, wie ein weißer Teppich lag der glitzernde Schnee über See, Wald und Flur, kein Geschöpf war unterwegs, überall herrschte tiefste Ruhe.

Wir gingen hinaus, um die von mir schon früher an natürlichen und künstlichen Zwangspässen eingebetteten Eisen fängisch zu stellen, die ich ohne Lockspeise verwandte, und legten eine Reihe Fallen rings um den See, eine andere längs des Baches am Seeablauf, am Fluß entlang und zwischen Wald und dem großen Sumpf.

Auch hier trug das Eis schon, und wir brachten später noch einige Eisen am Rande des großen Sees unter.

Jetzt kam eine lustige Zeit. Sogar B. fand sich darein, statt zu reiten, stundenlang herumzulaufen, da ja die Erwartung, etwas Besonderes im Eisen zu finden, den Jäger mit magischer Gewalt vorwärts treibt, am liebsten aber saß er auf einem Hochsitz, den wir am Flusse auf einem geeigneten Baum eingerichtet hatten, schoß dort zu seiner Freude einen ganz braven Hirsch und ein Tier und fing allmählich sogar an, mit der wachsenden Passion die Anfangsgründe der Jagd zu begreifen.

Unser Pelztierfang war in den ersten Tagen entschieden höchst merkwürdig.

In den Eisen saßen Patridges (Haselhühner), Karnickel, Uhus, sogar ein riesiger Habicht, Eichhörnchen, als Ausnahme mal ein Mink (Nerz), Fuchs oder, selten, ein Fischer oder Luchs und – ein pfündiger Hecht, der sich, wohl um in tieferes Wasser zu kommen, zufällig über den Teller des im seichten Wasser, an einem Paß zwischen großen Steinen aufgestellten Eisens geschoben hatte.

Erst nachdem ich alle Eisen, in denen sich regelmäßig Niederwild fing, verlegte und, sage und schreibe, neunzehn Uhus aus dem Eisen geholt und leider, denn es ging nicht anders, getötet hatte, wurde der Fang der Pelzträger besser.

Viel Ärger machten mir die Wölfe, die jede Falle sorgfältig mieden, aber sofort zur Stelle waren, wenn ein Huhn oder Hase ins Eisen geraten waren. Sie stürzten sich auf die Beute, fraßen sie auf und ließen mir den zerwühlten Fangplatz und das Eisen mit dem Ständer oder Lauf ihres Opfers darin hohnlachend zurück.

Aber bald sollten sich diese Schlauberger in der eigenen Schlinge fangen! Die Hühner waren so zahlreich und so vertraut, daß es leicht war, sie mit einem gespaltenen Stock, den Spalt durch ein Hölzchen auseinander gehalten, lebendig zu greifen, indem man sie einfach mit dem Stock so niederdrückte, daß sie sich in dem Spalt mit dem Hals festklemmten.

Dann bekamen sie einen Streifen starkes Papier um den Ständer gewickelt, der in die Bügel eines Eisens gesteckt wurde.

Eisen samt Huhn befestigte ich dann zwischen zwei vorher gelegten Wolfseisen, die so weit auseinander lagen, daß das herumflatternde Huhn nicht hineintapsen konnte, und siehe da, fast jedesmal saß am Morgen ein Wolf, seltener Fuchs oder Luchs, meist in beiden Eisen, fest.

Das Fangen der Hühner klingt etwas unwahrscheinlich, ich will deshalb besonders bemerken, daß das Patridge, das unserm Haselhuhn sehr ähnlich ist, dermaßen vertraut war, daß die Hähne, in Balzstellung, mit gesträubtem Gefieder, um mich herumtanzten, wenn ich im Busch stehen blieb, ja, sogar mit dem Schnabel zufaßten, wenn ich, mich vorbeugend, die Hand hinhielt. Sie kannten eben die Bestie „Mensch" noch nicht.

Der einzige Silberfuchs, den ich erbeutete, fing sich auch auf diese Art, ferner der stärkste Wolf, über hundert Pfund schwer, der sich, als ich auf vierzig Schritt heran war, mit plötzlichem Ruck aus dem Eisen riß, aber noch rechtzeitig von mir mit zwei Schrotschüssen gefaßt wurde, da ich mich, durch Erfahrung gewitzigt, schußbereit genähert hatte.

Endlich kam auch der ersehnte Tag des ersten Pürschgangs durch das jetzt zugefrorene Sumpfgebiet mit den vorher unzugänglichen eingestreuten Waldflächen und Windbrüchen.

Es war ein kalter, aber schöner und klarer Tag, als wir auf unseren Schneeschuhen über dieses Wilddorado bis zum großen See vordrangen und an dessen Ufern „entdecken" gingen.

Überall standen Fährten, oft ganz frisch, doch schien das Großwild sich mehr nach dem Wald im Süden und dem Fluß gezogen zu haben.

Einzelne Stellen am Seeufer, besonders kleinere, geschützte Buchten, sahen aus wie eine deutsche Wiese nach der Heuernte, denn alle paar Schritt standen auf dem Eise die Heuhaufen ähnelnden Baue der Bisamratten aus Schilf, Ästen und Schlamm.

B. überraschte an einem solchen Bau einen Fuchs, fehlte ihn mit seinem „Pumper" auf fünfzig Schritt, um ihn dann mit dem nächsten Schuß, in voller Flucht, auf hundert Meter sauber umzulegen. Der Schuß saß im Genick. Na, der Stolz!

„Den Schuß, lieber B.", sagte ich lachend, „macht Dir sobald keiner nach."

„Well", antwortete die ehrliche Haut, „ich auch nicht."

Während er seine Beute abbalgte, durchforschte ich die Gegend mit dem Glase, fand aber nichts, als plötzlich aus einer Waldinsel, an fünfhundert Meter entfernt, ein Rudel starker Hirsche herauskam und nach dem Flusse zu über den Sumpf wechselte. Elche!

Wir folgten, zumal es sowieso unser Weg war, den deutlichen Fährten bis zum Anfang des Waldes. Hier teilten sich die Fährten. Was nun?

Wir überlegten noch und dachten „angestrengt" nach, als B. mich aufgeregt am Arm ergriff und in den Wald deutete. Nur hundert Meter ab auf einem kleinen Bruch standen drei Elche, deutlich schimmerten bei dem einen die breiten, auffallend hellen Schaufeln durch die zufällig etwas lichter stehenden Bäume.

Ich schlug B. vor zu versuchen, heranzukommen, er verschwand daraufhin sofort im Wald, bald hörte ich es krachen, und die Elche, der letzte schwer krank, rasten an mir vorüber zurück in die Windbrüche im Sumpf. Das kranke Stück, es war der Hirsch mit den hellen Schaufeln, trennte sich am Waldrand von den vorausgeeilten Gefährten, bog ab und kam direkt auf mich zu, torkelnd, das Haupt tief gesenkt, stolperte zweimal auf die Knie und brach knapp zehn Schritte vor der Mündung meiner ihn erwartenden Büchse verendend zusammen.

Ich rief, und atemlos kam B. angerannt. „Siehst Du", rief er schon von weitem, „sogar ein Schuß genügt."

Da mir sein Kaliber zu schwach erschien, hatte ich ihm nämlich erklärt, daß er kaum damit einen Elch glatt bekommen würde, sondern unter Umständen viel Ärger haben könnte.

Die Kugel saß spitz von vorn etwas tief Blatt, sie hatte die Speiseröhre gerade am Panseneingang völlig zerrissen, und hierin mochte wohl die überraschende Wirkung des Schusses liegen.

Wir schlugen den Elch sofort aus der Decke, packten die besten Wildpretstücke hinein, legten das Geweih oben drauf und hängten alles, wobei wir eine trockene Stange über einen Ast legten und als Hebel benutzten, in sicherer Höhe auf.

B. war selig. „Denke bloß", meinte er, „seit acht Jahren sitze ich nun schon auf meiner Ranch, ohne etwas geschossen zu haben, und nun gleich solch Glück! Schade, daß Du nicht auch einen bekommen hast, ich würde mich dann noch mehr freuen können."

„Freu' Dich nur, lieber Freund", antwortete ich und drückte seine Hand, „den Elch gönne ich dir von Herzen, denn ich, man kann eben nicht aus seiner Haut, habe es nur auf den kapitalen Burschen abgesehen, der mich damals um ein Haar angenommen hat, einen anderen kriege ich schließlich immer noch."

„Ja, Du wohl, das sieht man an den Bären", erwiderte er, und langsam bummelten wir unter allerhand Jagdgeschichten den Fluß entlang, als B., der vorzügliche Augen hatte, sich zu Boden warf und mich mitriß.

„Da", flüsterte er, „am anderen Ufer bei den hohen Tannen bewegen sich die Büsche."

Seine Beobachtung stimmte, und daß er sich fallen ließ, war gut, denn wir standen ganz frei am hohen Ufer. Schräg gegenüber, hinter einer jetzt verschneiten Sandbank, hunderfünfzig Meter entfernt, schwankte ein Busch hin und her.

Jetzt! B. knuffte mich höchst überflüssigerweise in die Seite, so aufgeregt war er, denn heraus trat ein sehr starker Elch mit, das sah ich ohne Glas, ganz kapitalem Geweih.

Er sicherte kurz, hob das Haupt mit den gewaltigen Schaufeln dabei hoch in die Luft, drehte sich langsam um und begann, das Ufergestrüpp zu bearbeiten, mit solcher Wucht, daß wir armstarke Äste wie Streichhölzer umknicken sahen. Dabei schlug er mit den stahlharten Schalen die Erde, daß der Schnee herumspritzte und die Fetzen nur so flogen.

Ich visierte hin, spitz von hinten, aber das Fadenkreuz ging hin und her, wie ein Lämmerschwanz, ich zitterte zu sehr.

Langsam schob ich mich bis an den Rand des Ufers, legte auf dem Boden auf und zwang meine Erregung nieder. Da ließ der Elch ein schnarrendes Schnauben hören, trat frei heraus auf die Uferbank, streckte die starken Hinterläufe aus und – näßte, stoßweise, daß der Schnee schäumte.

Er stand mir so sehr gut, hob dabei plötzlich den Kopf und – ja, das war er, das waren die Schaufeln mit den nach allen Seiten starrenden Enden.

Jetzt war ich ruhig. Genau Blatt, etwas tief, stand das Fadenkreuz, als ich es krachen ließ! Der Schuß sollte und mußte das Herz fassen.

Das mächtige, weit über tausend Pfund schwere Tier zuckte zusammen, ging vorn kurz hoch, senkte schwer den Kopf und – blieb ruhig stehen.

Bauf! Der zweite Schuß, hinter das Blatt gesetzt, schlug ein. Der Elch drehte sich halb herum, brach hinten zusammen, kam wieder hoch, drehte sich ganz und verschwand mit kurzen Fluchten im Wald.

Der dritte Schuß, noch im letzten Augenblick nachgesandt, ging vorbei, ich sah den Schnee stieben.

„Ist er weg?“ fragte B. mit zitternder Stimme.

„Bei dem Schnee kriegen wir ihn todsicher“, antwortete ich, „ich glaube, er hat Herzschuß und geht keine fünfzig Meter mehr.“

„Mensch, Du bist ja leichenblaß, ist Dir schlecht?“

„Im Gegenteil, das bin ich immer nach solchen Schüssen.“

Leider war der Fluß hier tief und schmal, hatte Strömung, und das Eis trug uns noch nicht sicher, wir mußten daher ein ganzes Stück zurück, bis wir hinüber konnten.

Der Anschuß sah gut aus, eine deutliche Fährte, links mit feinem Schweiß in dunkelroten Spritzerchen, führte uns weiter, und nach siebenundzwanzig Schritten fanden wir ihn, bereits verendet, so zwischen zwei Tannen liegend, daß wir kaum heran konnten. Das Herz war durchbohrt.

Neunundzwanzig Enden, breite, weit ausladende Schaufeln, mächtige Augsprossen mit leuchtendweißen Spitzen, ja, es war mein Gegner von damals, mein gesuchter Kapitalelch.

Sein ganzes Benehmen wies darauf hin, daß es sich um einen alten, schon bösartigen Kämpen handelte, dem die Unruhe der Brunft in den Knochen steckte.

Ich war tief befriedigt. Dankbaren Herzens brach ich einen Tannenbruch, zog ihn über den Einschuß und steckte ihn an den Hut, andächtig stand ich so eine ganze Zeit, mit dem Hut in der Hand, und selbst B., dem dies doch alles so neu war, empfand die Weihe der Stunde, er entblößte ebenfalls sein Haupt und stand still neben mir, auch er fühlte es, ein gewaltiger Recke war gefallen.

Was wollte ich mehr? Berge von Geweihen und Pelzen konnte ich und wollte ich nicht mitnehmen, wie sollte ich sie schleppen, wie unterbringen? Mochte von jetzt ab alles schief gehen, ich hatte genug. Nur das Caribougeweih störte mich noch.

Unter fröhlichen Scherzen schlugen wir auch diesen Elch aus der Decke, so gut es bei seiner Lage zwischen den beiden Stämmen ging, rollten die schwere Decke lang zusammen und schoben sie über zwei Äste, ließen aber doch das zähe Wildpret liegen, um es als Luder zu verwenden.

Das Geweih nahm ich, über die Schulter gehängt, mit, unter keinen Umständen hätte ich es auch nur eine Minute allein gelassen.

Quer über den gefrorenen See gehend, kürzten wir den Heimweg bedeutend ab und waren früh genug zu Hause, um es noch am Abend abzukochen und sauber zu machen.

Die klobige alte Wapitistange mußte weichen, ich schenkte sie B. für sein Jagdzimmer, das er sich einrichten wollte, denn er schien ein passionierter Jäger zu werden, und an ihre Stelle kam, die ganze Zeltwand ausfüllend, der urige Elch.

An diesem Abend saßen wir lange auf, brauten unzählige Grogs und wurden gegen Mitternacht so lustig, daß der sonst so stille B. anfing, mit grölender Stimme den „letzten“ Schlager zu singen, es war, denn B. war vor fünfundzwanzig Jahren ausgewandert, das – „Lied vom kleinen Cohn“.

Am nächsten Morgen verschliefen wir natürlich die Zeit. Als ich erwachte, war es schon lange Tag, und hell schien die Wintersonne auf unser Zeltdach, auf dem ein geheimnisvolles, schattenhaftes Rumoren war, irgend etwas mußte da los sein, allerhand sonderbare Geräusche ließen sich vernehmen, auf dem Rücken liegend, starrte ich hinauf, dunkle Schatten schienen da oben allerhand Unfug zu treiben.

Das flatterte und krabbelte und kratzte, ab und zu rutschte ein Schatten das schräge Dach herunter, dann flatterte es lauter, und das Krabbeln wurde heftiger.

Ich weckte B., der sich herumdrehte, „allright" brummte und weiter „Holz sägte", das tat er immer, wenn er schlief, aber nur im Schlaf, in Wirklichkeit war er kein Freund dieser anstengenden Tätigkeit.

So ging ich allein hinaus, ich wollte wissen, was das war, und blieb überrascht stehen.

Oben auf dem Zelt saßen, dicht aneinander gedrängt, 27, in Worten siebenundzwanzig Schneehühner, weiß, mit rotem Fleck um die schwarzen Äuglein, plusterten sich auf, drehten den Kopf zierlich herum, so daß sie mich mit einem Auge neugierig betrachten konnten, und – wärmten sich die „Eisbeine" auf unserm warmen Zeltdach.

Siebenundzwanzig Stück sind aber eine ganze Menge, der Platz an der Sonne war etwas knapp, alle konnten nicht sitzen, und so wurde bei der allgemeinen Drängelei eins nach dem andern fortgedrückt und rutschte schließlich mit kühnem Schwung das schräge Zeltdach herab, um sofort hochzufliegen und sich mit Gewalt wieder in die Reihe einzuzwängen, bis das nächste Tierchen ins Rutschen kam, wobei sich jedesmal ein großes Geflatter und Flügelschlagen erhob, weil keins von seinem Platz weichen wollte. Es war ein ebenso interessantes wie komisches Bild.

Das mußte B. sehen, ich weckte ihn energisch, er kam auch heraus, sah sich die Sache an, murmelte etwas von „furchtbaren Kopfschmerzen" und kroch wieder zurück in sein „Etui", wie wir seinen Schlafsack feierlich getauft hatten.

Auch ich legte mich nochmals hin: der Spektakel auf dem Zelt war aber so groß, daß an Schlaf nicht zu denken war.

Wütend ging ich wieder hinaus, tat so, als ob ich einen Stein aufheben wollte und machte „Sch!", um die Bande fortzujagen.

„Sehr nett gemacht", dachten die Schneehühner und äugten zu mir herunter.

Jetzt warf ich mit Schnee, der aber nicht zusammenhielt, sondern in der Luft schon zerstäubte und über das Zelt herabrieselte.

„Sieh mal an, was das komische Tier alles kann", meinten die seßhaften Vögel und sahen mit Interesse zu, flogen sogar nicht einmal fort, wenn sie getroffen wurden, sondern schüttelten nur das Gefieder und machten Gesichter, als ob sie sagen wollten: „Kleiner Schäker."

„Bande!" sagte ich lachend, „wollt ihr wohl machen, daß ihr hier fortkommt!" Aber sie dachten nicht daran, sondern drehten nur, ob der unbekannten rauhen Töne – auch ich hatte tags zuvor zuviel getrunken – scheinbar unangenehm berührt, die zierlichen Köpfe.

„I da soll doch gleich!" rief ich, ergriff eine Holzklobe und warf sie auf das Zelt, daß alles wackelte.

Sie machten lange Hälse, beugten den Kopf seitlich nach unten und verfolgten aufmerksam, wie das Stück Holz herabrutschte, am Dachende einen kleinen Sprung machte und in den Schnee fiel.

„Der kann allerhand", dachten die Viecher, blieben sitzen und warteten anscheinend auf weitere „Vorführungen" meinerseits.

Die Sache war zu ulkig, sie wollten den warmen Platz nicht aufgeben.

Mit einer langen Stange, über die sonst meine Wäsche gehängt wurde, was, nebenbei bemerkt, höchst selten vorkam, versuchte ich jetzt, die ganze Gesellschaft einfach vom Dach herunterzukehren.

Sie flatterten hoch, warteten, bis die Stange vorbei war, setzten sich dann eilig wieder hin und fingen ein Mordsgezeter an.

Sie schimpften in allen Tonarten, verdrehten die Köpfe, schlugen mit den Flügeln, hielten sich aber krampfhaft mit den Zehen an dem angenehm warmen Platz.

„Jetzt wird er frech, nun gerade nicht!" schien der Inhalt ihres Geschreis zu sein.

Da fiel mir ein, daß Schneehühner ja eine bekannte Delikatesse waren, ich holte also die 6-mm-Büchse, suchte mir ein anscheinend junges Tier aus und schoß es durch den Kopf.

Es rollte herab und blieb tot liegen, die andern sahen ruhig zu, drängelten weiter und kämpften um die guten Plätze oberhalb des Ofens.

Erst als ich ein halbes Dutzend erlegt hatte, genug für eine reichliche Mahlzeit, wurde es auf dem Dach still. Die Vögel hatten jetzt Platz genug, verteilten sich fein gleichmäßig, bliesen sich zu großen, weißen Klumpen auf, äugten herunter und fühlten sich „sauwohl".

Ich ging nochmals ins Bett, schlief noch ein Weilchen, stand dann auf und machte Frühstück – die Schneehühner blieben.

Endlich wurde auch B. lebendig, gähnte erschreckend, packte sich den schäbigen Hut voll Schnee, stülpte ihn auf die Denkerstirn, stöhnte erbärmlich, trank unzählige Tassen schwarzen Kaffees, ging dann eilig hinaus, kam nach einiger Zeit leichenblaß, aber erleichtert zurück und erklärte, jetzt sei ihm wieder wohl.

Essen konnten wir beide nichts, machten uns aber doch mit dem Handschlitten auf den Weg, holten die beiden Elchdecken nebst B.s Geweih, kehrten gegen Abend zurück und kochten uns Tee. Die Schneehühner klebten noch oben auf dem Zelt, einundzwanzig Stück, einträchtig eins neben dem andern, hatten die Köpfe unter die Flügel gesteckt und schliefen. Wie einundzwanzig weiße Wollkugeln sahen sie aus, es wirkte, wie B. bemerkte, „sehr dekorativ".

Nachts bekamen wir Hunger und aßen gebratene Schneehühner, zwei waren zart und saftig, der Rest zäh und nicht zu essen, aber alle schmeckten nach Harz, und wir meinten beide: „Nie wieder."

Am Morgen lief ich hinaus voll Neugierde, unsere Gäste waren fort, weitergezogen, B.'s Kater hatten sie mitgenommen.

Gestern hatten wir gebummelt, heute stand uns daher ein langer Marsch bevor.

Als wir in das Flußtal kamen, sah ich schon von weitem, daß sich in dem ersten dort liegenden Eisen etwas gefangen hatte.

Es war einer der mit dem lebenden Huhn beköderten Fangplätze für Wolf, wir glaubten auch zuerst, es wäre ein starker Grauwolf im Eisen, es war aber keiner, sondern ein uns unbekanntes Tier, das wir uns nicht erklären konnten.

Neugierig näherten wir uns, bis das Glas mir zwei Uhus zeigte, die einträchtig nebeneinander saßen, jeder in einer Falle.

Sie glotzten, duckten sich, machten sich klein und groß, wackelten mit den dicken Köpfen und beobachteten uns gespannt, unser Erscheinen war ihnen höchst unangenehm.

Als wir auf fünfzig Schritt heran waren, wurden sie plözlich ruhig, saßen still nebeneinander, sahen absichtlich sorglos geradeaus und versuchten, den Anschein zu erwecken, als ob sie bloß zum Vergnügen dort säßen; ob wir herankämen oder nicht, sei ihnen ganz „piepe".

Sie taten so, als ob sie „es nicht gewesen wären", als ob sie jeden Augenblick fortfliegen könnten, wenn sie bloß wollten, falls wir es doch versuchen würden, näherzukommen.

Erst auf fünfzehn Meter Entfernung bekamen sie es mit der Angst, knappten mit den Schnäbeln, daß es knackte, lüfteten etwas die Schwingen und hoben drohend den freien Fuß mit den scharfen Fängen, um im letzten Augenblick doch abzustreichen, und dann, am Eisen hängend, fauchend und flügelschlagend herumzutoben, soweit die Kette reichte.

„Hallo B.", rief ich, „jetzt zeige Deine Kunst im Revolverschießen!"

„Auch das", antwortete er, Pop Pop!, und die Sache war erledigt, beide Kugeln saßen im Schädel.

Wir brachten den Platz wieder in Ordnung und zogen mit unserem Handschlitten weiter.

In einem im Wasser aufgestellten Eisen saß eine Bisamratte.

Ich hackte ein Loch durch das Eis, nahm sie heraus, legte die Falle wieder richtig hin und warf die Ratte, nachdem ich sie abgebalgt, auf einen Stein, die überall aus dem hier seichten Wasser hervorsahen, um den Kadaver als „bait", Köder, zu benutzen.

Aus dem Gebiß tropfte etwas Schweiß, fiel auf das Eis und lief von da durch das Loch ins Wasser, wir achteten aber nicht darauf.

Der Fluß war hier sehr breit, aber flach und hatte überall gute Fangplätze. In einem Eisen am Ufer war ein Mink fest, den ich herausholte und ebenfalls sofort abbalgte.

B. saß auf unserm Schlitten, auf dem auch stets sein Gewehr lag, damit er es nicht immer in der Hand zu „schleppen" brauchte, und frühstückte.

Plötzlich hörte ich ihn brüllen: „Da! Schnell!", fuhr herum und sah, wie er mit einem Ende Wurst, das er gerade in der Hand hatte, auf das Loch im Eis zeigte.

Ein Mink war herausgeklettert, sprang auf den mindestens sechzig Zentimeter hohen Stein, faßte die Ratte im Genick, war mit einem Satz wieder im Wasser und verschwand unter dem Eis. Nur ein starker Moschusgeruch blieb zurück.

Und das zehn Schritt von uns, ohne das Eisen zu berühren.

Es ging alles so schnell, daß wir nicht zum Schießen kamen.

Der Mink mußte den Schweiß im Wasser gewittert haben, wer weiß, wohin er die Beute geschleppt hatte.

Natürlich suchten wir alles ab, fanden auch eine Menge Löcher, die von Minks begangen waren, aber welches war das richtige? Wir mußten es aufgeben, seinen Bau zu finden.

„Schade", sagte B., „das wäre etwas für Cessi gewesen."

„Ja, der hätte aus dem Mink sicher ein Krokodil gemacht", entgegnete ich lachend, „ist aber trotzdem ein großartiger Bengel."

„Ja, ja", meinte B., so traurig, daß es mir auffiel. Fragend sah ich ihn an.

„Morgen muß er hier sein, mich abzuholen", sprach B. leise.

Ja, seine Zeit war herum, er mußte heim, und auch mir blieben nur noch einige Wochen. Es tat mir weh, an B.s Abschied zu denken, zu sehr hatten wir uns in der Einsamkeit befreundet.

Trübselig, wie das Wetter, der Himmel war grau in grau, zogen wir weiter, den Gedanken nachhängend.

Automatisch sahen wir nach den Eisen, stellten sie neu, wenn sich etwas gefangen hatte, spürten die Luderplätze ab, ich schoß dabei einen Marder, der vor mir aufholzte, vom Baum herab und B. einen Wolf, fehlte jedoch den zweiten in der Flucht, aber die Stimmung blieb ernst.

An der Ecke, wo Fluß, Wald und Sumpf zusammenstießen, rasteten wir, saßen eng zu sammen auf dem Schlitten, rauchten, und keiner hatte Lust zu sprechen.

Der alte Satz, daß man Wild nicht erlaufen kann, bewährte sich auch hier. Wie lange wir gesessen, ich weiß es nicht, als ein starkes Rudel Hirsche über den gefrorenen Sumpf wechselte.

Sie strebten dem Flusse zu, kamen fast direkt auf uns los und wollten sicher den Hauptwechsel benutzen, der, achtzig Schritt von unserm Platz entfernt, zum Flußtal hinabführte.

Der Wind stand günstig, und da B. bereits einen guten Hirsch (deer) erlegt hatte, machte ich mich fertig.

Im ganzen waren es einige zwanzig Stück Wild.

Das erste Rudel war schon nahe, als ein zweites und noch ein drittes erschien, alle zogen in der gleichen Richtung, dem Flußtal zu.

Aber wo stand der beste Hirsch? Ich konnte mich nicht entscheiden.

Oft ganz oder teilweise durch Gebüsch verdeckt, kamen sie immer näher, bis das erste Rudel den Wechsel erreicht hatte und verhoffte, um zu sichern. Es waren neun Stück, darunter vier Geweihte, aber nichts Besonderes dabei. Unbeschossen ließ ich sie vorüber.

Das zweite und dritte Rudel hatten sich vereinigt und zogen zusammen weiter, blieben ebenfalls beim Wechsel stehen, wurden unruhig und traten hin und her, um sich schließlich doch wieder zu trennen, sieben Stück zogen auf dem Wechsel zu Tal, der Rest schwenkte ab in den Wald.

Auch hier fand ich keinen Hirsch, der mir genügt hätte, da schoß ich schon lieber einen Spießer zum Essen, hob die Büchse, deutete hin, und im Knall brach der vorletzte geringe Hirsch, sicher ein Spießer, zusammen.

In urkomischen Riesenfluchten wendete auf den Schuß hin die ganze Gesellschaft um und raste über den Wechsel zurück an mir vorbei.

Da ritt mich der Deiwel, ich repetierte, es knallte noch dreimal, und zwei Schmaltiere lagen wie die Lappen, Blattschüsse, wie gezirkelt, das dritte, ein diesjähriger Bock, rollierte meterweit, wie ein Hase, sprang wieder auf, erhielt einen weiteren Schuß und lag.

Aufgeregt kam B. gelaufen. Er dachte, die Wölfe hatten mich vor! – Warum ich geschossen? Ich wußte es nicht, es war eine Art Protest gegen die ganze Stimmung, und mir war jetzt wohler.

„Hallo“, rief ich, „hier ist ‚Fleisch‘, viel ‚Fleisch‘, das nimmst Du mit, das wird der Weihnachtsbraten!“

Der gewöhnliche kanadische Hirsch, das „deer“, ist sehr schmackhaft. Ein Hirschrücken von einem jungen Stück mit saurer Sahne und Preißelbeeren ist ein Genuß und steht dem zartesten jungen Fetthammel in nichts nach.

„Da wird sich meine Frau freuen und erst die boys. Das ewige Rind haben sie alle so satt. Mein Gott“, und ratlos starrte der gute B. umher,

„wieviel sind denn das?"

„Na", schmunzelte ich, denn auch mich freuen gute Schüsse, „vier Stück, alle blutjung, das sind vierhundert Pfund zartestes Fleisch, nicht zu viel für dich und deine Leute. Den Kitzbock dahinten frißt Cessi allein auf, wenn er ihm nicht vorher fortgenommen wird."

„Mensch, Mensch", stotterte B., „vier Hirsche mit fünf Schüssen, wenn ich's erzähle, niemand glaubt mir das."

„Dann halt eben 's Maul", ulkte ich, „sieh mal, der alte Forstmeister Z. erzählte auch immer, wie er in jungen Jahren, als er noch gut schoß, mit einer ungeladenen einläufigen Steinschloßpistole nachts eine Doublette auf Fuchs und Hase gemacht hat, dem hat das auch niemand geglaubt."

Und munter gingen wir jetzt an die Arbeit, brachen die Hirsche auf, schlugen sie aus der Decke, lösten Keulen, Blätter und Rücken ab, wickelten die Stücke wieder sauber in die Decken ein, holten uns noch Leber, Lecker und Hirn, packten alles auf den Schlitten, warfen den Rest des Wildprets zusammen auf einen Luderhaufen und zogen unseren allerdings überladenen Schlitten unter lautem Hallo nach Haus. Da wir über den gefrorenen Fluß und dann über das Eis des Sees fuhren, ging es besser, als wir geglaubt hatten, doch wurde es bereits dunkel, als wir um die letzte Waldecke kamen.

Überrascht blieben wir stehen – im Zelt war Licht!

„Das ist Cessi, da ist was passiert", rief B. und zog wie ein Karrengaul.

„Unsinn, Cessi hat gemogelt und will einen Tag hierbleiben, du weißt, er ist scharf auf Porcupines."

Doch B. keuchte weiter. „Schieß doch mal", riet ich, und Pop! krachte auch schon der Schuß, weiß der Teufel, wie diese „Cowbengels" das Schießeisen so schnell rauskriegen.

Sofort wurde das Zelt aufgerissen, eine Gestalt stürzte heraus, sah sich um, riß den Colt hervor und brüllte: „Hallo!" Pop! Pop! "Here you are!" Pop! Pop! Und wie ein verrückter junger Hund kam Cessi angerannt, erreichte uns, sah die Last auf dem Schlitten und fing an, hinten zu schieben, daß wir rennen mußten. Dabei grölte er: „Allright zu Haus, Missis B. läßt grüßen, Mister M. soll auch zurückkommen, und Briefe habe ich auch!"

B. war beruhigt, hielt aber doch erst mal den Schlitten an und fragte, warum er denn einen Tag früher käme.

„Früher?" sagte Cessi verwundert, und da stellte sich heraus, daß wir, B. und ich, Zeit und Stunde vergessen hatten, so glücklich waren wir gewesen, wir hatten uns um einen ganzen Tag geirrt.

Bald waren wir am Zelt, packten ab und verstauten unsere Beute gleich im großen Schlitten, sahen nochmals nach den Pferden, die dicht dabei angebunden waren und an ihrem Heu knabberten, gingen dann hinein und fanden auf dem Tisch einen riesigen Berg von Kuchen, den uns Frau B. mitgeschickt und den Cessi auf dem bereits gedeckten Tisch kunstvoll aufgebaut hatte.

Es waren die wohlschmeckenden sogenannten „pies“, flache Kuchen, die in Amerika jede Hausfrau selbst backt, und wir stürzten uns wie die hungrigen Wölfe auf diese langentbehrte Speise.

Ich bevorzugte Apfelpie, während B. Eierpie liebte, wir kamen uns also nicht ins Gehege. Selbst Cessi meinte anerkennend, wir hätten einen guten Appetit.

Leider fanden wir trotz unserer Müdigkeit in dieser Nacht wenig Schlaf. Das Geheul der Wölfe, angelockt durch den Geruch der Pferde, klang so bedrohlich nahe, daß wir draußen ein Feuer anmachten und abwechselnd wachten. Wir fürchteten, daß die Tiere unruhig werden und sich losreißen würden, um zu flüchten. Sie wären dann unweigerlich von den Wölfen gehetzt und zerrisen worden. Erst gegen Morgen wurde es ruhig, und wir fanden noch einige Stunden erquickenden Schlaf.

Zwei Tage war B. nun schon fort. Ich hatte die Zeit benutzt, die meisten Eisen einzuziehen, um weniger gebunden zu sein und unbehindert pürschen zu können.

Darauf nahm ich eine Generalreinigung vor, denn sie war sehr nötig. Im Zelt wurde fein sauber gemacht, der Platz davor aufgeräumt, vor allem wurden die herumliegenden Kadaver unten am See auf einen Haufen geworfen, so daß ich bei Büchsenlicht vom Zelt aus hinschießen konnte, die trockenen Pelze gebündelt, und der Holzvorrat wurde ergänzt.

An diesem Abend saß ich stundenlang auf meiner Bank vor dem Zelt, warm in Decken gehüllt, und schaute dem Nordlicht zu, das, den ganzen nördlichen Himmel überspannend, in allen Farben spielte.

Während das ruhige, weiße Nordlicht meist große Kälte anmeldet, ist das strahlenförmige der Vorbote warmen Wetters und Schnees.

Es ist ein grandioses Schauspiel, wenn am Horizont alle Farben des Regenbogens in riesigen Zacken aufsteigen und wieder fallen, durcheinanderwogen wie Nebel, bald hier, bald da aufs neue hervorschießen, mit rasender Schnelle sich zu gewaltigen Spitzen hochtürmen und langsam wieder zurücksinken, um im wallenden Lichtmeer zu verschwimmen.

Matter und matter wird der Schein, trüber und trüber der Himmel, bis ihn die schneebringenden Wolken ganz verdunkeln.

Am nächsten Morgen war es wärmer und schneite, schneite, wie es eben nur in diesen Nordländern schneien kann. Drei Tage lang.

Drei Tage lang mußte ich zu Hause bleiben und ruhte mich dadurch mal ordentlich aus. Endlich klärte sich der Himmel, die Sonne schien, aber es wurde bitter kalt, bis dreißig Grad unter Null.

Alle meine Schneeschuhwege mußte ich neu brechen, alle Eisen ausgraben oder aus dem Eis hacken. Gefangen hatte ich nichts.

Eines Morgens, als ich meine Fallen absuchte, stieß ich auf eine Spur, die ich mir nicht erklären konnte. Zu Haus hätte ich gesagt: „Katze, außergewöhnlich stark“, aber wo sollten hier Katzen herkommen?

Natürlich folgte ich der Spur am Fluß entlang bis zum ersten Luderplatz, wieder zurück ans andere Ufer, dann im Bogen über den gefrorenen Sumpf am See bis zu dem dahinterliegenden Wald, von da im Bogen durch das Ufergestrüpp zurück zum See. Hier machte die Spur kehrt, führte am See entlang, wieder über den Sumpf bis zum Bach und am Bach entlang zum Fluß zurück, ging wieder am Fluß entlang, aber stromauf, weiter als ich je nach Süden gegangen, bis in den Wald südlich vom See, verlief sich hier in einem Windbruch, fand sich ab und zu auf umgestürzten Stämmen wieder und endete vor einem mächtigen Wurzelballen, den der stürzende Stamm hochgerissen hatte und unter dem anscheinend das Lager war, denn einige der Löcher unter dem Wurzelwerk waren stark befahren.

Glücklicherweise hatte ich den Drilling mit, den ich stets bevorzugte, wenn ich meine Eisen abging, machte also scharf und kratzte mit einem Knüppel am Stamm.

Nichts rührte sich.

Ich klopfte und kratzte stärker, als wie der Blitz ein schwarzer Körper hervorschoß, in Riesensätzen flüchtete, aber auf den ersten Schuß im Knall rollierte.

Neugierig, wie selten, eilte ich hin, – tatsächlich, da lag ein mächtiger, kohlschwarzer Kater, mit dickem Schädel und buschiger Rute, glänzend im Haar. Zweifellos war es eine verwilderte Hauskatze, die hier ein freies Räuberleben führte.

Wie kam die hierher? Waren doch Siedlungen hier in der Nähe? B., den ich später ausfragte, verneinte, aber ein Halbblutindianer hätte vor drei Jahren mit seiner Familie in der Nähe gewohnt, sei aber wieder weitergezogen. Die alte Blockhütte war noch da, ich kannte sie von meinen Streifereien mit dem Pony her, sie lag aber auch mindestens sechzig Meilen weiter Süd. Sollte eine Katze so weit gezogen sein?

Wahrscheinlich war der Kater dort als zierliches Kätzchen zurückgeblieben und hatte sich dann so langsam in die Wälder verklüftet.

Das prachtvolle, seidenglänzende schwarze Fell zog ich ab, um es später gerben zu lassen, es leistete mir bei den Folgen dieser wüsten Zeit, dem Reißen, herrliche Dienste.

Öfters suchte ich auch nach dem im Walde aufgehängten Caribougeweih, jedoch vergebens, ich fand es nicht wieder. Dafür wurden aber die Wölfe, wohl durch Hunger, immer frecher. Nacht für Nacht waren sie in der Nähe, heulten und jaulten um mein Zelt herum und störten mich im Schlaf.

Auch die Hirsche zogen mehr als sonst hin und her. Oft fand ich morgens ihre Fährten vor meinem Zelt, ja, ich stellte sogar fest, daß sie mit dem Äser oder Windfang den Rauhreif von meinem Zelttuch abgestoßen hatten, sie mußten richtig daran gerieben haben, warum, konnte ich nicht herausfinden.

Um sie gelegentlich zu beobachten, stand ich in den mondhellen Nächten, in denen ich des hellen Scheins wegen doch meist munter war, öfter auf und spähte hinaus, doch stets umsonst, bis eines Nachts, als der Mond fast senkrecht stand und die ganze Schneelandschaft hell beleuchtete, wie ich gerade vorsichtig die Nase zum Zeltspalt hinausstecken wollte, die ganze Gesellschaft anspaziert kam, an der Fichtendeckung entlangzog und zehn Schritt vor meinem Zelt verhoffte.

Ein sehr guter Hirsch war dabei.

„So gut paßt es so bald nicht wieder", sagte ich mir, griff zum Drilling, schob das Fernrohr auf und bot dem starken Hirsch ein donnerndes Halt. Auf den Halsansatz gezielt, wirkte das Geschoß bei der nahen Entfernung von zwölf Schritten wie Dum Dum, der Hirsch lag im Feuer, er hatte den Knall nicht mehr vernommen. Die Schlagadern waren zerfetzt, der Wirbel durchbrochen, der Ausschuß so groß wie eine Faust.

Das Geweih war besser, als ich gedacht, vierzehn Enden, und, was beim Springhirsch selten, einigermaßen regelmäßig in der Form.

Trotzdem machte mir dieser Schuß wenig Freude. Es fehlte die Spannung, das Anpürschen, Ansprechen, kurz, die ganze Poesie des Waidwerks.

Ich bin sicher, ein zweites Mal würde ich in einem solchen Falle nicht schießen, sondern lieber, freundlich grüßend, heraustreten und die Hirschgesellschaft herzlichst zu einem Besuche in mein Zelt einladen. Ich bin überzeugt, daß die überraschten Mienen der Hirsche mir mehr reine Freude bieten würden als ein Schuß auf zwölf Schritt.

Die Wölfe ärgerten mich schließlich mit ihrem ewigen Geheul. Jeden Abend ging das Gejammer los, keine Nacht war mehr Ruhe. Aber nie waren sie zu fassen, stets blieben sie im Busch, gegen Sicht gedeckt, und hüteten sich, heranzukommen, wenn ich auf sie paßte.

Den Spuren nach schienen sie einen Windbruch, dreihundert Meter hinter meinem Zelt, als Versammlungsort zu wählen, von wo aus sie dann mein Lager, durch die Fichtendeckung gedeckt, umkreisten.

Am Tage sah ich wohl ab und zu mal einen von der Bande auf dem Luderplatz am See, aber sobald sich etwas am Zelt rührte, sprangen sie ab. Nur zweimal gelang mir der Schuß.

Ich durchstöberte den Windbruch und fand am Waldrand eine Tanne, in der sich ein guter Hochsitz anlegen ließ, lehnte zwei starke Stangen dagegen, nagelte Sprossen darauf, gleichzeitig dabei höher steigend, legte in sechs Meter Höhe über zwei gleichmäßig herausgewachsene Äste einige Knüppel, und der Hochsitz war fertig.

Es saß sich ganz gut, wenn ich eine Decke unterlegte, den Rücken an den Stamm lehnte und die Füße auf eine Sprosse stellte.

Die ganze Fichtendeckung mit ihren eingestreuten Blößen, den Waldrand und den Windbruch konnte ich so überschauen. Der Mond gab für Schrotschüsse reichlich Licht, und ich selbst saß tief im Schatten.

Eine ganze Nacht durchwachte ich dort oben, in allen Tonarten heulte es in meiner Nähe, aber sehen konnte ich nichts, kein Wolf kam heran.

Ich gedachte der damals im Wald nördlich des Sees verbrachten Nacht, als ich mich verlaufen hatte, und beschloß, den Wölfen einen ähnlichen Fall vorzusetzen.

Am Zelt lag noch ein für die Pferde zusammengetragener Heuhaufen, fein mit Tannenzweigen abgedeckt, an dem auch schon die Hirsche genascht hatten.

Ich nahm die schlechteste meiner den ganzen Körper bedeckenden Unterkleidungen, sogenannte Kombinationen, band die Ärmel und Beine unten zu und stopfte das ganze Ding, bis an den Hals zugeknöpft, mit Heu aus. Ein altes Tuch ebenfalls mit Heu gab den Kopf ab, und der „Mensch" war fertig, sah aber etwas blaß aus, weshalb er noch eine alte, total zerrissene Jacke anbekam. Mein alter Sommerhut, tief über die Stirn gezogen, vervollständigte die Sache glänzend.

Diesen „Kavalier" schleppte ich abends mit zum Hochsitz und setzte ihn, fein an einen Baumstumpf gelehnt, an den Rand des Windbruches.

Ein Lagerfeuer wurde vor ihm angemacht, zwei Astgabeln in die Erde gesteckt, ein Knüppel darübergelegt und mit Draht ein zünftiger Fetzen Fleisch daran gehängt, so daß sich bald ein feiner Bratenduft verbreitete.

Als alles in bester Ordnung war, kletterte ich auf meinen Hochsitz und wartete. Es war um sieben Uhr abends.

Um acht Uhr stand der Mond schon so hoch, daß ich erkennen konnte, was unten vorging, um neun Uhr war das Feuer niedergebrannt, und im

Schimmer der noch glühenden Holzstücke sah ich meinen „Simulater“ deutlich sitzen, fein rosa angehaucht, und stellte fest, daß er genau aussah wie ein zerlumpter, am Lagerfeuer eingeschlafener Hobo, der die Hände der Kälte wegen in die zu langen Ärmel zurückgezogen hatte.

Die Zeit wurde mir nicht lang. Ich beobachtete die am Himmel ziehenden Wölkchen, die im Mondschein allerlei sonderbare Formen annahmen, entdeckte mit Genugtuung in einem dieser Gebilde von schreiender Häßlichkeit eine gewisse Übereinstimmung mit dem Gesicht meines Schuldirektors, verfolgte lange den gespenstischen, lautlosen Flug einer großen Schnee-Eule, die über meiner Fichtendickung jagte, plötzlich zu Boden ging und mit einem Karnickel in den Fängen schwerfällig abstrich, sah einen Fuchs, leider zu spät, am Waldrand entlangschnüren und ließ, anscheinend in einem Anfall geistiger „Umnachtung“, meine Pfeife aus dem Munde fallen. „So eine Gemeinheit“, schimpfte ich und schielte, wie der Vogel auf dem Ast, mit einem Auge nach unten. „Soll ich, oder soll ich nicht?“ Zu gern hätte ich sie geholt, aber dann hätte ich sicher die ganze Zeit umsonst gesessen.

Schon wollte das „Böse“ in mir triumphieren, schon drohte ich dem Versucher zu unterliegen und wollte – da! Sie kamen!

„Huuh-huuh huiih-hauoohuuh-huch, huch, heraoouuh!“ Sie waren da.

Immer näher tönte der „Gesang“, immer näher kamen sie.

Der Mann am Feuer rührte sich nicht, er schlief, dachten sie wohl, und in immer engeren Kreisen umschlich die Bande meinen Hobo.

Schon konnte ich einzelne Schatten sehen, schußbereit lauerte ich, jeder Nerv gespannt zum Platzen. Ach, wer kann diese herrlichen Augenblicke höchster jagdlicher Erregung schildern? Es ist kaum möglich, und nur der Jäger, der sie selbst gefühlt hat, kann sie verstehen.

Da, ein Zucken geht durch mein Haar, jetzt! Ein dicker Schädel und Hals erscheint – Bautz-Bautz! Beide Läufe, der Sicherheit halber, fast zugleich abgezogen, blendendes Licht, donnerndes, rollendes Echo, heißer, stinkender Dampf, dann tiefe Stille. In meinen Ohren singt und klingt es, die Pulse klopfen, längst habe ich wieder geladen, ich horche angestrengt, nichts rührt sich.

Langsam ziehe ich den Pelz aus, mir ist plötzlich so warm, und lasse ihn fallen, „schwapp!“, sagt es unten, dann wieder tiefe Stille.

Ich sichere, hänge den Drilling um den Hals und steige vorsichtig hinunter, stehe unten und lausche – alles still.

Schußbereit schleiche ich dem Anschuß zu – gefehlt kann er nicht sein, mit Schrot, ich kann es mir nicht vorstellen, zu sicher war ich der Schüsse. Endlich, da ist er ja: „Hi-japp – hi-japp“, leise höre ich ihn jappen, gehe darauf zu, unter einer Fichte zwei Schritte vom Anschuß liegt ein mächtiger Grauwolf, wohl der Führer, ein alter Rüde, im Verenden.

Ich faßte ihn am Hinterlauf und riß ihn hoch, kaum konnte ich das Gewicht heben, das Jappen verstummte, er war verendet.

Selig holte ich mir das Pfeifchen, bald darauf dampfte es wieder, zog den Pelz an und schleifte den Wolf hinter mir her zum Zelt.

Was war denn weiter? Ich hatte einen Wolf geschossen, well, das kam oft vor, fast täglich, aber „Der Ton macht die Musik".

Unbeschreiblich herrlich war dieser Abend, stolz und glücklich kehrte ich heim und hatte doch nur nach langen Vorbereitungen und stundenlangem Sitzen in kalter Nacht auf harten Knüppeln, hoch im Baum, einen elenden Wolf geschossen.

Noch zweimal glückte es mir an anderen Abenden auf diese Art, einen Timberwolf zu erbeuten, beides jüngere Stücke, beide lagen im Feuer.

Und wieder kamen Schneefälle bei wärmerem Wetter, gefolgt von einem mächtigen Schneesturm. Als ich am ersten schönen Tag wieder hinauszog, um meine Fallen auszugraben und neu zu legen, gierig, die wenigen Tage, die mir noch blieben, nach Möglichkeit auszunutzen, da spielte mir die Wildnis noch wie zum Abschied einen bösen Streich.

Der Fluß war wohl überall vereist, hatte aber Stellen, an denen wärmere Quellen waren, denn er fror dort weniger stark zu und taute an linden Tagen unter dem Schnee wieder auf.

Meist konnte man das an den feuchten Flecken im Schnee erkennen und sich entsprechend vorsehen.

Als ich an diesem Morgen auf Schneeschuhen den Bach verließ und in den Fluß einbog, ein Weg, wie ich schon oft gegangen war, brach ich plötzlich samt Schneeschuhen durch den Schnee, Wasser quoll empor, der Boden wankte, und, eingeklemmt in eine dicke Schicht nassen Matschschnees, sank ich langsam tiefer und tiefer, mich nur mit größter Mühe aufrecht haltend, bis auf den Grund.

Das Wasser reichte mir bis ans Gesäß, der Matsch bis über die Hüften. Und dabei dreißig Grad Kälte!

Unwillkürlich streckte ich beide Arme möglichst hoch in die Luft, aber das half auch nichts, ich stand eben im fließenden Wasser, über dem eine dichte Schicht wassergetränkter Schnee lag, hatte die Schneeschuhe an den Füßen und saß dadurch fest.

Mühsam, alle Künste zur Erhaltung des Gleichgewichts anwendend, hob ich ein Bein, um herauszusteigen, aber der Schneematsch lag mit solchem Gewicht auf den Schneeschuhen, daß ich nicht durchkam.

Langsam drang die Nässe durch meine Kleidung hindurch, und ich stand im Wasser angenehm warm, bei dreißig Grad Lufttemperatur, aber der jetzt an der Oberfläche nasse Schnee begann zu frieren, und es wurde mir immer schwerer, mich zu bewegen.

Ich fuhr mit den Armen ins Wasser, hob den Fuß so hoch, wie es ging, und löste erst den einen, dann den anderen Schneeschuh, zog sie heraus, warf sie neben mich auf den Schnee, legte das Gewehr oben drauf und versuchte, herauszusteigen.

So rasch ging das aber nicht, da Schnee und Eis weiter nachbrachen, bis ich herausfand, daß die Wassertiefe nach der Flußmitte zu schnell abnahm, vermutlich war dort vom Bach Sand angeschwemmt.

Ich arbeitete mich daher in dieser Richtung weiter, bis es flacher wurde, das Eis trug und ich herausklettern konnte.

Hui, war das kalt!

Jeder Wasserspritzer hing als Eiszapfen an mir herum, die Pelzjacke gefror, und die Knie konnte ich kaum bewegen, so steif waren schon die Beinkleider.

Die gefrorenen Schneeschuhe ließen sich nicht mehr binden, ich nahm sie also auf den Rücken und eilte nach Haus.

Immer kleiner wurden meine Schritte, schon nach Minuten mußte ich seitwärts gehen, erst den einen Fuß weitersetzen, dann den andern nachziehen, da ich in einem richtigen, harten Eisanzug saß.

Auch das hatte Vorteile, der Schüttelfrost, der vorher über meinen Körper lief, hörte auf, es wurde mir, da jede Luft abgeschlossen war, sehr warm, und ich schwitzte auf diesem sonderbaren Heimweg erheblich.

Immer schwerer wurde mir das Gehen, es war geradezu eine Tortur, sich auf so lächerliche Art fortzubewegen.

Ich könnte ja nun so schön schreiben: „Mit eiserner Energie kämpfte ich mich nach Haus“, doch träfe das nicht das Richtige.

Richtig ist vielmehr, daß ich wütend war und mir öfter durch kräftige Flüche Erleichterung schaffte, namentlich, als die Haut anfing, wund zu werden und zu schmerzen.

Es half mir alles nichts, ich hatte nur die Wahl: entweder ich blieb stehen und erfror, legte mich lang hin und erfror, oder ich trappelte nach Haus.

Endlich erreichte ich das Zelt, schmiß die Schneeschuhe fort, warf Gewehr und Mütze aufs Bett, legte frisches Holz in den noch brennenden Ofen, so daß sich schnell eine mordsmäßige Wärme ausbreitete, nahm den Kaffeetopf, ging nochmals hinaus, füllte ihn mit Schnee, stellte ihn aufs Feuer, holte Zucker und die Whiskypulle, nahm schnell einen riesigen, provisorischen Zug, stellte mich dicht an den glühenden Herd und – wartete auf Grog.

Der Schnee taute, und in dem Schmelzwasser schwamm etwas herum, was entschieden nicht hinein gehörte, drei niedliche, runde Bällchen, Karnickellosung. Ich fischte sie heraus, ich war daran schon gewöhnt, es störte mich weiter nicht, denn solche Sachen waren seit den verschiedenen Schneefällen unvermeidlich.

So langsam fing ich an zu trippen, aber nur „außen herum", ausziehen konnte ich mich noch lange nicht.

Endlich kochte das Wasser, und ich mischte mir den ersten Grog, Marke halb und halb. Mit der Tasse in der Hand stand ich weiter am glühenden Herd, verbrannte mir ganz unnötigerweise kräftig den Mund an dem kochenden Getränk, legte tüchtig Holz nach, um endlich aufzutauen, und trippte, trippte so, daß ich meine größte Schüssel herbeischleppte und mich hineinstellte.

Oben schwitzte ich in Strömen, unten wurde es angenehm kühl, in der Mitte begann das Eis zu tauen, und mir wurde von Magen und Nieren abwärts elend kalt; also Grog, viel Grog!

Und noch immer stand ich am heißen Herd, das Tauwasser tropfte in die Schüssel, es war schon einige Zentimeter tief, oben wurde mir immer wärmer, unten immer kälter, der Grog war alle, und ich trank, der Einfachheit wegen, heißen Whisky.

Dann probierte ich, die Pelzjacke konnte ich mühsam ausziehen, Gott sei Dank, ich bekam oben etwas Luft.

Dafür froren aber jetzt die Füße in dem kalten Wasser.

Die oberste Beinkleidung war schon weich, aber das doppelte Unterzeug und die Kombination waren noch gefroren.

Ich schöpfte das Wasser aus der Schüssel in den Grogtopf, ließ es kochen und goß es über mein Beinkleid; dadurch wurde das Tropfwasser, in dem ich stand, heiß, und ich konnte meine Fußbekleidung, außen geölte, innen mit Schaffell gefütterte Mokassins, abstreifen.

Das Begießen mit dem heißen Wasser half, die Kleider tauten auf, ich konnte mich ausziehen und stand bald barfuß bis zum Hals in meiner Schüssel.

Sorgsam rieb ich mich trocken, dachte noch dabei, daß alles ebensogut sei wie ein Vollbad, zog neues Unterzeug an, füllte den Ofen bis oben, nahm noch eine Tasse heißen Whisky und kroch ins Bett, ach, ich war so müde, der schwere Weg, das ewige steife Herumstehen, der viele Grog, den ich nicht gewöhnt war, kurz, schlafen war jetzt mein einziger Wunsch.

Als ich erwachte, am Abend, war das Feuer aus, im Zelt herrschte

Hundekälte, ich hatte fürchterlichen Hunger, und mein linkes Knie lag frei, ragte unter den Decken hervor und war stocksteif.

Das Knie sah rot und geschwollen aus, fühlte sich heiß an und tat weh, drei Tage hinkte ich umher, dann war alles wieder gut, nur das Reißen im linken Knie blieb mir treu. Stets, wenn ich, das seidenglänzende Fell des schwarzen Katers ums Knie gewickelt, im Marterstuhl sitze, denke ich an diesen Tag im kalten Norden der kanadischen Wälder.

Eine Erkältung folgte, trotz des Grogs, ich nahm reichlich Aspirin und lag fiebernd im Bett.

Da öffnete sich plötzlich das Zelt, herein trat ein Wilddieb, den ich einst auf der Oberförsterei gefaßt und der mir blutige Rache geschworen hatte, das Gewehr schußfertig auf meinen Leib gerichtet, rief mit donnernder Stimme: „Viel Glück und Waidmannsheil, Herr M.!", und bautz!, krachend traf mich der Schuß in die rechte Hüfte!

Ich erwachte, stand im Unterzeug mitten im Zelt, hatte den abgeschossenen Drilling in der Hand, Kolben vor dem Leib, meine Wasserkanne war durch den Schrotschuß wie ein Sieb durchlöchert und der Rückstoß mir mit aller Gewalt in die Hüfte gefahren.

Als mir die Sachlage klar geworden, erschrak ich gewaltig, nahm einen mächtigen Zug Whisky, kroch ins Bett und schlief mich, Gott sei Dank, gesund.

Mitte Dezember war vorüber und die beste Zeit vorbei. Immer größer wurde die Kälte, immer tiefer der Schnee. Am ersten schönen Tage konnte der Schlitten, der mich zurückbringen sollte, eintreffen. So schwer mir auch das Scheiden wurde, ich freute mich doch auf das Wiedersehen mit Menschen, auf das gute Bett, das geräumige Haus, das bessere Essen und – das reichliche, warme Waschwasser.

Das letzte Eisen war eingezogen, die erbeuteten Bälge lagen, fein gebündelt, bereit, ich brauchte nur meine Kisten zu packen und war reisefertig.

Zum letzten Male war ich draußen am großen See, hinter den Sümpfen, in denen ich beinahe ertrunken wäre, zum letzten Male am Heidelbeerberg. Sinnend stand ich auf der Stelle, wo ich die beiden Bären schoß, und steckte einen Tannenzweig in den Schnee, direkt über dem Anschuß, als letzten Gruß.

Auf dem Heimweg überquerte ein starkes Rudel Hirsche vor mir den Fluß, grüßend winkte ich mit der Hand, und es schien mir, als ob die auf und ab wippenden Spiegel der flüchtenden Hirsche den Gruß zurückgeben wollten.

Am achtzehnten Dezember war ein klarer, windstiller Tag, heute mußte der Schlitten kommen.

Um zu Hause zu sein, blieb ich in der Nähe des Zeltes, trieb mich am Seeufer herum und holte mir schließlich die Axt, um ein Loch ins Eis zu hacken und zu sehen, wie dick es sei. Siebzig Zentimeter.

Da kam mir der Gedanke zu angeln. Schnell holte ich Angelzeug, erweiterte das Loch im Eis, nahm meine Birkenrute mit der Rolle und ließ einen schweren Blinker hinabgleiten.

Das Wasser war sechs bis sieben Meter tief.

Dann fing ich an zu „tunken“, ließ den Spinner langsam sinken und zog ihn ruckweise wieder hoch. Lange zeigte sich nichts, erst nach zwanzig Minuten erfolgte der erste Biß, ein Hecht von fünf Pfund.

Kurz darauf biß der zweite, dreieinhalb Pfund, dann einer von sieben und wieder einer von fünf.

Jetzt wurde mir kalt, vier Stück mit etwa zwanzig Pfund hatte ich, das genügte. Noch einmal, zum Abschied, ließ ich den Blinker sinken, da, ein mächtiger Ruck, ich haute an, die gefrorene Schnur wollte nicht richtig rollen, immer stärker wehrte sich der Fisch, bedenklich bog sich die Rute, und ich faßte die Leine, – knacks, die Schnur brach, fort waren Fisch, Vorfach und Spinner! Also Schluß!

Ich nahm die Fische aus, ließ sie gefrieren und freute mich ob der Überraschung für B., der gebratene Hechte besonders liebte. Erst zum Fest sollte er sie bekommen, fein in Butter gebraten.

Pünktlich, wie erwartet, erschien gegen Abend Freund B. mit dem Schlitten. In aller Frühe packten wir zusammen, brachen das Zelt ab, verluden alles auf dem Schlitten und kehrten heim.

Noch einmal hielten wir auf der Höhe an und blickten hinab, noch einmal schweifte das Auge über die verschneiten Wälder, dann ein Peitschenknall, und die Gäule zogen an. Noch einen kurzen Blick warf ich zurück, zurück auf meinen geliebten Sternsee, da, zwei Wölfe standen auf dem Eis und äugten uns nach – zum Abschied.

Frohe, glückliche Tage folgten.

Da kam, Mitte März, eine Nachricht, auf die ich mit heimlicher Sorge gewartet hatte, ich mußte heim.

Aus war der Traum, aus waren alle weiteren Pläne!

Traurig packten wir meine Koffer, traurig fuhren wir in langer, schwieriger Fahrt zur Station.

Unerbittlich verrannen die letzten Minuten, und langsam bestieg ich den Zug.

„Du kommst wieder, ja?" rief B.

„Sicherlich!", antwortete ich, ein Händedruck. „Auf Wiedersehen!", eine Träne blinkte im Augenwinkel, „Leb wohl!", „Glückliche Reise!"

Der Zug fuhr an, langsam, wurde schnell und immer schneller, und in rasendem Tempo sauste ich gen Osten – der Heimat entgegen.

VIERTES KAPITEL

An der Grenze der Kultur

Tup – tup – tup – erstaunt, wie aus tiefem Schlaf erwachend, sah ich mich um. Ja, da half alles nichts, ich saß in der Zelle auf der harten Bank und war – gefangen.

Die Zelle war zwei Meter lang, eineinhalb Meter breit und drei Meter hoch, an der Seite stand das Meublement, eine fünfzig Zentimeter breite Holzbank, und in einer Ecke ein gußeisernes Becken, das trichterförmig aus dem Zementboden emporwuchs, mit einem Wasserhahn darüber, der langsam, aber sicher und beharrlich tropfte.

Tup – tup – tup – tropfte das Wasser in meine hygienische Vorrichtung, jeder Tropfenfall kam mir vor wie ein Stich ins Genick.

Wie war es doch gewesen? Ich runzelte die Stirn und dachte angestrengt nach, doch vergebens zermarterte ich mein armes Hirn, immer tanzte vor meinen Augen das Wort: „Gefangen!"

Tup – tup – tup – das war ja nicht mehr auszuhalten.

Ich beugte mich vor und drehte den Hahn auf, rauschend schoß herrlich klares Wasser hervor, ich schöpfte es mit der hohlen Hand und trank – ach, das erfrischte. Dann drehte ich wieder zu, vergebens, es tropfte weiter. Tup – tup – tup – der Hahn mußte schweigen, um jeden Preis, und gewaltsam zwang ich mich zu klarem Denken: Was war denn? Der Hahn tropfte, tup – tup – tup – er war undicht, ließ sich nicht zudrehen, die Dichtungsplatte war also entzwei. Ich zog mein Taschentuch heraus, riß ein Stück davon ab, band es am Hahn fest, es langte bis an den Beckenrand, und das Tropfen hörte auf. So, das hatte ich geschafft!

Langsam sah ich mich um. Richtig, ich saß in einer Zelle des New Yorker Polizeigefängnisses! Als Tür hatte ich ein starkes Gitter aus vier Zentimeter breitem und einhalb Zentimeter dickem Bandeisen, aber in der Mitte, in ungefährer Kopfhöhe, war eine ovale Öffnung, an die der Gefangene das Gesicht halten und so etwas hinausschauen konnte.

Ich blickte in der Zelle umher, es half alles nichts, wieder ging es mir durch den Sinn: „Gefangen, gefangen!"

Wie war es doch gewesen?

Ich kam aus dem hohen Norden Kanadas, war in Winnepeg umgestiegen in den Zug nach New York, hatte eine Nacht im Schlafwagen verbracht, mich dann mit zwei Herren nett unterhalten und abends in New York eilig den Zug verlassen, um bald ins Bett zu kommen.

Ein kleines Privathotel, ein sogenanntes „rooming house", war mir empfohlen worden, dicht am Union Square, dort hatte ich ein Zimmer per Draht bestellt.

Es war Sonnabend gegen Mitternacht, bereits am Montag früh um acht Uhr ging mein Dampfer, den ich unbedingt erreichen mußte.

Mit raschen Schritten verließ ich die riesige Halle des Zentralbahnhofes und winkte einem Auto, als mir plötzlich ein Kerl einen blitzenden, fußlangen Revolver gegen den Magen drückte und mich mit den triumphierenden Worten: "Now I got you, you g . . . son of a b . . .!" verhaftete. (Jetzt habe ich dich, du . . . [gemeines Schimpfwort].)

Mit der freien Rechten tastete er gewandt meine Taschen nach verborgenen Waffen ab, während mich die Mündung seines Schießeisens sanft am Nabel kitzelte.

Ich dachte zuerst, ich sei an einen Verrückten geraten, und wußte nicht recht, was ich tun sollte, da klappte er seinen Rockaufschlag um, ließ eine Metallmarke sehen und befahl mir in barschem Ton zu folgen, ohne Widerstand, "or I shoot you!" (oder ich erschieße Dich).

Blitzschnell griff er mit Zeige- und Mittelfinger seiner Rechten in meinen linken Rockärmel, drehte ihn herum, so daß mein Handgelenk wie in einer Klammer saß, und führte mich ab.

Well, ich hatte zwei Jahre im wildesten Norden Kanadas gejagt, monatelang bei fünfzig bis sechzig Grad Kälte im Zelt gelebt, und für meine vom Bäumefällen und Holzhacken geschwellten Muskeln war dies armselige Detektivgewächs nur eine klägliche Ratte.

Prüfend sah ich seitlich auf ihn herab, er war ein kleiner, wohlbeleibter Mann, und ein Griff meiner damals stahlharten Faust um sein Genick hätte seine Augen herausquellen lassen wie die Mitesser in einem „Salon de Béaute", aber warum?

Es war selbstverständlich eine Verwechslung. Ich wurde neugierig, wie die Sache weiterging, roch ein Abenteuer. Um solche zu erleben, war ich ja im wildesten Busch herumgestrolcht.

Also dachte ich gutmütig: „Laß den Kröpel leben", und ging friedlich mit. Er schien große Eile zu haben, seine Beute in Sicherheit zu bringen, denn diese sogenannten „detectives" erhalten für jeden Fang, je nach Güte, ihre Bezahlung.

„Wieviel bekommen Sie für mich?" fragte ich, er antwortete aber nur grob: "Shut your lapp!" (Halt die Klappe!)

Da sah ich plötzlich vor uns zwei andere Gruppen von je drei Mann, die nicht recht vorwärts kamen, so daß wir sie bald einholten. Das wurde ja immer interessanter, denn es waren, das sah ich sofort, meine beiden Freunde aus dem Zuge, mit denen ich mich so nett unterhalten hatte.

Sie wollten beide nicht gutwillig mit und wurden daher gewaltsam „transportiert".

Einer der Beamten ging vorn, die rechte Hand ebenfalls am zugedrehten Ärmel des „Delinquenten", die linke hielt ihm drohend den Revolver vor die Nase. Der zweite schob hinten nach, die eine Hand wollüstig im Hosenboden verkrallt, die andere am Rockkragen, den er seinem Opfer weit bis über den Kopf hochgezogen hatte. Die Hüte waren den Verhafteten verlorengegangen.

"That's allright", dachte ich mit meinem Farmerfreund Fred und freute mich auf die überraschten Gesichter der Polizei, wenn sie ihren Irrtum erkannte und mich mit dem Ausdruck tiefsten Bedauerns wieder laufen lassen mußte.

Leider kam es ganz anders.

Auf der Wache angelangt, ergriffen mich zwei riesige Polizisten am Arm, nahmen mich in die Mitte, führten mich eine steile Steintreppe hinunter, öffneten die oben erwähnte Gittertür – ein Stoß, und drin war ich.

Was nun? Ich muß gestehen, daß dieser unerwartete Ausgang mein höchstes Unbehagen erregte, ich war verblüfft, daß ich mich auf die Bank setzte und lange vor mich hindöste.

Was war denn eigentlich los? Was wollte man von mir? Man mußte mir das doch wenigstens sagen.

So langsam fing ich an, mich zu bedauern, sank geknickt auf meiner Bank zusammen und machte das bekannte Gesicht: „Was hat man Dir, Du armes Kind, getan?"

Ich grübelte und grübelte, fand aber keinen Ausweg. Alle Gefahren der Wildnis hatte ich glatt gemeistert, aber in diesem Loch versagten meine Kenntnisse vollständig. Meine Vorbildung im „Ausbrechen" war höchst mangelhaft. Ich sah nur zu bald ein, daß ich vorläufig lahmgelegt sei.

Was hat man uns „Gebildeten" in der Schule nicht alles eingetrichtert! Sogar die Confessio Augustana haben wir Bedauernswerten, wohl als eine Art Wechsel auf spätere Seligkeit, lateinisch auswendig lernen müssen.

Aber über das, wie ich jetzt einsah, für das tägliche Leben so wichtige Kapitel: „Wie entweiche ich aus dem Gefängnis?" hatten wir keinerlei Unterricht genossen.

Mein Gott, wie lange sollte ich denn noch hier sitzen! Kam denn niemand? Seid ihr denn hier alle verrückt?

Langsam senkte ich das Haupt und verbarg es in den Händen, ich – schämte mich.

Meine Gedanken rasten. Was sollten meine Eltern denken. Meine Mutter. In Deutschland war jetzt Tag, sie dachte gewiß bei der Arbeit an mich, ihr einziges Kind. Sicher glaubte sie, es schläft jetzt unschuldig in seinem Bettchen, und dabei saß ich im Gefängnis. Zwischen Verbrechern.

Wie sagte Mutter immer? „Lieber Junge!" Und der Junge saß – – mein Gott, ich werde verrückt!

Tup – tup – tup – da, was war das? Tup – tup – tup – man kommt, endlich! Tup – tup – tup – und wieder erwachte ich aus meinem Grübeln, der Hahn tropfte wieder, der Streifen vom Taschentuch war abgerutscht.

Jetzt wurde ich ärgerlich und damit wieder lebendig. „Elender Mist", das erste vernünftige Wort entfuhr meinen Zähnen, und ich stand auf und machte den Streifen wieder fest.

Da rappelte jemand an meinem Gitter, ein Polizist stand davor, glotzte durch die ovale Öffnung und sagte: "Show your face!" (Zeige dein Gesicht.)

Wütend fuhr ich herum, erhob mich zu meiner voller Größe, schob mich mit meinem breiten Rücken vor das Gitter, versenkte beide Hände bis zum Ellenbogen in die Hosentaschen und – lud die gesamte New Yorker Polizei zu einer intimen Würdigung meiner Rückseite ein.

Jede weiche Stimmung war fort, meine Muskeln zuckten, und mein bis dahin verstörter Geist wurde plötzlich klar und stahlhart.

Der Kampf mit der Polizei begann.

"Hallo Raleigh", wiederholte der Blaue, "show your face!"

Als Antwort pfiff ich ihm hell und scharf Sigmunds Schwertruf ins Gesicht.

Er drohte mit seinem Knüppel, schüttelte bedauernd sein längliches Haupt und schob ab.

Kaum war er fort, als der laute Ruf: „Makake! Makake!" mich an das Guckloch lockte, zum erstenmal seit Stunden nahm ich von meiner Umgebung Notiz!

Vor meiner Gittertür lief ein breiter Gang vorbei, links und rechts waren Einzelzellen, mir gegenüber aber – das war ja hochinteressant, das war ja einfach zum Schreien – lag da ein riesiger Gitterkäfig, wie der Löwenzwinger im Zoo, voller Menschen, und was für welchen!!

Bald wurde mir die Sachlage klar. Es war die Nacht von Sonnabend zu Sonntag, und in diesen Käfig sperrte die hohe Polizei den Abschaum von New York, soweit er auf den Straßen betrunken aufgegriffen wurde, ein. Gespannt fing ich an zu beobachten, alle persönliche Sorge war vergessen, denn, was ich sah, spottete einfach jeder Beschreibung.

Mir direkt gegenüber hing am Gitter ein Wesen, irgendeine Art undefinierbares Halbblut, genau wie ein Affe, fletschte die riesigen Zähne und rief fortgesetzt: „Makake! Makake!“

Rechts von mir fuhren dann aus einem Einzelkäfig, mir gerade noch sichtbar, ein paar gelbe Arme heraus, die verkrallten Finger griffen mit allen Anzeichen höchster Erregung in der Luft herum, und ein heiseres Krächzen hemmungsloser Wut ertönte.

Dort saß zweifellos der durch das Wort „Makake“ bis aufs Blut gekränkte Gegner.

Der Affe mir gegenüber johlte auf vor Freude, daß er den Feind ins Mark getroffen, er grölte weiter „Makake! Makake!“, und aufs neue fuhren die gelben Arme aus dem Gitter heraus, aufs neue schwoll das Wutgeheul an.

Es war anscheinend ein Japaner und „Makake“ gerade die „große Mode“, das Schimpfwort der beiden feindlichen Söhne Uncle Sams und Nippons. Im Geiste stellte ich mir schon die Folge eines Zusammenstoßes vor, als ein anderes Bild mich ablenkte.

Neben dem Klammeraffen saß ein vollständig verkommenes, anscheinend im Alkohol schon halb aufgelöstes Geschöpf, in Hockstellung, streckte die Arme soweit als möglich durch das Gitter und angelte mit den Dreckpfoten nach einem Zigarrenstummel, der in dem toten Winkel zwischen Flur und Gitterfundament ein beschauliches Dasein führte.

Der Kerl saß ganz still, in absoluter Ruhe, und nur die unsicher umhertastenden Hände verrieten, daß noch Leben in ihm war.

An der Hinterwand des Käfigs zog sich eine lange Bank hin, auf der einige „gentlemen“ der Ruhe pflegten, sie schliefen in den unglaublichsten Stellungen, einer sogar mit dem Kopf nach unten hängend, den Rachen weit aufgerissen.

An jeder Ecke der Bank, in den beiden Ecken an der Wand, standen zwei der wichtigen „Trichter“ mit dem Wasserhahn darüber, genau wie bei mir.

Was dort vorging und was ich dabei alles sah, läßt sich leider aus ästhetischen Gründen nicht schildern, doch spielte auch hier das fatale Wort „besetzt“ eine große Rolle, der eine Trichter war dies sogar in Permanenz, da der Besucher darauf eingeschlafen war.

Ein anderer „Gast“ wartete bereits seit längerer Zeit, hatte den Leibriemen gelöst, sein Beinkleid war heruntergerutscht, ein Hemd hatte er nicht an, aber – honny soit qui mal y pense – er „wartete“, an die Wand gelehnt, geduldig und still, denn er war inzwischen ebenfalls eingeschlafen.

Auf dem Boden lagen noch etliche „Menschen aller Rassen“ herum, hatten die Münder weit offen und benahmen sich nach Kräften; wie auf einem Schlachtfeld sah es aus, auf dem der Teufel Alkohol Sieger geblieben war.

Ein spindeldürrer Kerl mit auffallend spitzem Kopf – er hatte als Kind wohl in Ermangelung des teueren Hutes stets eine Papiertüte getragen – in Knickerbockers und Pullover konnte dagegen keine Ruhe finden. Mit langen, fast suchenden Diebesschritten wanderte er im Käfig auf und ab und trat dabei dem Schläfer direkt ins Gesicht, so daß dieser erwachte, hochfuhr und mit Stentorstimme anfing zu brüllen: „Keeper! Keeper!“ (Schließer).

Da rasselten Schlüssel, dumpfe Schritte ertönten, untermischt mit quäkendem Kindergeschrei, und zwei Polizisten erschienen mit einem neuen Opfer, anscheinend einem Sohn des Balkans.

Er heulte und wimmerte wie ein Kind, zog seine Jacke aus, warf sie auf den Boden und strahlte dann ob dieser Heldentat über das ganze Gesicht. Die hohe Polizei schmunzelte auch, nahm die Jacke, zog sie ihm wieder an und schob ihn in den Käfig. Genau wie im Zoo zur Zeit der Fütterung der Raubtiere wurden die Polizisten mit allgemeiner Unruhe und großem Geschrei begrüßt. „Keeper! Keeper!“ tönte es von allen Seiten, in den Einzelzellen rüttelten die Insassen an den Gittertüren, und deutlich hörte ich in dem Getöse den höhnischen Ruf „Makake!“, gefolgt von den heiseren Schreien asiatischer Wut.

Nur die Gruppe, die das oben erwähnte Bild „besetzt!“ stellte, verharrte in unerschütterlicher Ruhe, und der Dreckklumpen am Gitter suchte weiter seinen Zigarrenstummel.

Kaum kehrten die Beamten den Rücken, als der Balkanonkel wieder anfing, wie ein eigensinniges Kind zu zetern, dann zog er seine Jacke aus, warf sie fort und strahlte vor Vergnügen.

Der „Keeper“ drehte sich um, kam zurück, betrat den Zwinger, zog dem Manne die Jacke wieder an, drohte ihm mit dem Knüppel und folgte dann seinem Gefährten nach oben.

Sofort ertönte das Gejammer aufs neue, der Mazedonier trampelte vor Schmerz mit den Füßen, die in „Opanken“ steckten, der heimatlichen Fußbekleidung, in der man unweigerlich Plattfüße bekommt, dann zog er seine Jacke aus, knüllte sie zusammen, zwängte sie durch das Gitter, warf sie hinaus, und strahlend vor Freude über diese erlösende Tat verzog er den breiten Mund, von dem einen Riesenohr zum andern, wodurch die Stulpnase sich fast bis zur Stirn hob, so daß ich, obgleich absolut nicht schreckhaft, bei diesem unerwarteten Anblick unwillkürlich etwas zurücktrat.

Sein lautes Freudengeschrei rief aber die rächende Nemesis herbei, der Beamte erschien, nahm die Jacke hoch, schritt stramm in den Käfig, zog sie unserm Freund wieder an und versetzte ihm unter dem tobenden Gebrüll der „Geknechteten“ eine saftige Tracht Prügel.

„Keeper! Keeper!“ grölten sie aus allen Ecken, aber der Polizist, sicherlich ein Engländer, verließ mit unerschütterlicher Ruhe das Raubtierhaus, schritt bedächtig zur Treppe und verschwand.

Dann verlosch das Licht, der Morgen graute, es wurde langsam ruhig, und ein harmonisches Geschnarche erhob sich, tiefer Frieden senkte sich auch auf diese Unglücklichen herab, der barmherzige Schlaf nahm sie in seine tröstenden Arme und ließ sie Leid, Kummer und Sorgen, Laster, Schuld und Angst vergessen.

Aber noch immer stand, verschwommen im Morgengrauen, von dem Dämmerlicht der Notlampe, die am Ausgang dieses Paradieses brannte, gespenstisch beleuchtet, das lebende Bild: „Besetzt!“

"Neiägärä foaols!" grölten die Schaffner, brausend und zischend knatterten die Wassermassen zu Tag, es dröhnte und platschte, feine Sprühnebel schlugen mir entgegen, und – ich erwachte.

Es waren ja nun nicht gerade die Niagarafälle, aber Wasser war es immerhin. Der Käfig mir gegenüber war leer, die Tür weit geöffnet, aus zwei armdicken Feuerwehrschläuchen gab die "New York Police Force" Wasser, Wasser in Unmengen, um all die wüsten Spuren der nächtlichen Belegschaft zu tilgen, und auch meine Zelle bekam etwas ab, wenn der druckstarke Strahl schräg gegen die Gitterstäbe schlug.

Die Rinne am Mittelgang verwandelte sich in einen kleinen Bach, in dem ich den bewußten Zigarrenstummel eilig fortschwimmen sah, einer dunklen Zukunft entgegen.

Kühle Morgenluft drang durch die offenen Fenster am Ende des Ganges, die ersten Sonnenstrahlen stahlen sich herein, ich wurde ganz munter und erhob mich zu löblichem Tun, ich wusch mich, so gut es eben ging.

Da rief eine Stimme: „Hallo!“ der „Keeper“ erschien, öffnete den Kerker, sagte: „Kommen Sie mit!“ und führte mich zur Treppe hinauf, dem Licht und dem Leben entgegen.

An einem Tisch, hinter dem ein freundlich aussehender Polizeioffizier saß und schrieb, machte er Halt, schob mich auf eine Bank daneben und verschwand.

„Ich protestiere gegen diese grundlose Freiheitsberaubung eines deutschen Staatsbürgers, verlange, daß sofort der deutsche Konsul angerufen wird und mache Sie für den mir bereits entstandenen und noch entstehenden Schaden absolut haftbar!“ sagte ich ruhig, aber energisch, in meinem besten Englisch, wobei ich den Beamten kalt und scharf in die Pupille nahm.

„Allright“, antwortete er vergnügt und blickte mich interessiert an, “that’s allright”, beschwichtigend hob er die Hand und fuhr auf deutsch fort: „Sie können deutsch mit mir sprechen, ich will sehen, was ich für Sie tun kann, wollen Sie frühstücken?“

„Raus will ich, zum Donnerwetter, und das sofort!“

„Allright“ – schon wieder dieses niederträchtige „allright“, dachte ich – „warten Sie noch etwas und frühstücken Sie erst. Tom!“

Tom erschien und schob ab, um Kaffee, Butter und “hot rolls” (Brötchen) zu holen, kam in auffallend kurzer Zeit zurück, ich zahlte, er dankte für den Tip (Trinkgeld), und mit unbeschreiblichem Genuß frühstückte ich auf der Bank direkt neben dem Beamten, der eifrig weiterschrieb, mir aber doch ab und zu lächelnd zunickte.

Als höflicher Mensch nickte ich dann ebenfalls, mit dem sich langsam füllenden Magen wurde ich friedlicher gesinnt, und ein gewisses Gefühl der Sympathie entstand zwischen uns, zumal der hohe Herr, als ich gesättigt war, mir mit den Worten: „Ich weiß, Sie rauchen Zigarren“, eine gute Zigarre anbot.

Auch er fing an zu rauchen, lehnte sich behaglich in seinem Sessel zurück, räusperte sich und sprach:

„Wir fingen in der Nacht am Zentralbahnhof zwei Opiumschmuggler, die über Vancouver aus Kanada kamen und mit denen Sie sich im Zuge unterhalten hatten. Die beiden gehören zur Bande eines gewissen Raleigh, genannt „Scarredfaced“ (Narbengesicht), weil sein Gesicht durch Messerstiche zerfetzt ist, ähnlich wie das Ihrige.“

„Danke“, warf ich ein, er fuhr aber ruhig fort:

„Er ist ein großer, starker Mann, so Ihre Figur, und da Sie die Station in verdächtiger Eile verließen, sofort einem Auto winkten, also sich fluchtverdächtig machten, hat Sie unser dear Billy verhaftet. Bei der Vernehmung der beiden Halunken stellte sich heraus, daß Billy einen Falschen gefaßt hatte."

„Ihr ‚dear Billy' ist ein großer Esel!" erklärte ich mit einer gewissen Genugtuung.

„Well", schmunzelte er, „nicht immer, aber auf Raleighs Kopf stehen fünfhundert Dollar, und die kann Billy brauchen, wissen Sie."

„Ich erachte meinen Verbrecherwert gleich null."

„Nicht einmal das, sogar noch weniger, denn wir wären froh, wenn wir Sie los wären, leider steht es aber nicht in meiner Macht, Sie freizulassen, da nach dem Gesetz ein einmal Verhafteter nur durch den Richter entlassen werden kann."

„Und warum tut er das nicht?", warf ich ein.

„Ja, es tut mir so leid, aber Sie haben Pech. Der Richter geht Sonnabend nacht um zwölf fort und kommt erst am Montag früh um acht wieder."

„Was, so lange soll ich noch hier bleiben? Ich denke gar nicht daran, ich will den Konsul sprechen", rief ich empört.

„Well", meinte der geduldige Offizier, „wir brauchen nicht einmal den Konsul, es genügt jeder prominente oder uns bekannte Gentleman, der für Sie ‚bail' (Geldsicherheit) leisten würde, dann könnte ich Sie bis Montag früh beurlauben, aber", und dabei lächelte er besonders freundlich, „wir dürfen nicht vergessen, wir haben weekend und herrliches Frühlingswetter, niemand ist zu Haus."

Ich dachte nach, er hatte entschieden nicht so unrecht, außerdem kannte ich auch keinen Menschen, es sah böse aus.

„Genügt denn nicht mein eigenes Geld als bail?", fragte ich.

„No", meinte er, „denn das haben wir sowieso, das würde jeder Verbrecher sofort und gern im Stich lassen, nein, ein bekannter Bürger muß dafür gut sagen."

"Damned monkeybusiness!" (Elende Affenwirtschaft!) Mit einem gewissen Stolz brachte ich diesen beliebten Fluch an.

Er lachte und fuhr fort: „Well, etwas kann ich tun für Sie, ich gebe Ihnen einen Beamten mit, der Sie begleitet und Montag früh, sagen wir um neun, wieder herbringt, aber Sie müßten seine Unkosten bezahlen. Ich habe einen, der kann sogar etwas Deutsch."

„Gemacht!" sagte ich, er telephonierte, ein über zwei Meter großer Koloß erschien und erklärte: "I shall manage him allright." (Ich werde ihn tadellos leiten und führen.)

Ich machte mit dem freundlichen Polizeioffizier „shake hands", und zwar so, daß er entsetzt zusammenzuckte, denn einen Spaß wollte ich doch auch haben, meinte liebenswürdig, er solle es an seinen „dear Billy“ weitergeben, und verließ mit meinem Zweimeterstück Polizei das Haus.

Vor der Tür legte Mr. Wilson – der dritte Teil aller New Yorker heißt Wilson – legte Mr. Wilson, der etwas deutsch sprechende Polizist, seine Riesenhände feierlich auf meine Schultern, beugte sich herab, so daß er mir ins Gesicht sehen konnte, und sagte, wobei die Spannung über die Wirkung seiner Worte aus seinen Augen leuchtete, langsam, aber voll Gefühl: „Ssauerkraut – Leberwöst.“

Wie „Müller und Schulze“ standen wir da, und ich muß wohl ein etwas erstauntes Gesicht gemacht haben, denn er fügte erklärend hinzu: „That's German!“ (das ist deutsch).

„Sure!“, antwortete ich, “and you are talking it fluently.” (Unbedingt! Und Sie sprechen es fließend.)

Damit war unsere Freundschaft geschlossen. Er faßte mich mit den riesigen Händen, wie die Köchin die Suppenterrine, schob mich in die Türnische und fuhr fort:

„Sie waren im hohen Norden Kanadas, Sie müssen mit mir kommen, in mein Heim, meine kleine Frau und meine beiden Kinder sehen, denn, wissen Sie, mein Weib ist die Schwester“ – in diesem Augenblick ließ er mich los, richtete sich zu seinen vollen 2,10 Meter auf und stand beinahe stramm vor Ehrfurcht – „ist die Schwester vom ‚Chief of Police‘ (Polizeichef) von Prinz Albert!“ (Stadt ganz oben im Norden.)

Auch ich erschauerte bis ins Mark, lehnte aber ab und meinte, daß ich in mein Hotel müßte, mich waschen und rasieren.

„Allright“, lachte er strahlend, „Sie kommen mit, baden bei mir, rasieren sich bei mir, essen bei mir und erzählen uns ‚from the north‘.“

Bei jedem Satz hob er meine hundertachtzig Pfund etwas an und stieß sie sanft auf den Boden auf, wie man es mit kleinen Kindern zu machen pflegt, und seine lustigen blauen Augen bettelten und baten, daß ich es vorzog, schnell ja zu sagen, denn noch nie im Leben kam ich mir derart wehrlos vor wie zwischen den gewaltigen Fäusten dieses lachenden Riesenkindes.

Ich machte noch einen schwachen Versuch. „Aber, ich habe keine Wäsche und nichts, mein Handkoffer ist doch noch auf der Station.“

„Oho, wir holen ihn“, rief er selig, „kommen Sie schnell!“ Mit zwei gewaltigen Schritten schleifte er mich an den Straßenrand, lehnte mich sanft an einen Laternenpfahl und streckte den rechten Arm in die Höhe.

Ich erschrak und glaubte schon, er wolle als Zeichen seiner Freude die Laterne andrehen, aber er winkte nur einem Auto.

Er schob mich hinein, wie der Bäcker das Brot in den Backofen, mit der flachen Hand, schlängelte sich langsam nach, und fort ging es, zum Bahnhof.

Zusammengeklappt wie ein Taschenmesser, die Knie ungefähr in Höhe meiner Augen, die Arme um den Unterschenkel geschlungen, saß er da, und ich kam mir vor wie „Scheintot im Hockergrab".

Wir hielten, stiegen aus, zahlten und holten meinen Handkoffer. Wilson trug ihn zierlich, wie das Tanzgirl sein Stadtköfferchen, mir voran zur Untergrund, und eine Stunde später betrat ich, von meinem Freunde mit Daumen und Zeigefinger an der Hand geführt, sein freundliches Heim.

"Cissi dear!" rief er, und ein reizendes, blondlockiges junges Frauchen erschien, strahlend über das ganze zarte Gesicht. Er faßte das zierliche Geschöpf mit dem mir bekannten Suppentopfgriff, hob es sorgfältig hoch, küßte sanft den roten Mund, stellte es mit kühnem Schwung, so daß ich ein Paar süße, seidenbestrumpfte Beinchen bewundern konnte, vor mich hin und sagte: „Cissi dear, shake hands mit Mr. Mehrhardt, er kommt aus dem Norden Kanadas und ist ein guter Freund Deines Bruders, des ‚chief'."

Frau Cissi lachte glucksend auf, ein ganz reizendes Lachen, ergriff meine Pfote mit beiden Händen, zog mich ins Zimmer und rief: „I am so glad to see you, ich freue mich ja so, Sie zu sehen. Bitte, bitte, erzählen Sie." "No yet" (noch nicht), meinte der Gatte würdevoll und stolz, „‚the captain' muß sich erst von der Reise zurechtmachen", und damit schob er mich, wieder mit dem Zuckerzangengriff, ins Badezimmer, sagte: „Vergessen Sie nicht, daß Sie hier zu Hause sind", reichte mir meinen Koffer, dann zwei Handtücher, schloß die Tür, und – ich war allein.

Ich blickte mich um. Alles war so sauber und freundlich, so voll innerer Wärme, ich begann, mich wirklich wie zu Hause zu fühlen, und ging mit frohem Herzen an die Säuberung meines äußeren Menschen.

Grade lag ich in der Wanne und suhlte mich nach Kräften, als es klopfte.

„Hallo", rief Wilson, „wollen Sie jetzt die Babys sehen?"

"No yet", antwortete diesmal ich, etwas erschrocken.

"Good morning, uncle", piepten sofort zwei Kinderstimmen als Antwort.

„Guten Morgen, Kinder", rief ich, „der Onkel ist noch nicht fertig. Ihr müßt noch warten." „Allright", piepte es zurück, und ich hörte vier Kinderfüße eilig davontrappeln.

Langsam erhob ich mich, dehnte mich wohlig unter der Dusche, stieg aus der Wanne und begann, mich abzureiben. – Tapp, tapp, tapp, tapp. „Uncle", piepste es wieder, „dürfen wir rein?"

"No yet!", sagte ich und bückte mich, um meine Füße abzutrocknen.

„Uncle, dürfen wir Dein Gesicht sehen?"

„Was, ausgerechnet jetzt?" antwortete ich lachend, „lieber nicht."

„Uncle, warum nicht?" „Well, ihr würdet erschrecken." Quiekendes Gelächter, trappelnde Schritte, „Mammi! Mammi!", und weg waren sie.

Halb angekleidet begann ich mit dem Rasieren und seifte meinen zwei Tage alten Bart sorgfältig ein.

Tapp, tapp, tapp, tapp! „Uncle, uncle, dürfen wir jetzt dein Gesicht sehen?" Aha, da spukte wieder das "scarredface" herum! "Allright!", rief ich, öffnete die Tür handbreit und steckte meine dickbeseifte Visage hinaus.

Zwei Zwerglein in weißen Hängekleidchen standen vor mir, rissen die großen Kinderaugen erschrocken auf, sagten beide gedehnt: „Ooooh!", steckten die Zeigefinger in die staunend geöffneten Mäuler, und dann fiel aus dem roten Mündchen der Größeren das in seiner strengen Sachlichkeit, trotz des schüchtern-fragenden Tonfalles geradezu kapitale Wort, worin die ganze Enttäuschung eines Kinderherzens offenbar wurde: "Ooh, he has a saophead." (Ooh, er hat einen Seifenkopp.)

Was nun? Ich schloß die Tür und lehnte mich auf die Wanne, meine Nerven barsten vor Lachen.

Erst Scarred-faced Raleigh, dann Polizeigefangener, dann Freund des Chief of Police in Prinz Albert, den ich nie gesehen, dann sogar "the captain", alles hatte ich als harter Jägersmann geschluckt, ohne zu zucken, aber „Onkel Seifenkopp", das war zu viel.

Es wurden fröhliche Stunden unter frohen Menschen, die ich bei diesem in jeder Hinsicht außerordentlichen Policeman verbrachte. Frau Cissi war selig, durch mich ihren Gatten einen ganzen Tag für sich zu haben, und die allgemeine Heiterkeit erreichte ihren Höhepunkt, als ich, bei Besichtigung der Wohnung, Wilsons Filzüberschuhe, wie sie die Beamten bei großer Kälte trugen, die einzeln, mit einem weißen Tuch sauber zugedeckt, an der Wand standen, für die – Kinderbetten hielt.

Die Zeit, in der ich doch eigentlich eine Art Gefangener war, verging wie im Fluge, doch verlangte die im Gefängnis durchwachte Nacht schließlich ihr Recht, ich wurde müde, aber erst nachdem ich fest versprochen hatte, den „chief" im hohen Norden aufzusuchen und vielmals zu grüßen, brachte mich Wilson in mein Hotel.

Pünktlich um acht Uhr holte er mich am nächsten Morgen wieder ab, wir meldeten uns auf der Wache, ich wurde sofort vor den Richter geführt und mit den Worten: „Allright, Sie können gehen!" entlassen.

„Allright“ sagte auch ich, nahm Abschied von Wilson und fuhr zum Hotel, ein freier Mann, aber – mein Dampfer war fort.

Um Telegramme aufzugeben, eilte ich zur Hauptpost, fragte aber der Sicherheit halber doch vorher an, ob etwas für mich da wäre.

Der Beamte nickte. „Eben angekommen“, sagte er und reichte mir einen Brief. Neugierig riß ich ihn auf: Die Angelegenheit, die mich nach Hause gerufen, war ohne mich glücklich erledigt, ich konnte bleiben. Ein mit der gleichen Nachricht an B. gesandtes Telegramm hatte mich nicht mehr erreicht, dank meiner Verhaftung, aber der für diesen Fall nach New York geschickte Brief.

Dear Bill, der „große Esel“, hatte mich davor bewahrt, zwecklos über den Ozean zu gondeln, und ein tiefes Gefühl der Dankbarkeit an das gütige Schicksal durchzog mein Herz.

Was nun? Natürlich wieder hinauf, in die Wildnis! Zeit hatte ich ja genug, denn vor September war doch jagdlich nicht viel anzufangen. Wie diese Zeit verbringen? Auch das stand sofort fest: Zurück zu Freund B.

Aber vorher wollte ich doch meinen alten, lieben Fred auf seiner traurigen Präriefarm besuchen, es gab ja soviel zu erzählen, und mein Reiseweg führte sowieso durch Freds Gegend.

Einige Tage verbrachte ich noch in New York, schrieb die nötigen Briefe, teilte Fred den Tag meiner Ankunft mit und bat B., mir nach Freds Farm Antwort zu geben.

So merkwürdig meine erste Reise auch verlaufen war, diesmal passierte absolut nichts, anscheinend sind also derartige Erlebnisse den Grünhörnern vorbehalten.

Auch jetzt erschien der Auswanderungsbeamte, es war aber leider nicht mein Freund von damals, der ehemalige „prisoner“ aus Köln, und er meinte nur fragend, so im Vorübergehen: „Cänädä?“

“Yes”, antwortete ich freundlich, “travelling in boots.” (Ich reise in Schuhen), und das stimmte, denn ich reiste weder barfuß noch in Pantoffeln, sondern trug wirklich Schuhe.

Auch Freund Fred war pünktlich am Zuge mit Sergeant Lee. Wir feierten ein feuchtfröhliches Wiedersehen und wiederholten diese angenehme Sache nochmals gründlich auf der alten Hill Farm, denn selten sind solche Besuche in dieser Einsamkeit.

Für Freds Frau und die Kinder Guste, Bessi, Erika, Irma und – wahrhaftig, da lag wieder so ein Bündel auf dem Sofa – das jüngste Baby, noch ungetauft, aber von Fred zur Feier des Tages provisorisch „Moccassine“ genannt, war es ein großer Tag.

Auch Lissi mit dem Setzei war da, und ich stellte mit Grauen fest, daß sie entschieden noch dämlicher geworden war, obgleich Fred dies als unmöglich bestritt.

Viele Nachbarn kamen, um mich wiederzusehen, selbst der alte Großvater Roloff, und ich „revanchierte“ mich, denn diesmal erzählte ich ihm Geschichten, so daß er, genau wie früher ich, vor Staunen Mund und Nase aufriß.

Guste und Bessi schwammen in einem Meer von Wonne, denn ich hatte ihnen eine Cowboy- und eine Indianerausrüstung mitgebracht, Stück für Stück für einen Dollar vom Warenhaus, und so tobten denn auf der sonst so friedlichen Hill Farm zwei wildgewordene Vertreter des kanadischen Nordens herum, gellendes Kriegsgeschrei ertönte, und der arme Cowboy, dargestellt von Bessi wurde von dem stärksten Indianerhäuptling, dem „Quiekenden Ferkel“ – der Name stammt natürlich von Fred – dermaßen gemartert, daß uns nichts weiter übrig blieb, als das „Quiekende Ferkel“ zur Besserung in den im Sommer leeren Schweinestall zu sperren, während der Cowboy Bessi seine Puppe hervorholte und „Mutter und Kind“ spielte.

Bei Fred war noch alles im alten Gleise, und kaum war ich da, ging auch schon wieder der Teufel los.

Fred war auf dem Felde und pflügte, sein Arbeiter ebenfalls, ich saß mit dem Cowboy Bessi bei der Mutter und erzählte ihr von B.s Frau, ein Thema, von dem sie nie genug bekommen konnte, als plötzlich mit allen Zeichen größter Aufregung ein indianischer Krieger ins Zimmer stürmte – Guste!

„Präriefeuer kommt.“

Natürlich! Den Zauber kannte ich, das fehlte gerade noch.

Wir eilten hinaus. In großem Bogen um Freds Farm herum brannte das trockene Gras, meilenlang, soweit man sehen konnte. Wie ein feuriges, qualmendes Band lief der zwar nur schmale, aber viele Kilometer lange Feuerstreifen mit dem Wind weiter, eine große Rauchfahne stand am Himmel, und an Stellen mit hohem Gras oder Gebüsch schlugen lange Stichflammen züngelnd empor.

Das Feuer mußte unbedingt Freds Farm fassen, Eile tat not.

Da kam er auch schon im Galopp auf einem seiner Ackergäule angeprescht. Schnell holten wir uns Knüppel, an die nasse Säcke gebunden wurden, und dann ging’s im Laufschritt dem Feuer entgegen, um es da, wo es sich der Farm näherte, auszuschlagen.

Wie die Drescher schafften wir, und auch der Arbeiter, der erst die Pferde in den Stall gebracht hatte, kam uns zu Hilfe.

Auch an anderen Stellen wurde das Feuer bereits bekämpft. Wir trafen schließlich mit Roloffs, die sogar sieben Mann stark waren, zusammen, und endlich, am Abend, gelang es, der Flammen Herr zu werden.

Für uns war die Gefahr beseitigt, aber noch die ganze Nacht hindurch sahen wir den Feuerstreifen weiterlaufen, well, uns war das gleich, mochten sich dort andere quälen, wir hatten genug.

Kreuzlahm, am Verdursten, mit heiseren Kehlen und über und über kohlschwarz, stürzten wir uns samt den Kleidern bis an die Brust in den nächsten Tümpel, schlappten mit der Zunge das Wasser ein, wie die Hunde, und kühlten uns gründlich ab.

Dann hauten wir uns am Abhang hin und lagen wie die Toten. Erst nach Stunden, so gegen Mitternacht, trieb uns der Hunger nach Haus.

Und wieder wurde mir klar, daß die Prärie nichts für mich war. Nie im Leben möchte ich Präriefarmer sein! Rancher, Viehzüchter, Cowboy, wie ich es bei Freund B. gesehen, ja, sofort!

Und mit heimlicher Schadenfreude über diese armseligen Farmer dachte ich an B.s famose Cowboys und ihre Art, Präriefeuer zu bekämpfen, voran Cessi Haamann, das Urbild eines schneidigen Rauhreiters.

Dort hatte das Feuer keine Schrecken, obgleich der Viehzüchter doch ungleich mehr vom Graswuchs abhängig ist als der Farmer.

Man höre und bewundere: „Präriefeuer naht!“ Auf diesen Ruf werfen sich zwei der „boys“ auf die stets gesattelten Ponies, rasen im Galopp zur nächsten Stierherde, der Coltrevolver knallt, ein Stier stürzt zusammen, hat im Handumdrehen an jedem Vorderhuf einen Lasso hängen und wird, was die Pferde laufen können, zum Feuer geschleift.

Dort springen die Reiter ab, in unglaublich kurzer Zeit ist der Stier auf der Bauchseite mit dem Handbeil bis zum Rückgrat gespalten, auf die offene, blutige Seite gedreht und sein Kopf abgehauen.

Im Galopp geht es jetzt an den Feuerstreifen heran, der eine Cowboy

überspringt die Flammen, der Stier kommt so auf das Feuer zu liegen, und, immer im Galopp, schleiften sie den blutigen, sechs bis acht Zentner schweren Kadaver über die Feuerlinie dahin, bis auch der letzte Funken erstickt ist. Kaum gesehen, ist das Feuer auch schon aus, und der Stier gibt immer noch einen guten Braten.

Ja, die Art der Präriefeuerbekämpfung ist ein typisches Beispiel für die öde, langweilige Farmarbeit und die schneidige, praktische Tätigkeit der Rancher.

Eines Tages fuhr ich, wie früher so oft, zum Postmeister, Mr. Whiteside, kam an dem Bruch vorbei, in dem ich damals bei größter Winterkälte vierzehn Stunden, vom Blizzard verweht, im Schnee vergraben gesessen hatte, und holte die Post.

B.s Antwort war da, sie erschütterte mich: Fehlgeburt, Zwillinge, beide tot, Frau schwer krank. Aber ich sei jederzeit willkommen.

Armer B.! Arme kleine Frau! Sie hatten sich so gefreut, denn nur ein Kind, der sechs Jahre alte Hermann, war ihnen beschert. Ich konnte mir alles so deutlich vorstellen, die Angst und Sorge, und keine Hilfe zu erreichen außer einer alten Russenfrau. Ja, darin liegen die Gefahren der Einsamkeit, der Wildnis für uns Kulturmenschen. Das Indianerweib macht solche Kleinigkeiten unterwegs ab, wickelt das Neugeborene in eine Decke und marschiert weiter, dem vorangegangenen Herrn und Gebieter folgend, bis sie ihn eingeholt hat, um ihm sofort das Essen zu bereiten, und es geht auch.

Traurig und voller Teilnahme schrieb ich B. ab, da konnte ich jetzt nicht hin. Auf der Prärie wollte ich aber auch nicht bleiben, zumal Freds Frau bei den fünf kleinen Kindern vor Arbeit nicht aus noch ein wußte.

Fred hatte eine neue Art entdeckt, sich zu drücken, wenn seine Frau die Nachkommenschaft nicht mehr bändigen zu können glaubte und zu ihm kam und um energisches Einschreiten bat. Er zog es seit der mißglückten „ernsten Ermahnung“ nach Gustes Spazierritt vor, ein Eingreifen in die Erziehung mit dem schönen Liede abzulehnen:

„Was schert mich Weib, was schert mich Kind, laß sie betteln gehn, wenn sie hungrig sind, mein Kaiser, mein Kaiser gefangen!“

Freds Frau, der als Schweizerin schon der Dichter Heine weniger geläufig war, hatte als glühende Patriotin für Freds Schmerzen über seinen gefangenen Kaiser absolut kein Verständnis, sondern antwortete jedesmal sichtlich erbost: „Was geht halt Di der Kaiser aa, farme sollscht!“, wozu Fred leider wenig Neigung besaß.

Da schlug wie eine Bombe die Nachricht ein: Farmer Schwarz, ein deutscher Nachbar, hat verkauft, an einen Franzosen, einen „Royalisten", und sogar den ganzen Kaufpreis in bar erhalten.

Natürlich fuhren wir hin, und Freds Frau meinte höhnisch: „Da gehörscht halt hi, zu denne Royaliste, das ist aach so einer, der nach seinem König jammert."

„Gut, Marie", ulkte Fred, „singen wir ein Duett."

„Aber auf sellere ‚Royalischtefarm', bitte", erwiderte die Gattin streng, sie war nun mal aus der Schweiz, der Musterrepublik.

Diese Fahrt zu Schwarz sollte meine Sorge um die Zukunft schnell beenden.

Schwarz, ein biederer, einfacher alter Siedler, der nicht lesen und schreiben konnte, aber Deutsch und Englisch sprach, war ein sauberer, freundlicher Mann.

Er wollte sofort nach Norden bis an die Grenze des vermessenen Landes, wenn möglich an die Wildnis angrenzend, um dort für seine vier Söhne Heimstätten aufzunehmen und so eine neue Farm zu gründen.

Er hatte eine äußerst tüchtige Frau und außer den Söhnen noch drei Töchter, also Arbeitskräfte genug. Die Söhne waren zwar alle noch unter achtzehn Jahren, dem zur Landaufnahme vorgeschriebenen Alter, aber der Vater konnte die gewünschte Heimstätte für die minderjährigen Söhne einschreiben lassen und einstweilen bearbeiten. Ferner gab ihm die Lage am Ende des vermessenen Gebietes Aussicht, durch dauerndes Bewohnen noch unvermessenes Land hinzuzuerwerben, wie es die Squatter tun.

Ein Squatter ist ein Siedler, der auf irgendeinem unvermessenen Stück Land wohnt und arbeitet. Wird das Land vermessen, so gehört das Stück ihm.

Schwarz und seine Frau wollten hinauf, das Land auszumachen, die Eintragung zu beantragen und ein provisorisches Haus zu bauen, um später, wenn sie mit Kind und Kegel, Hab und Gut und dem Vieh ankämen, eine Bleibe vorzufinden.

Da mußte ich mit. Mein Vorschlag, sie zu begleiten, zu helfen und dann in dem Haus bis zu ihrer Rückkehr zu wohnen, um zu jagen, wurde mit Begeisterung angenommen.

Die beiden strahlten vor Freude über ihr Glück, denn es gehört zu den größten Seltenheiten, eine Farm gegen bar zu verkaufen.

Es war eben ein Zufall, denn neben Schwarz lag eine Siedlung französischer Royalisten – so etwas gibt es tatsächlich noch – und der Käufer war ein reicher Franzose, der sich gerade dieser Gemeinde anschließen wollte.

Der Würfel war also gefallen. B. bekam die Nachricht, mit der Bitte, meine Ausrüstung, die fertig bereitstand, nach dem fürchterlichen Nest Sh., damals letzte Bahnstation, zu senden, und voll Erwartung fuhren wir zur nördlichsten Stadt, wo wir noch allerhand besorgen wollten, nach – Prinz Albert. Der Besuch beim „Chief“ wurde Wirklichkeit.

Fred war natürlich fest entschlossen, sofort auch an einen „Royalisten“ zu verkaufen und nachzukommen; es ist leider nichts daraus geworden, jedenfalls waren aber damals die Royalisten in dieser Gegend von Kanada mindestens ebenso begehrt und wichtig, wie die Dollars bei uns zur Inflationszeit.

„Herr und Frau“ Schwarz hatten zwar jetzt Geld, aber es waren und blieben trotzdem echt kanadische Hinterwäldler, und es war oft gar nicht so einfach, die Leutchen glücklich weiter zu bringen, da wir der verschiedenen Bahnlinien wegen, die alle Ost-West führten, bei der Fahrt gen Norden dreimal umsteigen mußten.

Die apathische Ruhe, die solche Leute besitzen, hatte geradezu etwas Aufreizendes:

Auf dem Bahnsteig, an der Holzwand des Stationsgebäudes, lag das Gepäck, in Decken gewickelt und so mit Stricken verschnürt, daß jeder seinen großen Packen wie seinen Rucksack auf den Rücken nehmen konnte, nur mit dem Unterschied, daß besagter „Rucksack“ bis in die Kniekehlen hing.

Ein kleiner Pack, ebenfalls in Decken geknotet, wurde, über den Arm geschoben, getragen. Daneben standen, trotz der Spuren langer Benutzung direkt vornehm wirkend, mein Handkoffer und meine Reisetasche.

Auf dem einen großen Packen, mit dem Rücken an der Wand, saß Mutter Schwarz, ein braunes Tuch um den Kopf, regungslos, nur die Augen wanderten erstaunt hin und her. Sie lutschte an einem Bonbon, den ich ihr gegeben, und paßte „ganz genau“ auf.

Vor dem Hotel, dicht am Eingang zur Bar, im losen Sand, hockte Vater Schwarz mit dem sauber eingesetzten, etwas dunkleren Hosenboden auf den Absätzen, den Rücken ebenfalls an die Wand angelehnt. Er rauchte sein Pfeifchen, schnitzelte mit dem Messer an einem Strohhalm, spuckte im großen Bogen und verdaute.

Ab und zu stand er auf, ging in die Bar, genehmigte einen „drink“, denn er hatte ja Geld und setzte sich dann wieder an dieselbe Stelle.

Mit ins Hotel, in den sogenannten „dining room“, eine einfache Holzbude, gingen sie nicht, er nicht und sie schon lange nicht, da war es ihnen zu fein.

Ihr Geld hatten sie mir sofort zur Verwahrung übergeben, ungezählt;

wieviel es war, wußten sie nicht, und Schwarz behauptete allen Ernstes, als ich später den Rest aushändigte, soviel wäre es nie gewesen.

Ich verwaltete also die Reisekasse, kaufte die Fahrkarten und machte dabei noch ein Geschäft, da sie als Eingeborene und Landsucher billiger fuhren, und ich rutschte dabei so mit durch, mußte allerdings auf die Pullmanwagen verzichten, was aber in dieser Gegend nicht viel zu bedeuten hatte.

Es war Zeit, der Zug mußte bald kommen. Ich ging zu Schwarz, um ihn in Gang zu bringen, alles per Du.

„Hallo, Schwarz, los, fertigmachen, der Zug ist gleich da!"

Er wollte gerade seine Pfeife stopfen und zerkrümelte den mit dem Taschenmesser in Scheiben geschnittenen Plattentabak durch Reiben zwischen den Handflächen, langsam und bedächtig, nickte mir freundlich zu und meinte:

„Ich habe mir mal sagen lassen, daß man, wenn man seine Pipe mit einem Streichholz stopft, dann zwei Stunden lang rauchen kann."

Ich lachte und sagte: „Allright, los, wir müssen weiter!"

„Well", meinte er, „komm, trinken wir mal einen."

„Da haben wir keine Zeit mehr zu, der Zug kommt."

„Ach, der Zug wartet, komm, trinken wir erst", schmunzelte er wichtig, erhob sich und wollte in die Bar.

Am Arm zog ich ihn wieder heraus und nahm ihn so mit. Er folgte willig und erklärte: „Gut, daß Du da bist, ich käme allein nicht weiter."

Wir traten zur Frau, die nach wie vor auf dem Bündel hockte und ganz genau aufpaßte.

„Komm", sagte Schwarz, „Mr. Mehrhardt sagt, der Zug kommt."

„Ja, das kann wohl so sein", meinte sie ruhig, „sieh mal, den Russen!"

Sie deutete auf einen Kerl mit fürchterlichem schwarzem Bart, Form à la Tirpitz, der einen riesigen, kugelrunden Packen, ebenfalls in Decken fest mit Stricken eingeschnürt, vor sich her rollte, wie der Mistkäfer seine Pille.

Auf dem Rücken hatte er eine lange Holzaxt und ein mächtiges Sägeblatt hängen, und am linken Hinterkopf, neben dem alten Lappen von Mütze, quoll eine zwiebelförmige, fettige Beule hervor, haarlos, rotglänzend, mit einem Wort: scheußlich!

Mutter Schwarz wollte sich totlachen über den „Russen".

Er kam näher angerollt mit seiner Pille, sah uns mit dunklen, wehmütigen Augen traurig an, nickte mit dem Kopf und sagte in aufffallend gutem, klaren Deutsch: „Auch Deutsche, das sieht man sofort, auch Landsucher, wie so viele."

„Ja", sagte Schwarz, der inzwischen seine Pfeife in Gang gebracht hatte, „ich bin aber schon ein alter Farmer."

„Und du bist ein Russe", sagte seine Frau mit Nachdruck.

Der Pillendreher überhörte das Wort „Russe", blickte mitleidig auf unser Gepäck und sagte langsam: „Ja, Farmer, Bauer. In diesem Lande. In den Hundstagen sind den Leuten die Kartoffeln erfroren. Dieses Sibirien!"

Er drehte sich herum, rollte seine Pille über den Bahnsteig und legte sie am Rand, wo der Zug halten mußte, fest.

„Er ist doch ein Russe", fing Mutter Schwarz wieder an, „aus Sibirien kommt er. Sibirien ist eine Stadt in Rußland."

„Ich habe mal einen Russen gekannt", meinte der Gatte, „der kam aus Montenigro, das liegt auch da unten." Er beschrieb einen entsprechenden Bogen mit der Pfeife, um seiner Ehehälfte wenigstens andeutungsweise klar zu machen, wo dieses geheimnisvolle „Montenigro" lag, aus dem die Russen kommen, und fing an, sich langsam wieder in Hockstellung an der Wand niederzulassen.

Da hörte man in der Ferne Pfeifen, lautes Dröhnen folgte, und der Zug lief ein.

Ich hatte mein Gepäck schon in der Hand, Vater und Mutter Schwarz nahmen ihre Packen auf den Rücken, schoben die Bündel über den Arm und glotzten.

„Los!", rief ich, „einsteigen!" lief zum Zug, kletterte auf die Plattform, denn diese Wagen hatten nur vorn und hinten Türen, meist von der Plattform aus, und ging hinein.

Familie Schwarz wollte folgen, aber der Pillendreher war schneller. Mit gewaltiger Kraft hob er seine Kugel hoch und warf sie auf die Plattform.

„Schwapp!" Dort lag sie, eingeklemmt, felsenfest, der Weg war versperrt. Er schob und zerrte abwechselnd, Vater Schwarz legte seine beiden Packen ab, spuckte in die Hände und zog mit, umsonst, die Pille saß fest.

Ich konnte leider auch nicht helfen, da sich die Tür nicht aufmachen ließ, denn sie schlug natürlich nach außen, gegen die Pille.

Die Wagenfenster waren der Stürme wegen mit doppelten Glasscheiben verschlossen. Nur die schmalen Luftklappen waren zu öffnen, ich mußte also versuchen, den anderen Ausgang zu erreichen.

Da kam ein Bahnbeamter, führte die drei am Zug entlang und stopfte sie am anderen Ende zur Tür hinein. Es war die höchste Zeit, denn der Zug fuhr schon langsam an.

Gott sei Dank, da kamen sie, der Pillendreher stellte sich sofort an das Türfenster, den Blick sehnsüchtig auf seine Pille gerichtet, Herr und Frau Schwarz setzten sich zu mir, etwas erregt, aber gefaßt.

„Kuck den Russen", fing Frau Schwarz wieder an, „die Beule am Kopf, da sind Würmer drin."

Ich konnte den Unsinn nicht mehr mit anhören, stand auf und wollte zur Bar gehen, doch Schwarz rief sofort: „Ja, wir trinken einen" und erhob sich ebenfalls.

Das wollte ich ja nun gerade nicht, allein traute er sich da nicht recht hinein, wenn ich ihn aber mitnahm, war es fraglich, ob ich ihn wieder heraus bekam. Ich gab also vor, mir nur etwas Bewegung machen zu wollen, und wandelte in dem breiten Mittelgang, der sich durch den ganzen Zug zieht, langsam auf und ab. So dumm war aber Vater Schwarz nicht. Er ließ mich nicht allein, sondern marschierte immer hinterher, damit ich ja nicht zur Bar entwischte, während seine Frau ihren geliebten „Russen" weiter beobachtete.

Als wir uns der Tür näherten, drehte sich der Russe um, deutete auf seinen Packen und meinte: „Da liegt er."

„Das sehe ich", antwortete ich.

„Dieses Land, dieses Sibirien", fuhr er fort, „in den Hundstagen sind den Leuten die Kartoffeln erfroren. Was wollen Sie in diesem Sibirien?"

„Ihre werte Bekanntschaft machen. Sie sind Deutscher?" fragte ich zurück?

„Genau wie Sie", sagte er traurig, „Westfale. Ach, die Berge meiner Heimat, die Wälder und der Abend, wenn überall die Schmiedefeuer leuchten! O Heimat! Auch ich habe Schule besucht, tat aber nicht gut, und jetzt lebe ich in diesem Sibirien. In den Hundstagen sind den Leuten dic Kartoffeln erfroren!"

Wehmütig schüttelte er den Kopf, nahm seine Mütze ab und strich mit der Hand das Haar zurück.

Mit einem gewissen Schauer sah ich eine zweite, etwas kleinere Beule, direkt oben auf seinem Schädel, bezwang aber den aufsteigenden Ekel und antwortete freundlich: „Sie haben Heimweh, das kommt vor. Können Sie nicht zurück? Was tun Sie hier?

„Holz, Holz!" erwiderte er, „Bäume fällen, zu Brennholz zerkleinern und im Winter in der Stadt verkaufen. Wenn es langt, dann gehe ich zurück, zur Heimat."

Auf meinen erstaunten Blick hin setzte er erklärend hinzu: „Ich bin nicht arm oder verkommen, o nein, das Geschäft ist gut. Die ‚licence' (Erlaubnisschein) kostet allein sechzig Dollar. Ich hacke im Sommer Vorrat, lade im Winter jedesmal einen Waggon voll und fahre mit ihm zu einer größeren Stadt in der holzarmen Prärie. Dort verkaufe ich, direkt vom Wagen, es ist ein gutes Geschäft, bedenken Sie, in diesem Sibirien! In den Hundstagen . . ."

„Und wie leben Sie draußen?", unterbrach ich ihn, denn das traurige Schicksal der Kartoffeln war mir zur Genüge bekannt.

„Ich baue mir eine Hütte, ganz primitiv. Da, wo es mir günstig erscheint, irgendwo auf der Endstrecke dieser Bahn, fliegt mein Packen vom Wagen herunter. An der nächsten Station steige ich ab, gehe zurück, hole ihn und fange an dieser Stelle mit der Arbeit an."

„Das scheint mir sehr praktisch und gut", gab ich zurück, „ich will im Norden jagen."

„Jagen?" Erstaunt sah er mich an, meinte dann gedehnt: „Ach so, jetzt verstehe ich, weshalb Sie hierher kamen", und zögernd setzte er hinzu: „Sie können mir vielleicht helfen, die Hütte zu bauen?"

„Das kann ich leider nicht, ich will schon dem hier helfen", dabei zeigte ich auf Schwarz, der ruhig hinter mir stand.

Ernst blickte mein neuer Freund sich nach ihm um.

„Ja so, der alte Farmer. Sie suchen nach Land? O Gott, in diesem Sibirien! In den Hundstagen sind den Leuten die Kartoffeln erfroren."

„Das kann wohl mal sein", erwiderte Schwarz bedächtig.

„Wollen Sie sich nicht zu uns setzen? Kommen Sie doch mit zu uns", bat ich, doch der Pillendreher wies auf seine Pille.

„Ich muß auf den Packen aufpassen, später, wenn er hereingeholt ist, gern."

Die nächste Station kam. Der Zug hielt, und der Packen wurde mit vereinten Kräften hereingeholt. Wir setzten uns zusammen, ich brachte eine halbe Flasche Whisky zum Vorschein, Mutter Schwarz erhielt zwei Apfelsinen, der Westfale erzählte rührend von seiner deutschen Heimat, die Pulle kreiste, jeder nahm einen Schluck, und ich – tat wacker mit.

In froher Stimmung kamen wir in Prinz Albert an.

Als gute Freunde trennten wir uns und gingen zum Hotel, denn unser „Russe" blieb mit seiner Pille auf dem Bahnhof, da er sofort weiter wollte.

Wir sollten ihn bald wiedersehen.

Achttausend Einwohner, ein Nest bei uns, eine Großstadt im hohen Norden! Sieben lange Monate lag sie erstarrt in Frost und Schnee, durchtobt von eisigen Stürmen, verödet, vergessen.

Aber jetzt nahte der Sommer, denn Frühling und Herbst gibt es in diesen Breiten nicht, der mächtige Saskatchewanfluß war eisfrei. Flößerei und Schiffahrt setzten ein, die Lumberbahnen, provisorische, schmalspurige Lori-Bahnen zum Holztransport, nahmen den Betrieb wieder auf, die Bautätigkeit fing an sowohl in der Stadt selbst als auch draußen auf neuen Bahnlinien und Stationen, und die Vermessungsarbeiten der Regierung fanden ihren Fortgang.

Die Nordstadt war aus dem Winterschlaf erwacht.

In größeren und kleineren Trupps kehrten die „lumbermen" (Holzfäller), Trapper und Pelzjäger von der Winterarbeit aus den Wäldern der Wildnis zurück, holten sich ihre „Schecks" oder verkauften ihre Beute und drängten sich in die Bars.

Landsucher und Kolonisten, Farmer und Rancher kamen an, verweilten einige Tage in der „Stadt", kauften ein, tauschten Neuigkeiten aus und fuhren dann weiter oder kehrten mit neuen Vorräten nach Haus zurück.

Die ersten Geschäftsreisenden erschienen, um von den leer gekauften Stores neue, fette „Ordres" für ihre Häuser zu holen, und der Bahn-, Fracht- und Postverkehr schwoll von Tag zu Tag mehr an.

Es kam für die ortsansässige Bevölkerung die ersehnte gute Zeit, denn alle, alle, die da kamen, brachten Geld. Der Dollar rollte, Hotels, Logierhäuser, Restaurants, Vergnügungs- und Tanzlokale waren überfüllt, neue Unternehmer traten auf, neue Geschäfte aller Art entstanden über Nacht, kurz, regstes Leben durchpulste den Ort. Über allem aber lauerte geierhaft die Geißel des Nordens, die Wonne und zugleich das Unglück dieser harten, sturmerprobten Menschen: die „bar" mit dem Schnaps, vor allem dem Whisky. Der „drink" beherrschte die Situation.

Sieben lange Monate hatten die „boys", fast durchweg bärenstarke, von Sturm und Wetter gegerbte Gestalten von eiserner Gesundheit, in den eisigen Wäldern der Wildnis verbracht, in harter, schwerster Arbeit, bei einfachster Kost, ohne Abwechslung, ohne Zerstreuung, ohne Erholung und –.ohne Gelegenheit, Geld auszugeben.

Jetzt endlich war der große Augenblick gekommen, und, die Taschen voller Dollars, stürzten sie sich auf die Bar wie der Verschmachtende auf die rettende Quelle.

Gute Freunde trafen sich, jeder wollte bezahlen, ausgeben, jeder sich „revanchieren", Trunkenheit galt nicht als Schande, im Gegenteil, mehr als eine Art Beweis, daß man ein „Kerl" sei und in die Welt paßte.

Und so vertrank mancher in Tagen, was er in ebensoviel Monaten im Schweiße härtester Arbeit erworben hatte, sinn- und zwecklos richtete er sich wirtschaftlich, und was schlimmer war, auch gesundheitlich zugrunde.

War der Mammon alle, so kamen neue Trupps, andere „boys“, mit frischen Dollars, wer wollte, trank mit, Geld spielte keine Rolle, denn jedem galt das Wort: “Come on, have a drink!” (Komm, trinke mit mir!)

Und schließlich borgte der „barkeeper“ (Besitzer), der ja den ganzen Verdienst mit „nordischem“ Profit geschluckt hatte, denn die Rückzahlung solcher Schulden war Ehrensache, und nur selten gingen derartige Darlehen verloren.

Die Bars, besonders die größte, gerade unter dem Fenster meines Hotels, waren ständig gerammelt voll. Neue und immer neue Besucher kamen, und die alten gingen nicht etwa weg, sondern saßen oder standen herum, aßen sich an dem „free lunch“ (freies, kaltes Büfett) satt, torkelten mal heraus, lehnten an der Hauswand, zogen auch mal truppweise zu den „girls“, bummelten durch die Vergnügungsstätten, wie Schießbuden, Tanzlokale, Würfelbuden, Verkaufsstände usw., beglückten im Vorbeigehen andere Bars mit ihrem Besuch, kehrten aber immer wieder zu der alten Quelle, gerade unter meinem Fenster zurück.

In dieser Bar selbst war ein fürchterliches Gedränge. Wüstes Gejohle, Geschrei und Gesang drangen heraus, ab und zu gab es Streit, aber einige riesige Polizisten, anscheinend von der Garde des „Chief“, und die durchweg mit allen Salben gesalbten Bartender (Ausschenker) sorgten dafür, daß es nicht allzu schlimm wurde.

Bösartige oder gar verbrecherische Naturen gehörten zu den Seltenheiten, für solche war dort kein Platz, sie wären schnell erkannt und prompt fürchterlich verhauen worden.

Die Leute wollten nicht etwa Radau machen, sondern es war eben ihre Form des „Sich-Auslebens“, ein Wunsch, der nach den Entbehrungen einer Winterarbeit in nordischer Wildnis nur zu begreiflich war, zumal das „Vergnügen“ sowieso um acht Uhr abends mit dem Barschluß ein unweigerliches Ende fand.

Wohl fast alle Völker dieser Erde waren vertreten, vom blonden, nordischen Riesen bis zum heißblütigen, schwarzen Italiener, vom Chinesen bis zum Halbblut oder Neger.

Auch Spaßmacher waren darunter, die in allen Sprachen der Welt ihre Witze rissen, aber alle sprachen den „slang“, von jeher das fürchterliche, zum Teil komische Englisch des „wilden Westens“.

Höchst sonderbar war oft die Kleidung, da viele der Neulinge, der sogenannten Grünhorns, noch ihre heimatlichen Sachen trugen, oft in geradezu erbarmungswürdigem Zustande, doch fast durchweg sah man die bunten wollenen Schals und Pullover, besonders in den grellen Farben rot, orange und blau, nebst dicken Wollstrümpfen, dazu die praktischen warmen Schaffelljacken, außen graugrüne oder braune Leinwand, innen dichtes, kurzgeschorenes Schaf- oder Lammfell, die auch ich in der besseren Sportausführung zur Jagd getragen und schätzen gelernt hatte.

Ein Sammelsurium von Hüten und Mützen, das kein Laden der Welt hätte aufweisen können, waren die Kopfbedeckungen.

Es ist geradezu erstaunlich, was auf solch einem menschlichen Schädel alles getragen werden kann. Vom einfachen Kopftuch bis zum steifen Hut war alles vertreten, was es auf der Welt gibt.

Allerdings sahen einzelne der uralten Filze einem ausgebeulten Lappen ähnlicher als einer Kopfbedeckung.

Sogar solch herrlicher, ganz flacher, steifer schwarzer Filzhut, ich glaube, er ist die große Mode bei den Slowaken, wie ihn bei uns auf der Bühne die „Ortsdummen“ und manchmal die Komiker tragen, war dabei.

Ich konnte ihn gebührend bewundern, denn sein Besitzer lehnte, total fertig, glückselig lächelnd, an der Hauswand und döste.

Von Zeit zu Zeit nahm er den Deckel ab, schwenkte ihn hoch in die Luft, stieß einen heimatlichen Jauchzer aus, setzte ihn schief wieder auf und döste weiter.

Vom offenen Fenster aus sah ich, meine Zigarre rauchend, dem Treiben zu.

Es war gegen fünf Uhr, der Tag ging zur Neige, und vor der Bar war ein toller Betrieb.

Immer mehr Betrunkene kamen heraus, torkelten draußen herum oder lehnten sich an die Wand, immer lauter wurde der Lärm, aber niemand kümmerte sich darum. Der ruhige, anständige Bürger ging auf der anderen Straßenseite oder machte einen großen Bogen, um nicht irgendwie belästigt zu werden.

Der Schnaps schien restlos zu siegen.

Doch da, was war das?

Und wenn das folgende auch komisch wirken mag, „Hoch klingt das Lied vom braven Mann!“

Es gab doch Menschen, die den Kampf aufnahmen, die versuchten, zu retten, was zu retten war, die ihre kostbare Freizeit opferten, voller Menschenliebe, voller Erbarmen. Die Liebe säten und meist Undank ernteten, die sich lächerlich machten um anderer willen, selbstlos, voll Glaube, Liebe und Hoffnung.

„Bum! – Bum! – bum bum bum!, bum – bum! – bum bum bum!“ Was war das?

Ein einziger Mensch kam die Straße entlang, allein, mutterseelenallein, hatte eine mächtige große Trommel vor dem Leib hängen, ging in eiligem Marschschritt mitten auf der Straße und paukte taktmäßig: „Bum! – Bum! – bum bum bum!"

Immer zweimal langsam, dann dreimal schnell, wobei die beiden ersten und der fünfte Schlag auf den Rand der Pauke gesetzt wurden und dadurch etwas höher klangen.

„Bum! – Bum! – bum bum bum!" Immer näher kam er, taktmäßig, mutterseelenallein paukte er durch die Straße.

Doch da, aus dem einen Haus kam eine Frauenperson heraus, ein Mädchen, mit einem Tamburin, eilte der Pauke nach, faßte Tritt und marschierte hinterher, das Tamburin mit Daumen und Ellenbogen bearbeitend.

Und da kam noch eine mit einer Laute oder irgend solcher Art Wimmerholz, dann wieder ein Mann mit einer Trompete, dann noch einer mit einer großen Fahne, und in kurzer Zeit war die Heilsarmee „alarmiert" und rückte, vierzehn Mann stark, an, darunter zwei „Gerettete" vom Tage vorher.

Vor dem Hotel, der Tür zur Bar gegenüber, aber auf dem Damm, denn den Bürgersteig durften sie nicht betreten, bildeten die Heilssoldaten,

sieben Frauen, fünf Männer und zwei Aspiranten, einen Kreis, Fahne in der Mitte; der Kampf begann.

Sie sangen Lieder, sprachen Gebete, der Trompeter blies ein Pistonsolo, ein „Begnadigter" predigte mit einer Hingabe, die zu bewundern war, dann näherten sich die Mädchen dem Rande des Bürgersteigs, den sie ja nicht betreten durften, und winkten den Betrunkenen.

„Kommt, o kommt zu uns! Rettet eure Seele!“

Und sie erzählten von der Kindheit, von der Heimat, von der Mutter. Sie sprachen vom Elternhaus, von Liebe und Glück, immer dringender wurden die Worte, immer weiter streckten sie die Arme vor, und aufs neue setzte die Musik ein, fromme, aber melodische und zu Herzen gehende Lieder erschallten, und wieder winkten die Mädchen, „kommt, o kommt zu uns! Gedenke deiner Mutter, die dich lieb hat! Komm zu uns, kehre um zu Jesus, er liebt auch dich!“

Und siehe, das Lärmen und Toben ließ nach, das rohe Gelächter verstummte, manch einer schlich beschämt hinweg, einzelne starrten im Rausch wie hypnotisiert, sie weinten, sie beugten sich vor, schon wollten sie den lockenden Tönen folgen, nur der mahnende Zuruf der Saufbrüder: “Are you crazy!” (Bist du verrückt!) hielt sie noch zurück.

Auch unser Freund mit der herrlichen, ganz flachen Melone war dabei. Das Lied von der Heimat, von der Mutter hatte ihn gepackt, die Musik wirkte auf ihn, den Sohn eines musikalischen Volkes.

Weit nach vorn gelehnt stand er da, lauschte den Tönen und lächelte.

Wieder traten die Mädchen nahe an den Bürgersteig, sangen von Kindheit und Glück, von Mutterliebe und Heimatland, sie winkten, streckten die Arme aus – da, einer torkelte vor, Mädchenhände hielten ihn, die Männer faßten zu, noch einer folgte dem Rufe, und, wahrhaftig, auch unser Freund mit dem Hut.

Drei Seelen gerettet!

Sofort waren die drei in die Mitte genommen. Ein jauchzendes „Halleluja!“ erschallte, die Pauke dröhnte dumpf bum! – bum! – bum bum bum!, der Zug ordnete sich, die Mädchen nahmen die neuen Aspiranten zwischen sich, die Männer folgten, damit ja keiner zurückblieb, die Musik setzte ein, und im Takt marschierte die Heilsarmee ab, um die geretteten Seelen sofort aus dem Bereich der gefährlichen Bar zu bringen.

Unser Slowake mit dem kapitalen Hut schien aber doch den Sinn der Sache nicht recht begriffen zu haben.

Er war sichtlich guter Laune, hielt den Betrieb wohl für eine Art Volksfest, und da er, wie bereits bemerkt, für Musik besonders empfänglich war, marschierte er zwar artig mit, machte aber ab und zu einen Luftsprung, schwenkte freudig seinen steifen Hut und ließ dazu ein kräftiges „Juchhu!“ erschallen.

Sein Benehmen war entschieden „unpassend“, aber man sah darüber hinweg, denn vorläufig hatte man ihn von der Bar fortgeholt und vom Trunke gerettet.

Am nächsten Tage dasselbe Bild; die „Army“ rückte mit einundzwanzig Leuten an, rettete wieder einige Seelen und erschien am dritten Abend schon mit neunundzwanzig.

„Das geht ja fein“, dachte ich, aber das dicke Ende kam nach.

Ein neuer Schub vom Lumbermen kehrte aus den Wäldern zurück, neues Gesaufe begann, jeder, der wollte – und wer wollte nicht? – konnte mittrinken, und die Effektivstärke der „Army“ schmolz sichtlich zusammen. Die Geretteten desertierten, vor der Bar sah ich sie wieder, auch unser Freund war dabei, aber der Hut, die herrliche flache Melone, war hinüber, die Krempe war abgerissen.

Doch pünktlich erschienen die Heilssoldaten wieder auf dem Plan, unermüdlich, selbstlos, ja fast fanatisch kämpften sie aufs neue den Kampf gegen den „König Alkohol“, ein leuchtendes Beispiel der Nächstenliebe!

Und heute noch klingt mir, wenn ich dies schreibe, ihr Marschlied in den Ohren:

"Do you know why I love Jesus?
That he is so good to me!"

Gerade als die Heilsarmee mit dem fidelen Slowaken abrückte, erschien mit dem schweren, schwankenden Gang des Farmers Vater Schwarz.

„Komm, trinken wir einen.“

"Allright!", rief ich und ging hinunter. Er wohnte mit seiner Frau in den Kolonisten-Schuppen, wo sie sich ganz wohl fühlten.

Wir tranken also erst mal einen, d. h. zwei, den ersten zahlte ich, den zweiten Schwarz, so will es der „gute Ton“ in diesem Lande, und erst so vom sechsten bis achten „drink“ an ist es, besonders schwächlichen Personen, aber auch dann nur ganz ausnahmsweise, gestattet, bescheiden und mit leiser Stimme zum Bartender zu sagen: "Gimmi a cigar" (slang: Gib mir eine Zigarre).

Nur ein einziges Mal erlebte ich eine Ausnahme: Drei bereits angetrunkene Lumbermen hatten den soundsovielten „drink“ bestellt und erhielten jeder das Glas gefüllt. Die Unentwegten bevorzugten dabei den Trick, das Glas so zu fassen, daß Daumen und Zeigefinger oben um den Rand herum anliegen und das Volumen gewissermaßen vergrößern.

Dies gilt nicht etwa als schofel oder gierig, sondern es beweist vielmehr, daß der Betreffende ein „verfluchter Kerl“ ist, und die Sitte verlangt, daß in solchem Falle bis an den Fingerrand vollgeschenkt wird.

Einer der drei hatte diesen Trick angewandt, legte einen Dollar auf die Neusilberplatte des Schanktisches, und der Bartender warf den Rest, ein Fünfundzwanzig-Cent-Stück, mit dem üblichen eleganten Schwung zurück. „Patsch“, da lag es vor ihm, mitten in den Schnapsresten.

Vergebens suchte der Gast, das Geldstück zu ergreifen, auf der nassen Platte glitschte es immer fort, er konnte es wohl hin und her schieben, aber nicht hochheben, die Gesetze der Adhäsion waren ihm anscheinend unbekannt.

Verzweifelt klammerte er die Finger um sein Glas und balancierte mit dem ganzen Körper, damit nichts verschüttet würde, immer und immer wieder versuchte er, den „quarter" zu fassen, aber es gelang ihm nicht Schließlich gab er es auf, schob das Geldstück dem Bartender hinüber und sagte entsagungsvoll: "No use, gimmi a cigar!" (Zwecklos, gib . . .)

In diesem Falle, aber auch nur in diesem, konnte er das tun, da er ja bereits ein übervolles Glas in der Hand hielt, und – alle hatten es gesehen – das Geldstück ließ sich nicht hochnehmen.

Man sieht, die Gesetze in Wildwest sind zwar streng, aber gerecht.

„Komm, noch einen", rief Schwarz.

„Wo hast du denn deine Frau?" fragte ich.

„Die Frau sitzt im Kino, seit vier Uhr, ich war auch drin, feines Stück, sage ich dir, komm, trinken wir erst mal!"

„Aber du kannst doch deine Frau nicht einfach sitzen lassen, das Stück muß längst aus sein."

„Ja, das ist schon lange aus, es war doch aus, als ich fortging, aber die Frau sagt, solange gespielt wird, geht sie nicht weg."

„Aber Schwarz, das Kino spielt ja bis elf Uhr nachts, sie kann doch nicht bis elf dasitzen, das sind ja sieben Stunden!"

„Das wird denn wohl so sein, aber sie war noch nie in solchem Dings drin, und sie sagt, solange gespielt wird, bleibt sie. Komm, noch einen!"

Also tranken wir noch einen, d. h. zwei, dann aber streikte ich, und er wankte ab zu seiner Frau ins Kino.

Am nächsten Morgen bummelte ich zum Polizeigebäude, um den Chief zu besuchen.

Im Vorzimmer, einem großen Raum, hing in der Mitte eine große Schnur mit einer mächtigen Holzbirne, es war ein Schalter für die große elektrische Lampe an der Zimmerdecke.

Drei Polizisten, darunter ein entsetzlich langbeiniger Jüngling, standen um die mindestens zwei Meter hoch hängende Birne herum und warfen abwechselnd ein Bein in die Luft.

„Hallo!", rief das Langbein mir zu, „können Sie das auch?" Mit gewaltigem Schwung schleuderte er seinen endlosen Ständer hoch, die Stiefelspitze traf gegen den hellen Beinknopf der Birne, und die Lampe brannte.

„Ich glaube kaum", meinte ich lachend, „das ist anscheinend gar nicht so leicht."

„Well", bekräftigten die andern, „Sie haben Recht, Bill ist der einzige in diesem gesegneten Lande, der dies fertig bringt. Was können wir für Sie tun?"

„Ich möchte den Chief von seiner Schwester grüßen, ich komme aus New York."

"O, I see", sagte Bill, "just a moment, please", und verschwand.

Kaum war er drin, da wurde auch schon die Tür aufgerissen, und der Chief stürzte heraus.

"Hurra the captain! Ich weiß schon alles, come in, captain!"

Er ergriff meine Hand, schüttelte sie kräftig und zog mich in sein Zimmer.

„Kommen Sie, captain, hier sind Zigarren, hier ist der Whisky, und um elf gehen wir zum lunch, Sie sind mein Gast."

Er setzte sich mir gegenüber, sah mir gespannt ins Gesicht und fuhr fort: „Haben Sie sonst einen Wunsch? Wollen Sie die Gefangenen sehen? Wir haben zwei."

Lachend wehrte ich ab, ich hätte von New York noch genug.

„Ich weiß alles, meine Schwester hat geschrieben, was führt Sie aber hierher nach Prinz Albert? Möchten Sie nicht doch die Gefangenen sehen?"

„Um Gottes willen", unterbrach ich den aufgeregten Polizeihäuptling, „bloß nicht, ich will wieder nach Norden, jagen. Würden Sie mir dazu behilflich sein?"

Er war es nur zu gern, und so erfuhr ich denn alles Wissenswerte und erhielt nicht nur manchen guten Rat, sondern sogar zwei Empfehlungsschreiben an den Agenten der Regierung und für die Polizeistation im Norden, worin ich als "the wellknown Naturalist and Sportsman, Captain Mehrhardt" bezeichnet war, vom Chief unterschrieben und mit dem Polizeisiegel abgestempelt.

Während der brave Chief schrieb, schaute ich mich im Zimmer um, sinnend ruhte mein Auge auf einer großen Stativkamera, vermutlich für die Verbrecheraufnahmen, und da kam mir ein grandioser Gedanke. Ich schlug vor, uns für seine Schwester photographieren zu lassen, und er war mit Begeisterung dabei.

Wir frühstückten zusammen und trafen uns am Abend wieder, zum „dinner" im Hotel, wozu ich ihn natürlich eingeladen hatte.

Die Bilder waren schon fertig, er brachte sie mit, und wir sandten sofort eins mit herzlichen Grüßen nach New York. Dann dedizierten wir uns gegenseitig je ein Bild mit „sinniger" Widmung. Er schrieb: "To my dear captain! Good hunting for big game." (Gute Jagd auf starkes

Wild) und ich: "To my dear Chief of Police. Good hunting for 'big boys'." (dto. auf „schwere Jungens".)

Es war direkt rührend! Was wollte ich mehr? Arm in Arm mit dem Chief forderte ich ganz Nordsaskatchewan in die Schranken, denn alle Fäden aus der Wildnis liefen hier zusammen.

Wohlversehen mit Kartenmaterial, im Besitze der Empfehlungsschreiben nebst der obligaten Photographie und über alle Fragen, soweit sie Jagd- und Landgesetze betrafen, genau unterrichtet, verabschiedete ich mich endlich mit dem festen Versprechen, ihn bei meiner Rückkehr bestimmt wieder aufzusuchen.

Viel, viel hatte ich so erfahren und gelernt, denn früher hatte ich mich um derlei Kram kaum bekümmert, da sowohl Fred als auch Freund B. selber darin nicht Bescheid wußten.

Unsere Besorgungen waren erledigt, und schwer bepackt stieg ich am nächsten Morgen mit Familie Schwarz in den Bummelzug nach Sh., der damals letzten Station in Richtung Nordwest.

In Sh. mußte sich unser Schicksal weiter entscheiden.

Endlich, nach langweiliger Fahrt, kamen wir an, kletterten heraus, legten unser Gepäck auf den Bahnsteig und schauten uns um. Ein elendes Nest, Hotel, Kornspeicher, Leihstall, einige Läden und ein paar neue Holzhäuser, das war alles.

Ich verhandelte gerade mit Schwarz, der wieder nicht mit ins Hotel wollte, da sagte plötzlich seine Frau:

„Sieh mal den Russen!"

Erschrocken drehte ich mich um, das fehlte gerade noch, daß der Blödsinn wieder los ging, wahrhaftig, da kam er, aber ohne seine Pille.

Ernst sah er uns an und sprach: „Nun kommen Sie doch! Warum suchen Sie hier nach Land! In diesem Sibirien! In den Hundstagen sind den Leuten die Kartoffeln erfroren."

„Sage mal", meinte Schwarz, „wohnst du auch in dem Hotel?"

„Nein, das ist ein feines Hotel und zu teuer, ich schlafe im Liverystall, in einem freien Pferdestand, bei meinem Packen. Ich will fragen, wann der Holzzug abfährt, ich komme gleich wieder", antwortete er und ging in das Stationsgebäude.

„Frau, wir wohnen auch im Liverystall", erklärte Schwarz. Sie war aber nicht einverstanden. „Sieh mal, der Russe", ging es wieder los, „er hat zwei Beulen, der Russe, mit Würmern ...", und ich flüchtete ins Hotel.

Ernst nahm ich den Wirt beiseite, deutete auf die beiden Schreiben und das Bild vom Chief, meinte bedeutsam: „Sie werden verstehen, was das heißt, mehr darf ich nicht sagen", und hatte in zehn Minuten ein zwar einfaches, aber sauberes Zimmer für mich allein.

Well! Bei solchen Reisen muß jedes Mittel gelten, soweit es nicht gegen Gesetz oder gute Sitte verstößt, sonst kommt man nicht weit.

Mochte der Wirt denken, ich sei ein geheimer Regierungsbeamter oder ein Mörder verfolgender Detektiv, das war seine Sache. Meine war es, ohne Anstoß zu erregen oder übervorteilt zu werden, meinen für dortige Verhältnisse so außergewöhnlichen Wunsch nach einem eigenen Zimmer mit Bett erfüllt zu sehen.

Am Morgen war mein erster Gang zur Bahn, um zu fragen, wo meine Ausrüstung stecken könne, und siehe, sie war mit demselben Zuge mitgekommen wie ich. B. hatte seine Sache gut gemacht. Von mir aus konnte es also losgehen, ich war fertig, aber wie stand es mit Schwarz?

Ich ging zum Stall und fand ihn mit Frau und einigen Leuten vor dem Gebäude sitzend in eifriger Besprechung. Das Thema war natürlich „Land".

Mein Freund aus Westfalen war auch dabei, und seine Beule glänzte speckigrot in der Sonne, als er aufgeregt dazwischen rief: „Arme Leute, arme Landsucher! In den Hundstagen sind den Leuten die Kartoffeln erfroren, in diesem Sibirien."

„Was wissen denn Sie", erklärte plötzlich einer der andern Männer in tadellosem Deutsch, das mir besonders durch die sorgfältige Aussprache der Endsilben und der Bildung klarer, ganzer Sätze auffiel.

Erstaunt musterte ich den Sprecher, so etwas hatte ich noch nicht gesehen. Ein neuer Typ „Mensch" stand vor mir.

Der Kerl lief barfuß in alten, zu Halbschuhen abgeschnittenen ehemaligen Gummizugstiefeln, die Hosen waren zu kurz, ausgefranst und ebenso wie die weit offen stehende Jacke vielfach geflickt. Ein undefinierbares Gebilde klebte als Hut auf dem geschorenen Kopfe, und, ja, weiter hatte er nichts an, weder Kragen, noch Weste, noch Hemd.

Lachend versenkte er beide Hände in die Hosentaschen, lehnte sich wohlig zurück, und als einziger Schmuck prangte stolz, direkt über dem Hosenbund, ein deutlich sichtbarer, meines Erachtens nach vollständig wohlgebildeter „Bauchknopf".

Sollte er zu den bekannten Nabelbeschauern gehören? Es gibt so allerhand Sekten in Kanada, man kann nie wissen.

Trotz allem aber hatte dieser sonst unglaubliche Kerl etwas Anziehendes, er war sorgfältig rasiert, und aus dem rotbraunen, gesunden Gesicht blitzten zwei Reihen so wunderbar schöner, elfenbeinweißer Zähne, daß

er trotz Nabel und Lumpen einen kultivierten Eindruck machte.

„Ich bin dankbar, daß ich in dieses Land gekommen bin", fuhr er fort, „mir gefällt es sehr gut und meiner Frau auch. Wir leben frei und glücklich und haben alles, was wir brauchen."

„In den Hundstagen sind den Leuten die Kartoffeln erfroren", unterbrach ihn höhnisch der Russe.

„Mein Land ist gut, der Wald schützt meine Frucht", meinte er lächelnd.

Da rief Schwarz: "A propos", eine Redensart, die er in der Royalisten-Siedlung aufgeschnappt hatte und auf deren Anwendung ich immer sehnlichst wartete, „a propos, du hast hier Land aufgenommen? Ich habe meine Farm verkauft und suche neues Land."

„In diesem Sibirien", ruft jammernd unser Freund, „ihr alle lauft in euer Unglück! All ihr armen Leute! In den Hundstagen sind den Leuten ...", und kopfschüttelnd ging er davon.

„Laßt ihn gehen, er hat Heimweh, der Arme", meinte teilnehmend der Siedler, „ja, ich habe eine Farm ganz draußen, am Ende der Vermessung. Es ist herrlich dort. Suchen Sie auch Land?" wandte er sich an mich.

„Nicht ganz", erwiderte ich, „ich will jagen."

„Besuchen Sie mich", rief er lachend und spreizte stolz seinen Nabel, „die Hirsche stehen bei mir ums Haus herum. Doch ich muß fort, Grüß Gott!"

Er verabschiedete sich, und bald sahen wir ihn mit seinem alten Wagen losfahren, und zwar mit zwei Kühen! Er hatte nicht einmal ein Pferd.

„Wer ist das?" erkundigte ich mich. Es war ein ehemaliger Volksschullehrer. Weshalb hatte er seinen Beruf aufgegeben? Sicher hatte er viel, viel durchgemacht, aber heute war er ein glücklicher Mensch. Ich habe ihn nie wieder gesehen.

Um das neu vermessene Land zu erreichen, mußten wir mit der Holzbahn nach Mistavasis fahren, der letzten Post, einem elenden Ort, der nur aus der Schneidemühle, den Arbeiterschuppen und dem Postoffice bestand.

Am nächsten Tag ging wieder mal ein Zug, auf den auch unser Westfale gewartet hatte. In Mistavasis, von mir „Mist was da ist" genannt, fanden wir einen Norweger, der in der Nähe eine Heimstätte hatte und ein Geschäft daraus machte, neue Landsucher gegen gute Bezahlung hinauszufahren.

Auch wir gondelten mit ihm drei Tage in der Gegend herum, übernachteten im Freien auf unseren Decken, und Schwarz wählte sich sein Land nach echtem Farmergeschmack aus. Ich hätte es nicht genommen, denn es war meist Prärie, mit nur wenig Buschholz und mehreren großen, wiesenartigen Bruchflächen, auf denen ein hohes, aber feines Schilfgras wuchs, auf das er besonders scharf war, denn es sollte später beste Wiese geben.

Dagegen fand ich eine Stelle, die keiner wollte, die aber für mich wie geschaffen war, genau zwischen zwei Seen, die durch einen Fluß, den Shellriver, verbunden waren. Fluß und Seen bildeten die Grenze des vermessenen Landes, ja, wohl des vermessungsfähigen Gebietes überhaupt, denn jenseits dieser Linie war alles wüster Urwald voller Brücher, mit mächtigen Tannen, Lärchen und Pappeln.

Auf meiner Seite lag, dicht am Einlauf des Flusses in den größeren See, der gut seine dreitausend Morgen hatte, ein kleiner Anberg, parkartig bewachsen, von dem man einen herrlichen Rundblick genoß sowohl über die Seen, den Fluß und den Wald als auch über das diesseitige Buschland, ein Platz, wie gemacht für eine Jagdhütte.

Ein Feuer war hier durchgegangen und hatte das Unterholz gelichtet, aber genügend hohe, gut gewachsene Stämme stehen gelassen, die jetzt ein erstklassiges Bau- und Brennholz abgaben.

Das ganze Gelände lag von dem erwähnten Anberg ab etwas höher, war also trocken und gesund, und der umliegende Wald bot noch überreichlich Schutz gegen Wind und Wetter.

Ich kämpfte wie ein Löwe mit Schwarz, er solle doch dies Land nehmen, es half nichts, er ließ sich nicht von seinen Schilfbrüchern abbringen. Ich bin sicher, daß er es nochmal bereuen wird.

Jedenfalls erklärte ich, an diesen Seen zu bleiben, es war nicht weit von Schwarz, nur eine halbe Stunde Wegs, und er war einverstanden.

Müde und abgespannt kehrten wir nach „Mist was da ist" zurück und warteten auf den nächsten Lumberzug nach Sh.

Da kam Schwarz mit wichtiger Miene an. „Du", sagte er, „die Frau will nicht bleiben, sie sehnt sich zu sehr nach den Kindern, was mache ich da?"

„Das kann ich verstehen", antwortete ich, „sieh mal, sie war doch noch nie von zu Haus fort. Paß mal auf, Du läßt gleich in Sh. die Heimstätten für Euch eintragen, fährst nach Haus, machst sofort alles, was ihr besitzt, reisefertig und kommst mit dem ganzen Kram her. Ohne Pferde und Vieh kannst Du doch nicht viel anfangen.

Dann fährst Du gleich mit drei Gespannen zur Mühle nach Brettern, und in ein paar Tagen hast Du mit den vier Söhnen das Haus fertig. Dein Geld zahlen wir auf die Bank ein, Du nimmst nur Dein Scheckbuch mit, und das Gepäck, was schon hier ist, hebe ich auf, fahre mit dem Norweger hinaus, schlage am See mein Zelt auf und warte, bis Ihr kommt."

Beide waren einverstanden und gondelten ab, mutterseelenallein saß ich in Sh., denn auch der Pillendreher war fort, er hatte tatsächlich seinen Packen unterwegs hinausgeworfen, mitten auf der Strecke, und war, da solch Holzzug langsam fährt, gleich nachgesprungen.

Wiedermal wartete ich auf diese elende Lumberbahn, um mit meinem jetzt leider sehr umfangreichen Gepäck nach Mistavasis zu fahren; da erschien, gerade zur rechten Zeit, der „Nordwidschen", von mir „Nansen" benannt, um Einkäufe zu machen. Ich bat ihn, mich mitzunehmen, und er freute sich, daß er so die Reise nach Sh. nicht umsonst gemacht hatte.

Auf Anraten des Chiefs wollte auch ich eine Heimstätte aufnehmen, natürlich dort zwischen den Seen, Gebühr zehn Dollar, um Ansiedler zu werden, denn für diese kostete der Jagdschein nur zwei Dollar, für Ausländer aber hundert.

Dazu brauchte ich einen Zeugen, der dem Agenten bekannt war und der für mich gut sagte, denn meine Papiere kamen natürlich für mein Vorhaben nicht in Frage.

Ich bat Freund Nansen, der gern bereit war, und spornstreichs suchten wir den Agenten auf, dem Nansen noch dazu beteuerte, wie vorteilhaft es für das neue „settlement" sei, einen so „prominenten" Herrn dabei zu haben, wie ich es wäre. Vermutlich hatte da der Wirt geschwatzt.

Eifrig nahm der Agent die Verhandlung auf, trug unsere Namen und die Nummern der von mir erwählten Heimstätte ein, füllte die Urkunde aus und forderte mich dann auf, den vorgeschriebenen Eid als kanadischer Untertan zu leisten.

Zu diesem Zwecke rückte er eine Art Notenpult in die Mitte des Zimmers, legte oben drauf ein altes, klebriges, schwarzes Buch, schob mich vor dieses Pult, nahm mit Nansen mir gegenüber eine feierliche Stellung ein und fing an, mir in salbungsvollem Ton den Eid vorzusprechen, daß ich ein „British subject" werden und Kanada, das „British empire" und König Georg gegen alle Feinde verteidigen wolle, auch gegen „Germany".

Zum Schluß sollte ich sagen: "So help me God" und das alte Buch, die „holy Bible", küssen.

Erwartungsvoll sahen die beiden Männer mich an.

Nein, sagte ich mir, so ging das nicht. Ein „Subjekt“ war ich zwar schon in der Schule gewesen, jedoch wollte ich weder britischer Untertan werden, noch irgend jemand, auch nicht den guten König Georg, gegen Deutschland verteidigen, vor allem aber graute mir, die schmierige „Bibel“ zu küssen.

Vorsichtig, mit zwei Fingern, nahm ich das Buch hoch, es war eine Art Katechismus, irgendein Auszug, und sah aus wie ein Gesangbuch, vorne drauf ein Kreuz und hinten ein Kelch; mich schauderte bei dem Gedanken an all die Kerls, die den Deckel schon besabbert hatten. Nein, das ging nicht.

Ernst schüttelte ich das Haupt und erklärte voll Würde, daß dieser Eid ja sehr schön sei, für mich aber keine Gültigkeit habe. Ich sei Deutscher „Religion“ und müßte meinen eigenen Eid schwören, sonst brauchte ich ihn nicht zu halten, und dann sei doch die ganze Sache zwecklos.

Übersetzen ins Englische könne ich ihn auch nicht, da es unbedingt die alte, ehrwürdige Eidesformel sein müßte.

Well, der Agent war damit einverstanden, ich stellte mich vor das Notenpult, nahm meinen Jagdfilz ab und setzte nun meinerseits eine feierliche Miene auf.

Freund Nansen und der Agent verharrten ebenfalls in ernster Haltung, den Hut vor der Brust, man spürte deutlich die Weihe der Stunde.

Aber was sollte ich sagen? Vom deutschen Eid kannte ich nur das Schlußwort: Amen!, und selbst das war nicht richtig, wie ich später erfahren habe. Schwören wollte ich ja überhaupt nicht, weder das noch die Heimstätte, denn ich war ja nur hinter dem billigen Jagdschein her.

Sollte ich ein Gedicht aufsagen? Nein, das ging schlecht, des Reimes wegen. Aber was? Da fiel mir in meiner Not eine andere wichtige Formel aus meiner Leutnantszeit ein, ich senkte das Haupt und sprach:

„Hochzuverehrender Herr Oberst und Regimentskommandeur! Mit vorzüglichster Hochachtung habe ich die Ehre zu sein Euer Hochwohlgeboren allerergebenster N. N. Hauptmann und Batteriechef.“

Da mir dies etwas zu kurz erschien, fügte ich noch schnell, schon etwas mutiger geworden, zwei Sätze aus meinen Schulbüchern, die wir als Schüler oft zitiert hatten, hinzu, einen aus Ostermann:

„Deine Tochter, teurer Freund, hat eine schöne Stirn“, und einen aus dem alten Plötz: „Meine Großmutter leidet sehr an Blähungen.“

Dann hob ich das Gesicht.

Der Agent unterzeichnete das Zertifikat, stempelte es ab, der Zeuge Nansen machte seine drei Kreuze, ich zahlte zehn Dollar, erhielt das Schreiben überreicht und war „Resident“.

Sofort ließ ich mir gegen Zahlung von zwei Dollar den mir jetzt zustehenden Jagdschein aushändigen und zog mit meinen beiden Opfern ins Hotel zu einem kleinen Frühschoppen.

Die beiden tranken wie die Löcher, weitere fünf Dollar gingen drauf, aber ich freute mich darüber und hörte, ohne eine Miene zu verziehen, mit an, als mir der Agent versicherte, daß er zwischen seinem und meinem Eid keinen großen Unterschied hätte feststellen können.

Befriedigt meinte ich: „Allright!", das schöne Wort, das immer paßt, denn etwas Gewissensbisse hatte ich doch, obgleich man ja im Kriege noch ganz andere Sachen gemacht hatte.

Drei Tage später stand mein Zelt bereits auf dem Anberge am See, Nansen war schon in aller Frühe nach Haus gefahren, und ich hatte noch ein kleines Schläfchen gemacht, als das helle Sonnenlicht im Zelt mich weckte.

Etwas verkatert trat ich hinaus und sah mich um.

Es war ein herrlicher Sommermorgen, Ende Juni, die Sonne brannte heiß vom tiefblauen Himmel herab, und ringsum blinkten und blitzten Milliarden Tautropfen in ihrem Schein.

Auf den offenen Grasflächen, bedeckt mit fast meterhoher „peawine" (wilde Wicke), lag der Reif wie ein silbergrauer Schleier, es dampfte und flimmerte über den Gründen, wie Nebel wallte der in der Sonnenglut verdunstende Tau auf und nieder, um sich langsam im leichten Morgenwind in den Baumwipfeln des umliegenden Waldes zu verziehen, und deutlich, wie zwei tiefe Furchen von naßdunkler Farbe, sah ich die Spur von Nansens Wagen über dem Anberg verschwinden.

Rechts und links, auf den beiden See, lagen zwei dichte weiße Wolken, langsam wogten sie hin und her, strichweise faßte sie der linde Wind, trieb sie sacht am Uferrand hin, so daß zeitweilig der Seespiegel blitzend aufleuchtete, bis auch sie in langen, schleierhaft gewundenen Gebilden, in der glühenden Sonne bald schlohweiß beleuchtet, bald in allen Regenbogenfarben schimmernd, in immer dünner werdenden Streifen von den mächtigen Tannen der gegenüber liegenden Ufer aufgesogen wurden.

Die Nacht war kalt, sogar niederträchtig kalt gewesen, viel kälter als in der Zeit vorher, bei dem damals herrschenden trüben Wetter.

Dafür wärmte die Sonne jetzt aber auch gewaltig; in der klaren, staubfreien Luft fielen ihre Strahlen wie glühendes Gold zur Erde, um von dem Meer von Tau und im wallenden Nebel gierig aufgenommen zu werden.

Wir hatten den Morgenkaffee im Zelt getrunken, und Nansen war

natürlich „ungewaschen und ungekämmt“ abgefahren, wie das so Sitte ist an der Grenze der Kultur!

Ich selbst fühlte mich zwar schon längst als uralter Siedler und Trapper, aber den Wunsch nach einer gründlichen Morgenwäsche hatte ich doch noch nicht abgelegt.

Den entzückten Blick traumverloren auf die hin und her ziehenden Nebelmassen gerichtet, trat ich langsam vor meine Waschgelegenheit, zog den Rock aus, warf das moosgrüne Flanelljagdhemd ab und versenkte beide Arme – nanu, was war denn das?

In der blechernen Waschschüssel war kein Wasser, sondern ein solider Klumpen – Eis!

Eis! Ende Juni. Wie sagt der „Russe“? „In den Hundstagen sind ...“

Überrascht nahm ich das Stück heraus, es hatte genau die Form der Schüssel, es war solides, hartes Eis. –

Als alter Westmann hatte ich das Wasser schon am Abend besorgt, da der Weg zum Fluß am frühen Morgen des Taues wegen kein Vergnügen war. Jetzt half alles nichts, ich mußte Wasser holen.

Vorsichtig legte ich das Stück Eis, in einen Sack gewickelt, ins Gras, klugerweise im Schatten des Zeltes, nahm meine Schüssel und ging los zum Fluß.

Soweit die wilde Wicke bereits geschnitten war, denn Nansen hatte als erfahrener Siedler gleich den Zeltplatz als Pferdefutter abgemäht, ging das ganz gut, dann aber, pfui Deuwel, war das naß!

So etwas von Tau hatte ich noch nicht erlebt. Schon nach fünf bis sechs Schritten war ich bis zu den Hüften quatschnaß und saß in den Wicken fest. Wie ein Netz legten sich die rauhen, geschmeidigen und von Tau strotzenden Ranken der peawine um meine Beine, verschlangen und verfilzten sich mehr und mehr, ich versuchte zwar, den Fuß hoch zu heben und darüber hinweg zu steigen, aber auch das gelang nicht, ich verlor das Gleichgewicht und fing an, gefährlich zu taumeln, also: Messer raus und geschnitten.

Hui! war das kalt am nackten Arm! Ich triefte sofort von Tau. Da kam mir die Erleuchtung.

Eilig kehrte ich um, holte aus dem Zelt den gestielten Kaffeetopf, fuhr damit durch das Wickengestrüpp und goß das erfaßte Tauwasser in die Schüssel.

Großartig ging das. In kurzer Zeit hatte ich mein Waschbecken voll und wusch mich in – Tau.

Ich plantschte und spritzte wie eine Wasseramsel, es kam mir auf ein paar Liter Tau gar nicht an, ich hatte ja genug davon.

Es gefiel mir so gut, daß ich die doch patschnassen Beinkleider ablegte, das Unterzeug auszog – ich war allein auf weiter Flur, meine verehrten Damen – mich splitternackt in die tauschwangeren Gräser stürzte und ein köstliches Morgenbad nahm.

Frisch wie eine Rose (?) am Sommermorgen, ging ich dann zum Zelt, holte mein Handtuch, trocknete mich im Freien ab und ließ mir die Sonne auf den Balg scheinen.

Stolz breitete ich weit die Arme aus, der strahlenden Sonne entgegen, und sang – ein bißchen verdreht bin ich nun einmal – voll Übermut.

Da! Jäh brach ich ab. Links von mir, keine hundert Schritt entfernt, zwischen zwei Pappelbüschen, stand ein – Mensch, ein kleiner, dreckiger Kerl, mit der Büchse im Arm, rauchte seine Stummelpfeife und glotzte mich an.

In solchen Momenten muß das Hirn des Jägers automatisch blitzschnell arbeiten, verblüffen gibt es in der Wildnis nicht.

Ein Sprung, ein Griff, wieder ein Sprung, und mit der stets geladenen Mauserbüchse stand ich ihm gegenüber, „kerek", die Sicherung flog herum, so, nun komm, mein Sohn!

Scharf suchte ich die Gegend ab, der Kerl war allein, rauchte, starrte mich erstaunt an und hob die freie Hand grüßend bis zur Brusthöhe.

Ich tat dasselbe und konnte mit Genugtuung feststellen, daß ich bewußte „Brusthöhe" genau getroffen hatte.

Gleichzeitig rief ich: „Hallo!"

„Hallo!" antwortete er, gemäß der Sitte des Landes.

Ich winkte, und er kam näher, indem er gewandt den Weg zwischen den Büschen wählte, wo die Wicken spärlicher und niedriger standen.

Nach einer Weile tauchte er links vom Zelt, keine fünfzehn Schritt entfernt, wieder auf, lachte und rief etwas, ich verstand aber kein Wort.

„Scher dich ran, du krummes Aas!“, sagte ich daher als rauher Krieger, er trat herzu, lächelte etwas verwirrt und meinte zaghaft: “Comment?”

„Prosit“, entgegnete ich freundlich, lachte ebenfalls und gab ihm die Hand.

Er schüttelte sie, anscheinend noch etwas scheu, und sagte fragend: „Comment ça ya?“

Aha, ein Franzose, ein Halbblutindianer! Es war mein späterer Freund, „twofingered Jack“, ein ernster, stiller Mensch und hervorragender Jäger.

Schnell kleidete ich mich an, holte meine beiden Schemel heraus, Whisky und Tabak, und bald saßen wir in eifriger Unterhaltung zusammen.

Leider war mir sein Halbblutfranzösisch, vermischt mit creeindianischen Brocken, unverständlich, wir nahmen also den „slang“ zu Hilfe, den er nur gebrochen sprach. Was wir so nicht ausdrücken konnten, versuchten wir, uns durch Gesten klar zu machen, es sah aus, wie ein Boxkampf im Sitzen.

Twofingered Jack, der, wie der Name sagte, an einer Hand, der linken, nur Daumen und Zeigefinger hatte, die anderen drei waren mit dem zerplatzenden Lauf eines alten Vorderladers in alle Winde zerstoben, lebte hinter dem kleinen See am Rande des Waldes bei seinem Bruder, der dort mit seiner Familie ein Blockhaus hatte, Vieh züchtete und farmte, als Squatter, schon seit Jahren.

Er half dem Bruder im Sommer und zog im Winter hinaus, gen Norden; bis zum sagenhaften, mächtigen Churchillriver war ihm die Gegend bekannt.

Den Pfeifenkopf zwischen dem ihm gebliebenen Daumen und Zeigefinger haltend, beschrieb er mir alles, so gut er konnte, stopfte ruhig, aber doch mit einem gewissen Stolz seine alte Stinkpfeife mit meinem Tabak und trank – fast gar nicht.

Er war ein Halbblut, ein “damned bloddy bastard”, klein, aber sehnig, mit strähnigem Haar, gelber Haut und dem dazugehörigen Dreck, aber trotzdem lag in seinem Wesen eine gewisse Würde, wohl ein Erbe seiner indianischen Mutter, so dachte ich mir wenigstens.

Als ich aber später diese ehrwürdige alte „squaw“ kennenzulernen die Ehre hatte, noch dazu in dem Augenblick, als sie gerade einen Mokassin in den zahnlosen Mund stopfte, um die Nähte durchzukauen, und mich dabei verständnislos anstarrte, sah ich mich veranlaßt, diese „gewisse Würde“ auf den indianischen Großvater zurückzuführen. Man lernt eben nie aus.

Well, vorläufig quetschte ich aus dem guten Jack heraus, was nur irgend ging, zeigte ihm auf seinen Wunsch auch meine Gewehre und errang, besonders mit dem Drilling, einen Riesenerfolg. Noch nie hatte er von solchen Waffen gehört.

Sachverständig nahm er ihn in die Hand, wie ein Heiligtum, öffnete den Verschluß, blickte lange durch die Läufe, sagte: „drei Läufe!", atmete tief auf, schloß das Gewehr wieder, legte an, zielte, setzte ab und begann, es außen genau abzusuchen.

Er bat mich, ihn bald zu besuchen, ich sollte auch stets sein Boot benutzen dürfen, ich versprach, am nächsten Morgen hinzukommen und schenkte ihm noch ein Jagdmesser, von denen ich für derartige Zwecke ein halbes Dutzend vom Warenhaus für zwei Dollar mitgebracht hatte.

Dann erklärte er, nach den Brüchern zu wollen, wo das dichte Gras stand. Mir schwante etwas, ich fragte weiter, und es stellte sich heraus, daß er die erwähnten Wiesen auf der Heimstätte von Schwarz meinte. Er hatte seit Jahren das Gras dort erst abgebrannt und dann jedes Jahr als Futter geschnitten, daher also die „Feinheit".

Als er hörte, daß das Land bereits von einem meiner Bekannten aufgenommen sei, meinte er beherrscht: „Well, dann darf ich es nicht mehr nehmen, also spare ich mir den Weg", kehrte um und ging nach Haus.

Er war ein feiner Kerl, ohne Frage, und nur ungern sah ich ihn scheiden, gab es doch unendlich viel, was ich wissen wollte.

Und Schwarz, der kluge Farmer? Er hatte nicht einmal gemerkt, daß sein Schilfgras schon oft geschnitten worden war und seine größte Feinheit bereits erreicht hatte. Aber so sind sie eben, die Farmer.

Vor allem nahm ich jetzt meinen Eisklumpen vor, legte ihn in einen alten Marmeladeneimer, öffnete meine eingegrabene Vorratskiste, stellte ihn hinein, deckte alles wieder fein zu und bildete mir ein, einen Eiskeller zu besitzen.

Inzwischen war der Boden fast trocken geworden, die Nebel hatten sich verzogen, und klar, im hellsten Sonnenlicht, lag die Gegend vor mir. Sorgsam suchte ich mit dem Glase die Blößen und Büsche ab, aber kein Stück Wild war zu sehen, nur Fährten unbekannter Art zogen sich als feine, dunkle Streifen über die mit wilder Wicke dicht bewachsenen Flächen, und die Seen wimmelten von Enten und allerhand Wassergeflügel.

Deutlich konnte ich die „lines" sehen, die Linien, Schneisen, die von den Landvermessungstrupps durch das Gelände geschlagen waren, schnurgerade, soweit das Auge reichte, nur vor mir, hinter Fluß und Seen, war Gott sei Dank noch alles unberührt.

Gemütlich machte ich mich marschbereit zu einem kleinen Bummel, schlenderte hinab zum Fluß und folgte dem Ufer bis zum großen See.

Fährten fand ich die Menge, ganz frisch von Raubwild, aber alt von Schalenwild, nur „deer", wahrscheinlich Springhirsche, waren erst am Morgen dagewesen.

Im Fluß zogen lange Schulen von allerhand Fischen stromauf, meist handlang, nur selten mal Zwei- bis Dreipfünder dazwischen, durchweg Weißfische, Goldaugen und „Succer", der durch seine Dummheit eine ähnliche Beliebtheit errungen hat, wie bei uns das Wort „Schafskopf". Natürlich ist er nicht dumm, läßt sich aber zur Laichzeit, in Massen zusammengedrängt, von den Farmern mit der Mistgabel haufenweise aus dem Wasser werfen, und was der Farmer kriegen kann, hält er natürlich für dumm.

An tiefen, stillen Buchten und in den Kolken sonnten sich die Hechte, und – halt, jetzt wurde es interessant, ein Damm erschien – ein Biber!

Mit Schlamm und Knüppeln erbaut, sperrte er einen Seitenarm des Flusses ab, leider drüben, am anderen Ufer, melodisch plätscherte das Ablaufwasser an der sorgfältig sauber gehaltenen Überlaufstelle herab, und in den so entstandenen Wellen spielten die „trouts" (Forellenart).

Hinter dem Damm lag die Biberkolonie im dichten Busch. Nichts war zu sehen, ich mußte auf die andere Seite, und dazu brauchte ich das Boot, also später!

Dicht am Einlauf des Flusses in den See, an dem dort etwas steilen Ufer, spürten sich Otter. Zwei halbverzehrte trouts brieten in der Sonne, ich fand den Ausstieg, die anscheinend viel benutzte Rutsche, und etwas weiter, mitten in der Sonne, dicht am Ufer saß Mr. Skunk und verspeiste in behäbiger Ruhe einen dritten Forellenrest.

Kaum zwanzig Schritt von mir hielt er seine Mahlzeit und blickte erstaunt aber freundlich auf, als ich ihm zurief: "Good morning, Onkel!"

Während ich mich sachte näherte, drehte er sich halb herum, blinzelte mich an und hob den buschigen Schwanz etwas hoch.

„Pfui!" sagte ich, „du wirst doch dem guten Onkel nichts tun? Du mußt doch artig sein! Man soll so etwas nicht tun, wenn Besuch kommt."

Lange äugte er mich prüfend an, senkte den Schwanz und frühstückte weiter.

Als ich auf fünf bis sechs Schritt heran war, wurde es ihm zu gefährlich, er drehte sich um, hißte die Standarte und zielte mit listigem Blick über den Rücken direkt in mein holdes Antlitz.

Langsam wich ich mutig zurück, langsam senkte er die Rute wieder und beendete seine Mahlzeit.

Da kam mir ein Gedanke, ich kehrte um, holte den einen fast zwei Pfund schweren Fisch, dem nur Kopf und Leber fehlten, ließ ihn in der vorgestreckten Hand in der Sonne blitzen und schritt ruhig auf Freund Skunk los.

Der Stinker blickte starr und sichtlich interessiert auf den Fisch, windete scharf, zuckte mit der Rute und nieste, „tzsch, tzsch!“ klang es.

Ich schlich mich vorsichtig heran, bis auf fünf Meter, seine Seher hingen wie gebannt an dem Fisch. Leise, als ob ich ihm den Leckerbissen zuwerfen wollte, bewegte sich die vorgestreckte Hand, sein Kopf folgte der Bewegung, und so nickten wir uns gegenseitig zu.

Schließlich hockte ich mich nieder und hielt ihm den köstlichen Happen dicht auf dem Boden hin.

„Tzsch!“ machte er, hißte die Standarte auf halbmast, steckte, wie verschämt, den Fang in den Boden und drehte das Hinterteil, mit den kurzen, dackelartigen Hinterläufen seitwärts trippelnd, langsam im Kreis herum, als ob er mir die „Beweglichkeit“ seiner Batterie vorführen wollte.

Sobald der Kreis vollendet, sah er mich und Fisch wieder gespannt an. „Tzsch!“ machte nun auch ich, „tzsch, da hast du ihn“, legte die Delikatesse auf den Boden und zog mich drei Schritt zurück.

Sofort kam er nach, blieb vor dem Fisch stehen, machte sich lang und immer länger, beroch ihn ausgiebig, tappelte um ihn herum, drehte mir das Hinterteil zu und – ging ohne weiteres zum Fraß über.

Leise setzte ich mich hin und beobachtete ihn. Er schien von meiner Ungefährlichkeit und liebreichen Gesinnung überzeugt zu sein, ließ sich nicht stören, sondern kaute den Fisch restlos hinunter.

Jetzt war er anscheinend satt. Sein Bäuchlein war förmlich geschwollen. Er warf mir noch einen freundlichen Blick zu, ging zum Fluß, trank einen tüchtigen Schluck, drehte sich dann einigemal aus unbekannten Gründen um sich selbst im Kreise herum und schob ab in das Ufergestrüpp.

„Auf Wiedersehn“ rief ich ihm noch nach, doch er war und blieb verschwunden.

Stolz, sehr stolz war ich auf meinen Erfolg, und wilde Pläne entstanden in meinem Hirn.

Wenn es gelang, das Stinktier so zahm zu machen, daß es mir folgte oder ich es sogar auf den Arm nehmen konnte, und wenn dann Familie Schwarz kam – die schönsten Sachen konnte man sich ausdenken. Leider wurde nichts daraus, ich sah Freund Skunk nicht wieder, nur seine Spuren standen öfter im feuchten Uferboden, er wollte trotz allem von mir nichts wissen. Undank ist der Welt Lohn!

Es ist eine merkwürdige Sache mit diesem Tier.

Die furchtbarste Waffe, die man sich ausdenken kann, ist ihm gegeben, der Skunk weiß das, aber nur im Notfall, bei Lebensgefahr, benutzt er sie, so mancher mag sein ganzes, geruhiges Dasein verbringen, ohne ein einziges Mal von ihr Gebrauch zu machen.

Furcht kennt er nicht, der kleine Kerl, er denkt nicht daran, wegzulaufen, ruhig bleibt er, wo er gerade ist. Kommt ihm irgendein Wesen bedrohlich nahe, so hebt er den Schwanz, und alles rennt, rettet, flüchtet. Nur ganz große „greenhorns“, unerfahrene Raubtiere und junge Hunde fallen noch auf so etwas herein, um sich dann ihr Leben lang mit Entsetzen daran zu erinnern.

Die Entladung muß aber das Tier irgendwie angreifen oder schwächen, jedenfalls geht es sehr vorsichtig mit seiner Waffe um, nie wird es leichtsinnig oder zwecklos seinen kostbaren Saft verspritzen, nie, ohne vorher das Warnsignal, Heben der Standarte, mehrmals gegeben zu haben.

Andererseits verleiht ihm das Gefühl unbedingter Überlegenheit eine gottbegnadete Ruhe und Sicherheit. Furchtlos macht der Skunk, was er gerade will, ohne sich stören zu lassen. Er tut das nicht einmal selbstbewußt, sondern mehr wie selbstverständlich, mag kommen, was da will, er weiß aus uralter, seit Jahrhunderten ererbter Erfahrung, daß mit der Entladung seiner Stinkdrüse jede „Sache“ für ihn erledigt ist, während sie für den Gegner erst losgeht.

Leider spaziert er, in der festen Überzeugung seiner absoluten Sicherheit, mit der größten Bierruhe in jede Falle, sitzt dann ruhig drin, spritzt nicht, sondern wundert sich anscheinend fürchterlich, daß ihm, dem kleinen König so etwas passieren konnte.

Gott sei Dank bevorzugt er die etwas bewachsene Prärie und das Übergangsland und bleibt dem Urwald fern, sonst wäre der Pelztierfang für kultivierte Menschen ein zweifelhaftes Vergnügen, denn bestimmt säßen zuerst lauter Stinktiere in den Eisen, und der Deuwel mag da ’rangehen.

Die einfachen Holzhäuser der Siedler werden meist über einen auf vier Steinen ruhenden Balkengrundriß mit zweimal vier Zoll starken Latten und Falzbrettern errichtet.

In seiner treuherzigen Sorglosigkeit kommt es dem Skunk gar nicht darauf an, wenn ihm der Platz gerade zusagt, unter diesen Balken sein Heim aufzuschlagen, namentlich wenn eine wohlassortierte Müllkiste vorhanden ist, die er dann allabendlich sorgfältig absucht.

Natürlich ist die Freude der betroffenen Siedlerfamilie groß, zumal sofort alle Hunde eingesperrt werden müssen, um den Besucher nicht zu reizen.

Ich lachte einstmals Tränen, als ich ein Farmhaus, bewohnt von Vater, Mutter, zwei erwachsenen Söhnen und einer Tochter nebst dem zur Hilfeleistung eingetroffenen Bräutigam, in „Kriegszustand“ fand.

Seit drei Tagen hatte ein Skunk unter ihrem Hause Quartier genommen, und während der Gast in beschaulicher Ruhe sich dem wohltuenden Schlafe hingab, hielt die Farmerfamilie alle strategisch wichtigen Punkte mit „Bewaffneten" besetzt. Rings um das Gehöft, aber mindestens hundert Meter vom Hause ab, standen die armen Leute mit schußfertigem Gewehr auf Feldwache, Nase gegen den Feind, um ihn bei Erscheinen sofort zu erledigen. Der aber tat ihnen wohl den Gefallen herauszukommen, blieb aber seelenruhig immer dicht beim Haus bei der Müllkiste. Lieber ließ man ihn leben, als daß man ihn dort irgendwie belästigte, aus Angst vor einer „Entladung".

Kluge Menschen behaupten, alles in der Natur sei gut und schön. Well. Bei der ersten Skunkentladung würden sie ihre Ansicht ändern.

Langsam näherte ich mich jetzt der Mündung des Flusses.

Der See war dort von dichtem Buschwerk umgeben, ganz vorsichtig zwängte ich mich hinein und pürschte Schritt für Schritt weiter, bis ich das Ufer erreichte.

Sachte bog ich die Blätterwand auseinander und sah hinaus – nichts! Leise arbeitete ich mich durch, trat hervor und blickte mich um.

Der Fluß hatte gerade vor mir einen gewaltigen Kolk ausgehöhlt, langsam drehte sich das dunkle Wasser dort im Kreise, es mußte eine großartige Angelstelle sein. Sicher stand hier ein sehr starker Hecht.

Aber was sollte ich damit? Lieber wartete ich, bis Schwarz mit seiner gefräßigen Kinderschar ankam, dann hatte der Fang wenigstens einen Zweck.

Der Strom zog sich hinter diesem Kolk nach links, nach der Seemitte zu, das ganze rechte Ufer war flach, durchzogen von Sandbänken und Landzungen, bedeckt mit saftigen, leuchtend grünen Gräsern.

Und dort waren sie ja, die Springhirsche, sogar eine ganze Menge, und ästen.

Langsam sank ich gemütlich zu Boden, nahm das Glas und sah mir die Gesellschaft an.

Mir zunächst stand eine typisch alte Tante, ein mächtiger Kasten, mit dünnem Hals, endlos langen Gehören und spinösem Gesichtsausdruck.

Kuhhessig drehte sie mir ostentativ das Hinterteil zu, führte mit Spiegel und Wedel eine lebhafte Unterhaltung, warf fortwährend auf, prüfte jeden Luftzug, nahm schnell wieder etwas Gras, kurz, sie hatte allerhand zu tun.

Weiter weg ästen einige Tiere mit ihren Kälbern, ruhig und würdevoll, wie es den Müttern zukommt, während die Kälber sich wie echte

Kälber benahmen. Sie tobten herum, spielten miteinander und übten sich im Springen, indem sie sich plötzlich aus dem Stand meterhoch und zwei bis drei Meter weit durch die Luft schnellten.

Stolz sahen die Mütter zu und tauschten durch Spreizen und Schließen der Spiegel und heftiges Schlagen mit den schwarzen Wedeln ihre Bemerkungen über das Können der Kleinen aus.

Etwas abseits, mehr am Ufergebüsch, hielten sich die Hirsche, einzeln, aber nur geringes Zeug, alle im Bast. Die kapitalen alten Herren waren noch heimlich und blieben unsichtbar.

Die Hirsche hatten wohl stark durch die Moskitos zu leiden, vermutlich waren die Kolben noch weich, denn sie schüttelten oft heftig die Kronen, daß die Gehöre schlackerten, traten unruhig hin und her und zogen sich mehr und mehr in die Büsche.

Für solch Ekel von Stechmücke muß es ja ein Hochgenuß sein, sich auf dem blutstrotzenden Ende eines Kolbenhirsches niederzulassen. Auch ich glaube, daß die vielen abnormen Formen und vor allem die Knollen in den dortigen Geweihen von Insektenstichen herrühren, namentlich wenn die Hirsche, des Juckreizes wegen, mit den noch weichen Stangen anfangen, an den Ästen zu reiben.

Obgleich Schonzeit war, begann ich doch, lüsterne Blicke nach dem einen feisten Spießer zu werfen, der dicht bei einem Schmaltier, wohl dem Schwesterchen, stand.

Da erschien am Seerande hinter dem Rudel ein Wolf, und zwar ein Coyote (sprich Ky-otee), der wohl das Ufer nach Jungenten für sein Geheck absuchte.

Gespannt behielt ich ihn im Glase, immer näher schnürte er, mit offenem Fang, den Lecker weit heraus. Ab und zu verhoffte er, leckte die tropfenden Lefzen, windete oder suchte am Wasserrande nach angespülten Fischen herum, aber da hatte ihn auch schon die andere alte Tante weg.

Wie das Donnerwetter fuhr sie auf ihn los und trieb ihn in die Flucht, denn Deerkälber, daß weiß der Wolf ganz genau, schmecken Ia, nur kann man sie so schwer kriegen.

Jetzt begriff ich auch, daß in dem scheinbaren Durcheinanderäsen des Rudels ein bestimmtes Schutzsystem lag.

Vorn die freie Seefläche, links und rechts je eine mit allen Salben gesalbte alte Tante und hinten der dichte Busch, an dem die Hirsche wachten, so sicherte das Rudel die Muttertiere mit den Kälbern.

Wieder schielte ich altes Raubtier nach dem feisten Spießer, mein Appetit auf einen frischen Braten war groß, aber es war viel zu weit zum Schuß.

Als Nachkomme der alten Germanen beschloß ich – wie bitte? Noch eins zu trinken? Ja, das auch, aber erst später, denn neben dem Eiseimer in meiner Kellerkiste stand der Whisky, eiskalt – beschloß ich also, mich einem „Gottesurteil“ zu unterwerfen. Ich wollte durch den dichten Busch kriechen, mich dann wieder dem Ufer nähern, und wenn ich auf hundert Schritt herankam, schießen, sonst nicht. Also, los!

Endlich war ich angelangt, lugte schüchtern durch die Zweige und stellte mit einem nassen und einem trockenen Auge fest, daß ich ein anständiger Mensch geblieben war – die Hirsche waren fort.

So recht zufrieden war ich aber nicht, sondern spazierte mißgestimmt auf den Sandbänken herum und studierte die Fährten, die unseren Damwildfährten sehr gleichen.

Dann nahmen die Enten, die überall in dem flachen Wasser herumschwammen und gründelten, mich in Anspruch.

Ich sah Stockenten, genau wie bei uns, ebenso grün- und blauspiegelige Kricken, „Longtails“, mit zwanzig Zentimeter langem, ganz dünnem Stoß, „Spoonbills“, mit löffelartigen Schnäbeln, dann ganz schwarze, weiß und schwarze, weiß und braune und braun gesprenkelte Tiere, deren Namen mir unbekannt waren.

Emsig ruderten die Mütter mit ihren Kinderchen umher, die Kleinen waren mit Feuereifer dabei, wie der Blitz schossen sie manchmal über das Wasser, und auf jede Fliege wurde sofort Jagd gemacht, doch immer wieder rief sie der warnende Lockruf der Mutter zusammen, denn jede Familie blieb streng für sich.

Den Heimweg wählte ich wieder am Fluß entlang, sah vergeblich nach Freund Skunk aus, schoß mir in einem Kolk einen zweipfündigen Hecht und machte ihn gleich unterwegs pfannenfertig.

Restlos vertilgte ich ihn und trank dazu, ein Genuß bei der Sonnenglut, eiskalten Kaffee nebst Whisky, mein „Eiskeller“ hatte sich bewährt.

Am nächsten Tage, als der ärgste Tau vorüber, machte ich meinen Gegenbesuch bei twofingered Jack.

Um den Weg nicht zu verfehlen, ging ich am Flußufer entlang, nach dem kleinen See zu, geriet aber bald so ins dichte Gebüsch, daß ich meist im flachen Wasser waten mußte. Nur bei tiefen Stellen zwängte ich mich gezwungenermaßen durch das Unterholz, wobei ich alle Augenblicke auf Karnickel und Haselhühner (partridge) stieß.

Ein merkwürdiges Volk, diese partridges! Sie waren hier zwar nicht ganz so vertraut wie in den noch unberührten Wäldern der Wildnis, sondern huschten auf dem Boden fort und flatterten, falls möglich, auf die Bäume, aber auch nur auf die untersten Äste.

Dort saßen sie, eineinhalb bis zwei Meter hoch, und äugten umher. Anscheinend glaubten sie sich in dieser horrenden Höhe vollständig sicher, denn dort hielten sie aus, mochte kommen, was da wollte.

Auf einer lichten Stelle, an der die Sonnenstrahlen das Blätterdach mit grüngoldigem Schein durchbrachen und so ein geradezu feenhaftes Licht schufen, tummelte sich eine Kette von mindestens dreißig Stück, die bei meinem Erscheinen auf die niederen Zweige der Hasel- und Espensträucher aufbaumten.

Rings um mich herum hockten sie im Kreise, fast durchweg in meiner Gesichtshöhe, die Hähne hoben die Flügel in Balzstellung und gackerten, die Hennen machten lange Hälse, äugten mich bald mit dem rechten, bald mit dem linken Auge interessiert an, wippten mit dem Stoß oder lösten sich. Ich alter Esel stand als eine Art Clown in der Mitte.

Da die Hähne, wohl als Ausdruck ihrer höchsten Neugierde, den Kopf einzogen und mit endlos langem Hals wieder vorstreckten, machte ich es ebenso.

Die brennende Pfeife im Munde, ging ich auf einen besonders erregten Hahn zu, mit kleinen Schritten, zog ebenfalls mein klassisch schönes Haupt zurück und stieß es mit kurzem Ruck wieder vor, bis ich dicht vor ihm stand.

Er saß genau in Höhe meiner Nase, und ich war so nahe, daß der Pfeifenkopf dieses edle Organ vor etwaigen Schnabelhieben schützen mußte.

Empört bog sich der kleinste der Tetraonen zurück, schlug mit den Flügeln und blähte sich auf wie ein Puter, mit wütendem Gackern: „Tschick, tschick, tschick!“ Da, der Mensch ist doch ein gemeines Geschöpf, aber ich konnte es nicht lassen, die Lage forderte geradezu dazu heraus, da blies ich ihm eine gewaltige Tabakswolke entgegen, so mächtig, daß der ganze Vogel darin verschwand.

Aber nicht lange. Urfidel kam er seitlich herausgetrippelt, sperrte den Schlund auf bis zum Platzen und – kratzte sich mit dem Ständer in unglaublicher Geschwindigkeit an den Nasenlöchern.

Die Sache gefiel mir, und schnell gab ich den zunächst sitzenden je eine

Ladung, mit demselben Erfolg, auch sie wischten seitwärts aus der Wolke heraus und kratzten.

So ging das eine ganze Weile rundum, und ich hatte einmal sieben Stück, die zu gleicher Zeit kratzten, entschieden eine Art Weltrekord.

Doch der Deuwel lasse sich mit solch dummem Hühnervolk ein! Plötzlich zischte es, meine Pfeife schmeckte ganz fürchterlich, entsetzt sah ich hinein, die Katastrophe war da. Solch alte gelte Henne, die ausnahmsweise etwas höher saß, hatte mir genau in den Pfeifenkopf ein Ei gelegt, leider aber ein krummes.

Und auch hier wieder bewies sich mein schlechter Charakter. Anstatt zu sagen: „Dir ist ganz recht geschehen!", beschloß ich, ein Exempel zu statuieren, die alte Gelthenne sollte sterben. Schon lange suchte ich nach einer passenden Gelegenheit, meinen kleinen Taschenbrowning zu probieren, das Ding mit der bekannten Drucksicherung hinten am Kolben. Entfernung drei bis vier Meter! Also los, sechs Schuß, Kaliber 6,35.

„Popp!" Die Henne schüttelte das Gefieder, sonst allgemeine Stille, nur wundert man sich anscheinend sehr.

„Popp!" Mein Opfer äugt entsetzt nach rechts und rutscht als vorsichtiges Huhn zehn Zentimeter nach links.

„Popp!" Mein Gegner duckt sich und dreht den Kopf nach hinten, um zu sehen, ob ihm da etwas passiert sei. Einigen Hähnen wird die Sache langweilig, sie reiten ab, fallen hinter mir auf dem Boden ein und gehen mir in Balzstellung zu Leibe.

Allmählich fing die Knallerei an, mir unheimlich zu werden. Wo bleiben bloß die Schüsse?

„Popp!" Tantchen Haselhuhn springt hoch, dreht sich um, und „klack", da war „ihr" Geschoß beinahe auf meinem Stiefel.

„Zum Donnerwetter mit dem elenden Ding!" Jetzt wurde ich aber doch wild.

Rechts von mir, in zehn Meter Entfernung, stand der nächste starke Pappelstamm, in ein Meter Höhe saß ein Astfleck von Markstückgröße, auf diesen Fleck hielt ich jetzt, um zu sehen, wo ich denn eigentlich mit dem Jammerding hinschoß.

„Popp!" Da schlug doch der Deuwel rein, das war ja der reine Hohn. Mitten drin im Markstück saß die Kugel.

Zufall oder Schießkunst? Also nochmal!

„Keck!" Leergeschossen. Natürlich hatte ich keine Patronen mit, resigniert steckte ich das Ding wieder ein, räumte unter dem Hohngeschrei meiner Gegner das Blachfeld und dachte bei mir: „Es ist doch manchmal ganz gut, wenn man allein ist."

Als Belohnung für meine „gute Tat“ geriet ich jetzt in ein dichtes Unterholz. Nur mühsam, unter Anwendung aller Kraft und Gewandtheit, kam ich weiter.

Warum, geliebter Leser, fährst du nach Marienbad? Gehe ganz langsam, Schritt für Schritt, denn anders geht es überhaupt nicht, durch das Gestrüpp des wilden kanadischen Pappelbusches, durch Birken und Haselstämmchen lieblich verstärkt, eng wie Besenruten. Zwänge dich durch, mein Lieber, mal mit der linken, mal mit der rechten Schulter zuerst, drehe dich dabei fortgesetzt in den Hüften, damit deine Kleider nicht hängenbleiben, halte einen Ellenbogen schützend vor dein Gesicht, denn der Peitschenschlag zurückschnellender Äste tut weh, bücke dich alle drei Schritte, um nicht mit deinem Schwanenhals in eine Astgabel zu geraten oder dich selbst an einem spitzen Zacken teilweise zu skalpieren, und prüfe vor jedem Schritt mit dem tastenden Fuß, ob du auch auftreten kannst, ohne ihn zwischen zwei Stämmchen festzuklemmen, ohne an einem schrägen Wurzelstock abzurutschen und ohne in den mit Recht so beliebten Ranken oder Dornen hängenzubleiben.

Gehe stets der Bequemlichkeit halber etwas gebückt, mit gebeugten, federnden Knien, tritt nur mit der Fußspitze auf und achte besonders auf abgebrochene und trockene Äste, die sich mit Vorliebe deinem wohlgepflegten Bauch entgegenstemmen.

Tue das, o Geliebter, und ich sage dir, jede Stunde eines solchen „Pürschganges“ ist eine Woche Marienbad wert.

Keuchend und fluchend bohrte ich mich durch, schließlich nahm auch dieses mehr als üppige Jungholz ein Ende, und ich stand am Ufer des kleinen Sees.

Nach einer Ruhepause bummelte ich gemütlich im seichten Wasser weiter, denn naß war ich ja sowieso, und es geht sich da besser als in dem weichen Ufersand, in dem man einsinkt und auf bloßgespülten Wurzeln ausrutschen kann.

Ab und zu blieb ich stehen und suchte See und Ufergelände mit dem Glase ab, es war aber nichts Besonderes los, als plötzlich ein leises schrittweises Platschen mein Ohr traf.

Lautlos, wie ein Schatten, verschwand ich als „geübter Krieger“ hinter dem nächsten Uferbusch, machte den Drilling scharf und erwartete natürlich Hirsche. Das Plätschern kam näher, immer lauter planschte es in vier Takten, das mußte ein Stück Großwild sein, sicher ein starker Elch.

Schon sah ich ihn im Geiste vor mir, mächtig und wuchtig, die gewaltigen Schaufeln wohl noch im Bast, wie er im langsamen, aber doch so fördernden Troll dicht an mir vorbeizog.

Nein, schießen durfte und wollte ich nicht, aber besehen, mit den Augen auffressen wollte ich ihn.

Immer näher plantschte es heran, und was mir da plötzlich auf zwanzig Schritt gegenüberstand, war zwar kein Elch, aber doch allerhand.

Zwei niedliche, schwarzhaarige Mädels, so zwischen zwölf und fünfzehn Jahren, rank und schlank, das dünne Hängekleidchen bis zu den Hüften hochgehoben, wateten durch das Wasser, immer am Ufer entlang.

Sicher waren es Töchter von Jacks Bruder, und es sah wunderschön aus, wie sie anmutig und graziös, dabei aber doch kräftig und sicher, die braunen, wohlgeformten Beinchen durch das Wasser zogen, und erfreut über dies glückliche Zusammentreffen rief ich fröhlich: "Hallo girls!"

Größtes Entsetzen malte sich in ihren Gesichtern, lachend trat ich hinter dem Busch hervor und winkte ihnen zu, da – ein Aufkreischen im höchsten Diskant, und im Galopp, das Kleidchen bis unter die Arme gehoben, rasten sie wieder zurück.

In bester Laune schritt ich vorwärts, der Busch ließ nach, und ich erreichte ein Stück offenes Prärieland, auf dem einige Kühe grasten, und dahinter, auf einem sanften Hügel, lag das Blockhaus, aus dessen Tür mir twofingered Jack freudig winkend entgegenkam, während einige Kinder, die wohl dort gespielt hatten, wie vom Teufel gejagt im Hause verschwanden.

Auch Jacks Bruder, mit dem schönen Namen François, trat heraus, um mich zu begrüßen, und ich musterte ihn voll Interesse.

Er war ein typischer Vertreter der französisch-indianischen Mischrasse, die ein gut Teil der nördlichen Ansiedler ausmacht.

Braungelb von Gesicht, bartlos, mit kohlschwarzen, glatten Haaren und dunkelglühenden Augen, nicht groß, aber kräftig von Statur, mit wohlgeformten, muskulösen Gliedern, blitzenden Zähnen und arbeitsharten Händen, wettergegerbt durch und durch, zeigte er das stolze, zurückhaltende Gebaren des Indianers, vermischt mit französischer Lebhaftigkeit, namentlich dann, wenn man ihn deutlich als „vollwertig" behandelte und er nicht merken lassen wollte, wie wohl ihm das tat, besonders von seiten eines gebildeten Europäers.

Stolz bekannte er sich als französisch-kanadischer Bürger, ebenso sein Bruder Jack, war seßhafter Siedler, zahlte Steuern und – erhielt dafür Whisky.

England, der Meister im Kolonisieren, verfährt nämlich folgendermaßen:

Der Indianer ist frei, er kann in den noch unvermessenen, endlosen

Gebieten machen was er will, kann wohnen, fischen und jagen, wo und wie es ihm behagt, braucht keinerlei Jagdschein, zahlt keine Steuern, aber – er bekommt keinen Whisky.

Strenge Strafe, unserem Zuchthaus entsprechend, trifft den, der einem Roten Whisky verkauft, schenkt oder sonstwie verschafft.

Der Halbblut dagegen darf wählen, ob er weiter Indianer bleiben will, frei und ungestört, aber ohne Whisky, oder ob er Bürger werden, im vermessenen Land als Siedler wohnen, Steuern zahlen, Jagdscheine lösen und für alle und jede Berechtigung die vorgeschriebene „licence“ (Erlaubnisschein) kaufen will, denn dann erhält er das Recht auf Whisky.

Und so groß ist die Macht dieses Getränkes, weniger des Geschmackes als der Würde wegen, die es verleiht, wenn man stolz in die Bar gehen kann mit dem Rufe “Com on have a drink!”, daß fast jeder Halbblut seßhafter Bürger wird, und – ein Wunder – nur wenige verfallen dem Suff.

Meistens trinkt er nur würdevoll sein Glas, um zu zeigen, daß er „vollwertig“ ist.

Well, Françios war vollwertig, und um mir das zu beweisen, erschien er sofort mit der Pulle, und ich trank auf sein Wohl.

Darauf besichtigten wir das Blockhaus.

Früher, als ich noch das Grünhorn war, hätte ich über alles staunend gefragt, so aber, als alter „Westmann“, trat ich sofort an die mit der Axt genau rechtwinklig ausgehauenen Ecken heran, musterte mit prüfendem Blick die messerscharfen Kanten und meinte anerkennend:

“You are a good man with the ax!” (Sie sind ein guter Mann mit der Axt!), denn so erfordert es die Sitte des Landes, und François antwortete strahlend: “Merci, Sir.”

Was nützt dem Buschkanadier der Titel Exzellenz! Ein guter Mann mit der Axt zu sein, ist dort viel wichtiger und höchster Ehren wert.

Dann traten wir ins Haus und setzten uns an den Tisch aus rohen Brettern auf die selbstgezimmerten Schemel.

Unauffällig musterte ich die primitive Einrichtung, alles selbst angefertigt bis auf den unvermeidlichen Schaukelstuhl, der, vom Warenhaus bezogen, den ersten Schritt zur „Prominenz“ bildet.

Neben der Tür stand die bekannte alte Kiste, auf der die blecherne Waschschüssel prangte, und an der Wand hing sogar das Wahrzeichen kanadischen Komforts, der Metallkamm an der Kette.

In einer Ecke schwang in anderthalb Meter Höhe ein zwischen zwei Stricken stoffgespanntes Bündel, anscheinend eine Art Hängematte, in rasendem Tempo hin und her. In diesem netzbeutelartigen Behälter lag ein Baby, der „Papuse", eingeschnürt wie die Fliege im Spinnetz, und schlief.

So alle halbe Stunde bekam die praktische Vorrichtung einen Stoß und pendelte dann von allein weiter, und zwar so schnell, daß ich vom bloßen Zusehen schon seekrank werden konnte.

In derselben Ecke hockte als Kinderfrau die alte squaw am Boden und fraß, wollte sagen, kaute Mokassins aus, ein, wie bereits geschildert, geradezu fürchterlicher Anblick.

Niemand beachtete diesen armen, alten Wurm, sie war zur Arbeit da, sonst einfach nicht vorhanden, denn sie war ja nur eine alte Indianerin.

Auch ich durfte keine Notiz von ihr nehmen, ohne eine große Taktlosigkeit zu begehen, und ich mußte ehrlich gestehen, daß ich auch absolut kein Verlangen verspürte, ihre nähere Bekanntschaft zu machen.

Um so mehr sah ich mich neugierig nach den niedlichen Mädels um, konnte sie aber leider nirgends entdecken! Vermutlich hatten sie sich mit der ebenfalls unsichtbaren Mutter draußen im Busch verklüftet, und das taten sie wohl immer, wenn der fremde Werwolf kam, denn ich habe sie trotz aller Versuche höchstens in der Ferne im Galopp verschwinden sehen, und nach ihnen zu fragen, verbot dort die „Würde" des Mannes, auf die ich in diesem Falle absolut keinen Wert legte.

Die Kinder, die vor mir ins Haus geflüchtet, lagen zu scheußlichen Klumpen geballt am Boden, um die Großmutter herum, und starrten mich an, ohne eine Miene zu verziehen, dafür bohrten sie aber mit seltener Ausdauer in der Nase, teils aus Verlegenheit, teils wohl auch aus Gewohnheit.

Woher sollten die „lieben Kleinen" das auch anders wissen? Selbst die braven Eltern besaßen ja kein Taschentuch, sondern erledigten die Sache mit Daumen und Zeigefinger.

Immerhin schien man sich zu waschen, wenn auch bei der geschilderten „Waschtoilette" das Handtuch fehlte, aber man kann sich ja auch mit der Joppe oder Schürze abtrocknen, ohne gegen die Gesetze des Landes zu verstoßen, also wozu Handtücher?

Als aber die gute Großmutter anfing, sich ausgiebig zu kratzen, sehnte ich mich nach der frischen Luft und ging unter dem Vorwand, François mein Gewehr zeigen zu wollen, ins Freie.

Jack brachte sofort, genau wie er es bei mir am Zelt gesehen hatte, Tisch und Schemel heraus, sein Bruder stellte Tabak nebst Pulle vor mich hin, und dann ging das Wunderwerken über das „Dreilaufgewehr" los.

Dann verwickelte ich twofingered Jack in ein Gespräch über eine Jagdfahrt nach Norden, zum Churchillriver.

Ja, er war dort gewesen, mit einem alten Indianer, Nash-en-Popee, der dort oben eine Blockhütte errichtet hatte und jedes Jahr im Herbst hinaufzog, um zu trappen.

Im Sommer schweifte er umher, lebte mal da, mal dort und tauchte auch gelegentlich in Mistavasis auf, um einzukaufen.

Man brauchte bis zum Churchill zehn bis vierzehn Tage, je nach dem Wetter, mußte außer den beiden Wagenpferden noch einen Ersatzgaul mitnehmen für gelegentlichen Vorspann, dazu Winde, Flaschenzug und Kette, kurz, es war eine Fahrt mit Hindernissen gröbster Art.

Die Erzählungen vom Vordringen der ersten Ansiedler ins Land der Rothäute, mit Planwagen und Büchse, nächtliche Lagerfeuer, umschlichen von angriffslustigen Wilden, Kämpfe mit Wölfen und Bären, Überfälle, der mit Recht so beliebte Marterpfahl und ähnliche schöne Dinge standen mir vor Augen, ich war sofort entschlossen, die Reise anzutreten, und Jack sollte mich fahren. Leider lehnte er ab, aber ich merkte, wie schwer es ihm wurde, er wäre zu gern mitgezogen, schüttelte jedoch den Kopf und meinte ablehnend: "To dangerous for me" (zu gefährlich für mich).

Was, gefährlich war das auch noch? Nun wurde ich ganz verrückt, nun ging ich ganz bestimmt da rauf.

Aber auch diese „Gefahr" entpuppte sich als eine an sich lächerliche Sache, denn das Karnickel war Nash-en-Popee, der alte Häuptling.

Dieser Gentleman trank gern mal ein Gläschen Whisky, und da er natürlich nicht in die Bar durfte, hatte twofingered Jack sich einst bereit erklärt, ihm ein Fläschchen zu holen.

Jack schob ab, und Nash-en-Popee wartete im Gebüsch, trat von einem Bein aufs andere und hatte alle Not, um seine Würde als alter, ehemaliger Häuptling eines obskuren Stammes von roten Kriegern, in Wirklichkeit Räubern und Pferdedieben, nicht zu verlieren.

Nun ist die Bar in diesem gesegneten Lande nicht nur zum Saufen da, sondern sie ist auch eine Stätte des Humors.

Abgesehen davon, daß dort ab und zu ein Gent „in seinen Stiefeln stirbt", d. h. erschossen wird, gibt es auch allerhand harmlosere Scherze, mit denen man sich vergnügt.

So fehlte vor allem in keiner Bar ein Stückchen runden, gebogenen Holzes, das aus zwei beweglichen Hälften besteht, die eine schwache Feder etwas auseinanderhält, während zwischen den Hälften eine Nadelspitze verborgen ist, die unweigerlich jeden, der das Ding in die Hand nimmt, in den Finger sticht.

Auch ich bin darauf hereingefallen, denn es war der erste Gegenstand, der mir von Freund Fred beim Besuch der Bar angeboten wurde.

Je fester man zupackt, desto mehr sticht man sich,' und Jack hatte den vernünftigen Einfall, dieses niederträchtige Instrument mitzunehmen und dem Häuptling samt der Pulle freundlichst lächelnd zu überreichen.

Wie ein Stoßfalke schlug der durstige Nash-en-Popee seine hageren, braunen Fänge um Pulle und Stechding, und – stach sich natürlich gewaltig.

Vor Schreck entfiel seinem Munde die Pfeife, doch fing er sie als geschulter Krieger, den Stecher blitzschnell fortwerfend, mit der blutenden Hand noch rechtzeitig auf, steckte sie in den Gürtel, entriß diesem den Revolver, seine schwarzen Lichter glühten vor Wut, der Schuß krachte, aber Jack war schon fort.

Entsetzt über die unerwartete Wirkung seines Scherzes war er ausgerissen, und es glückte ihm, gerade noch im letzten Moment im Gebüsch zu verschwinden.

Dem Umstand, daß der Häuptling nur die eine Hand frei machen konnte, denn die andere umkrampfte die kostbare Whiskyflasche, verdankte Jack seine Rettung.

Seitdem ging er aber dem alten Nash-en-Popee weit aus dem Wege und lehnte auch ab, mich zum Churchillriver zu bringen, denn der Häuptling vergaß oder verzieh nie, und Jack wollte weder schon sterben, noch, um den eigenen Tod zu vermeiden, selber einen Totschlag begehen.

„Und wenn der Rote hierher kommt?“ fragte ich.

„Well“, war die Antwort, „dann kann ich mir nicht helfen, dann erschieße ich ihn.“ Das war ja eine nette Gegend!

Aber meine Fahrt Nord gab ich deshalb noch lange nicht auf. Es eilte ja nicht, denn vor Mitte September war doch nicht daran zu denken, und „kommt Zeit, kommt Rat“.

Ich wechselte also das Thema und fragte nach den Bibern.

„Protected“ (Schonzeit), meinte Jack und erzählte, daß es nur wenige seien, die aber seit der Vermessung an dem bewußten Seitenarm des Flusses nordwärts gezogen und dort eine neue Kolonie gegründet hätten, aber auch da bald wieder fort müßten, weil sie nicht genügend Espen, ihre Lieblingsnahrung, und Pappeln finden würden.

Biberkolonien hängen von dem Baumbestand, der ihnen Nahrung gibt, ab. Die fleißigen Tiere graben bis hundertfünfzig Meter lange Gräben oder Kanäle, um an die ersehnten Futterbäume zu gelangen.

Sobald die Gegend abgeerntet ist, wandern sie aus. Häufig trifft man daher ihre verlassenen Bauten und Dämme.

Jagdlich war nach Aussage beider Brüder seit der Vermessung nicht mehr viel los.

Das Wild, das so lange ungestört dort gelebt hatte, nahm stets das Schlagen der Vermessungslinie übel, die fortgesetzte Unruhe, das ewige Klopfen, Krachen und Rascheln, ihm bisher ganz unbekannte Geräusche, waren ihm unheimlich.

Es wechselte aus in Gebiete, die ihm aus früheren Streifereien schon lange vertraut waren, und zog, einmal auf den Läufen, weiter, bis es die ersehnte absolute Ruhe und ihm zusagende Äsung gefunden hatte.

Erst viel, viel später, wenn längst alles besiedelt war, kehrten die Springhirsche vereinzelt in die alten Wälder ihrer früheren Standorte zurück, angelockt durch die immerhin schmackhaften Feldfrüchte, und benahmen sich dann ähnlich wie unser Wild.

Der größte Teil aber blieb fort, vor allem die Elche kamen nie wieder, für sie hatte die Kultur keinerlei Anziehungskraft.

So entstand stets zwischen der äußeren Grenze des vermessenen Landes und den wildreichen Wäldern des Nordens eine Art leerer Raum, eine Gegend, in die die schießwütigen Siedler ihre Fleischmacher-Streifzüge ausdehnten und die vom Wilde gemieden wurde wie die Pest.

Dieser leere Raum mußte durchquert werden, wenn man wirklich an das urige Wild heran wollte, je weiter Nord, desto besser, und so war denn meine Absicht, die reichlich zweihundert Kilometer bis zum Churchillriver zu ziehen, trotz der damit verbundenen riesigen Mühen und Gefahren doch der einzig richtige Weg.

„Warum", so fragte man mich oft, „nahmen Sie denn keinen Führer?" Diese Frage erscheint berechtigt, aber einmal kann man Führer doch nur in den bekannten Jagdgründen, die in den Gebirgen und Wäldern weiter Süd, vor allem nördlich der großen Seen und im südlichen British Columbia liegen, gebrauchen, denn dort kennen Sie die Gegend, dort gibt es Hotels, Schutzhütten und Wege. Aber was soll mir solch ein Führer in Gebieten, die weder er noch sonst jemand kennt, so daß von „Führung" überhaupt keine Rede sein kann?

Und dann kann ich alles vertragen, nur nicht das Geblöke solcher Leute! „Schießen, schießen!", wenn endlich mal ein paar Hirsche sichtbar werden, dazu das gönnerhafte Getue, als ob er, der Herr „Führer", alles gemacht hätte.

Ganz etwas anderes war, wenn ich twofingered Jack bat, mich hinaufzubringen, denn erstens war er bereits dort gewesen, wußte also, daß die Möglichkeit überhaupt mit dem Wagen durchzukommen, bestand, denn sonst würde er nie seine Pferde für solch Wagnis aufs Spiel setzen. Und zweitens mußte ich ja jemand haben, der mir den Wagen stellte, wieder zurückfuhr und sich verpflichtete, mich im nächsten Jahre nach der Schneeschmelze wieder abzuholen oder, falls selber verhindert, abholen zu lassen, es mußte also ein seßhafter Mann sein, dem man Vertrauen schenken und den gegebenen Falles die Polizei fassen konnte.

Am besten ist es, man geht im späten Indianersommer, Ende September, hinauf und läßt sich ab Mitte April, sobald gut Wetter kommt, wieder abholen. Denn in den Monaten Dezember bis März ist eine Reise ohne Hundeschlitten, die man aber weder hat noch zu Jagdfahrten gebrauchen kann, ein Unding! Man muß also spätestens Ende Oktober in Ordnung sein und bis mindestens Mitte Mai aushalten können.

Schwer, sehr schwer ist es, für eine so lange Zeit, sechs bis sieben Monate, einen Gefährten zu finden, mit dem man hausen kann.

Berufsmäßige Trapper scheiden der schweren Arbeit wegen, die da mitzumachen nichts Jagdbares mehr hat, sondern reiner Gelderwerb ist, von vornherein aus.

Zum Vergnügen geht dort kaum jemand so lange und so weit fort, „Diener", die man mieten könnte, gibt es nicht, denn jeder ist dort gleichberechtigt, ist selbst „Herr", und Indianer, Halbbluts und sonstige „Jäger" kommen aus Reinlichkeitsgründen nicht in Frage.

So mußte ich denn allein bleiben, zwar ein sträflicher Leichtsinn, aber es blieb nichts anderes übrig, außer der Zufall brachte etwas Besseres.

Deshalb hörte ich neugierig zu, als Jack erzählte, daß Albert the Kid, ein Deutscher, seit dem Zwischenfall mit dem Stechapparat als Gefährte des Häuptlings alljährlich am Churchillriver gewesen sei und reiche Beute an Pelzen und Hirschen gemacht hätte.

„Albert the Kid", erklärte Jack, sei ein gebildeter Mann, ein Gentleman durch und durch, im Sommer Bartender in einer kleinen Wildwestbar und ein „firstclass mixer" dazu.

Durch Whiskylieferung sei er mit Nash-en-Popee bekannt und gut Freund geworden. Immer Ende September käme er in die Station, kaufe ein, und Jacks Bruder, François, fahre ihn dann hinauf, da er, Jack, dort nicht mehr hin könne.

Diesen Albert, genannt der „Jugendliche", mußte ich unbedingt kennenlernen. Ich war entschlossen, ihn aufzusuchen, sobald Schwarz mit den Pferden da war.

Viel Hoffnung hatte ich ja nicht, aber es war immerhin möglich, daß sich mit diesem Deutschen etwas anfangen ließ, zumal die Bartender meist famose Burschen waren.

In tiefen Gedanken brach ich auf, ließ mich von Jack auf den besten Weg bringen, folgte den schwach sichtbaren Spuren, erreichte in einer kleinen Stunde das Zelt, kochte mein Mittag, diesmal „Porc and Beans", und hielt ausgiebig Mittagsruhe, mein Leichnam auf dem Feldbett, der Geist aber in den wilden Wäldern am mächtigen Churchillriver!

Frisch und ausgeruht trat ich gegen Abend heraus, ergriff die langstielige kanadische Axt, um einen Stamm in Stücke zu schlagen, holte gewaltig aus, hieb mit aller Kraft zu, und – sumbrrr! flog die Axt wie von einer Bogensehne geschnellt in die Lüfte. Ich stand da, beide Handgelenke verstaucht.

Man sollte es kaum glauben, was passieren kann!

Den Strick, der von den beiden oberen Dachenden des Zeltes, zu je einem Pflock am Boden führte, um es in der Längsrichtung zu halten, hatte ich ahnungslos, um nicht immer dagegen zu stoßen und darüber zu stolpern, an der Türseite in etwa zwei Meter Höhe an einen Baum gebunden, anstatt ihn, wie an der Rückseite des Zeltes, am Boden festzupflocken.

Beim Zuschlagen blieb ich mit dem Eisen der Axt an diesem straff gespannten Strick hängen, der gewaltige Schwung zog ihn zurück wie eine Bogensehne, meine Gelenke wurden überdreht, ich mußte loslassen, die Axt sauste fort, „ab durch die Mitte!"

Es war eine sehr üble Sache. Völlig ratlos stand ich da, ließ die zitternden und bibbernden Hände hängen wie ein Hündchen, das „bitte, bitte" macht, und überlegte. Das war wieder einmal ein klassisches Beispiel für die wirklichen Gefahren der Wildnis.

Kein Mensch wäre auf den Gedanken gekommen, daß so etwas überhaupt möglich sei. Dabei war es schlimm, sehr schlimm.

Nachdem der erste Schreck und Schmerz überwunden war, stellte ich erst einmal fest:

Laufen konnte ich, also war es schon nicht so gefährlich, ich konnte im Notfall zu Freund Jack hinüber wanken. Gebrochen war auch nichts. Schmerzen, ja, die waren sehr stark, aber zu ertragen. Natürlich schwollen die Gelenke an, aber die Finger konnte ich, wenn auch langsam und unter Schmerzen, etwas bewegen.

Die Axt war weit weg geflogen. Wo lag sie? Das war wichtig, wichtiger als alles, denn sie war unentbehrlich.

Ich stellte die ungefähre Richtung, in der sie liegen konnte, fest und drehte eine Holzklobe mit dem Fuß nach dieser Gegend.

Dann ging ich ins Zelt, zog mit unendlicher Mühe Gamaschen, Stiefel und Strümpfe aus, trat wieder hinaus, hob mit den Unterarmen die Waschschüssel, in der noch ein Rest Wasser war, hoch, trug sie hinein und stellte sie auf den Schemel vor dem Bett.

Mit den Zehen öffnete ich den Deckel der Eiskiste, fand noch etwas Eis vom Morgen, nahm den Klumpen, auf dem andern Schemel sitzend, mit den Füßen heraus und warf ihn in die Waschschüssel.

Mein Medikamentenkasten stand, für alle Fälle, griffbereit unter dem Bett, dem einzig richtigen Platz. Mit den Füßen holte ich ihn hervor, drehte mit den Zehen, was sogar sehr glatt ging, den Schlüssel des Schnappschlosses herum, schob große und zweite Zehe um den Hals der kleinen Flasche mit konzentrierter essigsaurer Tonerde, hob sie heraus und legte sie aufs Bett. Das leichte Fläschchen konnte ich in einer Hand halten, schob es mir unter die Achsel und zog den Kork mit den Zähnen heraus.

Das Wasser in meiner Schüssel war zwar schon mal gebraucht und nicht ganz sauber, aber das spielte ja keine Rolle, langsam goß ich so viel aus dem Fläschchen zu, daß die richtige, recht starke Mischung entstand, verkorkte es auf die gleiche Art wie ich es öffnete, stellte es weg und warf noch als Schlußeffekt mein Handtuch in das Wasser. Jetzt versenkte ich meine Hände erst mal eine Stunde in das kühlende Naß. Es tat gut, sehr gut, die Sitzerei wurde unbequem.

Angezogen legte ich mich daher ins Bett, stellte die Schüssel auf meinen Leib und kühlte weiter, ließ die Hände ins Wasser hängen und schob sie unter das nasse Handtuch, das durch die Verdunstung wie ein kalter Verband wirkte.

So lag ich die ganze Nacht wach. Gegen drei Uhr, als es wieder hell geworden, konnte ich aufstehen und mir um jedes Gelenk eine lange Binde wickeln, die mit starker Lösung getränkt war.

In den Mufftaschen der Lodenjoppe, die ich zufällig anhatte, fanden die Hände den nötigen Halt, um auszuruhen. Ich ging jetzt daran, etwas zu essen und vor allem zu trinken zu kriegen, denn schrecklicher Kaffeedurst quälte mich.

Schon wollte ich zu Jack, da kam mir der rettende Gedanke. Ich hatte ja einen Eimer.

Mit den Zähnen faßte ich den Henkel, ging zum Fluß, nicht mehr durch die Wicken, denn ich hatte bereits einen Pfad ausgehauen, legte mich hin, zog den Eimer, immer mit den Zähnen, am Henkel durchs Wasser, hob ihn heraus, stand wieder auf, trug ihn, ein Drittel gefüllt, mehr brachte ich nicht hinein, zum Zelt, stellte ihn auf den Tisch, biß in den Rand, kippte ihn so, und trank in langen, durstigen Zügen.

Der Durst war gestillt, aber der Hunger schwoll an, ich hatte zwar die schönsten Konserven um mich herum stehen, konnte sie aber nicht öffnen. Doch, Kekse!

Ich nahm eine Rolle, riß das Papier wie ein Raubtier mit dem Gebreck auf und futterte Kekse, die in Kanada, dem Lande des besten Weizens der Welt, ungleich schmackhafter sind als bei uns.

An sich wollte ich ja überhaupt fast nichts essen und trinken, denn ich hatte die größte Sorge, was ich anfangen sollte, wenn ich mal „verschwinden" mußte, ich hatte direkt Angst davor, wie der Hase vorm Osterfest.

Lieber bezwang ich also weiteren Hunger und Durst, legte mich aufs Bett und kühlte weiter.

Als der Tau nachgelassen, so gegen halb elf, ging ich hinaus, suchte nach der Axt und fand sie auch, sie war fast fünfzehn Meter weit geflogen. Mit dem Fuß hinter der Scheide schleifte ich dies wichtige Gerät zum Zelt und war eine Sorge los. Dann ging ich wieder ins Bett, kühlen.

Endlich, am nächsten Morgen, konnte ich die Finger wieder etwas gebrauchen und Feuer machen, Holz war dank meiner Fürsorge für derartige Fälle in Spänen und Stücken genügend zur Hand, direkt neben dem Herd.

Der Einfachheit halber kochte ich gleich im Eimer, ließ ihn mit dem Rest Wasser auf dem Feuer stehen und warf zwei Päckchen Suppenwürfel, die ich, wie immer, in ausreichender Menge mit hatte, hinein, eins mit Reis und eins mit Tapioka, da ich dies für nahrhaft und doch leicht verdaulich hielt, nachdem ich sie vorher auf dem Schemel in einem Taschentuch kurz und klein getrampelt hatte.

Bald kochte der Kram, und lüstern schuppernd stand ich davor. Oh, wie wartete ich auf dieses Essen! Hatte ich doch drei Tage gehungert.

Zwar waren trotz der Trampelei mächtig viel Klunkern drin, aber es schmeckte, obgleich mühselig direkt aus dem Eimer schluckweise getrunken, einfach großartig.

Bald darauf trat der gefürchtete Fall ein, ich mußte raus, aber es gelang mir, wenn auch unter neuen wütenden Schmerzen, die Hände zu gebrauchen und das Ärgste zu verhüten. Oh, wie schrecklich armselig ist doch der Mensch ohne seine Hände!

Wieder goß ich etwas Tonerde zu dem nun schon drei Tage alten schmutzigen Waschwasser, ging zu Bett und kühlte die ganze Nacht hindurch, während ich im Geiste die Gewalttour zum Churchillriver hin und her durcharbeitete.

Dann schlief ich endlich ein – es war ein erquickender Schlaf, der Schlaf der Gesundung – und erwachte erst spät am hellen Tag.

Die Waschschüssel lag am Boden, das Wasser größtenteils in meinem Bett, doch das Schlimmste war überstanden. Ich konnte die Hände wieder gebrauchen, Wasser holen, mich waschen, Kaffee trinken und sogar die erste Konservendose öffnen.

Heißhungrig verschlang ich hintereinander eine Dose Porc and Beans und eine mit Beefstew.

Dann stopfte ich zum erstenmal seit drei Tagen die Pfeife, da ich ja den harten Plattentabak trotz aller Versuche nicht hatte schneiden können, qualmte los und war bald wieder völlig im Gang.

Den Strick, der mir den ganzen Zauber eingebrockt, habe ich lieber wieder am Boden angepflockt, trotzdem aber beim Holzhacken immer erst genau nachgesehen, ob ich auch die bekannte „freie Bahn dem Tüchtigen" hatte.

Im großen und ganzen war mein Leben auf der neuen Heimstätte eine Enttäuschung.

Meine Erwartung, dort das geliebte Wild „zu Hause" kennen zu lernen, die Hirsche beim Schieben, Fegen und in der Feistzeit, die Tiere beim Setzen, das Heranwachsen der Kleinen, vor allem aber die Brunft mit allem Drum und Dran zu beobachten, wurde nur zum Teil erfüllt.

Ich saß eben vor dem oben erwähnten leeren Raum, und die Hirsche, die ja sicher hier noch standen, waren viel zu heimlich und scheu geworden, um in den fast undurchdringlichen Beständen an sie heran zu kommen, so daß ein Anpürschen nur bei Sturm möglich war.

So mußte ich mich denn begnügen mit dem, was ich hatte, und da spielten die Biber eine große Rolle.

Stundenlang, zu allen Tages- und Nachtzeiten, saß ich bei der kleinen Kolonie, starrte durch das Glas und genoß in vollen Zügen das seltsame Leben und Treiben dieser fleißigen Nager, entschieden Tiere von höchster Intelligenz.

Wenn der Biber schwimmt, sieht man nur den zugekniffenen Windfang, ein Ziehen des Wassers zu beiden Seiten und eine leise Bewegung an der Oberfläche. Alle Augenblicke taucht er unter, mit lautem brausendklatschendem Schlag der Kelle, und so geräuschlos erscheint er wieder, daß man oft erst beim nächsten Untertauchen hört, daß er überhaupt wieder oben gewesen war.

Mit Ausdauer und Kraft nagen sie bis vierzig Zentimeter starke Stämme durch, bevorzugen aber Holz von fünf bis fünfzehn Zentimeter Durchmesser, mit viel grüner Rinde, die ja ihre Hauptnahrung bildet.

Sobald solch ein Stämmchen gefallen, wird es restlos in meist einhalb bis ein Meter lange Stücke zerschnitten und zu den Bauten geflößt.

Die Rinde wird abgenagt, das Holz zum Bauen der Burgen und Dämme verwendet, nebst Steinen und Schlamm.

Der Biber hat, wie jeder Hausbesitzer, immer etwas daran auszu-

bessern und kommt eigentlich nie zur Ruhe; da er aber alles selber ausführt, bleibt ihm der bekannte Ärger mit den Handwerkern erspart. Emsig arbeiten die Tiere nebeneinander, ohne Zank und Streit, jeder tut aus innerem Antrieb sein Bestes, kurz, sie sind Muster eines braven Bürgers.

Wie es die Tiere fertig bringen, bis Kindskopf große Steine aus dem Grund hochzuholen und in die Dämme einzubauen, wird wohl noch lange ein Geheimnis bleiben, aber sie sind da, die Steine, ich habe sie gesehen, aber nicht, wie sie das machen.

Daß der Biber die Bäume so annagt, daß sie nach der von ihm gewünschten Richtung stürzen, ist ein Irrtum, denn die Stämme fallen kreuz und quer und liegen überall herum, ebenso falsch ist die oft gehörte Behauptung, daß er den Schlamm mit der Kelle, also dem Schwanz, anklatscht.

Die Kelle dient nur als Ruder beim Schwimmen und Tauchen, und er taucht viel und sehr gut. Beim Ausruhen auf dem Lande, meist im Sonnenschein auf den Burgen und Dämmen liegend, wirkt diese Kelle sogar direkt wie ein ungeschicktes, höchst überflüssiges und unkleidsames Anhängsel.

Allerhand Wassergewächse verzehrt er auch, vom Ufer und vom Grund, am liebsten aber, über Geschmäcker läßt sich bekanntlich nicht streiten, die bittere Rinder der Espe, Pappel und Weide.

Die Tiere müssen einen besonderen Sinn für die Wasserverhältnisse haben, denn sie stauen mit verblüffender Sicherheit das Wasser an und lassen es nach Wunsch wieder ab.

Der Zugang zu den Wohnungen, den Burgen, liegt stets unter Wasser, oft sogar ziemlich tief.

Im Winter verstehen sie meisterhaft, sich gegen Kälte zu schützen. Beim Nahen des Frostes stauen sie oft das Wasser hoch an. Sobald die Eisdecke stark genug ist, so zehn bis dreißig Zentimeter, lassen sie durch Öffnen des Dammes etwa dreißig bis fünfzig Zentimeter Wasser ab, machen an geeigneten Stellen Schlupf- und Luftlöcher und warten, bis die zweite Eisdecke fest genug ist, in der sie einige Ausstiegsöffnungen stets freihalten.

Der so entstandene Raum zwischen den beiden Eisflächen dient ihnen bei großer Kälte als Tummelplatz, wo man sie, wenn die Sonne günstig steht, als dunkle Schatten herumspielen sehen kann.

Natürlich geht dies nicht in jedem Gewässer, und oft genug verdirbt ihnen plötzlich eintretendes Hochwasser den Spaß, aber im allgemeinen finden sie immer solche Stellen, die ihrer ganzen Beschaffenheit nach Gewähr dafür bieten, daß die Anlagen und Dämme auch aushalten.

Tage vergingen, oft noch sprach ich stundenlang mit Jack und François über Wild, Jagd und die Fahrt nach Norden, die beiden wurden mit der Zeit zutraulicher; und als Schwarz immer noch nicht kam, bot mir eines Tages twofingered Jack an, mich mit seines Bruders Wagen hinüberzufahren zu Albert the Kid. Freudig nahm ich an.

An mein Zelt kam der in Wild-West allgemein gebräuchliche Zettel: „Tritt ein, nimm, was du brauchst, aber verdammt der Halunke, der etwas stiehlt“, sonst ließ ich alles stehen und liegen, wie es gerade war, und stieg zu Jack in den Wagen, der pünktlich, wie verabredet, mich in aller Frühe abholte.

In Mistavasis mußten wir übernachten. Während Jack die Pferde bei einem Bekannten in den Stall brachte, ging ich zum Store, um einzukaufen.

In der Tür stand, unter dem Arm ein Paket, ehemals in Zeitungspapier eingewickelt, das aber jetzt nur noch in Fetzen daran herumhing und um dessen Inhalt die Fliegen summten, ein auffallend sauber, wenn auch nach westlichem Geschmack gekleideter Mann.

Er war nicht gerade groß, aber famos gebaut, wie ein durchtrainierter Athlet, mit leuchtend blauen Augen, goldigen Locken und blondem Spitzbart, eigentlich ein bildhübscher Kerl, mit einer Gesichtsfarbe, zart und rosig, wie ein Kind.

Freundlich nickte ich ihm zu, er war mir so unbewußt sympathisch, anstatt mich aber durchzulassen, als ich zur Tür wollte, lachte er über das ganze Gesicht, daß die weißen Zähne blitzten, schwankte dabei langsam hin und her und rief fröhlich:

“Hallo, stranger, come on, have dinner with me!” (Hallo, Fremder, komm, iß bei mir zu Mittag!)

Dabei wies er auf das schöne Paket mit dem zerfaserten Papier, um das die Schmeißfliegen summten, es enthielt – einen mächtigen Fetzen rohes Rindfleisch.

Stolz zog er sein „beef“ unter dem Arm hervor, roch daran, hielt es mir hin und sagte: „Look here, Hamburger Steak, by ginger, Deutsches Beefsteak, Gehacktes, und Bratkartoffeln gibt's auch, mit Zwiebeln, alles für Sie!“

Er hatte ganz recht, stolz auf sein Fleisch zu sein trotz der Fliegen, denn da der Kanadier den ganzen Sommer durch von eingesalzenem Schweinefleisch lebt, der großen Hitze wegen, und erst beim Eintritt der Winterkälte sein Rind schlachtet, so war wirklich „beef“ in dieser Jahreszeit etwas ganz besonders Gutes.

Zwar wunderte ich mich, daß diese Delikatesse ausgerechnet für mich sein sollte, achtete aber weniger darauf, da ich wie gebannt auf das Halstuch starrte, das der Mann umhatte.

Es war rot, mit schwarzen und weißen Punkten, und wurde zusammengehalten von einer Nadel, wie ich noch keine gesehen.

Ein walnußgroßes Stück Waschgold, als Nadel gearbeitet, mit einem mindestens eineinhalb Karat schweren Diamanten mitten drauf, der bei den schwankenden Bewegungen des Besitzers jedesmal in allen Farben flimmernd an mir vorbeiflitzte.

Neugierig musterte ich den funkelnden Stein, lachte und meinte: „Deutsches Beefsteak? Woher kennen Sie das?“

„Stranger“, antwortete er huldvoll, trat dicht heran und legte mir die Hand auf die Schulter, „ich weiß, wer Sie sind, und denke, Sie sind ein feiner Kerl, come on, have dinner with me!“

Lustig zwinkerte er mir mit den strahlendblauen Augen zu, Augen, denen man nichts übelnehmen konnte, und hielt mir wieder das zerfaserte Papier mit dem Fleisch, umsummt von den Fliegen, vor die Nase. Dann sah er mir lange ins Gesicht, anscheinend interessierten ihn meine Schmisse, ergriff meine Hand, schüttelte sie, daß mir in seinem eisernen Griff die Gelenke knackten, und rief fröhlich:

„Well. Ich erwarte Sie und freue mich, einen Deutschen zu treffen, ich bin der, den Sie suchen!“

Es war Albert the Kid.

Lachend erzählte er mir, daß die vorsichtigen Halbbluts, die vor ihm einen heillosen Respekt hatten, weil er Bartender war und Whisky abgeben oder verweigern konnte, schon lange mit ihm über mich und meine Absicht, mit nach Noden zu ziehen, verhandelt hätten, daß ich, ohne dies zu ahnen, genau geprüft und als „gentleman“ erkannt worden sei, wenn auch diesmal wieder mit dem Zusatz: “crazy about hunting”. (Verrückt, was Jagd anbetrifft.)

So wurden wir schnell gut Freund, und als Albert, der alte Matrose der Kriegsmarine und sogar, seines prachtvollen Aussehens wegen, Ordonnanz gewesen war, erfuhr, ich sei Offizier, schlug seine Begeisterung hohe Wellen. Ich sah sofort, daß man es mit ihm wohl aushalten könne.

Um das Eisen zu schmieden, solange es noch warm war, erklärte ich bei Besprechung der Fahrt von vornherein, daß ich die Transportkosten allein tragen, keinerlei Anspruch auf erbeutete Pelze erheben, meinen Proviant zur Verfügung stellen und uns ausreichend mit Fleisch versorgen wolle, dafür aber ganz nach meinem Ermessen jagen, mich an der Trapperei nicht beteiligen und, eine verdammt wichtige Sache, nichts allein schleppen, sondern dazu ihre Hilfe verlangen würde.

„Selbstverständlich!“, brüllte Albert begeistert, „Sie sind unser Gast, und wir werden schlemmen, schlemmen! Dreimal warm den Tag! Ich koche, Sie werden staunen! By ginger!“

„Und Nash-en-Popee?“, frug ich dazwischen.

“Well”, meinte the Kid, “he shall be blessed, wenn er Sie zu sehen kriegt!“

Die Ereignisse überstürzten sich jetzt, da Albert schon auf dem Wege war, sich auszurüsten.

Auch ich kaufte schnell noch etwas Proviant und Kleinigkeiten, aber um das „dinner“ kam ich nicht herum.

In Alberts „shanty“, einer kleinen Bretterbude, die er in Mistavasis hatte, aß ich samt Jack gehackte Beefsteaks mit Zwiebeln und Bratkartoffeln, von Albert meisterhaft zubereitet trotz der Fliegen, und manches Glas wurde dabei geleert, kurz, es war „wie bei Muttern“, das höchste Lob, was es für uns gab. „Und was wird nun?“ fragte ich neugierig.

„Alles in Ordnung“, meinte the Kid, „der Rote bezieht immer Ende September unser Blockhaus am Churchill, um als erster da zu sein, falls sich ja ein Trapper dorthin verirren sollte, gräbt das versteckte Gerät, Fallen usw. aus, macht es sauber, bringt die Hütte in Ordnung, kurz, er macht es ‚allright‘.“ Ohne dies Wort geht es eben nun mal nicht.

„Am Fünfzehnten spätestens müssen wir mit unseren Vorräten und den neu gekauften Sachen eintreffen, sonst werden wir unter Umständen zu früh vom Schnee überrascht.“

Natürlich wollte ich in meinem bewährten Zelt wohnen, aber Albert schlug dies rundweg ab.

„Geht nicht, ist dort oben zu gefährlich. Wenn ein Hungerjahr kommen sollte, holen die Wölfe oder Bären Sie aus dem Zelt raus, und Sie werden gefressen, ’s wär schade drum.“

„Na“, warf ich ein, „da würde ich denn doch noch ein Wörtchen vorher mitsprechen.“

„Well, das glaube ich, aber es genügt, wenn die Bestien eindringen und die Vorräte verschlingen“, meinte Albert ernst, „nein, im Zelt soll man dort nicht wohnen, wenigstens nicht auf die Dauer.“

Schon wollte ich, wenn auch mit Bedauern, ablehnen, um nicht zu dritt in der Hütte wohnen zu müssen, da erklärte Albert, daß sie an die „Bude“, die nur viermal sechs Meter groß sei, sowieso einen Anbau machen wollten, in dem ich fein wohnen könnte, daß einige Bretter bereits draußen seien und er zwei kleine Fenster dazu schon gekauft habe.

„Tische, Schemel und solch Gerät haben wir reichlich aus alten Kisten angefertigt, Sie brauchen also nur Ihr Jagdzeug, den Proviant und was Sie sonst persönlich benuzten, wie Geschirr, Waschgerät und Bettzeug, möglichst alles in Decken verpackt.“

So war denn mein Wunsch, den Winter oben am Churchillriver zu verbringen, der Erfüllung nahe, selig und voll Erwartung kehrte ich auf meine Heimstätte zurück. Schon von weitem sah ich auf dem Anberg um mein Zelt herum Kühe stehen. Schwarz war also angelangt.

FÜNFTES KAPITEL

Fahrt in den hohen Norden

Je näher der Tag der Ausreise kam, desto unruhiger wurde ich. Endlich war es soweit. Mein Zelt und die bewährten Kisten, die meinen sonstigen „Komfort“ ausgemacht hatten, ließ ich wohlverpackt unter der Obhut von Mutter Schwarz zurück, nahm herzlichen Abschied, und der älteste Sohn fuhr mich samt den nach Nordlands- und Trappersitte in Decken verschnürten Resten meiner Habe zu François.

Diese Packen müssen stets gerade eine Traglast ausmachen, um sie an Stellen, an denen der Wagen nur leer durchkommen kann, schnell abladen, weiter tragen und wieder aufladen zu können.

Bei Halbbluts war alles emsig dabei, die letzten Vorbereitungen zu treffen. Aber the Kid, entschieden der Führer, strahlte eitel Wonne: „Alles klar, Herr Leutnant!“

Mein Gott, was kann solch kanadischer Kastenwagen alles fressen! Pack an Pack verschwand im Innern. Als wir endlich marschbereit waren, graute bereits der Morgen.

Mit der aufgehenden Sonne brachen wir auf. Vorn zwei schwere Kaltblüter, dann François als Kutscher, in der Mitte des Wagens Albert und ich, rauchend und erzählend, und hinten, mit dem Halfterstrick kurz angebunden, als Reservegaul eine kohlpechrabenschwarze Stute, die, wie ich zu meinem Schaden bald merken sollte, der Herr in seinem Zorn geschaffen hatte, so zogen wir los.

Kohlpechrabenschwarz war dieses Pferd, und ebenso schwarz war seine Seele. Kaum waren wir außer Sicht, als das Biest stehen blieb, den Kopf hoch warf, ein Ruck nach rechts, einer nach links, und ehe wir zufassen konnten, knacks!, war der Strick gerissen.

„Du schwarzer Deuwel!“ brüllte Albert, sprang vom Wagen, sein Lasso schwirrte, legte sich um den Hals und zog sich, da das Tier fortraste, fest zu. Mit aller Kraft ruckte der „schwarze Deuwel“ an, aber the Kid, berühmt durch seine gewaltige Stärke, hielt fest.

Mit Bewunderung sah ich die Muskeln seines Armes anschwellen, daß

der Ärmel strammte, fingerdick traten die Sehnen am Handgelenk heraus, noch ein kurzer, aber fürchterlicher Ruck, und das Pferd stürzte.

Auch ich war abgestiegen, schnell liefen wir hin und schlangen dem widerspenstigen Biest einen neuen Strick mit dem berüchtigten kanadischen Cowboyknoten um den Kopf. Die Stute folgte jetzt willig. Damit wir aber nicht wieder durch ähnliche Zwischenfälle aufgehalten würden, behielt Albert den Strick in der Hand, und ich löste ihn hierbei nach einiger Zeit ab.

Kaum hatte ich zugefaßt, da, ein Ruck, der schwarze Deuwel warf sein volles Gewicht nach links herum, der Strick sauste durch meine Hand, krampfhaft hielt ich fest, der Knoten am Ende legte sich um meine Daumen, ich hörte es knacken, fühlte, wie der Finger sich drehte, ließ von furchtbarem Schmerz durchzuckt, los, und ab ging das Biest.

Au, mein Daumen! Das war ja eine schöne Bescherung!

Der Strick hatte durch die Drehung die gesamte Haut gelöst, über den Daumen heruntergezogen und sie bis an den Nagel gewissermaßen umgestülpt.

Rosaweiß, mit roten Pünktchen, schimmerte der hautlose Daumen mich an, und selbst Albert the Kid, der doch allerhand gewöhnt war, rief erschrocken: “By ginger, knockout!”

Entsetzt sah ich mir den Zauber an, fühlte, wie das Blut langsam durchdrang, ergriff die abgezogene Haut mit zwei Fingern, streifte sie, genau wie man einen Handschuh anzieht, wieder über den Daumen zurück und umwickelte die Geschichte fest mit dem Taschentuch.

„Allright“, sagte zufrieden the Kid, sprang ab, fing die schwarze Stute wieder ein und band sie vorn am Handpferd fest. Von da an ging sie tadellos.

Bald erreichten wir das unvermessene Land, aber immerhin war hier schon ab und zu jemand gefahren, man sah schwache Wagenspuren, und wir kamen gut vorwärts.

In einem wunderschönen Waldtale rasteten wir zwei Stunden und machten Mittag.

Dort nahm ich das Taschentuch ab, beschmierte den ganzen Daumen dick mit Lanolin, legte etwas Watte darum, dann eine Mullbinde, und darüber band mir Albert geschickt einen Leinenstreifen, der kreuzweise über den Finger und um das Handgelenk lief und mit einer Schleife zugebunden wurde.

Leider war es der rechte Daumen, es störte mich sehr, aber ich tröstete mich mit dem Gedanken, daß bei mir immer alle guten Dinge mit irgendeiner Schweinerei angefangen hatten, und behielt meine frohe Laune, nun gerade!

Bei Einbruch der Dunkelheit machten wir Halt, dicht bei einem Bach, um Wasser zu haben, spannten die Pferde aus, ließen sie frei grasen, kochten am Lagerfeuer und legten uns auf Tannenzweige, in unsere warnen Decken gehüllt, direkt unter dem Wagen zur Ruhe, denn eine Wache brauchten wir hier noch nicht.

So ging das einige Tage ganz gut, François verstand es, immer offene, gangbare Stellen, oft sogar Strecken von Prärieland zu finden, wo es sich gut fahren ließ, und nur selten mußten wir die jetzt ganz vernünftige Stute vorspannen, bei Flußbetten und Schluchten selbst in die Räder greifen oder sie mit durchgesteckten Knüppeln hemmen.

„Harmlose Sache", dachte ich so bei mir, „es sind doch alles kleine Wichtigtuer. Das hätte ich allein schließlich auch fertiggebracht."

Die Geschichte imponierte mir wenig, da hatte ich früher ganz andere Fahrten mitgemacht, und Wild, vor allem Hirsche, und davon wieder besonders den mächtigen Wapiti mit dem klobigen Geweih, trafen wir nicht an, kein wilder Bär verstellte uns den Weg, und keine blutgierigen Wölfe bedrohten uns.

Die ganze Gegend schien verlassen, nur Mister Bunny, das Karnickel, tobte überall herum, und ab und zu sahen wir ein Rudel Springhirsche in den charakteristischen Fünf-Meter-Sätzen in weiter Entfernung über irgendeine kahle Hügelwelle verschwinden.

Die Erklärung war einfach genug.

Der erwähnte leere Raum machte sich eben bemerkbar. Das Wild, durch die Vermessungsarbeiten scheu gemacht und von fleischhungrigen Siedlern beschossen, wo und wann es sich sehen ließ, war nordwärts gezogen oder vorsichtig geworden.

Es kannte jetzt den Menschen, vernahm natürlich weithin den Lärm des schweren Wagens und drückte sich beizeiten.

Die Hirsche waren in der Feiste, also heimlich, faul und unsichtbar, sie fanden jetzt, wie auch die Tiere, den Tisch überall mehr als reichlich gedeckt und standen ruhig in den dicksten Dickungen, wo auch vor allem das Fliegengeschmeiß nicht hin konnte.

Das fast überall wuchernde Jungholz nahm jede Sicht, und ein Anpürschen war bei dem Unterholz und der Trockenheit ganz ausgeschlossen.

François und Albert wußten das natürlich und fuhren daher durch, ohne auf das Wild zu achten, und ich kam bald dahinter und gab es auf, mir klopfenden Herzens die Augen aus dem Kopf zu gucken.

Am Abend des dritten Tages meinte Albert: „Well, jetzt sind wir durch, hier ist unsere erste Station."

Er wies mit der Hand in eine fünfzehnjährige Fichtendickung, François hielt an, wir sprangen ab und gingen voraus.

Mittendurch führte im Bogen eine Art Weg, und aus den dabei abgeschlagenen Stämmen war eine Hütte errichtet, die Wände aus Stangen, mit Fichtenzweigen durchflochten, das Dach mit Rasenplaggen abgedeckt.

Ein primitiver, eigentlich sogar reichlich komischer Herd aus Steinen, alten Konservendosen und Sirupkannen, eine Bettstatt aus dünnen, federnden Stangen, ein Tisch nebst Bank aus dem gleichen Material und einige Asthaken an den Wänden zum Aufhängen von Sachen war die ganze Einrichtung.

Vor der Hütte, der Türöffnung gegenüber, lag ein kleiner Kral für die Pferde, so daß sie sich mal wieder frei bewegen konnten, die Stangen eng genug, um Wölfe abzuhalten, und einige Schritte ab rauschte ein großer Bach mit köstlichem Trinkwasser.

„Hier werden wir uns und die Gäule erst mal gründlich ausruhen und ordentlich essen", meinte Albert, während François seine Tiere besorgte.

Die Arbeit war nämlich genau verteilt: François fuhr und betreute Pferde und Wagen, Albert kochte und sorgte für den Lagerplatz, und ich, der „Gast", ich zahlte, half, wo es mir gut dünkte, und sorgte für Nahrung, d. h. schoß oder fischte, und das tat ich mit Wonne.

„Kommen Sie", rief the Kid; eilig ergriff ich den Dreilauf, und Albert führte mich am Bach entlang, der sich melodisch plätschernd, teils schmaler, teils breiter, mal zehn Zentimeter, mal dreiviertel Meter tief, durch das Gebüsch schlängelte.

Bald erreichten wir Laubwald, ziemlich dichten Bestand, mit felsigem Boden, der Bach wand sich um große Steine, bildete so Kolke, und in jedem größeren Loch stand – eine gute Forelle.

„Famos, Kid!" rief ich, riß den Drilling hoch, und bautz! Eine hatten wir, so eineinhalb Pfund. Wie ein Drahthaar, so passioniert sprang Albert zu, angelte sie heraus und wunderwerkte los:

„Bravo, by ginger! So wird das also gemacht. Jetzt werden wir sie kriegen."

„Was brüllen Sie denn“, meinte ich, „was ist denn dabei zu bravon?“

„Na“, rief er, „das Schießen, das ist ja großartig! Ich habe sie immer mit der Hand gefangen, aber nur kleine, und wurde auch noch naß dabei. Nein, daß man Fische schießen kann“ – und erstaunt schüttelte er seine blonden Locken.

Kaum zwanzig Schritte weiter kam der nächste Kolk.

Bautz! Wieder eine, fünfviertel Pfund.

Dann kam eine tiefe Stelle, denn ein gestürzter Stamm lag quer über dem Wasser, und angeschwemmtes Holz, Gras und Laub hatten eine Art Staudamm gebildet.

Trotz der fast einen Meter Tiefe konnte ich in dem klaren Bachwasser zwei starke Fische sehen, der schwächere in der Mitte, der größere in dem Wirbel, den der Strom am Überlauf aufwühlte.

„Bautz!“ Nichts, das Wasser spritzte, die große Forelle war verschwunden.

„Nanu?“ Erstaunt riß Albert the Kid seine blauen Augen auf.

„Ja“, sagte ich, „zu tief!“

Ich lud, kletterte auf den Stamm und wartete. Keine zwei Minuten, und sie war wieder da.

Diesmal nahm ich aber die Kugel.

Bauff! Zischend pfiff das Wasser empor, mir gerade ins Gesicht, ich schwankte, rutschte aus, griff nach unten und konnte mich noch im Reitsitz auf dem Stamm halten.

Ein starker Fisch schoß hervor, warf sich dreiviertel aus dem Wasser und schlitterte seitwärts, heftig mit dem Schwanze schlagend, darüber hin.

Albert stieß ein Freudengeheul aus, sprang blindlings zu, mit ausgestreckten Armen und gespreizten Fingern, und stand – bis an den Leib im kalten Wasser, aber die Forelle war fort.

Auch ich hing bis über die Knöchel mit beiden Füßen drin und wollte gerade wieder auf den Stamm klettern, da kam sie doch noch mit der Strömung angeschwommen, den weißgelb schillernden Bauch nach oben. Schnell beugte ich mich bis zum Überlauf vor, packte sie hinter die Kiemen und warf sie weit ans Ufer. Ein feiner Fisch! So drei Pfund!

Die andere Forelle hatte sich gedrückt. Da, gerade als ich mich abwenden wollte, schoß ein dunkler Schatten durchs Wasser, dann blitzte es silberhell und bunt, und der andere Fisch war wieder da.

Leider stand er so, daß ich des Schusses nicht sicher war, und dafür war mir die Kugel zu schade.

Wir gingen also weiter. Albert, der doch einmal patschnaß war, watete im Bach, fummelte mit den Händen unter den Ufern herum und brachte wirklich drei gute Viertelpfünder heraus.

Bald fanden wir wieder einen Kolk, und wieder stand ein größerer Fisch dort, den ich mit Schrot schießen konnte.

The Kid holte ihn heraus und strampelte vor Freude wie ein Kind, dann legten wir Strecke:

Eine zu drei, eine zu eineinhalb, eine zu eineinviertel, die letzte zu gut ein Pfund, und Alberts drei zu je ein viertel, zusammen siebeneinhalb Pfund, also genug für drei Leute.

François schmunzelte, als wir ankamen, schnell kochte das Wasser, und bald darauf tafelten wir „Forelle blau“, mit den Jagdmessern, bitte sehr, denn es waren keine Gabeln zur Hand, außer einer Heuforke, und auch die war aus Stahl, es schmeckte ganz großartig, so frisch aus dem kühlen Bach, und wir tranken statt des dazugehörigen spritzigen Mosels als echte Nordmänner steifen Grog, denn wir wollten uns doch, wie the Kid anfangs bemerkt hatte, „erholen“, und dazu ist und bleibt eben dort der Whisky in irgendeiner Form das erste Erfordernis.

Dann steckten wir mit einem brennenden Ästchen aus dem offenen Herdfeuer, denn so will es Anstand und gute Sitte und nur ganz große Affen verbrauchen unnütz, wenn Feuer da ist, die so nötigen Streichhölzer, die Pfeifen an, saßen auf der Bank und erzählten.

Aus dem Herde knisterten flackernd die Flammen, anheimelnd huschten ihre rotgelben Lichter durch den dunklen Raum, es war angenehm warm, draußen raschelten und knabberten die Pferde an den Hafergarben, die sie heute als ihre Erholungszugabe erhalten hatten, es rauschte und raunte im Walde, dumpf erklang ab und zu das klagende, müde Huhhuhu des Uhus, und aus der Ferne ertönte verschwommen, weit, weit entfernt, der uralte Gesang der nordischen Wildnis, das Heulen des grauen Wolfes. Da – jäh fuhr ich auf, meine Nerven spannten sich zum Platzen, ein Zucken lief durch mein Haar, was war das?!

Dröhnend und donnernd hallte es durch den Wald, einmal, noch einmal – zitternd sprang ich auf und eilte hinaus, – da, noch einige kurze, grollende Töne, – uhouach! uoach, uach!, der Brunftschrei des Gewaltigen. Der Elk hat geschrien. Die Brunft begann.

Fiebernd vor Erwartung sah ich mich um.

Ein leichter Nordost rauschte in den Wipfeln, es war ziemlich kalt, der Himmel war etwas bewölkt, und gespenstisch leuchtete der Mond durch die Lücken. Wie vom Wolf gescheuchte Schafe flogen die Wölkchen im Firmament dahin, und unheimlich, ja geisterhaft, huschten ihre Schatten über die Dickungen.

„Hu-huhuuh", jammerte der Schuhu, es knackte, raschelte und flüsterte um mich herum, ein Schauer überlief mich – ach, es war zu schön.

Jetzt! Noch einmal dröhnte der gewaltige Brunftschrei durch die urige Wildnis, stumm stand ich da und lehnte die Arme auf die Umzäunung des Krals.

Erst nach einer ganzen Weile ging ich zurück in die Hütte, zu meinen neuen Freunden, ergriffen und still.

Noch lange saßen wir am Feuer und plauderten, aber vergebens lauschte ich auf den Ruf, und François, der meine innere Unruhe mehr fühlte als das Sonnenkind Albert, versprach, mir aus Birkenrinde ein indianisches Rufhorn für Moose zu machen. Auch in ihm fieberte die Jagdlust.

Ein schwerer Weg stand uns jetzt bevor, denn die Wildnis in ihrer ganzen Unberührtheit begann, und auch ich sollte, beinahe wenigstens, genug bekommen.

Übermorgen wollten wir den Montreal-Lake erreichen, wo es von Wild wimmeln sollte. Schon dort gab es keine Schonzeiten mehr, man jagte dann nicht zum Vergnügen allein, sondern auch, um nicht zu verhungern.

Dafür war aber der Marsch eine Kette fürchterlicher Mühen, denn das Hochplateau, auf dem wir bisher gefahren waren, senkte sich jetzt in schluchtenreichen Höhenrücken und Tälern langsam zum Seegelände hinab.

„In solcher Gegend stehen meist starke Hirsche", gab ich meinen Senf dazu, aber François meinte bedächtig: „Ich wünschte, wir wären erst durch", gähnte, reckte sich wohlig, klopfte die Pfeife aus und legte sich hin. Albert folgte sofort nach, denn ich übernahm die erste Wache, schlafen hätte ich doch nicht können.

Stumm, in tiefen Gedanken, stand ich vor der Tür, an den Pfosten gelehnt, die Büchse im Arm, das scharfe Glas griffbereit, und wartete auf den dröhnenden Ruf, aber alles blieb still, nur die ruhigen Atemzüge meiner Genossen waren zu hören.

Da! Tapp, tapp, tapp! Raschelnd trabte ein Tier durch die Dickung, vergebens strengte ich die Augen an, ich sah nichts.

„Huh – huhuuh!" rief es hinter mir, aus dem hohen Holz. „Rchrrr, rchrrr!", aha, François schnarchte ein bißchen, lächelnd drehte ich den

Kopf und horchte in das Dunkel der Hütte – da! – unheimlich strich etwas dicht über mich hinweg, unwillkürlich sah ich mich um – kereck! klang es, wie der Schlag starker Fänge auf trockenes Holz, erschrocken prallte ich zurück und starrte auf den Kral.

Direkt vor mir, keine drei Meter entfernt, pflockte auf dem Eingangspfosten ein riesiger Uhu, schüttelte das Gefieder, breitete nochmal die gewaltigen Schwingen aus und legte sie lautlos am Körper zusammen.

Wie zwei Riesenopale glühten seine Nachtaugen mich an. Da heulten auch noch zum Überfluß die Wölfe los, gar nicht weit entfernt, ich erschauerte, und wieder ging es „tapp, tapp, tapp!“ – kalt lief mir eine Gänsehaut über den Rücken, und langsam zog ich mich in die Tür zurück.

Plötzlich brach der Mond durch die Wolken, es wurde mit einem Male ganz merkwürdig hell, und ich trat heraus. Sofort erhob der Schuhu die Schwingen – er klafterte gut anderthalb Meter – ließ sich fallen und strich dicht am Boden ab.

Da ging es wieder „tapp, tapp, tapp!“, mit dem Glase spähte ich nach der Richtung und sah einen Schatten forthuschen, es war – ein Fuchs, der sich die Reste unserer Forellen, die wir samt anderen Abfällen fortgeworfen, geholt hatte.

Der Mond verschwand aufs neue hinter den Wolken, es wurde wieder dunkel, aber die herrliche Stimmung höchster Erregung war fort.

Ich fror, wurde müde und sah nach der Leuchtuhr, meine Zeit war um.

Leise ging ich hinein und schüttelte François an der Schulter.

Todmüde wickelte ich mich in meine Decken, warf mich auf mein Bett aus Tannenzweigen und schlief traumlos, bis süßer Kaffeeduft, in Wirklichkeit aber Alberts Finger, meine Nase kitzelte, und ich erwachte.

Es war elend kalt, die Wolken hatten sich verzogen, ein herrlicher Tag brach an, und wunschlos glücklich tat ich dem Frühstück, dem gesunden, kräftigen „porridge“, das sind gekochte Haferflocken mit Zucker und Sahne, alle Ehre an.

Als wir fertig zum Aufbruch waren, sagte Albert zu mir: „Ich bitte Sie um eins, der Weg wird jetzt etwas hart, aber wir sind ihn schon zweimal allein gefahren, es geht auch diesmal ohne Sie, bedenken Sie Ihren Daumen und daß Sie unbedingt die Hand schonen müssen, also lassen Sie uns allein machen.“

Ja, so, mein Daumen! Den hatte ich ganz vergessen, aber jetzt, kaum sprach Albert davon, tat er auch prompt wieder weh, und bewegen konnte ich ihn nicht. Der Verband war noch genauso, wie am ersten Tage, ich hatte nicht daran gerührt, aus Angst, womöglich allerhand unliebsame Entdeckungen zu machen.

„Soll ich zusehen, wie ihr euch abquält?“ fragte ich stirnrunzelnd und paßte auf, wie meine Gefährten den Flaschenzug, das lange, starke Seil, Kette und Winde griffbereit oben auf den Wagen packten.

„Zusehen, ja“, war die Antwort, „aber nicht uns, sondern, daß wir Fleisch kriegen. Wir dürfen jetzt alles schießen, weil wir es brauchen, machen Sie sich fertig, wir können leicht Hirsche antreffen.“

Alberts lustige Augen funkelten vor Freude, als er mir diese angenehme Auskunft gab, und François nickte und fügte hinzu: „Wölfe auch!“

„Großartig!“ rief ich erfreut, legte den Dreilauf weg und nahm die geliebte Büchse zur Hand, nebenbei bemerkt Streifenlader von Sauer und Sohn, eine Waffe, mit deren Wirkung ich bei über dreihundert Schuß auf Elch, Hirsch, Bär und Wolf stets zufrieden war.

“Go on!” Langsam zogen die Pferde an, die Fahrt begann.

Wir überquerten leicht den Forellenbach, wanden uns Schritt für Schritt von einer lichten Stelle zur andern, und ich konnte feststellen, daß ab und zu ein Baum, der die Durchfahrt sperrte, schon früher abgehauen worden war, wir mußten also auf dem rechten Weg sein. Dann nahm uns ein langgestrecktes, feuchtes Bruch auf, dessen Gebüsch wir einfach niederfuhren, und es machte mir direkt Freude zuzusehen, mit welcher Sicherheit und Ruhe unsere schweren, an jeden Boden gewöhnten Pferde, trotz des ungeschickten Kastenwagens, sich zwar langsam, aber stetig, oft ruckweise, durcharbeiteten.

Das Sitzen im Wagen war bei den Stößen, dem Schwanken und den stets wechselnden Bewegungen, da es oft einen Schritt vorwärts, dann wieder ein Stückchen zurückging, wirklich kein Vergnügen, und meist, oft kamen wir zu Fuß kaum durch, marschierten wir neben- oder hinterher, bis auf the Kid, der als Führer unermüdlich, oft bis über die Hüften im Gestrüpp und Gras, vor den Pferden herging.

Immer am Rande des Bruches entlang drangen wir weiter, es krachte und rauschte, wenn Pferd und Wagen durch die Büsche brachen, und ich wunderte mich im stillen, wie wir dabei Hirsche antreffen sollten.

Endlich hörte das Bruch auf, und eine Wand mächtiger Tannen und Fichten versperrte den Weg, durch konnten wir da nicht.

Nach einer Ruhepause für die Pferde ging es an diesem wertvollen Holz entlang, fast durchweg Stämme von Meterdicke und dreißig bis sechzig Meter Höhe, bis wir an eine Schlucht kamen, die endlos, mit wildzerklüfteten Seitenwänden, sich mehr und mehr verbreiternd, langsam abwärts führte. Umgehen konnten wir sie nicht, denn links war der unpassierbare Tannenforst und rechts hätte uns der Weg scharf bergauf und – wieder nach Süden geführt.

Es war ein altes Flußbett, ein sogenannter Canon, den die Wasser im Laufe der Jahrtausende ausgewaschen hatten.

Steil und zerrissen fielen die Wände zwanzig bis dreißig Meter tief ab, teils mit Busch bewachsen, teils trat in den Schründen und Rissen der rotbraune Lehm zutage, bis in das achtzig bis hundertfünfzig Meter weite Tal, voll von Fichtenhorsten, Gestrüpp und kahlen, sandigen Stellen, mit allerhand Geröll, durch dessen Mitte ein flacher, aber oft bis zehn Meter breiter Bach rieselte, mit sandsteinigem Grund, ein Bächlein, das lieblich und unschuldig aussah, aber zuzeiten zum wilden Bergstrom anschwellen konnte.

„Was nun?“ fragte ich, „müssen wir hier runter?“

„Runter und später wieder rauf“, lachte Albert the Kid mit seiner stets guten Laune.

„Feine Sache!“ meinte ich, „runter, ja, aber wie rauf?“

„Nun unten, weiter abwärts, wird das Tal breiter und gut gangbar, da sind die Wände niedriger, und“ – dabei nickte Albert mir zu –, „da zieht auch das Wild.“

„Ja“, bemerkte der ruhige François, „viel Jumpingdeer dort und Wölfe.“

Das könnte stimmen, denn daß die Springhirsche solch verrücktes Gelände lieben, war mir bekannt, und die „Grauen“ wollten auch nicht immer nur Karnickel verspeisen, sondern hetzten und rissen die armen Springer, wo und wann sie sie fassen konnten.

Währenddessen hatte François den Wagen, die Gäule am Kopfstück führend, rückwärts bis dicht an die Schlucht herangefahren und ausgespannt.

Albert und er faßten die Hinterräder, schoben sie bis über den Rand und bremsten sie da durch zwei große Steine.

Der Flaschenzug kam an einen starken Baum, das eine Ende des Seils an den Wagen, mit dem anderen rutschte ich den steilen Hang hinab, eine Arbeit, die mit einer Hand zu machen war.

Albert und François nahmen jeder ein Wagenpferd am Zaum, führten es langsam in schräger Richtung ein Stück hinunter, ließen los, rutschten vorneweg, um zu zeigen, wie es gemacht wird, und die Tiere, die den Rummel schon kannten, folgten willig ihren Herren nach, bis sie unten waren, schnaubten ein paarmal, schüttelten sich und fingen an, auf dem frischen Rasen des feuchten Grundes zu grasen.

Der schwarze Deuwel, die Stute, stand allein noch oben, lief einigemal hin und her, fühlte sich verlassen, kam dann ganz von allein nach und gab unten ihrer Freude über die glückliche Wiedervereinigung mit den Gefährten durch einige Bocksprünge unter lebhaftem „Feuer" deutlichen Ausdruck.

Das Seilende wurde jetzt durch die Kette verlängert und die Pferde vorgespannt.

François ließ anziehen, Albert stieß die Steine fort, bremste nach Bedarf mit einem armstarken Knüppel, und ruckweise, vorsichtig rückwärtsgehend, ließen die Gäule den Wagen herunter, sie wußten ganz genau, um was es sich handelte.

Die ganze Geschichte hatte kaum zwei Stunden gedauert, und froh, daß alles glatt verlaufen, fuhren wir weiter, diesmal mitten im Bach, dessen wenn auch steiniger Boden genug Sand und Kies hatte, um einen für dortige Verhältnisse großartigen Weg abzugeben.

Steine, namentlich, wenn sie so als Geröll herumliegen, üben auf mich einen merkwürdigen Reiz aus, zu gern schaufle ich drin herum, hebe einzelne auf und lebe der Hoffnung, irgend etwas Kostbares zu finden, sei es Gold, Kristallisation, Versteinerungen oder ähnliche schöne Dinge.

So sah ich sehnsüchtig einem Haufen Geröll nach, in dem ich allerhand Schätze vermutete, und blickte zufällig zurück, da stand, keine hundert Meter entfernt, mitten im Wasser, ein uraltes Elchtier mit grauem Gesicht und äugte interessiert dem Wagen nach.

„Halt!" rief ich leise, sprang ab, backte an, da wendete es und schritt gemütlich hinter einen Busch, fort war es!

"Let her go", rief Albert lachend, als er meine verdutzte Miene sah, „wir wollen lieber ein feistes Hirschkalb haben."

„Wo fahren wir hin?" fragte ich dagegen.

„Immer den Bach entlang."

„Wie lange noch?"

„Well, eine gute Stunde; dann wird die rechte Seite so flach, daß wir rauf können."

„Allright", rief ich, „dann gehe ich bis dahin hundert Meter vorneweg."

„Ich komme mit", stimmte Albert zu, kramte seinen Marlinkarabiner heraus und sprang ebenfalls ab.

Gerade wollten wir uns wieder in Marsch setzen, da brüllte François: „Wolves!" und zeigte nach vorn.

Wirklich, Wölfe! In langen Fluchten überquerten sie so hundert Gänge vor uns das Tal, beim Bach mußten sie ganz frei werden, jetzt!

Da kamen sie schon, einer, zwei – „bauff!" vorbei, drei, vier – „bauff!" er rolliert, fünf, sechs – „bauff!" er stürzt, kommt vorn hoch und geht ab, die Hinterhand nachschleifend, sieben, weg sind sie!

Ich passe auf den Kranken, der langsam fortkommt, da ist er ja wieder, schon will ich abdrücken, als Albert mich am Arm packt und aufgeregt brüllt: „Achtung, rechts! Hirsche!"

Schnell fahre ich herum, höre es brechen, und an uns vorbei, den zerklüfteten Abhang der Schlucht schräg hinauf, rast in komischen Riesensätzen ein Rudel Springhirsche.

Eingedenk meines Amtes als „Fleischmacher" suche ich nach einem Spießer oder Kalb, aber es geht zu schnell, ich kann nichts ausmachen, doch da, ein mächtiger Kasten von graubrauner Farbe, dicht dahinter zwei kleinere, gelbbraune Flecke, das sind sie!

„Bauff!" Vorbei, der Deuwel schieße da in der Flucht. Noch mal, „Bauff!" Das eine Kalb bricht zusammen, schnellt herum, schiebt sich mit dem Geäse auf dem Boden weiter und bleibt liegen.

Vorbei war der Spuk, noch einige Rumpler im Busch, und alles war wieder ruhig bis auf Albert the Kid, der seinem Namen, der „Jugendliche", alle Ehre machte.

"By ginger", brüllte er, zitternd vor Erregung, zum Schießen war er bei der Schnelligkeit, mit der das alles vor sich ging, gar nicht gekommen, und sauste hin wie ein verrückter Hund. Ein großer Jäger war er sicher nicht.

„Halt! Halt doch!" rief ich, vergebens, er rannte weiter.

„Gut", sagte ich mir, „soll er auch allein schleppen" und ging nach dem kranken Wolf. Ich fand ihn auch bald, am Rande des Abhangs liegend, den er nicht mehr hinaufkam, aber er war vorn noch hoch und hechelte; es war zwar ein Wolf, ein erbarmungsloser Räuber, trotzdem ging es mir durch und durch, schnell sollte ihn mein Kugel erlösen. – „Klick!" Was war das? Versager? Nein! Leergeschossen!

Natürlich, es ging Hals über Kopf, Zeit zum Überlegen gab es nicht, aufgeregt war ich selbstverständlich auch, aber zu entschuldigen war das nicht.

Schnell führte ich einen neuen Patronenstreifen ein und, wohl eine Folge des Ärgers, schoß den Kranken auch noch auf zwanzig Schritt vorbei. Auf dem Hals sollte die Kugel sitzen, und direkt darunter stob der Dreck. So mußte es ja kommen, denn ich ließ den Hals aufsitzen, gewöhnt an den Hochschuß meiner Büchsen auf hundert Meter.

Der Wolf drehte ab und zog langsam seitlich am Hang entlang, bis ihn ein zweiter Schuß genau ins Genick endlich erlöste.

Der andere lag, durch den Halsansatz geschossen, auf dem Fleck. Nachsuche nach dem dritten Wolf, der höchstflüchtig weiter gegangen war, hielt ich für unnötig. Er zeichnete nicht, und ich fühlte, ich war zu hoch abgekommen, da diese Bestien sich in voller Flucht so strecken, daß sie ganz niedrig, wie ein grauer Strich, dahinsausen.

Trotzdem suchte ich auf dem vermeintlichen Anschuß herum, bis der Wagen herankam, fand aber nichts.

Wenn Albert the Kid etwas tat, so tat er das auch ganz und mit fast erschreckender Energie.

So sah ich zu meinem Erstaunen das Kalb schon aufgebrochen hinten am Wagen hängen, Läufe und Kopf abgehackt, und Albert war gerade dabei, die Leber „pfannenrecht" zu machen.

Wir machten Halt, meine Gefährten streiften die Wölfe, denn mit meinem lahmen Daumen ging das nicht, und ich stiftete ihnen dafür die Bälge, die zwar noch nicht „prime", d. h. vollwertig, und auch nur klein, der Prämie wegen aber doch mitzunehmen waren.

Ich vermute, daß die sieben Stück zu einem Geheck gehörten, mit dem die Alten einen Übungs- und Jagdzug machten.

Kurz darauf erreichten wir die Stelle, an der wir die Schlucht verlassen konnten, ja sogar mußten, da sie in falscher Richtung abbog.

Der Abhang, den wir mitsamt dem Wagen hinauf wollten, war nur an vier bis fünf Meter hoch, aber steil, doch ein schmales Band lief schräg nach oben, wohl vom Wild allmählich ausgetreten, denn ein stark begangener Wechsel führte darüber hin.

Wir zogen den Wagen mit Hilfe des Flaschenzuges hinauf und brachten die Pferde auf diesem Wechsel leicht nach.

Noch zweimal hatten wir derartige Hindernisse zu überwinden, mußten sogar einmal einige Bäume fällen, um durchzukommen, da François sich festgefahren hatte, und ziemlich spät, als es schon dunkel war, machten wir endlich für heute Schluß, fütterten und tränkten die Pferde, brieten uns die Hirschleber, dann noch drei Steaks von dem Kalb hinterher und stritten eifrig darüber, ob wir es gemerkt hätten, wenn Albert, unser Koch, die beiden Wolfslebern mitgenommen und statt der Steaks gebraten hätte.

Albert the Kid schwor, niemand würde das schmecken, denn Leber sei Leber, und wenn bei Schiffbrüchigen der Hungertod nahe und der durch das Los Bestimmte geschlachtet worden sei, so würde stets die Leber zuerst „gefressen".

François meinte in der stoischen Ruhe eines Abkömmlings der indianischen Rasse, die die Feste feiern, wie sie fallen, und die lange Zeit fasten, dann aber sich auch bis zur Bewußtlosigkeit vollstopfen konnten, er zöge einen saftigen Elchrücken vor und würde lieber warten, bis ein Hirsch käme, als Menschen zu fressen.

Vergebens machte Albert ihm klar, daß es auf dem Ozean keine Hirsche gäbe, François lächelte nur ruhig und meinte: „Well, was soll ich dann dort? Dann gehe ich gewiß nicht hin."

Ich selbst erklärte, daß Leber noch lange nicht Leber sei, sondern unter Umständen etwas ganz Fürchterliches, z. B. die Leber eines Brunfthirsches. Kein Mensch könne die essen.

Albert bestritt dies energisch, behauptete, jede Leber zu futtern, die er kriegen könne, und verpflichtete sich, die erste Brunftleber, die ich ihm bringen würde, ganz allein zu vertilgen.

„Guten Appetit, Sie sollen sie haben", antwortet ich lachend, trank meinen Grog aus und legte mich schlafen, François folgte, und bald saß Freund Albert allein und hatte Muße genug, über die Schmackhaftigkeit der Leber nachzudenken, denn er hatte die erste Wache.

Wunderbar weich lag es sich auf meinem dicken Bett übereinandergelegter Tannenzweige, ich schlief wie ein Toter bis zum Morgen, es war eine Schande, Albert und François hatten abwechselnd gewacht. Ich schimpfte zwar fürchterlich, aber sie freuten sich und lachten mich aus.

Schon vor Sonnenaufgang ging es weiter, um den großen See noch vor Einbruch der Dunkelheit zu erreichen.

Das Handpferd stürzte, und die Deichsel brach. Wir legten eine frühe Mittagspause ein, in der Albert aus einer halbtrockenen Birke eine neue, eine Art „Deichselersatz", anfertigte.

Dann riß sich die schwarze Stute wieder mal los, als ein Baum zwischen sie und das Hauptpferd geriet, und da dies alle Augenblicke zu geschehen pflegte und wir dann jedesmal das Untier losmachen und neu anbinden mußten, ließen wir sie einfach so laufen, und sie folgte, dicht an die andern Pferde gedrängt, von allein besser als früher.

Immer mehr ging es bergab, in der Ferne sahen wir schon den ersehnten Berg liegen, umgeben von mehreren kleinen Wasserflächen, und ein wunderbares Landschaftsbild breitete sich immer deutlicher vor uns aus.

An einem Hang, den wir nur mit gebremsten Rädern hinabgleiten konnten, benutzte ich den kleinen Aufenthalt, um das Gelände mit dem Glase abzusuchen.

Hinter uns lag dichter Wald, meist hohe Tannen und Fichten, durchzogen von Schluchten und scharfen Höhenrücken, vor uns streckte sich in unendlichen Weiten die Ebene hin, in der zahlreiche Seen blinkten.

Unten lagen drei kleine und eine riesige Wasserfläche, der Montrealsee mit seinen Nebenseen, aus denen der gleichnamige Fluß entspringt, der sich, oft als silbernes Band sichtbar, direkt nach Norden hinzieht, westlich begrenzt von einer Kette niedriger Berge, östlich dagegen von ausgedehnten Waldflächen, aus denen sich die dunklen Tannenwälder wie riesige schwarze Flecken hervorheben.

Sanft senkte sich unser Weg zur Seenplatte hinab, teils Pappelbusch, teils offene Grasfläche, und auf diesen Präriestücken stand, nur mit dem scharfen Glase sichtbar, ab und zu Wild, wohl meist Springhirsche, doch schien es mir, als ob, der allerdings schwer schätzbaren Größe nach zu urteilen, auch Wapitihirsche darunter wären.

Elche, also Moose, waren als reine Wald- und Sumpfbewohner nicht zu sehen.

Ab und zu ruderte ein starker Raubvogel durch die Lüfte, fast so groß wie ein Adler, und mit Bedauern dachte ich daran, wie weit man doch in diesem Lande noch mit der Zoologie zurück war, denn auf alle Fragen, was das wohl für Vögel seien, erhielt ich nur die wegwerfende Antwort: "Well, that's a havak." (Habicht.)

Buschhühner und Karnickel gab es überall im Überfluß, und Wassergeflügel belebte jeden See oder Teich, manchmal in unglaublichen Mengen.

Am Nachmittag erreichten wir die Ebene und lagerten uns an windgeschützter Stelle, vor einem kleinen Anberg, auf den die liebe Sonne prallte, um die Pferde ausruhen zu lassen, die sich gierig über die schmackhafte wilde Wicke hermachten, die überall auf den freien Flächen des parkartigen Geländes üppig wucherte.

Kreuz und quer zogen sich durch den dichten Bodenwuchs die Fährten von Großwild, und da der amerikanische Rothirsch, der Wapiti, solch Land besonders liebt, suchte ich jede freie Stelle mit dem Glase ab und glaubte bei jedem dürren Ast das gekrönte Haupt dieses kapitalsten aller Geweihträger auftauchen zu sehen. Doch vergebens, dafür schien aber die Sonne so schön, daß ich mich schließlich auch hinlegte, zuhörte, wie François unter Pusten und Schnaufen sein Mittagsschläfchen hielt, und Hirsche Hirsche sein ließ. – „Bauff!“, ein Schuß!

Schnell fuhr ich hoch, griff zur Büchse und sprang auf. Was war los?

Ein Hirsch, Wapiti, nach amerikanischer Lesart ein Elk, hatte sich neugierig den Pferden genähert, um festzustellen, was das für sonderbares „Kahlwild“ sei.

Albert hatte geschossen, der Hirsch war flüchtig abgegangen, und die Freude des glücklichen Schützen war natürlich „groß“.

“Dam’ it, there he goes!“ brullte the Kid wütend, und seine Laune wurde auch nicht besser, als François bemerkte: „Getroffen ist er, aber schlecht.“

„Well“, meinte Albert, „fahren wir los! By ginger!“

Damit war ich aber nun nicht einverstanden. „Nein“, erklärte ich energisch, „erst wird nachgesucht! Wo standen Sie beim Schuß?“

„Hier“, antwortete the Kid verwundert und zeigte auf seine Füße.

„Allright, und wo ist der Anschuß, wo stand der Hirsch?“

„Dort, auf die krumme Birke zu.“

Langsam ging ich in dieser Richtung voran.

„Rufen Sie mir zu, wie ich gehen soll!“

„Allright“, murmelte Albert etwas widerspenstig, denn er konnte es nicht vertragen, wenn etwas nicht nach seinem Willen ging, dirigierte mich aber doch, bis ich die Fährte in den Wicken gefunden hatte.

Anschuß? Hier, da sind die Fahrer und im Boden starke Eingriffe. Ein Tritt war gut zu sehen, wenn man die peawine auseinanderbog, es konnte nur ein geringer Hirsch sein, so sechs bis acht Enden.

Schweiß? Nichts! Schnitthaar? Nichts!

Doch, da auf den Wicken, langes, braunes und kurzes, graues, dort, noch mehr, braunes, lang und glänzend – Mähnenhaar? Wo saß der Schuß?

Schweiß, Schweiß, ein Königreich für ein Tröpfchen Schweiß! Mißmutig sah ich mich um, dachte an den alten Herrn und lächelte.

Ich sah ihn vor mir, wenn bei uns ähnliches vorkam.

Dann warf er den Stummel weg, steckte eine neue Feld-, Wald- und Wiesenzigarre ins Gesicht, blies die dicken, rotverbrannten Backen auf, daß sich der kurzgeschorene Bart sträubte und er fast wie ein Igel aussah, breitete die Arme aus wie ein Schwimmer, als ob er sagen wollte: „Nun mal hier alle aus dem Weg“, trat vorsichtig an den Anschuß, atmete tiefbefriedigt auf und sagte:

„So, nun wird's interessant, nun paß auf, wie's gemacht wird!“

Und dann ging's los, dann untersuchte er den Fall, brummend und schwitzend, haargenau, ein Uhrmacher war ein Grobschmied dagegen.

Schließlich kam er in längerer, stets genau begründeter Rede zu einem Urteil, das stets stimmte, immer! Und wenn er mit den Worten schloß: „Den kriegen wir todsicher“, so war es für mich so gut, als ob wir ihn schon hatten.

Vorsichtig folgte ich der Fährte, prüfte jedes Blättchen der Wicken, bog sie auseinander und untersuchte den Boden, da war ja die Fährte, hinten kräftig eingetreten, vorn merkwürdige fast spitze Tritte, die Sätze kurz, als ob sie vorn gehemmt würden, und da, endlich, Schweiß! Blattschuß oder – ja, das war es, der Schuß saß auf dem Stich, zu weit vorn. Und kein Hund!

Langsam folgte ich noch einige Schritte, der Schweiß wurde immer weniger, da kam eine kleine freie Fläche, sandig, mit spärlichem Gras, der Schweiß hörte auf, aber deutlich sah man die „abgehackten“ Sätze, und – der rechte Vorderlauf schonte, es stimmte also.

Jetzt erst winkte ich dem Schützen, das „Grünhorn“ wollte ihm eine kleine Lehre geben, er kam auch willig angelaufen, und ich fragte harmlos:

„Na, Sie alter Matrose, Bartender und Westmann, wo sitzt der Schuß?“

„Was weiß denn ich“, antwortete er, über mein ernstes Gesicht etwas verdutzt, „lassen wir ihn laufen!“

„Also hören Sie: Der Hirsch stand fast breit, etwas spitz von vorn, und zwar links, und drehte den Hals ebenfalls etwas nach links, als Sie schossen.“

“By ginger”, rief Albert und riß die Augen auf, „so war es!“

„Ihre Kugel sitzt schlecht, nämlich auf dem Stich, Einschuß vorn tief, Ausschuß dicht am rechten Blatt, auch tief. Der Hirsch geht entweder weit, bis zur nächsten Dickung, in der er zu Hause ist, ruht aus, geht dann ins Wasser und heilt sich aus, oder der rechte Vorderlauf hat doch mehr abbekommen, dann ist das Blatt stärker verletzt, der Hirsch tut sich bald nieder, wird kränker und bleibt im Wundbett sitzen."

„Und dann kriegen wir ihn?" fragte der ziemlich kleinlaut gewordene Albert, der aus dem Staunen nicht herauskam.

„Well, vielleicht! Jetzt warten wir eine Stunde und suchen dann nach."

Langsam gingen wir zum Wagen zurück.

„Wir müssen aber weiter", meinte Albert, „wir verlieren zuviel Zeit."

„Dann dürfen wir auch keine Hirsche krank schießen! Wer sorgt für Fleisch? Wer soll jagen? Ich! Wenn es sich also um Fleisch handelt, ist das meine Sache."

„So ist's!" sprach François lächelnd, und ich vermute, daß er ganz meiner Ansicht war, allerdings nicht des „Jägers Ehrenschildes", sondern des Wildprets wegen.

Albert fügte sich etwas kleinlaut, und nach einer Weile brachen wir auf.

Die Fährte blieb deutlich sichtbar und zog sich als scharfer Strich schnurgerade zur nächsten Fichtenkussel, mitten in ein kleines Bruch.

Ich ließ Albert am Rande stehen und umschlug die Dickung, sie war so klein, daß ich sicher war, der Hirsch sei weiter.

Kaum war ich halb herum, als es prasselte, sofort ging ich in Anschlag, in kurzen Fluchten kam der Hirsch heraus, kaum fünfzig Schritt ab, sauber ging ich mit, ließ es krachen, er taumelte, brach zusammen und lag.

Ich repetierte und trat leise schußbereit heran, in der Dickung brach es fürchterlich weiter, ein Verrückter schien da drinnen herumzutoben – Albert! Er hatte natürlich nicht gewartet, sondern war weitergegangen und hatte den Kranken hoch gemacht.

„Schade drum", sprach ich vor mich hin, als ich bei dem Verendeten stand, „schade", ein schwacher Sechser, lange, dünne Stangen, schwache Rosen, kaum geperlt, an der einen Sprosse einen harten Knubbel.

Jetzt kam the Kid an, dunkelrot vor Eifer, und laut tönte sein Freudengeschrei:

„Hurra, das ist er, das ist er ja, das ist er bestimmt, ich kenne ihn wieder!"

Dann blieb er überrascht stehen, sah starr auf den Hirsch, drehte ihn herum, blickte mich an, schüttelte die Locken, glotzte wieder auf den Hirsch und sagte leise: "By ginger!"

„By ginger, es stimmt." Deutlich sah man die beiden Schüsse, der eine links tief Stich rein, etwas Blatt rechts tief raus, der andere reiner Lungenschuß.

"By ginger", rief er nochmals, zog das Messer und machte sich mit der ihm eigenen Energie ans Aufbrechen, und, wenn dies auch nach unseren Begriffen nicht ganz waidgerecht geschah, so ging es doch sicher und schnell, er hatte Übung darin, nur hackte er mir zu viel mit dem kleinen Beil herum, das bei solchen Reisen jeder am Gürtel hängen hat.

Ganz im geheimen war ich fürchterlich stolz, daß alles so geklappt hatte, ließ mir das aber nicht merken, sondern heuchelte Gleichgültigkeit und ging zum Wagen zurück, um die zwarze Stute zu holen, aber François bibberte so vor Neugierde, daß ich zurückblieb und es ihm überließ, den Hirsch einzubringen.

Schon nach einer halben Stunde kamen sie an, die Stute trug den Hirsch auf dem Rücken, und Albert fuchtelte nur so mit den Armen in der Luft herum, so lebhaft unterhielten sie sich.

Und wieder antwortete François, wobei er mir freundlich zunickte: "I told you so!"

Doch wie sah der Hirsch aus! In der Decke hingen nur noch Rücken, Keulen und Blätter, alles andere hatten sie als wertlos liegen lassen, außer Leber und Lecker, die in der Brusthöhle steckten.

Das umgewickelte „Fell" machte daraus einen Packen, der mit den Zipfeln der abgehackten Läufe zusammengeknotet war.

Entschieden praktisch, aber weh tat mir der Anblick doch.

Die Zeit war knapp geworden, wir hatten es jetzt sehr eilig, warfen das Wildpret auf den Wagen, spannten an und fuhren mit frischer Kraft los, denn die Gäule hatten ja lange Ruhe gehabt.

Weiter und weiter mahlten die Räder durch Gestrüpp und Busch, von selbst suchten die schon daran gewöhnten Schwerblüter in ihrer bewundernswerten Ruhe den gangbarsten Weg, und François brauchte eigentlich nur dafür zu sorgen, daß wir in der gewünschten Richtung blieben, dafür wurde aber er auf dem Wagen auch ruckweise so hin und her geworfen, daß er abends immer kreuzlahm war, während Albert und ich es vorzogen, an solchen Stellen abzusteigen und zu laufen.

Bald trafen wir auf den ersten See, zogen im Ufersand entlang, bogen wieder ab durch dichten Busch, kamen wieder an hohen Tannenbestand, fuhren lange daran entlang und stießen schließlich auf Sumpf. Was es auch an Hindernissen gab, nichts wurde uns auf dieser Fahrt vorenthalten.

The Kid probierte, ob der Weg noch gangbar war, watete mit einer Stange voraus und stieß damit alle Augenblicke auf den Grund, und wir kamen, meist bis an die Achsel im Wasser, auch glatt durch. Zur Abwechslung stieg jetzt der Boden an, war holprig und noch dazu voller Löcher, lieblich im Gestrüpp verborgen.

Die Stute wurde vorgespannt, Albert, der Unermüdliche, schuftete mit der Axt vor uns her und schuf da Bahn, wo es sonst nicht weiter gegangen wäre, bis uns hoher, räumiger Tannenwald aufnahm.

Mächtige, mannsstarke Stämme waren es, zwischen denen wir verhältnismäßig gut durchkamen, wenn auch in den tollsten Windungen, nur wurde es immer dunkler. Da brüllte the Kid, der wie immer voraus war und den Pferden Bahn brach, freudig:

„Now we got it! Wir sind durch!" Neugierig lief ich nach vorn, sprang über die bis auf den Boden hängenden Äste der Randtannen, und vor mir lag eine riesige, märchenhaft schöne Wasserfläche, endlos lang, unübersehbar. Ein breiter Strand senkte sich langsam von dem stark ausgewaschenen Rande am Ende des Tannenwaldes bis zum Wasserspiegel hinab.

Eifrig zogen die Pferde an, als sie das Wasser witterten, sie kannten den Weg ja bereits und ahnten den Ruhetag.

An einer nur zwei Meter hohen Böschung des unterhöhlten Ufers spannten wir aus, führten die Pferde hinab, bremsten die Räder mit durchgesteckten Knüppeln, hakten die Kette ein, ließen die Gäule anziehen und wollten den Wagen einfach herabgleiten lassen.

Die Auswaschung war aber zu stark, kaum waren die Vorderräder über dem Rand, als der Wagen krachend auf sein Gestell fiel, die eine Kante brach ein, François wollte es noch schaffen und trieb die Perde an, der Wagen ging durch die Hinterräder hinten ganz hoch und vorn sehr tief, rutschte schräg weiter und kippte um.

Unten waren wir, aber unsere schönen Gepäckbündel lagen im Sande.

„So eine Gemeinheit", rief ich ärgerlich, doch Albert lachte.

„Warum? Das ist allright, hier kippen wir fast immer um, das tut nichts, wir machen hier sowieso einen Ruhetag und brauchen nicht erst auszupacken."

„Meinetwegen", dachte ich, hing den Drilling um und schlenderte hinab zum Strand, was ging mich schließlich der Wagen an, meiner war es ja nicht.

Albert folgte zu meiner Verwunderung, ging ein Stück neben mir her, faßte mich unter den Arm, blieb stehen und sagte leise: „Ist es nicht schön hier?"

Schön? Es war mehr als das oder vielmehr ganz anders, wie ein Zauberstrom aus lang vergangenen Zeiten.

Langsam legte ich den Arm um des Gefährten Schulter, ergriffen und still, und wenn unsere Fahrt hier ein Ende genommen hätte, dieser Abend hätte alle Mühen allein schon reichlich gelohnt.

So weit das Auge reichte, erstreckte sich der wunderbare See, endlos, wie das Meer, langsam wogte die sanfte Dünung heran, murmelnd und säuselnd rauschten die Silberwellen über den flachen Strand, und fern, fern im Westen, für uns aber mitten auf der Höhe der Wasser, versank der Abendsonne glühender Ball in den blutroten Fluten, während ihre letzten Strahlen die Wipfel der dunkeldrohenden Riesentannen am Rande des hohen Ufers hinter uns nochmals aufleuchten ließen in goldigem Schein.

Mit leichtem „Gig-Gack" ruderten lange Reihen von Gänsen durch die Lüfte, wohl Übungsflüge für den nahenden Zug nach Süden, kreisten über den bevorzugten Schlafsandbänken und fielen dort ein, schnatternd und schreiend von den bereits anwesenden Kameraden begrüßt.

Grell ertönte von Zeit zu Zeit das laute Kyrri-Kurriky der Kraniche, die sich in den Sümpfen an einer flachen Stelle des Sees versammelten, und alle Augenblicke klingelten Entenschwärme über uns hin.

Ein weitklafternder Raubvogel strich träge am Uferrand entlang, kaum zehn Meter hoch, stieß, als er uns eräugte, mit elegantem Schwung zu Boden, holte sich so hohe Fahrt und verschwand wie ein Schatten in den dunklen Tannen.

Immer tiefer sank der Sonnenball, röter und röter strahlte der westliche Horizont, ein stoßweiser Wind erhob sich, rüttelte in den Tannen, rauhte strichweise die Wasserfläche, und kleine Schaumkronen tanzten auf den Wellen, die glucksend und singend immer höher auf den Strand rollten.

Die Sonne verschwand, matter wurde das Abendrot, es dunkelte, eine Kältewelle zog über das Land, und die Nacht brach an.

Fröstelnd kehrten wir zurück und trafen die Vorbereitungen für das

Lager, bald flackerte das Feuer, und ein halber Hirschrücken drehte sich kunstgerecht unter Alberts Händen am Spieß, jetzt durfte man ihn nicht stören, er wäre heillos grob geworden.

Mit den Beinen baumelnd, nebenbei nach solchen Anstrengungen ein Genuß, saß ich auf unserm umgestürzten Wagen, stierte ins Feuer, rauchte, wartete auf den Braten und – sehnte mich nach dem donnernden, dröhnenden Schrei der Urwaldrecken, aber alles blieb stumm, selbst Wölfe waren, wohl wegen der hohen Tannen hinter uns, die jeden Schall auffingen, nicht zu hören, dafür „dijumpte“ aber die Rohrdommel, als ob sie den Weltrekord im Wasserpumpen brechen wollte.

Da fiel mein Blick auf den Leinwandstreifen, den ich immer noch um meinen armen Daumen trug.

Nein, das ging denn doch nicht, der war ja in einem allen Gesetzen der Hygiene geradezu hohnsprechenden Zustande. Es saß der Dreck von verschiedenen Breitengraden dieser Erde dran.

Vorsichtig wickelte ich die Geschichte ab und fand die Watte zwar noch teilweise sauber, aber ringsum fest angeklebt. Wenn ich zog, tat es weh.

Jeder Arzt hätte ja nun wollüstig – bei andern!! – weiter gezogen und dies als unbedingt notwendig erklärt, ich hielt es aber für richtiger, es zu unterlassen, schon aus Angst vor allerhand unliebsamen Entdeckungen, und lieber ein neues Stück Leinwand herumzuwickeln, es leuchtete schön sauber, schneeweiß und war so appetitlich, daß ich mich mit doppeltem Eifer an den gerade fertig gebratenen Hirschrücken heranmachte.

Wir „speisten“ nach Trapperart, jeder säbelte sich mit dem Jagdmesser einen handgerechten Fetzen, so zwei bis drei Pfund, herunter, schnitt passende Stücke davon ab und stopfte sie mit den Fingern in den Mund.

Köstlich schmeckte es, wir kauten, daß der Saft nur so tropfte, und tranken dazu harmlosen Tee, mit Whisky verdünnt, denn Albert, der Bartender, meinte, er machte sich zwar nichts aus Whisky, aber der Geruch des Tees sei ihm dann „sympathischer“.

Es war genug „Tee“ da, und noch lange lagen wir um den Kessel herum und erzählten.

Der Hirsche wegen wollte ich die erste Morgenwache haben, und François versprach, mich um zwei Uhr zu wecken, ich war aber schon munter, als er ankam, sprang schnell auf und tanzte eine Weile herum, um warm zu werden, denn die Nacht war sehr kalt gewesen, und ich fror.

In warme Decken gehüllt, setzte ich mich dann auf den Wagenkasten und erwartete den kommenden Tag.

Es hatte gefroren und stark gereift, denn der Himmel war klar, langsam zog hinter den schwarzen Tannen ein fahler Schein hoch, immer heller wurde es, bis schließlich die ersten Strahlen der aufgehenden Sonne durch den Nebel brachen, aber kein Hirsch ließ seinen dröhnenden Schrei erschallen, alles blieb stumm, nur auf dem See, noch im Nebel verborgen, setzte ein fürchterlicher Lärm ein.

Mit lautem Trompeten begrüßten Hunderte von Kranichen den goldenen Morgen, Hunderte von Gänsen schnatterten und schrien durcheinander, von allen Seiten klingelten Enten heran, Tausende, um rauschend irgendwo einzufallen, im Schilf sang ununterbrochen der Rohrsänger sein ewiges, unruhiges Kerri-Kerri-Kiek, und hoch in den Lüften ertönte hell der jauchzende Schrei des Fischadlers.

Sonnig und klar zog der Tag herauf, und mit dem Glase versuchte ich, die langsam sich verziehenden Nebel zu durchdringen.

Links von mir, in der Gegend der Sümpfe, in denen die Kraniche hausten, entdeckte ich einige riesige schwarze, verschwommene Klumpen, nicht weit vom Ufer, aber doch mitten im Wasser, die sich anscheinend bewegten.

Lange starrte ich scharf mit dem Zeißglas hin, bis ich endlich erkannte, daß es Moose (Elche) waren, die, bis an den Bauch im Wasser, mit dem Kopf auf den Grund tauchten und dort Wasserpflanzen abrupften. Sie blieben fast eine Minute unten, kamen dann hoch, das Geäse voll irgendeiner Art Ranken, und zermahlten sie mit sichtlichem Behagen.

Jetzt weckte ich die Gefährten und pürschte im Schutze der hohen Tannen am Uferrand entlang, kam auch bis auf zweihundert Meter heran; als ich aber versuchte, mich über den Strand dem Wasser zu nähern, hatten sie mich bald weg, trotz der für mich günstigen Beleuchtung, denn wahrscheinlich küselte der schwache Morgenwind.

Alle sieben standen starr und steif, spitz von vorn, zwei schwache Schaufler darunter, bogen plötzlich zur Seite, machten zwei bis drei Sprünge zurück, daß das Wasser rauschte, verhofften aufs neue, kurz, sie wußten absolut nicht, was sie aus mir machen sollten, und gingen schließlich im gemütlichen, aber fördernden Troll an dem seichten Ufer entlang ab, so schnell, daß ich nicht folgen konnte.

„Laß sie laufen", dachte ich gerade, da erdröhnte der Wald, donnernd hallte es über den See, noch einige ärgerlich kurze Trenzer, und heraus aus dem Tannendunkel trat ein starker Moosehirsch (Elchschaufler), sprang in gewaltigem Satz die Böschung herab, äugte den im Wasser trollenden Artgenossen nach, natürlich spitz von hinten und tief im Schatten, und zog dann an der Böschung hin, das schwere Haupt mit den zackigen Schaufeln drohend erhoben.

Das Rudel blieb auf den Schrei stehen, sicherte zurück und trat unsicher hin und her, nur die beiden schwachen Schaufler sonderten sich ab und strebten dem Ufer zu.

Der Alte setzte sich in Troll, wohl um ihnen den Weg abzuschneiden, aber die beiden waren schon zu nahe am Rande. Einige lange Fluchten, daß das Wasser über ihnen zusammenspritzte, und der schützende Forst hatte sie aufgenommen.

Vergebens versuchte ich heranzukommen, der starke Schaufler holte das Rudel bald ein, bekam, sobald er im Wasser war, ebenfalls Wind von mir – oder hatten es ihm die Tiere mitgeteilt? Jedenfalls äugte er zurück, schüttelte unwillig das Haupt und zog mit seinem Harem ab.

Da hupte es, das Frühstück war fertig, eilig marschierte ich zurück, denn ich hatte Hunger wie ein Bär.

Heute, zur Feier des Ruhetages, gab es Morgenkaffee, stark und würzig, mit Zwieback und Orangenjam, ein seltener Genuß! Zum Frühstück ging es aber doch wieder über den kalten Hirschrücken her, der so fast noch besser mundete als warm.

Der Wagen wurde genau geprüft, alle kleinen Schäden ausgebessert, die Räder abgezogen, überall neu geschmiert, die Packen nachgesehen, kurz, alles wurde fein instand gesetzt.

Dann spannten wir an und fuhren weiter, zur Feier des Ruhetages gemütlich am Strand entlang, bis zum Ende des Sees, wo der Montrealriver entspringt.

Wir kamen am Spätnachmittag dort an und kampierten in einem kleinen Tal, wohl einem alten Flußbett, denn es lag da allerhand Geröll.

Eifrig stöberte ich darin herum, fand natürlich kein Gold, aber eine Menge Versteinerungen, uralte Holzstückchen, die der Fluß wohl in Urzeiten irgendwo ausgewaschen hatte.

Dummerweise hatte ich kein Gewehr mit, da es beim Bücken so sehr hinderlich ist, und selbstverständlich – so etwas tritt ja mit absoluter Sicherheit ein – stand plötzlich, als ich gerade am Ende des Tales war und an der dort eintretenden Verengung feststellte, daß wir uns in einem alten Flußbett befanden, ein starker Wolf vor mir, der auf der anderen Seite herabgeschnürt war und absolut keine Miene machte, sich zu verziehen.

Fast höhnisch äugte das freche Biest mir gerade ins Gesicht, keine fünfzig Meter entfernt, und ich kam mir vor wie der dumme Junge von Meißen.

Woher weiß solche Bande, daß man nicht schießen kann? Unsere Krähen wissen doch das auch, jeder Jäger kennt das.

„Sch!“ machte ich und schwenkte den Arm; „Rrrr!“ antwortete dieser unverschämte Bursche, kam einen halben Schritt näher, öffnete den starken Fang und ließ wie zum Gespött seinen handlangen Lecker heraushängen.

„Der kriegt das fertig und nimmt dich an“, sagte ich mir etwas betroffen, denn so etwas war mir noch nicht vorgekommen.

Unwillkürlich faßte ich nach meinem Messer, „für alle Fälle“, dabei kam ich an meine Pistole, an das Ding hatte ich gar nicht gedacht.

Mit dem ungeschickten Verband am Daumen dauerte es eine Weile, bis ich die Verschlußklappe des Futterals auf hatte, endlich! Doch kaum hatte ich das Schießeisen heraus, als mein Gegner mit einer riesigen Volte absprang und im Busch verschwand.

Schnell kehrte ich jetzt zum Lager zurück, packte meine Petrefakten in den Wagen und erzählte den Gefährten mein Erlebnis, aber es machte wenig Eindruck. François schüttelte ungläubig den Kopf, und Albert brachte die Pulle an und meinte schonend:

„Come on, have a drink, Sie haben sich zu viel gebückt, you know, da steigt das Blut zu Kopf, dann sieht man solche Sachen.“ Darauf lachte er sich halb tot über meine „Steinsammlung“ und behauptete, ein Wagen sei kein Schiff und brauche doch keinen Ballast.

Als es zum Abend wieder Elkbraten gab, fragte ich Albert, den Koch, schüchtern:

„Wo ist denn eigentlich die delikate Leber?“

„Ach“, antwortete er wegwerfend, „sie roch, ich habe sie fortgeschmissen.“

„So? Die schöne, schmackhafte Leber roch?"

„Ja, so eigentümlich."

„Aha, wohl nach Brunft, was?"

"By ginger", meinte the Kid und schüttelte sich, „sie stank fürchterlich!"

„So so", höhnte ich, „und wer wollte jede Leber essen? Und dann stinkt schon eine von solchem Jüngling von Elk? Na warten Sie, wenn ich erst mal eine von solch altem Brunfthirsch bringe."

Aber Albert schien die Nase voll zu haben. „Ich habe kein Bedürfnis danach", meinte er vornehm und schob ab, sichtlich peinlich berührt, und François lachte hinter ihm her.

Abends legte ich noch schnell eine Hechtangel in das tiefe Wasser am Seeabfluß, eine ganz einfache Sache.

Wir fingen uns an den seichten Flußufern einige Weißfische, ich steckte sechs davon an die Haken einer Nachtschnur, band an das eine Ende einen Stein, warf ihn samt Schnur weit hinaus in den See, zog das andere Ende etwas straff und befestigte es an einem federnden Ast am Ufer.

Dann gingen wir schlafen, die Nacht verlief ruhig, und in aller Frühe stand ich schon am Wasser und holte meine Schnur ein.

Alle Köderfische waren fort, zwei Haken abgedreht, aber an einem hing doch ein fast sechspfündiger Hecht, der zum Frühstück ausgezeichnet schmeckte, denn Fische, direkt aus dem Wasser geholt und sofort gebraten, sind ein Genuß und mit den armen, langsam zu Tode gequälten Fischleichen, die wir Kulturmenschen verzehren, gar nicht zu vergleichen.

In herrlicher Morgensonne brachen wir auf und schlängelten uns weiter, immer am Flußufer entlang, bis ich auf eine starke Hirschfährte stieß, die wie gestochen im Ufersande stand.

Sofort sprang ich ab und eilte dem Wagen voraus, denn die Fährte konnte nur Minuten alt sein.

Der Montrealriver floß in schwachen Windungen dahin, mit wenig Gefälle, immer in Richtung Nord, das andere, westliche Ufer lag höher, war bergig und machte den Eindruck eines Höhenrückens mit welligen, bewaldeten Hügeln.

Das östliche dagegen, an dem wir entlangfuhren, blieb flach und ziemlich eben und grenzte fast stets an parkartigen Bestand, teils Laubbäume, teils Nadelholz, dazwischen kleinere Grasflächen, Brücher und Niederungen.

Und hier traf ich auf den ersten kapitalen Wapiti, einen Mordstrummhirsch.

Er stand, rotbraun, fast ockerfarbig im hellen Morgenlicht leuchtend, dicht am Wasser, knapp siebzig Gänge von mir, und weiter ab auf der Grasfläche voll peawine saß das Rudel, anscheinend in der Sonne dösend.

Lange mit dem Glase zu schauen, traute ich mich nicht, gewaltsam unterdrückte ich das Hirschfieber, atmete tief auf, hob den Drilling und haute hin.

Der Hirsch ruckte zusammen, warf das Haupt kurz hoch, daß die weißen Enden blitzten, und – blieb stehen.

Dafür wurde es aber auf der Grasfläche lebendig, und dröhnend prasselte die ganze Gesellschaft, die dort gesessen hatte, durch die Randbüsche ab.

Rasch schob ich eine neue Patrone in den Drilling, ging sorgfältig, aber doch ohne Zeit zu verlieren, hochblatt, und „Bauff!", der zweite Schuß war heraus.

Der Hirsch senkte schwer das Haupt, zitterte und – blieb stehen! Eilig lud ich wieder, da hörte ich dicht hinter mir hastige Schritte und sah mich um.

Albert kam angerannt, atemlos, er war wirklich noch ein „kid".

Als ich nach meinem Hirsch blickte, war er fort, verschwunden, wie vom Erdboden verschluckt!

Da war Albert auch schon da, ärgerlich stieß ich meinen Handstock in den Boden und legte ihn dabei ab, das heißt bat ihn, auf meinem Stand zu bleiben, und pürschte vorsichtig zum Anschuß.

Doch schon nach einigen Schritten sah ich die starken Enden der einen Stange aus dem Grase ragen, ein Stein fiel mir vom Herzen, der Hirsch war mein.

Fröhlich winkte ich Albert, führte ihn zu dem verendeten Recken und sagte: „Sehen Sie, das ist ein Brunfthirsch, wie er sein soll" – nebenbei roch man das auch zur Genüge –, „Sie sollen sofort die Leber haben."

Dabei zog ich mein Messer, aber the Kid wandte sich ab, murmelte etwas von „nicht ganz verrückt sein" und kehrte um, zum Wagen.

Befriedigt steckte ich den Nicker fort und betrachtete das entschieden kapitale Geweih, ungerade vierzehn Enden, aber was für welche!

Zwar schätze ich Kronenhirsche mehr, und die beiden Stangen paßten nicht gerade gut zusammen, vor allem oben, wo die starken, etwas gewundenen Enden nach ganz verschiedenen Richtungen zeigten, das Geweih war keinesfalls „hübsch", doch es wirkte durch die Wucht seines Gesamteindruckes, und glücklich schob ich mir den Bruch ins Hutband.

Der Wagen kam, François hielt an, sprang ab und trat heran.

Mit den Augen liebkoste er das kapitale Geweih, ging zum Wagen, holte das Sägeblatt und spannte es in einen gebogenen Knüppel.

Gemeinsam sägten wir, es ging, nebenbei bemerkt, mit der groben Säge miserabel, das Geweih ab, und ich trug es zum Wagen.

Mit Alberts Hilfe, meines Daumens wegen, schlug François den Hirsch aus der Decke, löste die beiden Wildpretstücke rechts und links vom Rückgrat ab, machte wieder das bekannte Deckenpaket, brachte es angeschleppt und ließ den Rest unaufgebrochen liegen.

„Aufgebrochen haben Sie ihn nicht", lachte ich, „die Leber gehört wohl Albert allein?"

„Ja", stimmte François zu, „ich habe sie ihm ganz überlassen."

"By ginger", brüllte the Kid, „wenn ihr nicht mit dieser 'dam'nd liver' aufhört, fresse ich sie roh und euch dazu!"

Sprachs, sprang auf und stieß dem hautlosen Kadaver sein langes Messer in den Pansen.

„Was nun wohl wird?" dachte ich, da rief François aufgeregt:

„Achtung, bears!" und wies mit der braunen Hand über den Fluß.

Am andern, höher liegenden Ufer, dicht am Rand, saß eine Bärin mit ihren beiden Sprößlingen aufrecht auf den Keulen, und alle drei äugten mit den Anzeichen höchsten Interesses uns zu.

Die Mutter windete, leckte den Fang und drehte alle Augenblicke den Kopf ängstlich nach den Kleinen um.

Das eine, wohl der Sohn, denn es hatte einen dicken Hals und breiten Schädel, hockte selbstbewußt vorn neben der Alten und äugte aufmerksam zu uns herüber, das andere, anscheinend das Schwesterchen, hatte sich halb hinter der „Mama" verkrochen und äugte neugierig hinter deren breiten Rücken hervor.

Deutlich konnte ich mit dem Glase sehen, wie die kleinen, schwarzen „Nasen" arbeiteten und zuckten, denn der schwache Nordost trug ihnen unsere und vor allem die Schweißwittrung zu.

Albert wollte schießen, aber ich war dagegen, und auch François wollte das nicht, denn wir hätten alle drei töten müssen, oder falls die Alte am Leben blieb, keine ruhige Minute mehr gehabt. Nur ein Junges, als Braten, hatte aber für uns Wert.

Außerdem war der Fluß hier tief und breit, das andere Ufer steil und unzugänglich, so daß wir lange aufgehalten worden wären.

Albert fügte sich zwar, jieperte aber nach dem Bärenschinken und winkte der Alten zu, herüberzukommen.

Die Bären platzten fast vor Neugierde, besonders das Lütje hinter der Mutter, dann stieß die Bärin einen kurzen, grunzenden Laut aus, ähnlich wie: „Ko-köf-koff!", und sofort fielen die artigen Kleinen in sich zusammen und waren unsichtbar.

Die Mutter ging auf alle viere nieder, ließ ein lockendes „Err-irr-err!" hören und zog mit den hoffnungsvollen Sprößlingen ab, wobei alle drei, fortwährend sichernd, zurückäugten.

Es sah drollig aus, und wir lachten, nur Albert rief enttäuscht: „Da geht er hin, der schöne Braten, by ginger!"

Noch zwei Tage folgten wir diesem Flußlaufe, teils am Ufer, teils durch Gestrüpp, um Windungen abzuschneiden, sahen und spürten allerhand Wild, Wölfe und Pelztiere, ja sogar Bären, hielten uns aber nirgends mehr auf, da die Zeit drängte, wenn der Anbau am Blockhaus noch sicher und schneefrei fertig werden sollte.

Am andern Ufer stieg das Land immer mehr an, ein Hochplateau zwang den Fluß, nach Nordost abzubiegen, und auch wir fuhren in der neuen Richtung bis zu einer Furt, dicht hinter einem Wasserfall, in dem ich zu meinem Bedauern aus Zeitmangel nicht fischen konnte, es war sehr schade, sicher standen dort starke Forellen.

Hier überquerten wir den Montrealriver, denn wir waren an dem Gebirgszuge vorbei und folgten dem jetzt nordwestlichen Ufer, bis wir das riesige Wasserbecken des Lac la Ronge in der Ferne liegen sahen.

Endlos, wie ein Meer, erstreckte sich dieser mächtige See, in dem ich deutlich einige größere Inseln erkennen konnte.

Leider bogen wir ab und wandten uns scharf nach Norden, folgten einem wildzerklüfteten, bewaldeten Tal, in dem es von Wölfen wimmelte, denn überall zogen sich ihre Fährten über die hier häufigen kahlen Sandstellen, und fuhren dann lange durch raumigen Hochwald, wo man an den geschlagenen Bäumen deutlich den bereits früher benutzten Weg erkennen konnte.

Kurz vor unserem Lagerplatz entdeckte ich hier eine so starke Bärenfährte, daß ich nur schwer abzuhalten war, ihr zu folgen; aber Albert behauptete, daß wir am Mittag des nächsten Tages das Blockhaus erreichen würden und daß dieser Bär schon in unserem Revier sei.

„Well", meinte er, „morgen sind wir da, morgen mittag koche ich schon auf unserem Herd, und dieser Bär wittert das und kommt von allein."

Das glaubte ich ja nun nicht, aber ich tröstete mich mit dem Wort

„Also morgen", der Mensch ist eben nie zufrieden, ich hatte die ewige Fahrerei gründlich satt, denn immer, wenn mich etwas interessierte, hieß es: „Weiter, weiter!", und ich glaube, allein säße ich noch an dem Bach, wo ich die Forelle schoß und wo zum erstenmal die Hirsche schrien.

Wir lagerten auf einem idealen Platz an einer kleinen sandigen Mulde am Rande einer Kieferndickung, windgeschützt, mit weitem Ausblick über das Land. Aber es war wie verhext. Die ganze Nacht lag ich wach und konnte nicht schlafen.

Der Uhu rief ununterbrochen und strich gespenstisch über uns hin, Wölfe heulten aus allen Richtungen, zwei starke Elche orgelten und schrien sich gegenseitig in Wut, einige Male glaubte ich sogar den widerlich scharfen Laut des Luchses zu hören, und immer hatte ich das unheimliche Gefühl, daß irgend etwas passieren müßte.

Es war fast Vollmond und so hell, daß man weit in die in seinem bleichen Licht geisterhaft und verlassen wirkende Umgebung sehen, doch leider eben nur sehen und nichts erkennen konnte, und ich erhob mich, die innere Unruhe war zu groß.

Albert schlief neben mir den Schlaf des Gerechten, aber François, der Wache hatte, war nicht zu sehen.

Leise ergriff ich den nachts stets mit starken Posten geladenen Drilling und schlich zum Wagen, denn die Gäule waren ebenfalls unruhig, sie schnaubten und drängten vom Wagenkasten ab.

Wo war François?

Schritt für Schritt pürschte ich schußbereit weiter, denn bestimmt war hinter dem Wagen, wenn überhaupt, irgend etwas im Gange. Langsam zog ich mich nach der Seite, um sehen zu können, immer ängstlicher schnaubten die Pferde, da erhob sich plötzlich aus dem Kasten eine dunkle Gestalt.

„Räuber! Überfall!", durchzuckte es mich, und der Drilling flog an die Backe.

Zum Glück erkannte ich François, der mit seinem Karabiner auf irgend etwas zielte, der Schuß krachte, zorniges Gebrumm ertönte, und ein unglaublicher Lärm erhob sich.

François schrie: „Bär! Bär!", die wild gewordenen Pferde zerrten an den Halfterstricken und schlugen aus, daß die Hufe gegen unsern armen Wagen ballerten, die schwarze Stute, der Satan, riß sich los und tobte im Lager herum, Albert sprang auf, brüllte "By ginger!" und rannte nach seinem Karabiner, der natürlich auf dem Wagen lag, aus der Dickung schallte wütendes Gebrumm und Gefauche, kurz, alles schien verrückt geworden zu sein.

Schußbereit blieb ich stehen, noch geblendet von dem Feuerstrahl des Schusses, in den ich gerade hineingesehen hatte, hörte den Tumult, vernahm das Brechen im Holze, Schauer auf Schauer lief mir über den Rükken, mein Haar zuckte, und angestrengt suchte ich nach einem Ziel, ich wollte doch bei dieser feinen Sache auch meine „unfehlbare" Kugel loswerden.

Wo war der Bär, wo war François? Auf einmal wurde es aber hell. Albert hatte als kluger Westmann auf seinen Karabiner verzichtet und lieber schnell alles bereitliegende trockene Holz ins Feuer geworfen, so daß die Flammen hoch aufloderten. Da kam auch François an mit der Stute, denn wenn sie in die Wildnis fortgerannt wäre, hätten sie sich die Wölfe bald „gewickelt" gehabt.

„Wo ist der Bär?" rief ich etwas enttäuscht und sprang zum Feuer, wo Albert und François sich unterhielten.

„Fort, in die Kiefern", war die Antwort, und François berichtete, er habe im Wagen gesessen, auf einem Sack voll Gras, weil das weich war und er dort besseren Überblick hatte, als sich ein dunkler Klumpen nahte, ein Bär, der wohl der Wittrung unseres gebratenen Hirschrückens nachzog.

Als das Raubtier nahe genug heran war, hatte François geschossen und auch getroffen, wie er annahm, der Bär sei aber doch noch in die Kiefern geflüchtet.

„War es ein starker Bär?", fragte ich.

„Weiß nicht", antwortete François, „so dreihundert bis vierhundert Pfund", nahm ein brennendes Holz, steckte die Pfeife an und stellte sich ans Feuer, sichtlich mißgestimmt.

Natürlich taten wir dasselbe, und so saßen wir Helden, rauchten, warteten auf Tageslicht und erzählten Bärengeschichten, besonders Albert, der, seinen fürchterlichen Erlebnissen nach zu urteilen, sicher zu den erfolgreichsten Bärentötern der Felsengebirge gehört haben muß.

Endlich tagte es, wir gingen zum Anschuß – nichts!

Deutlich sah man, wie der Bär beim Zurückprallen mit den Pranken tief eingegriffen hatte, hier mußte der Anschuß sein, aber wir fanden nichts.

„Gefehlt", meinte François ernst, „ich schoß gegen den Mond." Er war so geknickt, daß selbst Albert jede Bemerkung unterdrückte, und auch ich schwieg, denn das konnte jedem passieren, und dann ging mir auch das baldige Zusammentreffen mit Nash-en-Popee, dem großen Häuptling, im Kopf herum.

Zum erstenmal im Leben sollte ich nach so vielen Enttäuschungen mit

Indianern einen richtiggehenden „roten Krieger“ kennenlernen, sogar einen Häuptling, der weder gezähmt noch durch die Kultur verkommen, sondern regelrecht „wild“ war.

Intensiv dachte ich an Karl May und seine Schilderungen, die ich einst verschlungen. Danach waren Indianer höchst sonderbare Gesellen.

Vor allem rauchten sie immer zuerst die Friedenspfeife. Na, das mochte noch angehen, auch ich qualmte ja wie ein Schlot, das Rauchen an sich machte mir wenig Sorge, um so mehr aber das Zeremoniell.

Wie zum Beispiel begrüßte man sich? Vor allem „würdevoll“, auch das wollte ich schon machen. Zuerst wenig, am besten gar nichts sprechen bis zur Beratung, dann aber eine lange, wohlgefügte Rede halten.

Reden wollte ich schon, aber was oder über was sollte „beraten“ werden? Gewöhnlich handelte es sich doch darum, das Kriegsbeil auszugraben. Dabei würde ich bestimmt nicht mitmachen.

Wenn man nun dabei mit dem Kerl zusammengeriet? Ich verspürte absolut keine Lust, mich à la Old Shatterhand mit dem roten Krieger herumzubalgen, obgleich ich damals wohl für jeden, auch für den edlen Häuptling, eine harte Nuß gewesen wäre.

Doch dazu war the Kid da, der war so eine Art Old Shatterhand, was Kraft anbetraf, der konnte sich in solchem Falle statt meiner betätigen, dafür fühlte er sich ja auch als eine Art Führer.

Wahrscheinlich würde mich aber der Rote wohl in längerer Rede begrüßen, auf die ich dann antworten mußte.

Ich überlegte und beschloß, ungefähr folgendes zu sagen (s. K. May):

„Der große Geist hat viele Kinder, rote und weiße, also sind wir Brüder. Er schenkt dir alles, was du dir wünschen magst und was du sonst noch brauchst, sogar ein Gewehr, das von allein schießt, von vorn und von hinten, ohne zu laden. Mögen deine Preißelbeeren wie Eier, deine Eier wie Kürbisse und deine Kürbisse wie Luftballons“ – ob Nash-en-Popee wußte, was ein Luftballon war? Besser war schon, ich sagte: „wie Stierbäuche werden, wenn du rauchst, sollen deine Feinde schon an dem Rauch ersticken und alle andern deinen Wigwam“, ja Wigwam, das mußte ich anbringen, „deinen Wigwam entsetzt verlassen, so daß du alles allein fressen kannst. Die Skalplocken deiner Feinde sollen deinen Gürtel zieren und die schönste Blume der Prärie deinen Wigwam . . .“

Weiter kam ich nicht, ich war müde, und bei dieser schönen Stelle schlief ich ein.

In aller Frühe waren wir schon wieder auf den Beinen, packten alles zusammen und brachen auf zur letzten Fahrt, denn schon am Mittag sollte unser Ziel erreicht sein.

Natürlich schrie gerade in diesem Augenblick ein Hirsch, bittend sah ich Albert an, aber er schüttelte seine Locken und meinte: „Der läuft uns nicht weg, hier ist ja schon unser Gebiet, und außerdem gibt's da Hirsche genug."

Wald, nichts als Wald, bald Laubholz, bald Fichten und Tannen, der Boden wellig, mit kleinen Seen, nassen Brüchern und Sümpfen, dazwischen auch reichliche Grasflächen voller peawine, das war unser zukünftiges Jagdrevier.

Bald trafen wir auf einen kleinen Fluß, und Albert erklärte auf meine Frage: „Well, das ist unser creek (Fluß), an ihm wohnen wir, einen Namen hat er nicht."

Jetzt erkannte ich auch, daß hier schon Menschen gewesen waren, eine Art Weg führte am Fluß entlang, und einzelne Stellen, das sah ich als alter Trapper sofort, waren zur späteren Aufnahme von Fallen bereits vorbereitet.

Dann kam ein kleiner Wasserfall, ungefähr drei Meter hoch und zwei breit, links davon, auf der Höhe eines Abhanges, stand die Blockhütte und davor eine lange, hagere Gestalt, die grüßend die Hand bewegte – Nash-en-Popee.

Im großen Bogen umfuhren wir diesen Abhang, kamen so auf einen sanft ansteigenden Weg, und nach kurzer Fahrt hielten wir vor dem Hause. Unser Ziel war erreicht.

SECHSTES KAPITEL

Trapperidyll am Churchillriver

"By ginger!" brüllte the Kid und sprang vom Wagen, „hier sind wir, Nash, und es war die feinste Fahrt meines Lebens."

Dabei schüttelte er dem alten Häuptling die Hand und zerrte ihn zu mir hin, „come on, old boy, shake hands with him, er ist meines Stammes und mein Freund".

Auch ich sprang ab, richtete mich auf, ergriff mit der Linken die Hand des roten Kriegers und drückte sie mit aller Kraft, ein Druck, der mir in der Heimat bestimmt eine erfolgreiche Privatklage wegen Körperverletzung eingetragen hätte. Aber der wohl an Martern gröbster Art gewöhnte Nash verzog keine Miene, sein hageres Gesicht blieb ernst und unbeweglich, er sah mir tief ins Auge, nickte und sprach in gutem Englisch: „Seine Freunde sind meine Freunde, sei willkommen."

„Jetzt kommt die Friedenspfeife", dachte ich, aber nichts Derartiges geschah, ich glaube, der Onkel besaß gar keine.

Unterdessen hatte François ausgespannt und brachte die Pferde in den Kral, achtlos ging er an dem Roten vorbei, die beiden begrüßten sich nicht, denn François war ja der Bruder von Jack, dem Spaßvogel mit dem Stechding, aber sie taten sich auch nichts.

Mit vereinten Kräften entleerten wir den Wagenkasten, stapelten unsern Kram in einer Ecke des Blockhauses auf, und jeder öffnete dann seine Packen, um sich häuslich einzurichten.

So schnell wie möglich stürzte sich Albert auf den Herd und fing mit wichtiger Miene an zu kochen, es roch bald nach allerhand Genüssen, und besonders Nash, der Häuptling, warf lüsterne Blicke zum Feuer und schnüffelte mit der „Adlernase" – in Wirklichkeit sah sein gewichtiges Riechorgan aus, als ob er so manchen Boxkampf damit „durchgestanden" hätte –, so daß mein Glaube an die Selbstbeherrschung der Roten ins Wanken geriet.

Verdenken konnte man ihm das allerdings nicht, denn der arme Kerl hatte seit Wochen indianisch gelebt, d. h. von getrocknetem Fleisch.

Jedes Volk hat in punkto Nahrung seine Eigentümlichkeit. Der Italiener futtert kilometerweise Makkaroni, wir Deutsche essen Wurst, der Inder lebt von Reis, der Kaffer verschlingt Hirsebrei, und der Indianer kaut.

Das Wildpret, Moose, Elk oder Deer, wird in langen Streifen an der Luft oder im Feuer getrocknet, und diese Streifen dienen dann, in kleine, mundgerechte Stückchen zerkleinert, als Dauernahrung.

Von diesem Zeug, es sieht aus wie minderwertige Backpflaumen, hat jeder Indianer stets ein Säckchen voll bei sich. Diese getrockneten Fleischhappen genügen ihm für lange Zeit als einzige Speise.

Sobald und solange er Hunger verspürt, stopft er sich, sei es im Lager oder auf dem Marsch, den Mund voll und kaut den Kram langsam hinunter.

Es ist eine nahrhafte, bequeme Kost von männermordendem Geschmack, auch ich habe sie probiert und sofort verzichtet, ich hatte das Gefühl, ein Stück alter Stiefelsohle, auf der ein Landstreicher barfuß von Lemberg nach Krotoschin gewandert, zwischen den Zähnen zu haben.

Davon also hatte der arme Nash gelebt, und nun kitzelte natürlich der Duft des Bratens und der „hot cakes" seine scharfe Nase.

Er tat denn auch dem fertigen „dinner" alle Ehre an, saß regungslos, wie ein Pagode, sprach kein Wort und kaute, kaute ununterbrochen. Ich schätze, daß er so drei bis vier Pfund schieres Fleisch verdrückt hat, außer seinen vier hot cakes, denn mehr bekam keiner, da das Mehl knapp war.

Endlich atmete er tief auf, wischte das Messer am Boden der mit Fransen benähten Lederhose ab, steckte es in die Scheide am Gürtel und brannte seine Pfeife an, aber es war keine der berühmten Friedenspfeifen, sondern ein ganz gewöhnlicher „corncup", aus einem halbreifen Maiskolben geschnitzt, die billigste „pipe", die es gibt und die man für fünfundzwanzig Cents überall kaufen kann.

Das Mundstück, ein Ende starkes Schilfrohr, war schon derartig abgeknabbert, daß der rote Krieger es im äußersten Mundwinkel halten mußte, der Nase wegen. So saß denn dicht neben diesem schon an und für sich direkt verboten aussehenden Gesichtserker der große gelbe corncup, und der glückliche Besitzer hielt das lange hagere Gesicht ständig etwas schief, damit ihm der Rauch nicht in das Auge stieg, und wieder fiel bei diesem Anblick ein großes Stück Romantik von mir ab.

Nach dem Essen wurde das Wichtigste, der Anbau am Haus, besprochen.

Albert und Nash wollten geeignete Stämme abschlagen, und François sollte sie mit dem Gespann zur Blockhütte schleifen.

„Und ich?“, fragte ich, denn ich fühlte mich zurückgesetzt, hielt ich mich doch auch für einen ganz guten „Mann mit der Axt“.

„Aber bedenken Sie doch Ihren Daumen“, antwortete mir Albert, „damit kann man doch keine Axt handhaben.“

Schon wieder dieser verdammte Daumen! Nash sah mich fragend an, und während the Kid ihm die Sache erzählte, wickelte ich den Verband auf, riß die Watte, die jetzt leicht abging, herunter und stieß unwillkürlich einen Ruf des Erstaunens aus, mein Daumen war heil. Von oben bis unten mit einer neuen, leuchtendroten, glänzenden Haut überzogen, präsentierte er sich wie „eben aus dem Laden“, aber es war nur Schein, ich konnte ihn nicht biegen, die neue Haut war so spröde und glatt, daß sie sich nicht in Falten legen ließ.

Der Finger war absolut steif und nach wie vor unbrauchbar.

Nash-en-Popee warf einen scharfen Blick auf meine Hand und nickte mit dem Kopf.

„Aha“, dachte ich, „jetzt kommt's, wahrscheinlich weiß er geheime Mittel, seltene Kräuter oder uralte Salben, die nur die Wilden kennen, jetzt wird er sagen: ‚Ich werde meinem weißen Bruder einige Schmerzen bereiten, wenn ich ihm diese Kräuter auflege‘ (siehe Winnetou), ‚aber morgen schon wird er gesund sein.‘“

Statt dessen glotzte der dumme Kerl nur und schwieg.

„Ochse“, sagte ich vor mich hin, denn Deutsch verstand er ja nicht. Da fiel mir ein: Wenn der Berg nicht zum Propheten kommt ...

Also sprach ich würdevoll: „Ich weiß, meine roten Brüder haben viele gute Heilmittel, die wir nicht kennen, will mein roter Bruder mir ein solches nennen?“

The Kid feixte auf diese meine Rede hin über das ganze Gesicht, und Nash, dieser Hohn von einem roten Krieger, sah mich verwundert an, richtete seinen Kopf auf, machte damit eine nach der rechten Zimmerecke zeigende Bewegung und murmelte „Opodeldock!“

Opodeldock? Das Wort kam mir bekannt vor, es klang aber auch stark nach indianisch, sanft fragte ich nochmals: „Was meint mein roter Bruder?“, und sah diese etwas zweifelhafte Verwandtschaft dabei gespannt an.

„Opodeldock“ klang es wieder, erneut winkte er mit dem Schädel nach der bewußten Ecke und schwieg sich dann konsequent aus.

Neugierig blickte ich auf Albert, der mit den Worten aufstand: „Versuchen kann man es ja immerhin.“

Lachend ging er in die Winke-Winke-Ecke, langte auf den hohlliegenden Deckenbalken und überreichte mir eine Medizinflasche.

Langsam drehte ich sie in der Hand und las mit Staunen und wachsender Enttäuschung:

„Opodeldock, das beste Mittel bei Wunden jeder Art! Schmerzstillend bei Brandwunden, Quetschungen, Entzündungen . . .", es war das bekannte, früher viel gebrauchte Patentmittel, das in jeder Drogenhandlung zu kaufen war.

Und wieder fiel ein Stück Romantik von mir ab, aber trotzdem probierte ich das Zeug, neugierig, wie man nun einmal ist, es stillte tatsächlich den Schmerz, nur anders, als ich dachte.

Es brannte nämlich auf der neuen, zarten Haut derart kannibalisch, daß ich zwar die alten Schmerzen nicht mehr spürte, aber doch reuig zu meinem alten, lieben Lanolin zurückkehrte.

Wie damals schmierte ich den Daumen zwei Millimeter dick voll, legte dünne Watte auf und wickelte einen langen, schmalen Streifen Heftpflaster darum, wie eine Wickelgamasche, der Sicherheit halber in zwei Lagen, einmal links, einmal rechts herum.

So gefiel mir das ganz gut, der Daumen stak geschützt in seiner doppelten Pflasterhülle, starr und steif, ich konnte ihn nicht biegen, und das war gut, denn die zarte Haut wäre sonst sofort geplatzt.

Auch diesmal mußte ich also die Arbeit den Gefährten überlassen, und dabei war ich doch so stolz auf meine Fertigkeit mit der Axt, es war zu dumm, und ich schimpfte mordsmäßig.

„Die Arbeit, das ist nichts", tröstete mich Freund Albert, „wenn Sie Fische fangen und für Fleisch sorgen, namentlich so gut wie bisher, so ist das viel wichtiger", und der Häuptling nickte mit dem Kopf und stimmte mit den Worten zu: „Fleisch, viel Fleisch ist gut, old Nash liebt Fleisch."

Das war also der berühmte „rote Krieger", verfressen war der Kerl, wieder fiel ein Stück Romantik ab, und als er gar noch anfing, das von der Pfeife abgelegene Nasenloch mit dem langen Zeigefinger sorgfältig zu reinigen, hatte ich das „politische Übergewicht" über ihn erreicht.

Zu meiner vollen Größe aufgerichtet, meine hundertdreizehn Zentimeter Brustumfang stolz gewölbt, trat ich vor den Häuptling und sprach: „Nash-en-Popee ist ein alter Häuptling, er hat viele Kriege geführt und alle seine Feinde besiegt. Auch ich bin ein Häuptling meines Stammes und habe oft gekämpft. In Germany sprechen wir eine andere Sprache als die Sprache der Engländer und Franzosen, es ist dieselbe Sprache, die unser weißer Bruder Albert the Kid spricht. Nash-en-Popee ist mein roter Bruder, und so nenne ich ihn von nun an in der Sprache meines Stammes Nas-en-popel."

„Hurra! By ginger!", brüllte Albert und tanzte lachend im Kreise herum, „by ginger! Sie sollen dafür auch was haben, von jetzt ab sind Sie der ‚captain'. Hören Sie, ich bin von der Marine, bei uns sind Sie der Kapitän. Hurra the captain, by ginger!"

Selten hatte ich the Kid so aufgeregt gesehen, er ging zu unserm Freund Nasenpopel und erklärte ihm, daß ich ein ganz großer Häuptling sei und daß sie mich alle jetzt „the captain" nennen würden.

François und Nash hatten natürlich vorher von der ganzen Sache kein Wort verstanden, der rote Krieger saß stumm auf den Keulen, ließ den Pfeifenstummel von einer Nasenseite zur andern wandern und stierte blöde vor sich hin, jetzt aber dämmerte es bei ihm, er erhob sich, faßte seinen abgenagten corncup mit zwei Fingern, hielt ihn hoch in die Luft und sprach ernst: „Nash-en-Popee ist alt, aber sein Herz ist jung für seine Freunde, the captain ist ein berühmter Häuptling, und Nash-en-Popee ist stolz, daß er sein Freund sein darf und daß the captain ihm einen Namen in seiner Sprache und in der seines Freundes Albert the Kid gegeben. Wir werden viele Pelze erbeuten und immer viel Fleisch haben, how!"

Wir verbrachten einen der im hohen Norden so seltenen gemütlichen Abende, eine Menge Whisky ging dabei drauf, und gingen schließlich als treue Freunde jeder in seine Ecke schlafen, nachdem mir Freund Nasenpopel nochmals versichert hatte, daß er stolz sei, mit mir zusammen zu sein, und daß er Whisky und Fleisch sehr gern habe.

Den ganzen folgenden Tag schwangen Albert und Nash den Tomahawk, respektive die lange kanadische Axt mit dem geschweiften Stiel. Schon am Abend lag eine ausreichende Menge Holz am Blockhaus bereit, der Anbau konnte beginnen.

Ich selbst hatte zuerst eine Weile dabei herumgestanden und mit Staunen zugesehen, mit welcher Schnelligkeit the Kid solchen etwa dreißig Zentimeter starken Stamm fällte.

Neun Schläge, vier tiefe Kerbhiebe, ein scharfer Schlag in den Schnittwinkel, und der Baum stürzte.

Nash brauchte fast noch einmal solange, gegen die wuchtigen, haargenauen, mit Energie geradezu geladenen Hiebe Alberts war seine Hackerei bloß eine Art Geklapper, aber er blieb stramm dabei, ohne eine Miene zu verziehen, obgleich die Roten jeder Arbeit durchaus abgeneigt sind.

„Ich sehe, mein roter Bruder Nasenpopel schwingt den Tomahawk gegen seine Feinde, die Jackpines", eröffnete ich die Unterhaltung, aber Old Nash schüttelte den Kopf und grunzte bloß: "No tomahawk, but hard work."

„Arbeit macht das Leben süß", lachte ich, aber er verstand mich nicht, brummte etwas Indianisches und hackte weiter.

Vergnügt machte ich mich jetzt daran, den Wasserfall am Hause zu untersuchen.

Unsere Wohnstätte lag malerisch auf einer in der drei bis vier Meter hohen Fichtendickung geschlagenen Blöße, kaum zehn Schritt von dem Abhang entfernt, der steil und ungangbar zum Fluß hinabführte.

Zehn Meter links davon rauschte der kleine Wasserfall, brausend und schäumend stürzte das Wasser aus drei Meter Höhe in ein ausgehöhltes Becken, in dem es brodelte und zischte, dann wurde der Fluß breiter und so flach, daß man ihn überall durchwaten konnte.

Dicht am Abhang stand ein Baum, gerade über den fallenden Wassern. Von diesem Baum bis zum Falle waren es knapp zwölf Meter.

In dem vom Wasser ausgehöhlten Kolk vermutete ich starke Fische, nahm daher die Angel und ließ einen Spinner in dem Gischt herumtanzen. Es dauerte auch nicht lange, bis ein starker trout ihn erfaßt hatte.

Der Fisch wehrte sich gewaltig und war so schwer, daß ich ihn so nicht langen konnte, sondern ihn langsam ins flache Wasser führte, um ihn dann, fast fünfzig Meter weiter abwärts, am Ufer mit der Hand zu greifen. Sieben Pfund, eine Prachtforelle!

Sie hatte wohl alles verschlungen, was in dieses Loch geriet, denn ein weiterer Biß erfolgte nicht, der Räuber schien gründlich aufgeräumt zu haben.

Immerhin war für heute eine feine Mahlzeit da. Forelle ist auch in der Wildnis ein Götteressen.

Als ich so auf einen neuen Biß wartete, den Wasserfall silberblitzend und rauschend zu Tal brausen sah und mit Bedauern daran dachte, wieviel herrliche Kraft dabei ungenutzt verlorenging, keimte in mir der Wunsch, diese Energie irgendwie praktisch zu verwerten.

Aber wie? Ich überlegte eine Weile und kam dann zu dem lobenswerten Entschluß, meine Wäsche von dieser billigen Waschfrau waschen zu lassen.

Mit einer Rolle Draht kletterte ich auf die Felsen zwischen den Wasserstrahlen und befestigte das Drahtende am Fuße einer kleinen Tanne, dicht am anderen Uferrand.

Dann turnte ich über die Felsen zurück, kletterte hinauf bis zu dem oben erwähnten Baum am hohen Ufer, zog den Draht stramm und machte ihn dort fest, und zwar so, daß er mitten durch den Wasserfall ging.

Eigentlich war das ja eine ziemlich verrückte Idee, aber die Sache sollte sich am Ende doch noch glänzend bewähren, wenn auch anders, als ich gedacht.

Zuerst mal machte ich mir einen starken Drahtring um diesen Draht herum, hing einen großen Haken daran, an diesen kam ein Hemd, und mit einem Ende starker Schnur ließ ich diese Vorrichtung bis in den Fall hinabrutschen.

Kaum berührte das Hemd das Wasser, als es auch sofort mit Wucht ergriffen und flatternd und klatschend nach allen Regeln der Kunst durchgewaschen wurde. Es ging großartig, lange stand ich und sah zu, stolz auf diese große Erfindung, entschlossen, alle unsere Wäsche auf diese bequeme Art zu waschen.

Doch der Hochmut kommt vor dem Fall!

Als ich nach einiger Zeit mit Albert ankam, um ihn durch meine Waschvorrichtung zu überraschen, stand ich wie vom Donner gerührt und starrte zu Tal.

„Was soll das, captain", fragte the Kid, „wollen Sie damit angeln?"

An meinem Haken hing nur noch ein kleiner, faseriger Fetzen, dessen lange Endfäden lustig in dem Wasserfall auf und ab spielten.

Verblüfft zog ich den traurigen Rest meines ehemaligen schönen Hemdes empor, es war zwar schade, aber nicht zu ändern, dafür hatte aber wenigstens Albert seinen Spaß, denn die Schadenfreude ist nun mal die reinste aller Freuden.

Plötzlich kam mir ein außerordentlicher Gedanke, ich machte eine neue, epochale Entdeckung. Im Entdecken bin ich überhaupt groß.

Statt der Schnur nahm ich einen zweiten Draht, hing an den Haken an Stelle des Hemdenrestes unsern Wassereimer, ließ ihn hinab, bis er gerade von den ersten Wasserstrahlen erreicht wurde, und zog ihn gefüllt wieder hoch.

Jetzt staunte Albert und rief: „By ginger, das ist eine feine Sache!" Zuerst ging es noch nicht so recht, nachdem ich aber den ersten Draht durch eine Schleife mit durchgestecktem Nagel gespannt hatte, arbeitete dieser Brunnen einwandfrei, wir haben ihn selbst im Winter benutzen können, da der Fall nie ganz zufror, und sogar der an sich ziemlich indifferente Häuptling Nash-en-Popee ließ ernst den Eimer hinabgleiten, zog ihn noch ernster wieder herauf, blickte mit tiefstem Ernst gespannt hinein, um sicher zu gehen, ob auch wirklich Wasser drin war, ließ den corncup langsam von einem Mundwinkel zum andern wandern, nahm ihn heraus, nickte todernst mit dem Kopf und sprach feierlich: „The captain ist schlau wie der Fuchs und sorgt für seine Freunde."

Am nächsten Morgen begann der Hausbau, und zwar in einer Art und Weise, die noch unbekannt sein dürfte.

An die Seite der Hauswand, an die der Anbau, drei mal vier Meter groß und zwei hoch, angefügt werden sollte, wurde an den Rändern je ein starkes Brett so angenagelt, daß die Brettkante mit den Ecken scharf abschnitt. Zwei in vier Meter Abstand eingeschlagene Pfähle gaben die genaue Größe an.

Dann sägten wir die durchweg geraden und astfreien fünfzehn bis zwanzig Zentimeter starken Stämme an einer Seite glatt ab, legten sie einzeln mit der Schnittfläche gegen die Bretter, und zwar die dicken Hölzer vorn, die dünnen hinten, um die Dachschräge herauszukriegen, und nagelten jeden Stamm mit einem langen Nagel von oben schräg an dieses Brett an.

Auf jeden Baum kam eine Lage Moos, um die Zwischenräume abzudichten, und als die nötige Höhe erreicht war, wurde ein anderes Brett über die Stoßlinie gelegt und am alten Haus und an den Stämmen des Anbaues angenagelt, um die Verbindung fest und dicht herzustellen. Das erste Brett saß also zwischen der alten Hauswand und der Schnittfläche der neuen Stämme, das zweite bedeckte die Berührungslinie.

Eingeschlagene Pfähle hielten die neuen Wände in der gewünschten Lage.

Jetzt wurden die andern Enden der Hölzer mit der großen Säge auf einmal von oben bis unten glatt durchgesägt und auf diese Schnittflächen ebenfalls ein Brett genagelt.

Die Stämme der letzten Seitenwand wurden nun aufeinandergelegt, so, daß sie paßten, ganz gleich, wie viel sie rechts oder links überstanden, die dicken Enden vorn, die dünnen hinten, auch der Dachschräge wegen, und diese Enden ebenfalls abgesägt.

Auf die Schnittflächen kam ein Brett, ein anderes über die Stoßlinie, um die Verbindung festzumachen, und die Wände waren fertig.

Eine doppelte Lage Hölzer oben drauf, mit einer Moosschicht dazwischen, ergab das Dach, zum guten Ende mit dicken Rasenplaggen abgedeckt.

Am nächsten Tag schnitt Albert die Öffnungen für die Verbindungstür und die beiden kleinen Fenster aus, schob die fertigen Rahmen ein, und ich konnte meine neue Behausung beziehen.

Schon am Abend war ich eingerichtet, und ich muß gestehen, so lieb mir auch mein Zelt und so primitiv auch dieses Haus war, es wohnte sich da doch bedeutend besser, vor allem wärmer.

Am Morgen des dritten Tages fuhr François ab, zurück zu Weib und Kind, und wir drei, Albert, Old Nash und ich, blieben für sieben lange Monate allein, verloren und vergessen für diese elende Welt.

Der Raum, in dem ich diese sieben Monate verbringen sollte, war drei mal vier Meter groß, zwei Meter hoch, hatte zwei kleine Fenster, vierzig mal vierzig Zentimeter, mit je vier Scheiben, zwanzig mal zwanzig Zentimeter, die sich aber leider nicht öffnen ließen, und eine Türöffnung zum alten Blockhaus, immer offen, da die Tür fehlte, es kam von dort Wärme genug herein, und die Ventilation der Wände genügte mir vollkommen, ich will nicht gerade behaupten, daß es zog, aber, wie gesagt, es „genügte".

Der vorläufig noch mit Gras und Moos bewachsene Erdfußboden hielt den Staub fest, und bald waren ja die bereits zum Trocknen ausgespannten Felle hart genug, um einen guten Teppich abzugeben.

Zwei große, graue Wolldecken mit rotem Rand schmückten die Wände in der Bettecke und hielten die Kälte ab, eine hochkant gestellte Kiste, den Deckel oben drauf genagelt, gab einen famosen Nachttisch ab, auf dem meine Lampe stand, und gegenüber an der Wand prahlte das kapitale Wapitigeweih, an dessen Enden meine Gewehre und sonstigen Jagdsachen hingen, ich brauchte nur dort hinzusehen, um wunschlos glücklich zu sein.

Eine andere Kiste diente als Waschtisch, aber jeder weitere „Komfort" fehlte.

Im alten Haus standen ein Tisch, eine Bank aus Kistenbrettern an der Wand und zwei Sessel, Patent Albert, dargestellt durch zwei glatt abgesägte Stück Baumstamm.

Als Hackeklötze waren diese „Sessel" ja ganz geeignet, als Sitzgelegenheit lehnte ich sie aber entschieden ab.

Albert, der als Bartender ja ans Stehen gewöhnt war, saß nie, der rote Krieger hockte meist am Boden auf seinen Keulen, und die beiden benutzten diese fürchterlichen Sitzklötze eigentlich nur zu den Mahlzeiten.

Vor allem galt es also, mir einen Tisch nebst bequemem Stuhl zu verschaffen.

In einer Hausecke fand sich ein ganzer Berg alter Kistenbretter, sorgfältig von den Nägeln befreit und sauber übereinander gelegt, da solch Kram in dieser Wildnis Wertobjekte darstellte.

Dort suchte ich mir die nötigen schmalen Stücke aus, die sich für meinen

Zweck eigneten, und baute mir daraus einen Sessel, der sich so bewährte, daß ich näher darüber Hals geben will.

Man nagelt sich zusammen:
zwei Seitenteile aus je vier Brettchen,
zwei Bretter als Rückenwand, eins als Vorderverbindung,
vier Bretter als Sitz darüber,
zwei Leisten als Armauflage.

Die Maße sind in Zentimetern: dreißig Sitz- bis Armlehne, vierzig Sitzhöhe, fünfzig Sitzbreite, sechzig Sitztiefe, siebzig Gesamthöhe.

Will man es noch einfacher haben? Eine Decke oder ein Sack mit Federn, Heu oder Moos, am besten ein dickes Fell, dient als Kissen, und in solchem Sessel kann man es getrost sieben Monate aushalten.

Er ist mehr als bequem, haltbar, leicht herzustellen und nur etwas schwer, was aber kein Fehler ist, denn dafür steht er auch sicher und fest.

Vier Pfähle aus armstarken Birken, durch Stangen verbunden, und ein weiterer Kistendeckel gaben einen brauchbaren Tisch, den ich aus Schönheitsgründen mit einem zu diesem Zweck mitgebrachten Stück Wachstuch überzog.

Der Sessel dagegen erregte Alberts Entzücken. Er probierte ihn sofort, meinte, so denke er es sich bei Rockefellers, und sogar Freund Nash konnte nicht widerstehen und nahm darin Platz.

Ich machte ihm vor, wie wirklich vornehme Leute in „the old country“ in solchen Sesseln sitzen, bequem und lässig zurückgelehnt, die Arme leicht auf die Seitenlehnen gestützt, in einer Hand die brennende Pfeife, die lang ausgestreckten Beine elegant übereinander geschlagen.

Wichtig, entschieden von einem Hauch westlicher Hochkultur berührt, versuchte der Häuptling, es nachzumachen, und er saß da wie ein alter Vorstehhund, den man zum erstenmal auf den Schoß nimmt, starr und steif und absolut unglücklich, da er ja ein langes Leben auf den schwieligen Keulen sitzend zugebracht hatte.

“No use for me”, meinte er brummend und schob ab in seine Ecke, Albert aber fing an, sich mit der ihm eigenen Energie ein ähnliches Sitzmöbel zu bauen.

So saßen wir denn am Abend um den Herd in unseren „Klubsesseln“, die Beine lang ausgestreckt, die Pfeifen im Munde, und uns gegenüber hockte Nash am Boden, auf einem Bündel Hirschdecken, rauchte und döste vor sich hin.

Um die Umgebung und das Fanggebiet der Freunde kennenzulernen, begleitete ich sie in den ersten Tagen auf ihren Trapperwegen, sah zu, was und wie sie es machten, und lernte allerlei Neues.

Der sagenhafte Churchillriver ist ein gewaltiger Fluß, der fast aus lauter Seen, Seitenarmen und weit ins Land reichenden Altwassern besteht. Besonders letztere sind beliebt, es wimmelt dort von Fischen, Wassergeflügel und Pelzgetier aller Art, vor allem den hochgeschätzten Bisamratten.

Wer kennt nicht das glänzendbraune, zarte Fell dieser harmlosen Tiere. In Hunderttausenden von Exemplaren müssen diese armen Nager ihr Leben lassen, dieser prächtigen Felle wegen.

Groß ist die Fruchtbarkeit der Ratte, sie reicht fast an die der Karnickel, und nur sie schützt diese Tiere heute noch vor völliger Ausrottung durch die sie verfolgenden Trapper.

Was heißt überhaupt Trapper, was fangen sie, und was bekommen sie dafür und von wem?

So oft ich in Büchern und Zeitungen über Pelztierfang und Trapperleben gelesen habe, konnte ich nur den Kopf schütteln über das herrliche Leben, das diese „Trapper" führten, über die Mengen seltener Pelztiere, die sie erbeuteten, und über die Summen, die ihnen dafür geradezu aufgedrängt wurden.

Ach du lieber Gott, wie ganz anders ist das alles in Wirklichkeit! Schwarzfüchse, Silberfüchse, Vielfraße, Fischer und wie diese Tiere alle heißen, sind ja viel zu selten, um dem Pelzjäger den Fang zu lohnen. Er ist selig, wenn er solch ein Tier mit erwischt, aber das Pelztier, dem die Arbeit gilt, ist und bleibt die Ratte.

Wenn man liest, wie solche „Trapper" fast täglich Schwarz- und Silberfüchse aus ihren Eisen nehmen, und das monatelang, das Stück zu vielen Hunderten von Dollars, und wie ihnen das Geld dafür von entgegengeeilten Aufkäufern fast gewaltsam in die Hände gedrückt wird, wenn man bedenkt, daß solche Helden dann in einem Winter allein fast zwanzig- bis dreißigtausend Dollars für ihre „Edelpelze" erhalten würden, dann faßt man sich an den Kopf und kann nur sagen: Herr siehe dein Volk an und erbarme dich über die, die so etwas glauben!

Trappen für Geld ist harte, schwere Arbeit in Eis und Schnee, Nässe und grimmiger Kälte, von früh bis spät, ohne Ruhe, ohne Rast, unter primitivsten Lebensbedingungen, unter steter Gefahr für Leib und Leben, und nährt nur gerade den tüchtigen Mann, der alles das aushalten kann, was die Wildnis ihm auferlegt, und manch einer der erfolgreichsten Trapper kommt wohl mit ein- bis zweitausend Rattenfellen zurück, aber einen Schwarz- oder Silberfuchs hat er weder gesehen noch gefangen.

Dafür bringt er aber ein feines Bündel Minkfelle (Nerz) mit, so zwanzig bis vierzig Stück, auch einige zwanzig Füchse, darunter oft den etwas wertvolleren Kreuzfuchs, ferner etliche Wölfe, vielleicht auch ein paar Otter oder Marten (Marder) und viele, oft Hunderte von großen (Hermelin) und mittleren Wieseln, denn die kleinen gehen nicht so hoch nördlich, und wenn er lange genug oben blieb, einen Bären im prächtigen Frühjahrspelz, ja auch zwei oder drei Luchse oder ein Fischer könnten dabei sein, und wenn unter all diesen Pelzen wirklich mal ein Silberfuchs ist, so ist die Freude groß.

„Muskrats“, Moschus- oder Bisamratten, sie allein bringen dem Trapper den nötigen Lohn, ich selbst habe Hunderte erbeutet, denn dieses harmlose Tier fängt sich sicher und schnell, und man wird schließlich so gewandt, daß man eine Ratte in fünf Minuten abbalgt und auf das Brett aufspannt. Der fertige Rohbalg bringt immerhin nach Größe fünfzig, sechzig und achtzig Cent, ja sogar, wenn gerade knapp, bis einen Dollar.

Wenn man bedenkt, daß ein Bär nur rund fünfundzwanzig bis dreißig Dollar wert ist, das gleiche Gewicht und der gleiche Raum an Ratten oder Hermelin aber mindestens fünfhundert, so wird man einsehen, daß der Gewinn in dem kleinen Pelzwerk steckt.

Rechnet man mit vier Monaten Fangzeit für Ratten, das sind einhundertzwanzig Tage, und nimmt davon sechzig Fang- und Arbeitstage an, so ergeben zwanzig Stück je Tag ein Fangergebnis von eintausendzweihundert Bisamfellen, zu mindestens sechzig Cents im Durchschnitt, für zusammen siebenhundertzwanzig Dollars, eine Summe, die immerhin schon lohnt, da die Arbeit zwar groß, die Unkosten aber gleich Null sind.

Die Beute an allen anderen Pelzen erreicht gewöhnlich zusammen ungefähr den „Rattenertrag“, so daß also zwei tüchtige „boys“ mit der netten Summe von mindestens eintausendfünfhundert Dollars zurückkämen.

Wenn die Leute in der Stadt oder auf der Farm diese Zeit über auch nur annähernd so gearbeitet hätten, so hätten sie sicher viel mehr verdient, es hätte aber auch mehr gekostet, sie hätten schon den größten Teil des Geldes ausgegeben, und die Arbeit ist im Winter knapp, es ist fraglich, ob man ankommt, man kann ebensogut hungernd und frierend herumlungern.

Vor allem aber reizt eben das freie, harte Dasein, das den ganzen Mann erfordert, der es fertigbringt, monatelang in Eis und Kälte zu hausen und Sturm und Wetter zu trotzen.

Von uns trappte der Nasenpopel als Beruf; so wie der Farmer seinen Acker bestellt, so legt er unentwegt seine Fallen. Albert war dabei aus Lust am wilden Leben und aus Freude an der gewaltigen Natur, und ich – sah zu und freute mich sowohl über jeden guten Fang meiner Genossen, als auch über jedes Geschöpf, das den gemeinen Eisen entging, denn meine Gefühle waren geteilt, tausend arme Bisamratten abzuschlachten war mir greulich, aber vor allem Wolf und Luchs gönnte ich das Eisen von Herzen.

Nebenbei gesagt, fingen auch meine Freunde nicht einen Silberfuchs, obgleich die Gesamtbeute sehr gut war, aber ich, der Jäger, schoß einen – vorbei, zweimal, und folgte der Fährte bis zur Bewußtlosigkeit, sah ihn aber nie wieder, wenn es – überhaupt ein „silberner" gewesen war.

Der Winter hatte in diesem Jahr ein Einsehen gehabt, es war der erste Oktober, aber das Wetter blieb, abgesehen von Nachtfrösten, die ja in dieser Gegend in keinem Monat fehlen, auch nicht in den berühmten Hundstagen des „Russen", schön und milde.

Trotzdem fühlte man unbewußt, daß der Sommer vorbei und der Winter täglich mit Eis und Schnee einziehen konnte. Es herrschte die bekannte Ruhe vor dem Sturm, und es lag, wie Albert sich treffend ausdrückte, schon ein „kalter Ton" in der Luft.

Natürlich nutzten wir diese Zeit, um Fangplätze anzulegen und vor allem Ratten, die schon „prime", d. h. vollwertig waren, zu erbeuten.

Die Bisamratte ist ein lebhaftes, fleißiges Tier, das immer unterwegs ist, solange das Wasser noch offen.

Man kann sie schießen, wenn sie umherschwimmt, auf starken Blättern, Holzstücken oder auf ihren Häusern, ja sogar am Ufer sitzt und sich sonnt oder putzt, kann sie in kleinen Eisen, die fast offen auf ihren Wechseln liegen, fangen und mit dem Netz fassen, das man vor ihr unter Wasser gelegtes Aus- und Einfahrtloch am Bau hält.

Im Winter, wenn das Eis trägt, geht man von Bau zu Bau, die wie die Heuhaufen auf der Wiese auf der Eisfläche liegen, schlägt mit dem kleinen Beil die Kuppe vorsichtig ab, legt ein Eisen in den Kessel und deckt das Haus wieder sorgfältig zu.

Solange Ratten vorhanden, sitzt jeden Morgen eine fest, aber nur wenn der Bau stets so verschlossen wird, daß er innen nicht abfriert, denn dann ist er nicht mehr bewohnbar.

In der Zeit der grimmigen Kälte, meist von Ende Januar bis Ende März, lohnt der Fang nicht, dafür ist er aber im April, Mai, vor allem wenn das Wasser wieder offen, am besten, da der Pelz dann am wertvollsten ist und man eine Menge Ratten bequem schießen kann, da sie den ganzen Tag auf Nahrungssuche unterwegs sind.

Auch wir wollten am ersten Oktober mit dem Trappen beginnen und zogen aus, die vorbereiteten Fangplätze zu belegen und überall, wo es uns gut schien, Eisen einzubetten, wozu besonders die Ratten guten Köder lieferten; sie waren also die ersten Opfer, auf die es abgesehen war, konnte doch ein reichlicher Herbstfang an Ratten schon den Erfolg des ganzen Winters sicherstellen.

Wir wollen meine Freunde auf diesem Gange begleiten.

In zwei langen Streifen drang das fahle Morgenlicht durch die kleinen Fenster meiner Hütte, der eine fiel gerade auf mein holdes Antlitz, reizte meine Augen, ich erwachte, räkelte mich kräftig und sah nach der Uhr: Wahrhaftig schon fünf!

Fröstelnd drehte ich mich auf die rechte Seite, griff mit dem linken Arm über den Nachttisch (lies Kiste), fummelte dort eine Weile herum, bis ich Streichhölzer und Pfeife erwischt hatte, und wälzte mich bequem wieder auf den Rücken.

Ich wußte, die Pfeife war nur halb aufgeraucht, denn so legte ich sie immer vorm Einschlafen fort, drückte daher mit dem „Pfeifendaumen" die Asche fest und steckte den Tabakrest in Brand.

Urzufrieden deckte ich mich bis an das Kinn zu, rauchte und wartete.

Es dauerte auch nicht lange, und es fing drüben an zu rumoren, Albert, der Koch, war bereits bei der Arbeit, im Herd knisterte das Feuer, und bald zog eine angenehme Wärme, vermischt mit köstlichem Kaffeeduft, durch die offene Verbindungstür, während Freund Nash mit den Fanggeräten klapperte, die er in die großen graugrünen Packsäcke verstaute.

Jetzt war es Zeit! Mit kühnem Schwunge warf ich meine beiden Wolldecken zurück, sprang aus dem Bett und . . ., nein, anzukleiden brauchte ich mich nicht, denn wozu ausziehen, wenn man sich früh doch wieder anziehen muß.

Ich reckte und streckte mich, gähnte fürchterlich, zog die am Abend schon geschmierten oiltanned mocassins (ölgetränkte Schuhe) an, wusch mir mit zwei Fingern die Augen aus, fuhr mal über das Gesicht, putzte mein Gebrech, bürstete mein Haar, und fertig war die Laube.

Rasch zog ich noch die Jagdjoppe über, aus olivfarbigem Strichloden mit, das war sehr wichtig, sieben Taschen und breitem Kragen, steckte das Messer samt Scheide in die Tasche am Oberschenkel und war fertig.

Wir frühstückten schnell, aber reichlich, es gab Kaffee, und sogar sehr guten Zucker, Marmelade, kalten Braten en masse, je Mann zwei Zwiebäcke und als Brotersatz einen hot cake.

So um sieben brachen wir auf, an der Spitze der Häuptling mit federnden Riesenschritten, auf dem Rücken den Tragsack, gefüllt mit Fallen und was dazu gehört, dem Winchesterpumper, Kal. 22, der Hauptwaffe der Pelzjäger, in der Faust, das langbezopfte Haupt in eine buntgestreife Zipfelmütze gezwängt, dicht neben dem Riechkolben den corncup.

Ihm folgte the Kid mit demselben Tragesack, einem der breitkrempigen, meiner Ansicht nach höchst unpraktischen Cowboyhüte auf dem Gelock und seiner Winchester automatic im Arm. Lange Gummistiefel, bis

an das Gesäß reichend, dazu der schwere Gang des Seemannes, gaben ihm, wenigstens unten rum, das Aussehen eines Elefanten.

Zum Schluß folgte meine „miserable Wenigkeit", wie unser polnischer Holzschlägermeister sich zu bezeichnen pflegte, als Schwerbewaffneter, mit Rucksack, Glas und Drilling, den Lasso über der Schulter.

Alle trugen wir das Messer griffbereit in der Hosennaht, das kleine Beil am Gürtel und eine Pistole oder den Revolver, ich außerdem noch einige der hübschen Haselhuhnfedern am Hut, eine Sache, über die der Häuptling ernst hinwegsah, denn er konnte das nicht begreifen.

An einer Schnur hatte ich noch das Abschiedsgeschenk von François bei mir, einen aus Birkenrinde gedrehten, mit Harz verklebten großen Trichter, das indianische Rufhorn für Hirsche, obgleich Freund Nash erklärt hatte, es nützte mir nichts mehr, da ich einige tanzende Männer mit Hirschköpfen darauf gemalt und dann die Riesentüte aus Ulk auch noch aufgesetzt hatte und damit herumgetanzt war.

Verziert darf das Horn erst werden, wenn man den ersten Hirsch damit herangeholt und erlegt hat, vor allem aber darf man das Ding nicht aufsetzen, denn das vergrämt den Elchgott.

Meine Aussichten waren demgemäß sicher gleich null, aber das focht mich nicht an, ich schleppte es doch mit.

Gleich am ersten slough (Teich, kleiner See) machten wir Halt. Einige Schritte vom Ufer ab schwamm ein flaches, rundes Gefäß, das handbreit aus dem Wasser ragte, anscheinend ein Faß, das mit irgend etwas bedeckt war.

Die Enten, die wir überall antrafen, strichen nicht ab, sondern ruderten nur an das andere Ufer und gründelten dort weiter.

Vorsichtig schlichen meine Freunde durch das Ufergebüsch, die Zweiundzwanzig-Millimeter-Büchse schußbereit.

Dort, auf einem Stück Holz, saß ein Bisamrattenpapa und putzte sich den Schnurrbart, „päng!“ sagte Alberts Winchester, und auf den Schuß hin plumpste es an mehreren Stellen, wo ebenfalls Ratten gesessen hatten, die untertauchten, aber bald wieder hoch kamen, um hin und her zu schwimmen, nur mit den Löchern der ulkigen „Nase“ und den schwarzglänzenden Äuglein über Wasser.

Noch drei Schüsse fielen, auch der Nash's löste sich, und zwei weitere „muskrats“ blieben tot liegen, da erst merkten die andern den Braten und verschwanden.

Mit einer langen Stange, die extra zu diesem Zweck an jedem See aufbewahrt wurde, watete Albert mit seinen Riesengummistiefeln vorsichtig ins Wasser, fischte die drei erbeuteten Ratten heraus, zog sie gleich ab und legte die Kadaver sorgfältig beiseite.

Unterdessen ging Old Nash am Ufer entlang nach dem schwimmenden Ding, und ich folgte, um zu sehen, was da los war.

Mit einem Draht, der durch einen Pflock am Ufer verankert war, zog er den sonderbaren Gegenstand heran, watete ins Wasser und holte ihn ans Ufer.

Es war ein gewöhnliches Faß, in dem der Kaufmann getrocknetes Obst bezieht, aus dünnen Brettern, mit Holzreifen. Über die Öffnung war statt des Deckels ein Stück starkes Pergamentpapier gespannt, durch einen Faßreifen festgehalten, das in der Mitte durch zwei je zwanzig Zentimeter lange Schnitte kreuzweise aufgespalten war.

Der Häuptling nahm diesen Papierdeckel ab, faßte hinein und holte vier ertrunkene Ratten heraus.

Interessiert besah ich mir diese praktische Fangvorrichtung. Der Faßboden war durch einen Stein beschwert und das Faß so weit mit Wasser gefüllt, daß der Oberteil gerade handbreit über den Wasserspiegel hervorragte.

Die neugierigen Ratten klettern sofort hinauf, geraten auf das glatte Pergamentpapier, das sich unter dem Gewicht nach der Mitte zu senkt, kommen ins Rutschen, können sich nicht halten, gleiten bis zu dem Kreuzschnitt und fallen in das Innere, wo sie ertrinken, eine zwar grausame, aber ertragreiche Fangart.

Das Faß wurde wieder „fängisch“ gestellt und mit dem Draht langsam ins tiefe Wasser geschoben, die Ratten gleich abgebalgt und die Kadaver zu den andern getragen.

Diese sieben hautlosen Ratten dienten jetzt als Lockspeise, sie wurden am Ufer verteilt und jedesmal ein Eisen dazugelegt.

Freund Nash machte das allein, und zwar sehr geschickt, so daß ich gespannt zusah, um zu lernen, denn viele seiner Methoden waren mir neu.

Der Rattenkadaver wurde dicht am Ufer unter einen Stein gequetscht, so daß der Kopf noch in das Wasser ragte, und davor, im Wasser, ganz frei, so fünf bis zehn Zentimeter tief, das Eisen gelegt.

Die Wellen spülten die Wittrung weit umher, der Mink folgte ihr, geriet entweder beim Anschwimmen schon in die Falle oder bei dem Versuch, die Beute unter dem Stein hervorzuzerren, während Fuchs oder Wolf das kleine, aber unverblendete Eisen sorgfältig mieden.

War das Ufer steil, so band er die Lockspeise mit den Hinterläufen an eine Wurzel, an möglichst abschüssiger Stelle, so daß der Kopf nach unten hing. Darunter lag auf einem von Natur gangbaren oder künstlich gangbar gemachten zwangspaßähnlichen Band das Eisen, mit Laub oder Nadeln der darüber reichenden Zweige leicht bedeckt.

Jede geschossene Ratte schweißt in dieser Lage, Kopf nach unten, aus dem Gebiß, der Mink wittert das weithin, zieht nach, läuft über das Band, windet dabei nach oben und tritt auf den Teller.

Alle Eisen wurden mit der Kette am Gebüsch verankert oder, falls dies möglich, so mit Draht befestigt, daß der Mink damit ins Wasser flüchten konnte, wo er ertrank.

Zwei traps (Fallen) kamen ans Ufer, drei an die Böschungen des Buschrandes. Auch hierbei war vermieden, daß ein stärkeres Tier ins Eisen geriet, denn der Fuchs z. B. betrat das für ihn zu schmale Band nicht, sondern besah sich die Sache von unten, bekam dabei natürlich Wittrung von der Falle, drehte sich dann meist um, löste sich voller Hohn und schnürte weiter, ohne sich an der Ratte zu vergreifen.

An einer anderen Stelle, an der der Strand sandig und einige Meter breit war, lagen dicht am Waldrande drei mächtige Steine.

Eine Ratte wurde, zu Ragout zerhackt, auf diesen Stein verteilt, der letzte Kadaver aber aufgeschärft dazwischen versenkt.

Der Zugang war nur von der steilen Böschung des Waldrandes möglich, rund vierzig Zentimeter entfernt, und hier lag, sorgfältig verblendet, nur mit Karnickelbälgen über den Händen angefaßt, ein Fuchseisen und zwar so, daß Reineke, wenn er die Steine umkreiste, oder bei dem Versuch, zwischen Steinen und Buschrand durchzuschnüren, um den Kopf in das Loch zu stecken, in die Falle geraten mußte.

In diesem Loch, dem Zugang für Mink, aber für Fuchs zu eng, lag ein kleines Eisen, nur lose mit Blättern bedeckt.

Der Witz war der: Reineke, der alles abreviert, trottet von Fangplatz zu Fangplatz, windet dort mißtrauisch herum, spürt den Zauber, löst sich, solange es ihm noch möglich ist, und zieht weiter.

Bei den Steinen denkt er: „Aha, da liegt ja wieder solch niederträchtiges Ding", kommt sich verdammt schlau vor, will zwischen Steinen und Böschung durch, um den Windfang in das Loch zu stecken, weil er sich doch genau von dieser neuen Gemeinheit überzeugen muß, und gerät dabei in das extra für ihn gelegte, verwitterte und sorgfältig verblendete Eisen.

Ein knapp zwei Meter breiter Verbindungsgraben führte zum nächsten See, der wie alle schon zu dem System des Churchillriver gehörte.

Dort, wo ein stark begangener Wechsel dicht am Graben entlanglief, lagen zwei Baumstämme als eine Art Brücke, dicht zusammen, der Zwischenraum mit Moos und Erde ausgefüllt.

Seit Jahren lagen sie da, und alles Raubwild lief darüber hin.

An beide Enden kam stets, mit Moos verblendet, je ein Fuchseisen, dicht an einem quergelegten Stück Holz, so daß jedes Tier, um über dieses Holz zu kommen, auf den Teller treten mußte, denn sonderbarerweise berühren weder Wolf noch Fuchs noch sonst ein Tier dieses Holz, sondern schreiten stets vorsichtig darüber.

Die beiden Eisen wurden neu gelegt, ich bummelte unterdessen weiter an dem Graben entlang, freute mich über die Unmengen von Karnickeln und Haselhühnern, die überall um mich herumtanzten, spürte allerhand Wild, sogar einen Luchs, dessen unverkennbare Fährte scharf am Uferrand stand, studierte dort lange herum und beugte mich tief über die Absprungstelle, als ein rasselndes Kratzen an einer starken Tanne hinter mir mich hochfahren ließ.

Ein Marder holzte vor mir von Stamm zu Stamm, schnell riß ich den Drilling hoch – weg war er! Dort hatte ich ihn zuletzt gesehen, dort in dem dicken Busch Nadeln war er mir verschwunden.

Mit dem Glase suchte ich die Gegend ab und entdeckte einen dunklen Klumpen, ein altes squirrelnest (Eichenkatzenkobel), in dem er sich wohl verklüftet hatte. Dort mußte er stecken.

Eben nahten die Freunde, ich zeigte Albert den Fleck und bat ihn, sobald ich den Baum erreicht hatte, mit seinem Winchester hineinzuspritzen, und schlich vorsichtig bis zu einem Punkt, der mir einigermaßen Übersicht gab.

„Los", rief ich, Albert pupperte mit dem „Automatik" hinein, und prrr! sauste Freund Marten (Marder) heraus, der Drilling krachte, der Marder überschlug sich, stürzte einige Meter, hielt sich an einem dünnen Seitenast, der sich unter der Last bog, kam so einem stärkeren Ast nah, ließ los, sprang, obgleich sichtlich schwer krank, hinüber, machte sich platt wie ein Brett und war verschwunden.

Was nun?

Alle drei standen wir einträchtig unter dem Baum, einträchtig starrten wir hinauf, einträchtig fluchten wir vor uns hin, aber trotzdem sahen wir nichts.

“By ginger”, rief the Kid, „da oben liegen zwanzig Dollar“, warf seine Sachen fort und versuchte, an dem mannsstarken Stamm aufzubaumen, aber Old Nash faßte ihn am Rockzipfel und zog ihn wieder herab mit den Worten: “Wait a little” (Warte noch etwas).

Inzwischen war ich mit dem Glase langsam zurückgegangen, und als ich dreißig Schritt vom Baume ab war, sah ich den Marder liegen, ganz flach angedrückt, vielleicht sogar schon verendet.

„Albert, wieviel Schuß haben Sie für Ihren Automatik?“, fragte ich und nahm ihm das Ding ab.

“Well, captain”, antwortete er, „so dreißig bis vierzig.“

„Schade“, meinte ich, „das langt nicht, sonst hätte ich den Ast einfach abgesägt.“

„Absägen? Mit dem Winchester?“

„Natürlich. Man spritzt solange Kugeln durch den Ast, bis . . .“

„Uff!“ brüllte in diesem Augenblick der Häuptling und sprang zu.

Ein dunkler Körper fiel herab, schlug nochmals auf einem Ast auf, fiel weiter, und mit einem schnellen Griff der hageren Fänge hatte Freund Nash ihn aus der Luft geholt, wie der Sperber den Rohrspatz.

Er faßte ihn oben am Genick, schüttelte ihn, wie man ein Tuch ausstaubt, so daß sich das prächtige Fell glättete, und reichte ihn mir hin, und ich glaube, er lächelte sogar dabei vor Stolz, denn sein „corncup“ ging zweimal blitzschnell von einer Nasenseite zur andern.

Der Marder war ein schwacher Rüde, aber gut im Balg, und erfreut verstaute ich die „zwanzig Dollar“ im Rucksack.

So zogen wir von slough zu slough, bis zu den Altwassern des Churchill, dann daran entlang und an dem Fluß, an dem unser Blockhaus lag, zurück.

Alle Fangplätze wurden mit Eisen versehen, die schon dort liegenden fängisch gestellt und eine Menge Fallen für Ratten neu gelegt.

Die Freunde, erfahrene Trapper, dachten gar nicht daran, die kostbare Zeit mit Fangversuchen für seltene Pelzträger zu vertrödeln – nur auf Ratten, Mink und Füchse war es abgesehen, denn im Minkeisen fängt sich ebensogut das Hermelin wie im Fuchseisen der Wolf.

Andere Tiere, wie Luchs, Marten, Fischer und Otter waren erst bei tiefem Schnee zu erwarten, da sie dann mehr wandern, jetzt aber noch viel zu heimlich waren.

Wir erbeuteten an diesem ersten Tage siebenundvierzig Ratten, dazu meinen Marder und einen Mink, der, man sollte es kaum glauben, während wir hundert Meter ab ein Eisen legten, versuchte, den unter den Stein gequetschten Rattenkadaver zu rauben, dabei das Eisen im Wasser abtrat und dermaßen damit herumtobte, daß wir es hörten.

"By ginger!" Mit diesem Lieblingsfluch sauste the Kid los, nahm den Burschen heraus, brachte den Platz wieder in Ordnung und kam dann strahlend an, der Mink war ein Prachtkerl, groß und dunkel, der sicher den Höchstpreis erzielte.

Gesamtresultat also siebenundvierzig Ratten, ein Mink, ein Marder, zusammen gut sechzig Dollar wert, ein guter Anfang.

Müde und hungrig kamen wir gegen drei Uhr nachmittags zurück, von sieben bis drei, also acht Stunden waren wir unterwegs gewesen.

Schnell war das Feuer im Herd in Gang gebracht und Wasser aufgestellt, aber bevor wir an Essen und Ruhe dachten, wurden erst die Bälge säuberlich auf die bereitstehenden Spannbretter gezogen und zum Trocknen an der Decke unseres Hauses aufgehängt.

Auch ich balgte meinen Marder ab und hing ihn mitten im Raum auf, der Symmetrie halber, und – um mich wieder an den Geruch zu gewöhnen. Jetzt erst wuschen wir uns gründlich, und Albert machte sich mit wichtiger Miene ans Kochen, während Old Nash die Vorbereitungen für den nächsten Tag traf.

Ich selbst sah rauchenderweise zu oder hackte Holz, eine Arbeit, für die ich immer eine gewisse Schwäche hatte, namentlich wenn man mit der langen, geschweiften kanadischen Axt auf ganze Stämme losgehen konnte, wobei ich vergnügt das schöne Lied von Knut, dem Alemannen, pfiff: „Alles muß verungenieret sein!“

Heute gab es ein Festmahl für meinen Geschmack, dicke Bohnensuppe aus Konserven mit in Würfel geschnittenem Hirschbraten drin, dazu die so beliebte „Castup“, eine Tomatentunke, von der Albert als besondere Überraschung heimlich einige Flaschen mitgebracht hatte.

Natürlich kosteten sie ihn nichts, sie stammten aus seiner Bar, wo sie den Gästen stets zur Würzung des „freelunch“ (freies Frühstück) zur Verfügung stehen, und die jeder Bartender, genauso wie Zigarren, „plus“ macht.

Vier große Teller führte ich mir zu Gemüte, trank einige gute Jimmy Walker (Whisky) dazu und lehnte mich, zum Platzen satt, bequem in meinen Sessel zurück.

„Das hat großartig geschmeckt“ erklärte ich absolut zufrieden, doch Albert erwiderte ernst: „Well, captain, das war der Rest, für morgen haben wir noch etwas, dann aber ist unser Fleisch alle. Sie müssen jagen."

Sofort sah mich Nash-en-Popee, der verfressene rote Krieger, vorwurfsvoll an, murmelte etwas von „Fleisch sehr gut" und empfahl mir dringend einen großen Windbruch, in dem jetzt in der mating season (Brunftzeit) ständig Hirsche anzutreffen seien.

Was? Ein Brunftplatz war dort? Natürlich wollte ich dann hin. Wir besprachen alles genau, so daß ich die Stelle finden konnte, und schon am nächsten Morgen um fünf brach ich auf, mit Büchse und Rufhorn, an mir sollte es nicht fehlen.

Schon nach halbstündigem Marsche hatte ich die fragliche Gegend erreicht, ein wildes Urwaldbruch, teils feucht, teils trocken, mit umgestürzten Stämmen und üppig wucherndem Jungholz. Aber leider schrie kein Hirsch, der Morgen war verhältnismäßig warm und schön, alles um mich herum war so unberührt, so urwüchsig, daß die romantischen Anwandlungen mal wieder bei mir die Oberhand bekamen; ich fing an zu träumen, verspürte absolut keine Lust, in dem Gewirr von kreuz und quer liegenden Hölzern herumzustolpern, wo man kaum drei Schritt weit sehen konnte und wo es noch dazu von Tau triefte, sondern hätte mich viel lieber gemütlich in die warme Morgensonne gelegt.

Aber wo? Suchend ließ ich meine Augen hin und her wandern und fand schließlich zwei übereinandergefallene Bäume, der untere schon alt, der obere wohl erst in diesem Sommer umgebrochen, denn er war noch voll Laub.

Dorthin zog es mich, mühsam gelangte ich bis dort hin, kletterte auf den Stämmen entlang und fand in der Krone des obenliegenden Baumes einen feinen Sitzplatz in einer Astgabel.

Mit dem kleinen Beil schlug ich einige Äste ab, die mir die Aussicht zu sehr versperrten, knickte andere so, daß sie mich gut deckten, und hatte bald einen idealen Hochsitz zur Verfügung.

Lange saß ich hier und ließ meine Gedanken schweifen. weit zurück, in die Urzeit.

So wie ich mögen auch unsere Urahnen hier gesessen haben, das Steinbeil oder den Dolch aus Rentierhorn in den behaarten Fängen, um auf Wild zu lauern und dem ahnungslos sich nähernden von oben in den Nacken zu springen.

Vorsichtig legte ich die Büchse über zwei Äste, hing das Rufhorn daneben, zog mein Jagdmesser und gab mich ganz meinen Gedanken hin.

Mit dem Messer in der Faust probierte ich alle möglichen Fälle durch und war in diese Sache so vertieft, daß ich bestimmt, falls ein Tier, meinetwegen ein Hirsch, unter mir durchgezogen wäre, ihm mit einem Sprung auf dem Rücken gesessen hätte, um mich, wie ich mir das von so einem Urmenschen gedacht hatte, am Hals festzuklammern und ihm die Drossel zu durchstoßen.

Glücklicherweise kam keiner, denn besagter Hirsch hätte meine „miserablichte Wenigkeit“ wahrscheinlich auf dem schnellsten Wege Hals über Kopf ins Gestrüpp befördert.

Dann wurde mir das langweilig, und mir fiel ein, daß ich ja unbedingt „Fleisch machen“ mußte.

Vorsichtig sah ich mich um, das müßte doch mit dem Deiwel zugehen, wenn ich hier nicht zum Schuß kommen sollte, denn das ganze Bruch, fast dreihundert Meter weit, konnte ich größtenteils übersehen.

So saß ich noch eine ganze Weile, aber nichts rührte sich.

Dann griff ich mit einer gewissen Angst, denn ich kannte das Dings noch nicht, zum Rufhorn, ließ zweimal mit einer Minute Pause, so gut ich konnte, den Brunftschrei des Elchs erschallen und wartete der Dinge, die kommen sollten.

Und sie kamen auch prompt, aber anders, als ich erwartet.

Nach fast zehn Minuten bewegten sich so hundert Meter vor mir die Büsche, das Glas flog hoch, und ich sah – keinen kapitalen Schaufler, sondern ein altes Elchtier heranziehen, gefolgt von einem schwachen Stück, dem diesjährigen Kalb.

Wo war der Hirsch? Ich überlegte: Wir brauchten Wildpret, dafür war das Kalb am besten, aber es tat mir weh, es von der Mutter wegzuschießen.

Beide umzulegen, war auch so eine Sache. Natürlich blieb das Kalb

stehen, wenn ich die Mutter erlegte, und konnte mir nicht mehr entgehen, aber das Tier sah mir verdächtig alt aus, solch schweres Tier war immerhin etwas reichlich, und ich hatte keine Lust, wochenlang zähes Wildpret zu kauen.

Also das Kalb, das kam mir aber nie schußgerecht, es stand fast immer halb hinter der Mutter oder blieb im Laub verborgen.

Langsam zogen die beiden näher und näher, da rauschte es in den Büschen, das Jungholz knackte, ein angehender Schaufler erschien, trollte auf das Tier zu und fing an, es zu treiben.

Hin und her ging die Jagd, an Schießen war nicht zu denken, und nochmals rufen durfte ich auch nicht, denn der schwache Hirsch hätte sich dann sicher gedrückt.

Schließlich verschwanden mir beide aus dem Gesicht, verdrießlich wollte ich die Sache schon verloren geben, da fing das Kalb an, im dichten Jungholz zu rufen und zog mit gesenktem Kopf, ängstlich schreiend, über eine kleine Blöße.

„Na", dachte ich, „wenn die Mutter nichts von dir wissen will, dann ist es ja gut", die Büchse sprach, und im Knall brach das „verlorene Kind" zusammen.

„Vielleicht kommt die Mutter mit dem Galan zurück", kalkulierte ich, denn das Kalb war verendet, „fortbewegen kannst du den schweren Körper doch nicht, also bleibst du mal erst ruhig sitzen."

Aber nichts rührte sich, ich griff nochmals zum Horn und röhrte los, war aber mit dem Ton nicht zufrieden, mit der Muschel geht es besser, die Muschel „orgelt", diese alte Tute „brüllte" nur.

Wieder saß ich geduldig eine ganze Weile, dann wurde es mir zu dumm, ich stand auf und begann, am Stamm vorsichtig hinabzuklettern. Als ich gerade von dem oberen auf den unten liegenden Baum stieg, die Büchse gesichert umgehängt, also fast wehrlos war, dröhnte links von mir der Boden. So schnell es ging, fuhr ich herum und sah gerade noch einen starken Schaufler im Unterholz verschwinden.

Noch ein kurzes Klingen der anschlagenden Schaufeln, dann lautlose Stille, er war fort.

Ohrfeigen hätte ich mich können, denn ich Esel war die ganze Zeit von dem sonderbaren Wahn besessen, daß alles Wild nur von dem verendeten Kalb herkommen könnte, dabei hatte dieser alte Schlauberger wahrscheinlich schon eine ganze Weile sechzig Meter links von mir gestanden und mich beobachtet.

Als – echter Jäger – tröstete ich mich mit dem Gedanken, daß es ja keiner „gesehen" hatte, ärgerte mich aber trotzdem wütend und schob vergrämt ab, nach Hause, machte aber doch den kleinen Umweg nach unserem Fluß, da ich Durst verspürte.

Zufällig traf ich gerade auf eine sehr breite, sandige Stelle, wo das Wasser flach zwischen Steinen und über Geröll dahinrieselte, und im Wasser stand, wasserschöpfend – ein Rudel Hirsche, und zwar deer.

Langsam, mit den Läufen im Wasser schlagend und ab und zu das Geäse unter Prusten und Schnaufen hineinsteckend, zogen die „Blacktails“ schräg hinüber ans andere Ufer, doch fand ich noch Zeit genug, das Fernrohr aufzuschlagen, denn es waren gut hundertfünfzig Meter, und auf einen schwachen Hirsch, der gerade gut stand, Dampf zu machen.

Er stürzte wie toll im Wasser weiter, daß es rauschte und spritzte, entsetzt stob das Rudel ans andere Ufer und verhoffte. Von dort äugten sie alle ängstlich und erstaunt nach dem Gefährten, der inzwischen im Wasser zusammengebrochen war.

Nochmals kam ich zum Schuß, aber es wollte nicht klappen, ich war zu erregt, das Fadenkreuz schwankte hin und her, und als die Stücke schon nach dem Walde fortzogen, drückte ich voller Verzweiflung, wie unter einem Zwang ab und schoß natürlich leider nicht vorbei, sondern mitten drauf, tief!

Hui! schnellte das arme Schmaltier die Hinterläufe nach hinten und zog mit krummem Rücken dem Rudel nach, das mit Riesenfluchten im Walde verschwunden war.

Ich repetierte, entschlossen, nochmals zu schießen, meinetwegen mitten auf den Spiegel, aber es gelang nicht mehr; ehe ich Haare fassen konnte, hatte das kranke Stück die deckenden Büsche erreicht.

Enttäuscht sah ich nach der Uhr, es war erst elf, ich hatte also Zeit genug.

Gemütlich zog ich Schuhe und Strümpfe aus, verstaute sie im Rucksack, hing die Büchse um, nahm mein Frühstück, ein Stück Braten, in die Hand und watete, von dem Wildpret wie von einem Butterbrot abbeißend, am Ufer entlang zu dem ersten Hirsch.

Ja, es war ein geringer Gabler vom vorigen Jahr, also gut zum Essen.

Dann schnürte ich zum andern Ufer, setzte mich an den Waldrand, um zu trocknen, dicht am Anschuß, und frühstückte weiter.

Nach anderthalb Stunden zog ich meine Fußbekleidung wieder an und suchte nach, konnte auch so hundert Schritt die Schweißfährte halten, dann aber kam ich nicht weiter, in dem Gestrüpp war aber auch nichts mehr zu machen.

Ich versuchte, Bogen zu schlagen, und pürschte langsam, die Augen am Boden, jede kleine Blöße, jedes Stück freien Hochwald benutzend, alle

Sinne gespannt, weiter, als ein knurrendes Zergeln mein Ohr traf – Wölfe.

Das kannte ich vom Ansitz am Luder her, das wußte ich sofort.

Aber wo waren sie? Lautlos, die Büchse schußbereit, drang ich in der Richtung des Geräusches weiter, da knackte ein Ast unter meinem Fuß, trotz aller Vorsicht, ich stand sofort regungslos, doch der schwache Laut hatte schon genügt, einige Sekunden absoluter Stille, dann ein Brechen im Busch schräg rechts vor mir, und die Wölfe waren geflüchtet.

Immerhin bekam ich so bessere Richtung, und nach halbstündigem Suchen stand ich endlich vor dem verendeten Schmaltier.

Der Schuß saß tief waidwund, die Drossel war zerbissen, der Pansen bis zum Schloß aufgerissen, Herz, Leber und Lunge bereits verschlungen, das Gescheide weithin zerstreut, die Innenseite der Keulen angeschnitten, und die Schmeißfliegen summten bereits drum herum, ein scheußlicher Anblick!

„Das sieht ja gut aus", sagte ich mir, „wenn die Bestien mir die anderen Stücke auch so zurichten, dann Gute Nacht!"

Schwitzend und fluchend, denn Fluchen gehört in der Wildnis unbedingt dazu wie das Amen in der Kirche, machte ich mich an die Arbeit, schlug eine acht Meter lange Stange ab, lehnte sie als Hebel über einen Ast, hing das Schmaltier geheßt mit allen vier Läufen an das dünne Ende, drückte das dicke herunter und klemmte es unter einem vorher eingeschlagenen Asthaken fest.

Auf diese Art kann man so ein schweres Tier bequem drei Meter hoch aufhängen, eine Höhe, die kein Wolf mehr erreichen kann.

Den schwachen Gabler im Wasser ließ ich liegen, zum Tragen war er mir doch zu schwer, aber das Elchkalb suchte ich nochmals auf, fand es unberührt und bedeckte es mit langen Tannenzweigen, über die ich an beiden Seiten starke Stämme wälzte, um die Wölfe abzuhalten.

Jetzt hatte ich wieder Oberwasser, und zufrieden mit mir selbst bummelte ich nach Hause, denn Gott sei Dank, ich brauchte nichts allein zu schleppen, laut Vertrag mußten die Freunde dabei helfen.

Natürlich waren sie noch nicht vom Trappen zurück, ich kochte mir also allein Kaffee und futterte dazu ein ganzes Paket Keks mit viel Orangenjam, das hatte ich mir redlich verdient.

Dann holte ich mir meinen Sessel heraus, stellte ihn dicht an den Abhang über den Wasserfall und fischte mit dem Spinner auf Forellen.

Als Knabe hatte ich einst einen alten Herrn gesehen, der von seinem Bootsteg aus, auf einem Rohrsessel sitzend, angelte, jahrelang verfolgte mich dieses Bild, jahrelang wünschte ich mir das auch, es schien mir das Ideal einer „sportlichen Betätigung", nun endlich, an der Grenze der

Polarzone, konnte ich es ihm nachtun, nur mit dem Unterschied, daß er kleine Barsche und winzige Plötzen fing, ich aber armlange Forellen.

Ich fischte und fischte, aber kein Biß erfolgte, es waren keine großen Fische da, nur so Halbpfünder sprangen ab und zu nach Fliegen auf, doch so kleine Fische wollte ich nicht, mein Spinner war viel zu groß für solches Kroppzeug.

Da erfolgte doch noch ein heftiger Biß, der Fisch ging gleich ab wie der Blitz, ich haute an, ein wahnsinniger Ruck, und ein silberglänzendes Biest mit einem merkwürdig langen, sonderbaren Kopf sprang aus dem Wasser.

In mühseligem, famosem Kampf führte ich ihn abwärts ins Flache und holte ihn dort hinaus, er sah aus wie ein Lachs (salmon), aber das lang vorgestreckte, etwas gebogene Maul gab mir zu denken, solchen Fisch hatte ich noch nicht gesehen.

Da hörte ich rufen, die Gefährten waren angelangt und winkten mir vom hohen Ufer aus zu.

Fröhlich hielt ich den fast acht Pfund schweren Fisch hoch, grüßte zurück und eilte zum Hause.

"By ginger, captain", begrüßte mich der lachende Albert, „was wollen Sie mit dem Vieh?“

„Wieso Vieh? Ein feiner Fisch ist das!“

"No good", brummelte Old Nash dazwischen und schüttelte sein langes Haupt, "dogsalmon!"

„Dogsalmon? Was ist das?“ fragte ich erstaunt.

„Well“, meinte the Kid klug und weise, „ein dogsalmon ist ein dogsalmon (Hundelachs) und nur gut für die Hunde, man kann ihn nicht essen, sehen Sie!“

„Soo?“, wunderte ich mich, „und warum nicht? Fisch ist doch Fisch!“

Doch Freund Nash, der bestimmt alles fraß, was überhaupt genießbar war, hob abweisend die Hand und erklärte stolz:

„Der captain kennt diesen Fisch nicht, sonst hätte er ihn nicht gefangen, dieser Fisch ist nur gut für die Hunde.“

Und ich war so froh über den großen Fang. Nun, dann eben nicht! Mit gewaltigem Schwung wollte ich meine Beute wieder in das Wasser schleudern, als der Rote mir sanft in den Arm fiel und ernst bemerkte: „Nicht fortwerfen, gib ihn mir für bait (Köder).“

„Allright, geliebter Nasenpopel, da hast du ihn“, und befriedigt trug er seine bait in den Schatten.

Vierunddreißig Moschusratten, drei Hermeline, davon eins noch braun, vier Minks und einen guten Rotfuchs, zusammen wieder glatt sechzig

Dollar wert, war die Ausbeute der Freunde, und sobald alle Bälge sauber aufgespannt und aufgehängt waren, brachen wir auf, um nach meinem „Fleisch“ zu sehen.

Zu meiner Überraschung erregten die drei Hirsche, die zu erlegen doch wahrhaftig kein Kunststück war, und wobei ich, was die Freunde allerdings nicht wußten, Dummheiten genug gemacht hatte, ihr Erstaunen.

Albert blieb bei seinem „By ginger!“, das er bei jedem Hirsch mit immer mehr Fingerschnalzen begleitete, der Häuptling aber sah mich wohlwollend an, nahm den corncup mit zwei Fingern heraus, hielt ihn hoch in die Luft, beschrieb damit magische Zeichen und Kreise und sprach ernst aber freundlich:

„Der captain ist ein großer Jäger! Drei Hirsche, das ist viel Fleisch! Wir werden viel zu essen haben. Der captain sorgt für seine Freunde. Old Nash ist sein Freund.“

„Die Hauptsache ist, daß du schleppst, du Dussel“, rief ich lachend, natürlich auf Deutsch, und er antwortete, obgleich er nichts davon verstanden hatte, würdevoll:

„Der captain tötet den Hirsch, wie er will, und überläßt das Fleisch seinen Freunden, es ist gut, mit ihm zu jagen, how!“

Da half alles nichts, er war eben verfressen durch und durch, aber ein ulkiger, guter Kerl, und vergnügt hob ich die Hand zur Brusthöhe zum Zeichen meines „tiefgefühlten Dankes“.

Das Elchkalb und der Hirsch im Wasser wurden aufgebrochen, aus den Decken geschlagen und zerlegt, das Wildpret, im eigenen Fell verschnürt, in einem schattigen Baum hoch aufgehängt.

Auf der Schulter nahmen die Freunde das Schmaltier, mit den Läufen an einer Stange hängend, gleich mit, und gute Kerls waren sie doch, denn sie duldeten nicht, daß ich mittrug.

Dafür hatte ich aber Herz und Leber der zwei anderen Hirsche im Rucksack, und das war gerade Gewicht genug.

Als die beiden so vor mir herwankten, das immerhin schwere Stück Wild an der Stange zwischen sich, schweiften meine Gedanken wieder zurück in die Urzeit.

„Urmenschen kehren von der Jagd zurück“, dachte ich, fühlte mich als eine Art „Neandertaler“, und in der Freude meines Herzens stieß ich plötzlich ein Gebrüll aus, so, wie meiner in diesem Falle allerdings unmaßgeblichen Meinung nach der Neandertaler gebrüllt haben mußte.

Die Wirkung war leider katastrophal. Albert erschrak, glaubte, ich sei übergeschnappt und käme von hinten auf ihn los, ließ die Beute fallen und sprang beiseite, Nasenpopel, der stolze Häuptling, zuckte natürlich auch zusammen, dachte an irgendeine Art Überfall, wie solche in seiner Jugend an der Tagesordnung waren, warf ebenfalls die hindernde Stange mit dem deer von der Schulter, faßte mit der Hand blitzschnell zum Revolver und fuhr herum, dem vermeintlichen Feind entgegen, d.h. er wollte das, bekam aber die Tragestange zwischen die dünnen Beine und stürzte der Länge nach hin.

Erst mein hemmungsloses Freudengebrüll, denn der Deiwel soll dabei ernst bleiben, klärte den Vorfall auf, aber Albert verlangte kategorisch, ich müßte jetzt vorangehen, denn er hätte vorläufig genug.

Gegen Abend, als wir gerade die wirklich delikate Leber des Elchkalbes verspeisten, fing es ganz unerwartet aus der Gegend der Hudsonbai her an zu bullern, der ganze Himmel wurde milchigweiß, mit einem fahlgelben Schein im Nordost, ein schneidendkalter Wind kam auf, pfiff heulend durch die Tannen und rüttelte an unserm Blockhaus, daß selbst diese nackten Stämme stöhnten und knarrten.

Es zog auf einmal aus allen Ecken und wurde selbst in dem geheizten Raume so kalt, daß wir uns eilig daran machten, alle Ritzen mit Moos zu verstopfen.

Nash und ich drückten überall, wo sich Zugluft spürte, zusammengedrehtes Moos in die Lücken, und Albert, der ehemalige Seemann, kam ganz stolz mit Schlegel und Eisen und kalfaterte die Sache absolut dicht.

Draußen tobte unterdessen ein wahrer Hexensabbath. Der Sturm brüllte förmlich vor Wut, Hagel prasselte herab, Regen, vermischt mit Eis, folgte, und dann raste er heran, mit Sausen und Brausen, der fürchterliche „Blizzard“ (Schneesturm).

In ganzen Wolken schlugen die Schneemassen gegen unser kleines Haus, das in der Gewalt des Unwetters dröhnte und zitterte, aber es hielt tapfer stand, und schon nach zwei Stunden ließ das Toben nach, ebenso rasch, wie er gekommen, war der Sturm vorbei, es wurde wieder ruhig und klar.

Mühsam öffneten wir die Tür, schaufelten den Schnee beiseite und traten hinaus.

Schnee, nichts als Schnee, so weit das Auge reichte, ein riesiges weißes Leichentuch lag über Wald und Bruch!

Blau wölbte sich über uns der Himmel, voll flimmernder, glitzernder

Sterne, fern im Westen glimmte noch schwach das letzte Abendrot, aber das milde Wetter war vorbei, endgültig, der „kalte Ton“ in der Luft hatte gesiegt, schneidend und hart schlug er uns entgegen, und fröstelnd traten wir in unser warmes Heim zurück.

Ade Sommer, der Winter war da!

SIEBENTES KAPITEL

Kanadisches Nocturno

„Huuiiss . . . !“ heulte der scharfe Nordost, direkt aus dem eisigen Becken der Hudsonbai, um unser kleines Blockhaus. Die starken, unbehauenen Stämme knackten und knarrten unter seiner Wucht, pfeifend peitschte er die schneebeladenen, gefrorenen Wipfel der Riesentannen hin und her, krachend sausten brechende Äste zu Boden, und rasselnd und prasselnd, wie feiner Hagel, warf er ganze Wolken von trockenem, körnigem Schnee gegen die kleinen, mit zentimeterdickem Eis beschlagenen Fenster.

Die Blechrohre der beiden Öfen wackelten und quietschten, ab und zu schlugen Flammen der Herdfeuer aus allen Öffnungen heraus, leichter, beizender Rauch füllte den Raum, staubartiger Schnee drang meterweit unter der Tür durch, um langsam tauend im Boden zu versickern, und dumpfes Bullern erfüllte die Luft – der Blizzard, der gefährliche Schneesturm des kanadischen Nordens, hatte das Wort.

Im Innern der Blockhütte war es trotz allem warm und gemütlich. Der runde heater (Heizofen) aus Stahlblech in der Zimmermitte und der campstove (Kochherd zum Zusammenschieben) in der Ecke, beide bis zum Platzen gefüllt mit dem harzigen, halbtrockenen Holze der Jackpine (Kiefer), glühten erfolgreich gegen die Kälte an.

Die kleine, schirmlose Petroleumlampe mit dem flaschenförmigen Zylinder flackerte und rußte zwar manchmal, verbreitete aber doch ein gemütliches, mattes Licht, und aus dem dampfenden Teetopf auf dem Kochherd zog ein merkwürdigerweise stark an köstlichen Whisky erinnernder Duft in unsere lüstern geblähten Riechorgane, während mächtige Wolken blaugrauen Tabakrauches uns in seltsam gewundenen Gebilden umschwebten.

Melodisch tropfte von den beiden Durchlaßlöchern der Ofenrohre Schmelzwasser des eindringenden Schnees in die zu diesem Zweck aufgestellten alten Konservendosen, immer einmal dumpf und zweimal hell, denn das eine Loch tropfte schnell mit kleinen, das andere langsam mit großen Tropfen, eine Tatsache, über die wir bei ihrer Entdeckung ein langes, gelehrtes Gespräch führten, um die Ursache dieses Phänomens zu ergründen.

Ab und zu gelang es dem Wüten des Sturms, in eine der mit Moos verstopften Lücken zwischen den rohen Stämmen, die unsere ganze Wand darstellten, einzudringen. Das Moos flog mit hörbarem „avec" heraus, und eisigkalte Luft strömte pfeifend nach.

Sofort sprang dann einer von uns auf, stopfte das Dichtungsmaterial wieder hinein und kalfaterte die Sache mit Schlegel und Eisen dicht, wobei die beiden andern gespannt und interessiert zusahen und gegebenenfalls mit Lob oder Tadel nicht kargten.

Albert und ich räkelten uns in unseren selbstgemachten, bequemen Klubsesseln aus alten Kistenbrettern – belegt mit dicken, eigenhändig gegerbten Hirschdecken, und vor uns döste der alte Häuptling, natürlich in der typischen Hockstellung des Indianers, auf seinem geliebten Fellbündel. Kein Mißton trübte unseren kleinen Kreis.

Gerade nahm der sonst todernste und schweigsame Häuptling die abgenagte alte „corncup"-Pfeife aus dem breiten Munde, hielt sie mit der hageren, braunen Rechten hoch empor und sagte voll Würde, das zerfurchte, wettergegerbte Antlitz zu einem milden Grinsen verziehend: „The captain ist ein Meister der Rede, es ist angenehm, seinen Worten zu lauschen, aber die Erzählung von Albert the Kid macht mich lachen. He is a joker allright!" (Er ist ein richtiger Spaßvogel.)

Immer, wenn wir an Tagen, an denen wir des furchtbaren Wetters wegen doch nicht heraus konnten, zusammensaßen und erzählten, brachte ich durch kluges, geschicktes Anreizen Albert dazu, als ehemaliger Seemann ein Garn zu spinnen, Geschichten, in denen er, von anderen kleinen Mißlichkeiten abgesehen, mindestens zehnmal mit dem Schiff gescheitert, sechsmal „mit Mann und Maus" ertrunken, dreimal lebendig skalpiert und einmal aufgefressen worden war.

Und als ich einst, unter handgreiflichem Hinweis auf seine zehn Zentimeter langen, goldblonden Locken meinte, daß das Skalpieren anscheinend spurlos an ihm vorübergegangen sei, erwiderte er seelenruhig: "Well, I've got these bloody curls back some way", denn wir sprachen des Häuptlings wegen englisch. (Ich habe diese blutigen Locken eben auf irgendeine Art wiederbekommen.)

Indianer, besonders Häuptlinge, ganz besonders große Häuptlinge, lachen eigentlich nie, denn das schadet der Würde des Kriegers, aber diesmal grinste Old Nash doch.

Ich hatte Albert gefragt, ob er auch einmal verheiratet gewesen wäre. „Selbstredend", antwortete the Kid prompt, „aber meine Frau ging eines

Tages weg und kam nie wieder", und zur Bekräftigung dieser Tatsache schloß er mit den klassischen, kaum gleichwertig übersetzbaren Worten: "That woman must be walking yet, from the way she started!" (Das Weibsbild muß noch unterwegs sein, so energisch marschierte sie ab.)

„Well", grunzte Old Nash, „das macht mich lachen, ich hätte sie zurückgeholt mit den Hunden." Sprach's, spuckte rasselnd, gewissermaßen als eine Art Protest, mit tödlicher Sicherheit in eine der Konservendosen, schüttelte ernst das hagere Haupt und begann, sich langsam eine neue Pfeife zu stopfen. Am weiteren Gespräch beteiligte er sich nicht mehr, die Sache mit der ausgerückten squaw war ihm zu unbegreiflich.

Auch the Kid wurde schweigsam, er stand auf und braute neuen Tee (lies Whisky), ich selbst rauchte fürchterlich, stellte mir das Bild der mit so seltener Energie abmarschierenden Dame vor und lächelte still vor mich hin. Da sagte Albert plötzlich, wobei er mich mit seinen blauen Augen verschmitzt anstrahlte: „Morgen ist Weihnachten!"

„Was, schon Weihnachten?" rief ich erschrocken und begann im Geiste die Tage zu zählen, kam aber zu keinem Resultat, ein Tag war hier wie der andere, ich mußte es also schon glauben und erklärte mit Nachdruck: „Das müssen wir feiern!"

„Und feste", sagte Albert, „ich habe dafür ja extra drei Flaschen ‚Black and White' mitgebracht."

„Gut, Albert, aber wir müssen einen Weihnachtsbaum haben und einen Weihnachstmann, schon um zu sehen, was der Häuptling dazu sagt, und den mußt du machen!"

„Ja, aber wie?" The Kid dachte angestrengt nach und meinte schließlich, daß sie bei der Marine immer Bäumchen aus aufgedrehtem Kabel gemacht hätten.

„Brauchen wir nicht", rief ich fröhlich, „ich habe Lichte und Flimmerwatte dazu mitgebracht."

Albert war sofort Feuer und Flamme, und Old Nash, der große Häuptling, wurde für uns das Kind, dem beschert werden sollte, und das, wie Albert besonders betonte, „mit allen Schikanen".

Lange tuschelten wir zusammen, dann wurde dem geduldigen alten Indianer erklärt, daß morgen abend das größte Fest des „old country" gefeiert würde, daß wir dazu Vorbereitungen treffen wollten, daß wir allerhand Überraschungen für ihn hätten und daß er daher morgen allein fortgehen und die verschneiten Fallen ausgraben müßte, denn gefangen hätte sich ja bei dem Wetter doch nichts.

Nash war einverstanden, wie immer, er war eine gutmütige alte Haut, und als ob es sein müßte, ließ auch der Sturm nach, der Himmel klärte sich auf, und bald erglänzten die verschneiten Fluren fast tageshell im Lichte des Mondes und der flimmernden Sterne.

Vergüngt gingen wir schlafen, und Albert rief mir noch nach, als ich in mein Gemach abschieben wollte: „Schade, daß ich kein Schaukelpferd mehr machen kann."

„Ein Schaukelpferd?", fragte ich verwundert, „für wen denn das?"

"For the baby", schmunzelte the Kid mit bezeichnendem Blick auf Old Nash, der sich gerade unter den Decken auf seinem Fellager am Boden verklüftete.

Am Morgen, Old Nash war kaum fort, fing the Kid an: „Captain, es soll der Tag seines Lebens werden, by ginger!" Sprach's, zog den Pelz an und ging fort, den Christbaum zu holen, während ich selbst mich daran machte, aus einem halbierten und dann kreuzweise übereinander gelegten Stück Birke einen feinen Ständer dafür zu bauen.

Schon ehe ich fertig war, erschien Albert mit einer wirklich famos gewachsenen jungen Fichte, und bald stand unser Bäumchen fix und fertig da, die Zweige belegt mit silbern schimmernder Watte, über und über voll gelber Wachskerzen.

Unser Kistendeckeltisch kam in die Mitte des Raumes, wurde dick mit Tannenzweigen belegt, und mitten drin stand feierlich der Weihnachtsbaum. Albert baute drei Flaschen Black und White auf, für jeden eine, und behängte dann, grinsend vor Freude, den Baum mit lauter winzigen Flaschen voll allerhand Likören, wie solche den Bars von den Fabriken als Proben zugesandt werden, wohl an die dreißig Stück.

Ich selbst legte dazu für jeden der beiden ein Jagdmesser, eine Pfeife und zwei große Platten Tabak, Marke „T. and B.", dazu für den großen Häuptling noch eine mächtige Adlerfeder, die ich einst gefunden und mitgenommen hatte, um eine Schreibfeder daraus zu machen, was aber unterblieb, da ich nicht dazu kam, zu schreiben.

Dann dachte ich an zu Haus, fühlte so etwas wie Sehnsucht oder gar Heimweh, blickte, als ob mir das helfen könnte, lange in meinen kleinen Spiegel, fand schließlich, daß ich wahrhaft „erschröcklich" aussah, schämte mich und fing leichtsinnigerweise an, mich zu rasieren.

Albert the Kid sah mir interessiert zu, und kaum war ich fertig, da erschien er schon, in einer Hand die Schere, in der anderen zwei aus Zigarrenkistenholz geschnittene Brettchen, zehn Zentimeter lang, zehn breit, oben kinnartig ausgeschnitten, und bat mich, ihm den „Bart zu schneiden".

Zu diesem edlen Zweck klemmte er sein wüstes Sauerkraut zwischen die beiden Brettchen, streckte das Kinn möglichst weit nach oben, und ich schnitt mit der Schere alle zwischen den Brettchen hervorstehenden

Haare ab. Die Prozedur gelang ganz gut, nur sah die Sache etwas steif und eckig aus, der sonnenblonde Albert kam mir vor wie der ausgebleichte König Salmanassar von Assyrien. Ich stutzte dann die scharfen Ecken noch ab, bis eine gewisse, allerdings etwas schiefe Rundung entstand, und gab dieses schwierige Geschäft entmutigt auf. Man sollte es nicht glauben, daß Haarschneiden so schwer ist.

Höchst sonderbar war Alberts Auffassung über den Weihnachtsmann, in dessen Verkleidung er das „baby" Old Nash begrüßen wollte. Zu diesem Zweck machte er sich vor allem aus einem alten Sack, den er prall mit Tannengrün ausstopfte, einen gewaltigen Bauch. Auf meine verwunderte Frage antwortete er nur kurz, das müßte so sein, der lange Bart müßte dem Santa Claus über den Bauch hängen, das sei immer so. Also ohne Bauch ging's nicht.

Der geradezu überwältigende Bart entstand aus zwischen lange Bindfäden gewickelter Watte, ebenso das lange Haar. Zur Kopfbedeckung wählte er mein tütenähnliches indianisches Rufhorn für Elche, das dick mit Watte beklebt wurde. Oben hinein in die Spitze kam aus Gott weiß welchen Gründen ein Busch Haselhuhnfedern.

Die Bekleidung ergab eine umgewickelte Decke, die mit zwei Bindfäden über den Schultern gehalten wurde, was aber des Bartmonstrums wegen nicht zu sehen war. Schließlich verlangte er noch, wohl in Erinnerung an seine Seemannszeit, nach einer blauen Nase, die er für unbedingt nötig erklärte, und mit diabolischer Freude borgte ich ihm dazu einen Tintenstift, mit dessen Spuren er dann gut vierzehn Tage zu kämpfen hatte.

Ein geradezu unheimlicher Knüppel und ein alter Sack, in den er sämtliche Geschenke stopfte, vervollständigten diesen schönen Weihnachtsmann.

Ich widersprach zuerst und wollte die Geschenke auf dem Tisch liegen lassen, aber Albert hatte seine Gründe, wir brauchten unsern einzigen Tisch ja zum Essen.

Gerade als der neugebackene Weihnachtsmann sich mir gegenüber als „Santa Claus" einüben wollte und unter dumpfem Gebrumm auf mich los kam, kehrte das Unglückswurm, der Nasenpopel, zurück, und the Kid mußte sich fluchtartig in meinen Separatraum retten, um sich dort wieder umzuziehen.

Erstaunt sah Old Nash dem Fliehenden nach und schüttelte mißbilligend das Haupt, als ich erklärte, es sei eine Überraschung, Albert wollte am Abend als „girl" erscheinen und tanzen.

Dann holte er stolz ein frisch abgezogenes Fell hervor, den ersten Luchs, ein Zeichen, daß der Schnee hoch und die Wintersnot da war, denn vorher ist dieses Wild selten zu haben. Erst der Hunger treibt es zu weiten Raubzügen aus ihren versteckten Dickungen heraus.

Albert erschien und fing sofort an, gewaltig am Küchenherd zu arbeiten, allerhand liebliche Gerüche erfüllten bald die Luft, Old Nash schnüffelte hoffnungsfroh den feinen Bratenduft und meinte schmunzelnd, mit der kurzen Corncup-Pfeife gegen die Herdecke weisend: "The Kid is a good cook allright."

„Ja", stimmte ich zu, „und am heutigen Fest, dem größten Fest des old country, muß viel und gut gegessen und getrunken werden, so will es die Sitte."

„Old Nash liebt Feste, an denen viel gegessen und getrunken wird", erklärte der alte Indianer mit der naiven Offenheit des Naturkindes, holte tief Atem und setzte sich auf seine Keulen, die hageren, rotbraunen Fänge erwartungsvoll über dem Magen gefaltet.

„Los!" brüllte Albert, „in einer halben Stunde können wir essen, und vorher wird beschert, los raus aus der Bude!"

Wir hatten nämlich beschlossen, daß ich, um unser Baby Old Nash, das doch überrascht werden sollte, während der zur Bescherung nötigen Vorbereitungen aus dem Hause zu kriegen, mit ihm die noch an der Decke hängenden Bälge in einen als Trockenraum dienenden Schuppen bringen müßte, um dort so lange zu trödeln, bis ein Schuß aus Alberts Coltrevolver mir das Zeichen zur Rückkehr gab.

Old Nash wunderte sich zwar, kam aber, als ich ihm bedeutungsvoll zublinkte, geduldig mit. Wir waren kaum fertig, als auch schon der Signalschuß krachte, der uns zurückrufen sollte.

Eilig traten wir ein, und der alte Indianer starrte stumm, mit weit aufgerissenen Augen auf das ungewohnte Bild, das sich ihm darbot: Mitten im Zimmer der Tisch mit dem im Licht der Kerzen erstrahlenden Baum, über und über behangen mit kleinen Whisky- und Likörflaschen, deren Bedeutung Old Nash so genau kannte, und daneben, in seinem „make up" als Weihnachtsmann, mit Bauch, Bart, blauer Nase und Knüppel, den Sack über der Schulter – Albert the Kid.

Zu meinem Schrecken öffnete sich zwischen dem weißen Bartwald ein rundes, schwarzes Loch – Allmächtiger! Albert fing an zu singen.

„Sti-hille Nacht, heilige Nacht! Alles schläft, einsam wacht . . ." Weiter kam er nicht, da ihm der Text fehlte, und das war gut, denn der Häuptling fing an, unruhig zu werden, da die meisten Indianer gegen Gesang besonders empfindlich sind, und Verkleidungen, mögen sie noch so blödsinnig sein, machen auf diese Naturkinder immer Eindruck, wie der Mummenschanz der Medizinmänner ja zur Genüge beweist.

„Captain", begann the Kid mit Grabesstimme, „Captain, Sie sind der ‚sheriff' (Polizeirichter), richten Sie recht. Old Nash, tritt heran! Hier steht Santa Claus und fragt dich: Hast du ein gutes Gewissen? Warst du auch immer artig, mein Sohn? Hast du deine Schulaufgaben stets pünktlich gemacht, dich täglich sauber gewaschen und keine Tiere gequält? Antworte! By ginger!"

Old Nash starrte und starrte. Er stand vor dem Rätsel seines Lebens. Die kleinen Flaschen, die im Lichterglanz schimmerten, versprachen allerhand Genüsse, aber der als Santa Claus kostümierte Albert? Unsicher stierte der Indianer auf den verwandelten Freund und gurgelte heiser: „Albert, are you medizinman or are you crazy?" (Bist du Medizinmann, oder bist du meschugge.)

„Beides, Du Hornochse!" brüllte the Kid auf gut deutsch, brach in ein fürchterliches Gelächter aus und sprang, den Knüppel schwingend, auf Old Nash los, der sofort ausriß, um sich hinter dem Weihnachtstisch zu verschanzen. Da Albert ihn so nicht kriegen konnte, führte er auf der anderen Seite des brennenden Baumes ein Art Santa Claustanz auf, die gute Laune steckte mich an, ich tanzte mit, und schließlich begriff auch der alte Häuptling den Sinn der Sache. Er glaubte, das gehöre dazu, stieß einen schrillen Triller aus, kam hinter dem Tisch hervor und begann, mit ernstem Gesicht, unter gellenden Kriegsrufen, einen zünftigen Indianertanz.

So haspelten wir uns alle drei erstmal vollständig ab, bis ich vor Lachen nicht mehr konnte. „Halt!" rief ich, „halt! Jetzt erst mal die Bescherung!"

Wir stellten uns um den Sack, jeder hielt ihn mit einer Hand, und Albert verteilte die Gaben auf seine Art, das heißt, er stopfte jedem sein Geschenk vorn in den Hosenbund. Old Nash zog sein langes Gesicht in Freudenfalten, als er die ganze Pulle besten Whiskys erhielt, er grinste, als ihm die neue Pfeife und der Tabak zugesteckt wurden, und prüfte strahlend das neue Messer; als ich ihm aber die Adlerfeder überreichte, zog ein glückliches Leuchten über seine Züge. Tief sah er mir in die Augen, ergriff meine Hand und sprach, sichtlich erregt: „The Captain gibt mir das Höchste, was es für den alten Krieger geben kann. Old Nash wird die Feder heute noch tragen, denn es ist heute ein großes ‚pow-wow' (Fest mit viel Essen und Trinken)."

Sprach's, zog sein neues Messer, schnitt von der Federpose die eine Hälfte in Längsrichtung ungefähr sieben bis acht Zentimeter ab, fuhr nach seinem Scheitel, faßte in der Mitte eine dicke Haarsträhne, bog den halbierten Teil der Pose um diese Locke, steckte das Ende in das durch das Abschneiden entstandene Loch, schob es fest hinein, und die Feder war vorschriftsmäßig im Haar befestigt.

Mit brennendem Interesse hatte ich zugeschaut, es war ein großer Moment, und the Kid rief begeistert: „By ginger! Captain, ich habe eine Idee, wir feiern heute indianisch."

Eilig lief er hinaus und erschien mit einem toten Uhu, den wir neulich aus dem Eisen nahmen, erfroren, und den ich mitgenommen hatte, da ich die mächtigen, schön braun und grau gesprenkelten Schwungfedern aufheben wollte. Im Handumdrehen hatte Albert einige herausgerissen, Old Nash schnitt sie kunstgerecht zu, und bald hatten wir beide zur Feier des Tages unsere drei Federn im Haar.

Wer mich heute kennt, wird dies für unmöglich halten, ich will daher besonders betonen, daß mein damaliger Haarwuchs eine solche Prozedur sehr wohl ermöglichte, die drei Federn kleideten mich sogar sehr gut, Albert dagegen mit seinem Aufputz als Weihnachtsmann sah direkt verboten aus. Er hatte mit der Kopfbedeckung auch die daran befestigten langen Wattehaare abgenommen. Aus dem weiß bebarteten Kopf mit der blauroten Nase ragte nun sein strohblonder Schädel hervor, mit den wippenden Uhufedern, nein, das ging nicht, und er mußte sich unter lautem Gelächter umziehen.

Das Essen wurde aufgetragen und auf Alberts besonderen Wunsch unter indianischen Gebräuchen, soweit solche uns bekannt, verzehrt. Albert war dabei in seinem Element. „Hugh!" rief er, langte sich mit dem neuen Jagdmesser einen riesigen Bissen, würgte ihn grinsend hinunter, rülpste fürchterlich, sah sich stolz um, leckte seine Finger ab, sprach befriedigt: „How!" und genehmigte unter melodischem Grunzen einen „Minnehaha" (lachendes Wasser), d. h. einen Whisky mit Eiswasser.

Als selbst der Häuptling erklärte, er sei „filled up", räumten wir das Essen ab, ich steckte neue Lichter an den Baum, und das eigentliche „Fest" begann. Albert erhob sich, schüttelte sein befiedertes Haupt und sprach:

„Ladies and gentlemen! Drei glückliche Menschen feiern heute hier im gesegneten Norden Kanadas das Weihnachtsfest. Als Bartender in einer der Bars dieses gesegneten Landes stehen mir alle Getränke in jeder Auswahl und Menge zur Verfügung. Hier in diesen kleinen Fläschchen an unserm Lichterbaum finden wir Proben der besten Whiskys, Liköre und sonstiger Spirituosen. Diese Proben habe ich gesammelt, aber am Baum hängt nur ein kleiner Teil, sozusagen nur eine Probe der Proben. Auf jetzt, feiern wir das Fest der Christenheit, merry christmas!"

Mit diesen Worten griff er in den Sack und baute solch kleine Probeflaschen vor sich auf, eine nach der andern, im ganzen – mir graute! – einige fünfzig Stück!

„Um Gottes willen, was soll denn das werden?" rief ich erschrocken.

„Well, Captain, eine solenne Sauferei!“ Dabei zog er einen Korkzieher heraus und lachte: „Hallo Capt’n, was nehmen Sie zuerst? Ich weiß schon, einen Henessy three stars.“

Schwupp, war der Kork heraus, und strahlend stellte er mir das Fläschchen hin.

„Well, Old Nash und Du? Hier, einen Blackbarrybrandy, der tut gut.“ Schwupp, schwupp, waren die Korken heraus, wir stießen an und brachten drei Hurras aus auf gute Kameradschaft.

Leider ging das so weiter, wir tranken Fläschchen auf Fläschchen, und mit Kennermiene schob mir der gute Albert stets die „Delikatessen“ zu, wie echten Benediktiner, Chartreuse, Marassino, Grand Marnier, was weiß ich. Urgemütlich war die Stimmung, und unser Baby, Old Nash, schwamm in Wonne (lies Whisky). Ernst ergriff er sein Fläschchen, es war zufällig Rosenlikör, hob mit der anderen Hand seine neue Pfeife hoch empor und gurgelte in tiefen, von Rührung zitternden Tönnen: „Old Nash ist alt, er hat lange gelebt und viel gesessen und getrunken, wenn er was hatte, aber so viel wie heute hatte er noch nie. Old Nash liebt das Fest seiner weißen Brüder, die Fläschchen sind zwar sehr klein, aber es sind dafür auch sehr viele. Old Nash hat schon eine Menge davon versucht, und alle waren sehr gut. Nash-en-Popee ist ein alter Häuptling, er liebt es, wenn ihn der Inhalt der Fläschchen im Gehirn kitzelt. Es ist gut, daß Albert the Kid so viele gesammelt hat. How!“

Leider muß ich bekennen, daß der Häuptling die Wahrheit sprach, es „kitzelte“ ihn bereits stark im Hirn. Er sank nach seiner langen Rede still in sich zusammen, stierte blöde auf die leeren Flaschen, sang dann in gutturalen, monotonen Tönen eine Art Wiegenlied und schlief ein. –

“Now we got it!”, sagte Albert. (Da haben wir es!)

Wir legten den Alten auf sein Fellager, tranken eine Tasse schwarzen Kaffee, plauderten noch ein Weilchen und gingen tiefbefriedigt zu Bett.

Old Nash hatte ganz recht mit den Fläschchen, sie waren zwar klein, aber es waren eben sehr viele, kurz und gut, ich schlief schlecht. Vor allem konnte ich keine rechte Lage für meinen armen Kopf finden, das drückte und bohrte, kratzte und stach, innen wie außen, und auch aus der Gefährten Raum hörte ich, wie Albert sich ärgerlich hin und her wälzte, während Old Nash fürchterlich schnarchte wie immer.

Endlich ging auch diese Nacht zu Ende, und als wir am Morgen beim Waschen die schmerzenden Schädel in das Eiswasser stecken wollten, klärte sich auch das Kratzen und Stechen auf. Wir hatten doch „indianisch“ gefeiert und uns mit den drei riesigen Uhufedern im Haar ins Bett gelegt.

Den ganzen Tag über kamen wir zu nichts, wir trödelten herum, räumten etwas auf, erzählten und legten uns schon am Nachmittag schlafen. So gegen Mitternacht erwachte ich, das Wetter war klar und schön, dabei nicht sehr kalt, und der Mond schien so hell, daß ich nicht wieder einschlafen konnte. Ich wurde so munter, daß ich aufstand, mich ankleidete, mein weißes Schneehemd überzog und den Drilling ergriff, um einen nächtlichen Pürschgang zu machen.

Von dem milden Schimmer des Mondes wie ihn der Dichter besingt, ist hier in solcher Polarnacht allerdings wenig zu bemerken. Kalt und hart liegt das Licht unseres Trabanten auf den endlosen Schneeflächen, es ist hell, fast so hell wie am Tage, und gespenstisch schwarz heben sich die Schatten von Baum und Strauch von der blendend weißen Schneefäche ab.

Unheimlich, wie schleichend, ziehen die sich kreuzenden und deckenden Schlagschatten der Äste leicht hin und her, bald dunkel, bald hell, bald ganz schwarz werdend, alles scheint zu leben, sich zu regen, es knackt und säuselt, kracht und rauscht im Winde, in Mißtönen bellt in der Ferne ein Fuchs, und aufwühlend scheußlich, bald nah, bald fern, erschallt das unvermeidliche, klagende Geheul des Timberwolfes.

Man mag über graue Wölfe denken, wie man will, mir hat nie einer etwas getan, auch wenn sie noch so nah und noch so zahlreich waren, und doch, wer nicht ganz Herr seiner Nerven ist, der kann, allein in solcher Nacht, das Gruseln lernen.

Langsam, im Schneehemd fast unsichtbar, den Drilling im Arm, gleite ich auf meinen Schneeschuhen von Busch zu Busch, von Deckung zu Dekkung, immer so, daß ich Wasserläufe, Seen und Waldblößen, die Hauptwechsel des Wildes, übersehen kann, ohne aus dem Schatten zu kommen, und ich bekenne offen, ein gewisser Stolz, daß ich hier so allein meinen Mann stehe, erfüllt mein Jägerherz.

An jeder Deckung, die einen guten Umblick gewährt, mache ich halt, lausche und suche alles mit dem Glase ab. Dort am Rande des Sees, an dem den Schnee überragenden Schilfgürtel entlang, erscheinen dunkle Körper, riesengroß – Elche! Ich zähle sieben Stück, näher und näher ziehen sie heran, schon lange stehe ich schußfertig hinter einem dicken Stamm, da biegen sie ab in den Wald, verschwimmen mit den schwarzen Schatten und sind verschwunden.

Lautlosen Fluges schwebt eine Schnee-Eule vorüber und blockt auf einem verschneiten Moschusrattenbau, im Sitzen kaum noch wahrnehmbar, denn das weiße, mattgrau verzierte Gefieder gibt ihr eine musterhafte Schutzfärbung. Mit dem Glase spähe ich hinüber, zwei, drei Stück sitzen dort, regungslos, auf den kegelförmigen Bauten. Wie Schneemänner wirken sie, die großen Vögel mit den dicken Köpfen, in ihrer Unbeweglichkeit.

Vorsichtig pürsche ich weiter, die Rattenbauten scheinen bewohnt zu sein, denn umsonst sitzen die Eulen dort nicht, da pfeift es giftig und scharf, ein Mink erscheint, sichert kurz und hüpft in langen Sprüngen vom Ufergebüsch hinüber zum Schilf. Acht bis zehn Dollars laufen da in der Weltgeschichte herum, donnernd löst sich mein Schuß, und erfreut hole ich mir die Beute.

Die Schnee-Eulen sind auf den Schuß hin hoch geworden, eräugen mich, als ich den Mink aufhebe, streichen lautlos heran und umkreisen mich. Vier Stück sind es, dauernd bleiben sie über mir, oft kaum einige Meter hoch, immer zwei und zwei zusammen, und die um mich herum huschenden großen Schatten der Vögel stören mich so, daß ich im Wald verschwinde, um mich hinter einem dichten Busch zu verdrücken. Bald sind sie fort, ich komme wieder zum Vorschein und schleiche weiter.

Das Wolfsgeheul in der Nähe, auf meinen Schuß hin verstummt, geht mit doppelter Heftigkeit wieder los, und auf Wölfe habe ich es hauptsächlich abgesehen.

Ein nur wenige Meter breiter Verbindungsgraben, gespeist von den Altwassern des mächtigen Churchill, führt durch dichten Bestand hinüber zum nächsten See, ein Hauptwechsel für das Wild.

Auch ich drücke mich hier entlang, immer an der Schattenseite, alle paar Schritte stehenbleibend, um zu lauschen. Da, es raschelt, Schritte, Wild – Schalenwild! Ich erstarre zum Pfahl, die Waffe schußbereit an einem Stamm. „Krps – krps – krps“, das charakteristische Geräusch im harten Schnee, wenn schweres Wild anwechselt, „krps – krps“, immer näher, ein, drei, fünf, sieben dunkle Schatten erscheinen, jetzt werden die Leiber sichtbar, schräg von vorn – Springhirsche.

Auf sechzig bis siebzig Gänge bleibt das Rudel stehen und verhofft, das Leittier, den schlanken Hals weit vorgestreckt, die Lauscher scharf nach vorn gestellt, alle Muskeln fiebernd vor Spannung, prüft jeden Luftzug, ein ebenso aufregendes wie herrliches Bild. Ich rege mich nicht, halte den Atem an und liege im Anschlag.

Da schiebt sich seitlich ein Spießer heraus, in jugendlichem Leichtsinn, das Fadenkreuz faßt das Blatt – Bauff! Ein Prasseln und Dröhnen, fort sind sie, aber dort, einige Schritte im Busch, da schlegelt ein Stück im Verenden. Fleisch, frisches Fleisch für die Freunde hatte ich zu liefern, meine Pflicht war wieder mal erfüllt.

Nachdem ich geladen, ging ich hinüber, dreiundsechzig Schritte, da lag

er, verendet und noch so jung, aber feist zum Platzen.

Fortbewegen konnte ich das schwere Wild nicht, aber vor den Wölfen schützen mußte ich es. Mit dem kleinen Beil am Gürtel schlug ich zwei Gabeläste ab, steckte sie rechts und links von meiner Beute in den Schnee, legte einen Ast darüber, an dessen Mitte mein ehemals weißes Taschentuch mit zwei Zipfeln angebunden war, und „verwitterte" die Gegend außerdem noch nach der allgemein üblichen Methode. Ein Ast mitten auf dem Graben bezeichnete die Stelle den Freunden, um den Hirsch zu holen.

Nach den beiden Schüssen war wenig Aussicht mehr, noch Wölfe anzutreffen, ich steckte mir also das Pfeifchen an und schob ab, nach Haus. Tiefer und tiefer sank der Mond, länger und matter wurden seine Schatten, Wind kam auf, und immer trüber und geisterhafter wurde die Luft. Leise raschelte der Schnee von den Bäumen, es rauschte sacht in den Wipfeln, schon hörte ich das Brausen des Wasserfalles an unserem Blockhaus, langsam stieg ich den sanften Berg hinan, da – dicht beim Hause vor unserem Abfallhaufen, zwei lange Schatten, die regungslos standen. Ich griff zum Glas – Wölfe! Hoch den Drilling, da gingen sie ab, ein Schuß war nicht mehr möglich. Schade!

Um Mitternacht war ich aufgebrochen, um vier Uhr kehrte ich zurück, vier Stunden Marsch in der Schneenacht hatten mich erfrischt, aber auch müde gemacht. „Hugh!" Verwundert zog Old Nash, als ich Licht machte, sein Hinterteil unter die Felldecke und steckte dafür den Kopf heraus, „The captain war schon draußen?"

„Ja, old friend, und Ihr könnt am Morgen einen feisten Spießer holen, good night!"

Old Nash grunzte etwas, das so ähnlich klang wie „viel Fleisch sehr gut", rollte sich zusammen, der Kopf verschwand, und das Hinterteil kam wieder hervor. Albert schlief fest und ruhig, vorsichtig legte ich ihm den Mink in den Arm, freute mich noch über des gewesenen Weihnachtsmannes blaurote Tintenstiftnase und ging befriedigt zu Bett.

Als ich am Morgen ziemlich spät erwachte, saß auf meinem Bett, dicht vor meinem Gesicht, der – tote Uhu, by ginger!

Als wir am Abend die Leber und die besten Steaks des Spießers verspeisten, meinte Albert: „Fein, Capt'n, delikat! Wir sollten öfters solch junges Tier haben." Er wischte sich mit dem Ärmel den Bart, sprang auf und rief: „By ginger, ich hab 'ne Idee!"

Ich winkte ab. „Albert, hören Sie mir mit Ihren Ideen auf, ich habe noch von der indianischen Weihnachtsfeier gerade genug."

„Weihnachten ist nur einmal im Jahr, aber frisches Fleisch ist immer gut. Sehen Sie, Captain", erklärte er lachend, „Sie erzählten uns doch von den Hochsitzen, wissen Sie was? Wir bauen einen!"

„Mit was denn? Wir haben doch keine Bretter."

„Brauchen wir gar nicht, ich weiß einen hohlen Baum."

„Aber Albert! Ich kann doch nicht in einen hohlen Baum kriechen."

„I wo, aus dem Baum bauen wir die Wände, der Hochsitz kommt genau an die enge Stelle am Gabelsee, gerade dem Verbindungsgraben gegenüber, da wechselt ja alles vorbei, Hirsche kommen da immer."

Die Sache fing an, mich zu interessieren, denn gerade dort war wirklich ein idealer Platz für einen Hochsitz, man konnte von da aus die beiden Seehälften und den Graben gut beschießen. Albert wollte den hohlen Baum in eineinhalb Meter lange Stücke zersägen, diese wieder in vier Teile spalten und daraus den Hochsitz errichten. Es war mir bekannt, daß die ersten Siedler aus solchen Stücken von hohlen Bäumen ihre Hausdächer gemacht hatten, indem sie die gebogenen Hölzer nebeneinander legten, Hohlung nach oben, und die Zwischenräume mit ebensolchen, Hohlung nach unten, überdeckten, also mußte man daraus auch Wände machen können, die durch Pflöcke in gebohrten Löchern zusammengehalten wurden. Fußboden und Dach waren aus Stangen mit Schilfbelag leicht herzustellen, denn Erde konnten wir ja des Frostes wegen nicht benutzen, es war sogar fraglich, ob wir die Löcher für die Pfosten fertig kriegen würden. Dafür brauchten wir aber auch auf Regen keine Rücksicht zu nehmen, ge-

wiß ein gewaltiger Vorteil, denn Tauwetter gibt es während des kanadischen Winters nicht.

Noch lange sprachen wir über diesen Plan, und als wir endlich schlafen gingen, war der Bau beschlossene Sache.

Gleich am andern Morgen gingen wir an die Arbeit. Der hohle Baum wurde umgelegt und in vier Teile zersägt. Die Spaltung in je vier Stücke gelang ebenfalls mühelos, zumal Albert mit seiner Riesenkraft haargenau in den alten Strich traf, er war wirklich ein Meister der Axt.

Jedes der so erhaltenen Bretter war ungefähr sechzig Zentimeter breit und im Durchschnitt zehn bis fünfzehn Zentimeter dick, gab also eine feste und warme Wand.

Da der hohle Baum so vernünftig war, nur einige hundert Schritte von der Stelle, an der wir bauen wollten, entfernt zu wachsen, bot auch der Transport der Stücke auf dem Handschlitten keine Schwierigkeit, wohl aber der Bau des Hochsitzes selbst. Die Spitze der schmalen und steinigen Landzunge lag zwar gut zwei Meter über dem Meeresspiegel, aber wir konnten weder graben, um die Pfosten einzulassen, noch als Untergestell Bäume benutzen, da nur niedriges Buschwerk in der Nähe war.

So einigten wir uns denn auf eine Ansitzbude zwischen den Sträuchern, direkt auf der Erde. Der Schnee wurde fortgeschaufelt, und ein ebener Stangenrost, dick mit Schilf belegt, gab den Fußboden. Drei Quadrate aus je vier Stangen, drei außen, eine innen, hielten die Stücke der senkrecht stehenden Wände zusammen, bis auf ein Stück, das als Wand fortgeschoben werden konnte, die vorhandenen Löcher und Spalten wurden mit Moos verstopft. Als Dach verwendeten wir Stangen, die ja im Überfluß da waren, darauf eine Lage Schilf und einige stärkere halbierte Stämme zum Festhalten. Drei Schußlöcher, eine dicke Schicht Heu auf dem Boden, eine einfache aber breite Bank, und am Abend des zweiten Tages war die Bude fertig. Sie hatte nur einen Nachteil, beim Rein- und Rauskriechen mußte ich immer unter der mittleren Haltestange durch, was im Pelz sehr unbequem war, sich aber ertragen ließ.

Wichtig bei der Sache war der Wind, und dabei hatten wir Glück. Nur bei den warmen Winden aus Westen, vom Stillen Ozean her, zog das Wild umher, und gerade dafür lag der Platz günstig. Bei den kalten Ost- und Nordwinden mit ihren Schneestürmen war doch kaum Beute zu erwarten.

Nachdem der Schnee wieder ringsum angeschaufelt und ein schmaler Zugang zu dem Türstück angelegt war, kehrten wir befriedigt heim, um den Ort mit Luder für Raubzeug zu versehen und dann erstmal einige Zeit in Ruhe zu lassen.

Leise surrend schleiften die langen Enden unserer Indianerschneeschuhe über den trockenen, körnigen Schnee, um bei jedem Schritt mit dem einem Tennisschläger ähnlichen Geflecht knirschend einige Zentimeter einzusinken, sssst, krps, sssst, krps, monoton und langweilig, immer weiter, Schritt für Schritt.

Es war nicht gerade kalt, so um rund zwanzig Grad Celsius, aber ein leichter, stoßweiser Wind machte sich doch ab und zu unangenehm bemerkbar, zumal wir ihn, wie sich das für Jäger gehört, im Gesicht hatten. Raschelnd trieb er den trockenen, losen Schnee neben uns her, es klang, als ob Sand über Papier rieselte, ein einschläferndes Geräusch, sonst überall tiefe Stille.

Vor uns erstreckte sich in weite Ferne, weit, weit über den mächtigen, verschneiten Wildnissee, eine schnurgerade Linie von tiefen Schneelöchern in regelmäßigen Abständen, als ob ein starker Gaul da hinüber spaziert wäre – eine Hirschfährte.

Wie die Schweißhunde hingen wir ihr nach, Schritt für Schritt, vorneweg Nash-en-Popee, und hinterher, von dieser Art Jagd nicht gerade entzückt und leise fluchend, ich.

Seit acht Stunden waren wir unterwegs, seit fünf Stunden immer hinter dieser Fährte her.

Well, der echte Indianer jagt sein Wild, besonders das Moose (Elch) auf seine Art, und diese wollte ich kennenlernen.

So zog ich denn eines gesegneten Morgens mit Old Nash los, um auf Indianerart Moose „auszugehen“, das heißt eine geeignete Fährte zu finden und dieser so lange zu folgen, bis das Stück Wild, durch die stete Störung am Äsen verhindert, vor Schwäche im Bett sitzen bleibt und dort wehrlos den tödlichen Schuß empfängt.

Soweit klingt das ebenso scheußlich wie einfach, in Wirklichkeit gehören aber allerhand Kenntnisse dazu, wie sie eben nur solche Spürhunde von alten Indianern und Trappern besitzen, um erstens mal eine geeignete Fährte zu erkennen, wie alt sie ist und, was mir oft schleierhaft blieb, wo sie hinführt, denn ein halbverwehtes Loch im Schnee sieht aus wie das andere, und zweitens, um all den Listen, Widergängen und Schlichen, die ein alter Moosebulle in solchen Fällen anwendet, erfolgreich zu begegnen.

Die Schwierigkeiten begannen sofort beim Auffinden der Fährte. Wo kam sie her? Wo führte sie hin? Wie alt war sie? War es ein Hirsch? Wie stark mochte er sein?

Fühlte man sich vorher auch durchaus „hirschgerecht“, so wurde man sofort still und bescheiden, wenn man vor den Löchern im tiefen Schnee stand, ratlos, hineinsah und höchstens schüchtern bemerkte, daß die Fährte alt oder noch frisch war.

Mitleidig schweifte das Adlerauge des Indianers über uns hin, dann die Fährte hinauf und hinunter, er bückte sich, steckte die Nase tief in eins der Löcher, fuhr mit der Hand hinunter, prüfte, Handrücken nach unten, sorgfältig die Trittfläche, und erklärte uns dann mit stoischer Ruhe, ohne eine Miene zu verziehen? "No good!"

Oder aber er wurde lebhaft, schnüffelte nochmals intensiv in dem Loch herum, sprang auf, seine Lichter fingen an zu leuchten, er streckte den Arm aus und rief befriedigt: „Allright! Ein alter Moosebull, er zieht nach dort, Fährte ist noch ‚warm' (!), I smell it!" (Ich rieche es.)

Was sollte ich dabei tun? Jedenfalls steckte auch ich meine durch öfteres Erfrieren schön rotbraune Nase in eins der Löcher und nickte dann zustimmend.

So setzten wir uns denn im Gänsemarsch in Bewegung, immer hinterher, in gleichmäßigen, fördernden, langen Schneeschuhschritten, ohne Pause, ohne Rast.

Die wollene Decke auf dem Rucksack, einen Beutel mit getrocknetem Fleisch, etwas Whisky, den Schnee für den Durst und die unvermeidliche kurze Pfeife, das war alles, was wir brauchten.

Aber ich will nicht schwindeln, den Beutel mit dem getrockneten Fleisch hatte nur der alte Nash bei sich. Ich lehnte diese zähe, unheimliche Speise entschieden ab und hatte mir dafür den Rucksack voll kalten Deerbraten gestopft nebst etwas Salz und Pfeffer. Dazu, aber heimlich, etwas Schokolade und Keks.

Wir liefen und liefen, kauten im Gehen unser Fleisch, dazu etwas Schnee, nahmen einen kleinen Schluck Feuerwasser und liefen weiter, die von der blinkenden Schneefläche geröteten Augen starr auf die Fährte gerichtet.

Der Elch hatte den See überquert, war am Uferrand entlanggezogen, dann in ein Bruch abgebogen und hatte sich hier äsenderweise an den Büschen gütlich getan.

Als er uns kommen hörte, war er, wie aus der Fährte ersichtlich, in einem großen Bogen seitwärts gezogen, um sich Wind zu holen, hatte an verschiedenen Stellen sichernd gestanden und war schließlich, wie aus dem häufigen Hin und Her hervorging, gegen den Wind in dem diesem

Wild eigentümlichen Troll flüchtig geworden. Lange konnte er noch nicht geäst haben, er mußte also wohl bald wieder haltmachen, und mit frischem Mut folgten wir nach.

Fast eine Stunde lang ging es durch raumen Hochwald, dann führte die Fährte uns immer am Rande einer schier endlosen Dickung entlang, es fing an zu dunkeln, und auf einmal, ja, was war denn das, da war die Fährte weg, fort, verschwunden!

Es war uns sofort klar, daß der Elch hier seinen bekannten Absprung angewandt hatte. Er macht zu diesem Zweck, sobald er sich verfolgt weiß, einfach kehrt und zieht in der eigenen Fährte zurück, meist am Rande einer Dickung entlang, bis er an einer ihm geeignet erscheinenden Stelle mit mächtigem Satz in den Büschen verschwindet, um nach einigen Gängen regungslos zu verhoffen und zu warten, bis die Verfolger vorüber sind.

Meist kehrt er zu seinem alten Wechsel zurück und trollt in der eigenen Fährte schleunigst weiter, nur in anderer Richtung, nach rückwärts.

Da er aber auch ebensogut sich nach irgendeiner neuen Seite verdrückt haben kann, muß der Jäger unbedingt die erwähnte Absprungstelle finden, um festzustellen, ob der Elch zurückgekehrt oder seitwärts fortgezogen ist.

Leider war es schon zu dunkel zum Suchen, wir mußten also die Nacht hier verbringen.

Dicht an einem starken, umgestürzten Baumstamm scharrten wir den Schnee fort und machten dort ein mächtiges Feuer, an dem wir uns niedersetzten, uns wärmten und aus geschmolzenem Schnee Tee kochten, wozu wir unseren Proviant verzehrten. Nach zwei Stunden war der Boden unter unserem Feuer und rings um dasselbe warm und trocken und auch der Stamm fein angewärmt.

Jetzt schoben wir das Feuer vom Baum ab, ließen es langsam weiterglühen und streckten uns, dicht an dem warmen Stamm in unsere Decken gewickelt, zur Ruhe.

Sehr schön schlief es sich ja so gerade nicht, aber es ging, zumal der Himmel ein Einsehen hatte und uns weder starken Wind noch neuen Schnee schickte.

Ab und zu stand einer von uns auf und legte nach, man merkte es an der herandringenden Kälte ganz von allein, wenn das Feuer neue Nahrung verlangte, und Holz war ja im Überfluß vorhanden.

Beim ersten fahlen Morgenschimmer waren wir auf, fachten die Flamme an, um Schnee zu schmelzen für den Tee, und frühstückten.

Es ist übrigens eine langweilige Sache mit dem Schneeschmelzen, es dauert furchtbar lange, bis man das nötige Quantum Wasser zusammen hat, dies Schneewasser enthält natürlicherweise allerhand Dinge, die man sonst kaum im Teewasser vorfindet, und meine Arbeit war es, all die niedlichen Zutaten, wie Karnickellosung, Nadeln, Blättchen, Holz usw. herauszufischen, denn Old Nash hatte dafür kein Verständnis. Für ihn war eben Tee – Tee, wenn nur Tee ins Wasser kam, kochte und gelbbraun aussah, ganz gleich, ob dabei etliche Visitenkarten von Mister Bunny mit ausgekocht wurden.

Sobald man einigermaßen sehen konnte, brachen wir auf und folgten der Fährte aufs neue, aber rückwärts und mit doppelter Vorsicht.

Als wir an der erwähnten Dickung vorbeikamen, wurde jede Stelle, die einen Absprung gestattete, sorgfältig geprüft, und richtig, gerade dicht an einigen jungen Fichten von knapp Meterhöhe war unser Elch mit mächtigem Satz in der Dickung verschwunden.

Am Boden war kaum etwas davon zu merken, aber der von dem Jungwuchs abgestreifte Schnee verriet die schwarze Tat.

Nash kroch ebenfalls in die Dickung, während ich der alten Fährte folgen wollte, um zu sehen, ob und wo unser Wild wieder zurückgekommen war.

Doch schon nach einigen Schritten kam mein indianischer Waidgenosse hinter mir her, fragend sah ich ihn an, Nash lächelte, ein Zeichen, daß es „allright" war. Der Hirsch hatte uns ruhig vorbeigelassen und war sofort an derselben Stelle wieder eingesprungen.

„Er hat Hunger und ist wieder in das Bruch, äsen", meinte Nash, eilte mit mächtigen Schritten los, und ich folgte voll Aufregung, nahm ich doch an, daß wir dort zu Schuß kommen würden.

Dem war aber noch lange nicht so. Es stimmte wohl alles, bis auf das „zu Schuß kommen", denn bei dem ihm jetzt günstigen Wind hatte sich unser Elch wieder empfohlen, als wir das Bruch erreicht hatten.

In kurzen Windungen, mal hier, mal da etwas äsend, war er weiter gezogen, wohl wissend, daß nur der rechtzeitig gefüllte Pansen ihn retten konnte.

„Fort ist er", meinte ich enttäuscht, „was nun?"

„Well", erklärte der Nasenpopel, „er hat noch zuviel Kraft, bis morgen abend hält er sicher aus."

Bis morgen abend? Also noch fast zwei Tage und eine Nacht! Die indianische Jagdweise wurde mir immer unsympathischer, und wenn es nicht einfach ausgeschlossen gewesen wäre, sich vor dem „Indian" zu blamieren, wäre ich längst umgekehrt, nach Haus.

So marschierte ich denn hinter ihm her, immer der Fährte nach, ss st-krps, ss st-krps, ohne Rast und Ruhe, eine sture, monotone Sache.

An einer tiefliegenden Stelle, die wie eine lange Schlucht den Wechsel versperrte, hatte der Hirsch den Umweg gescheut, wohl aus Angst, gesichtet zu werden, und war trotz der Gefahr zu versinken durchgezogen, zeitweise sogar mit den waagrecht eingeknickten Läufen geradezu „Schneeschuh laufend“.

Darauf hatte er eine Weile gesichert und war hin und her getreten, um sich auf einer Blöße mitten in einer niederen Fichtengruppe zum Wiederkäuen niederzutun.

Auch dort wurde er bald wieder vor uns flüchtig, er zog jetzt, sichtlich müde, auf dem besten Wechsel immer geradeaus, wohl wissend, daß ihm erst bei Einbruch der Nacht etwas Ruhe zum Kauen und Äsen zuteil würde. Das arme Wild war verloren, die Waffen waren zu ungleich. Der Hirsch mußte unbedingt die zur Nahrungsaufnahme nötige Zeit haben, während wir beim Weitergehen essen und trinken, respektive Schnee kauen konnten, den wir mit einem kleinen Whisky im Munde auftauten.

Immer wieder versuchte das hungernde Wild, sich niederzutun, aber immer wieder wurde es von uns hochgemacht, trotzdem konnten wir es nicht einholen oder sichten, obgleich ich, um dieser geradezu scheußlichen Jagd ein Ende zu bereiten, zur Eile trieb.

Der alte Indianer dachte und fühlte natürlich ganz anders, schmunzelnd drehte er sich ab und zu um und flüsterte: “He will be down tomorrow!“” (Er wird morgen am Boden liegen.)

Auch an mir war dieser Gewaltmarsch ohne Ruhe und Rast nicht ohne Spuren vorübergegangen, Nash merkte ja wohl kaum viel davon, mir dagegen taten alle Knochen weh.

Um uns loszuwerden, nahm der Hirsch mit Vorliebe das Unterholz an, weil er wohl wußte, daß man mit Schneeschuhen dort schwer durchkommen kann, und ohne diese Hilfsmittel wären wir nie weitergekommen. So hatten wir, besonders ich, alle Augenblicke mal unfreiwilligen Aufenthalt, wenn wir mit den Schneeschuhen am oder im verschneiten Unterholz, namentlich trockenen Ästen, hängen blieben.

Alle naselang mußten wir die aufgegangenen Bänder neu binden und manchmal sogar kleine Umwege machen, weil wir einfach nicht durchkamen.

Endlich lichtete sich der Wald, wir trafen auf ein neues, großes Bruch, an dessen anderer Seite sich ein langgestreckter, nicht gerade hoher, aber steiler Berg hinzog. Hier wollte ich haltmachen, denn es dunkelte bereits, aber Nash streikte.

„Durch das Bruch muß er erst durch", erklärte er, „sonst haut sich der Hirsch hier die ganze Nacht den Pansen voll und geht dann mit neuer Kraft ab."

Also stolperte ich weiter und tröstete mich und meine zerschlagenen Glieder mit den Worten: „mitgegangen, mitgefangen!"

Als aber Nash dann noch im Dunkeln den Berg hinauf wollte, streikte ich endgültig. „Ich kann nicht mehr", erklärte ich ernst, und Nash fügte sich, wenn auch ungern.

Diesmal wählten wir einen feinen Lagerplatz aus. Ein umgebrochener Baum hatte sich mit seiner Krone in der eines anderen verfangen, und der mit herausgerissene Wurzelboden bildete mit seiner schrägen Lage ein gutes Dach, zum Teil sogar schneefrei. Wir machten den Platz unter den Wurzeln sauber, und bald prasselte ein mächtiges Feuer davor, so angelegt, daß die Wärme sich fein unter diesem provisorischen Dach verteilte.

Hunger hatten wir nicht, da wir unterwegs ständig „gekaut" hatten, und hundemüde verkrochen wir uns mit unseren Decken unter dem alten Windbruch. Es rauchte zwar etwas, war aber warm und weich, ich wenigstens schlief sofort ein.

In der Nacht fing es an zu schneien, kein Schneesturm, sondern ein Schneefall, wie er nur in diesen Nordländern möglich ist.

Dick wie Wattebäuschchen, fast in Streifen, rieselten die Flocken herab, unser Feuer erlosch, wir mußten aufstehen, unseren Schutzwinkel mit Tannenzweigen seitlich abdichten und saßen nun dort in dunkler Nacht eng nebeneinander, rauchten und unterhielten uns nach Indianersitte, d. h., wir schwiegen und dachten nach.

Eigentlich war ich heilfroh, daß diese dreimal vermaledeite indianische Jagd ein so unerwartetes schnelles Ende fand, und fidel meinte ich zum Nasenpopel: „Well, wie weit haben wir nach Haus?"

„Erst müssen wir den Hirsch haben", sagte er ernst und spuckte voll Würde, so recht von innen heraus, vor sich hin, „der sitzt auch fest, geht auch bei dem Schnee nicht weiter, sobald es hell wird, schlage ich einen Bogen, bis ich die Fährte wiederfinde, und am Abend haben wir ihn."

„Trotz des Schnees?“ fragte ich erstaunt.

„Ja, trotz des Schnees, da kann er sogar nur langsam fort. Sie bleiben hier, machen Tee und warten, denn Sie sind müde.“

So früh wie irgend möglich brach der Alte auf, und der Himmel war gnädig, es hörte auf zu schneien.

Pflichtschuldigst machte ich Tee, aus dem frischen, sauberen Schnee, immer und immer wieder mußte ich unsern kleinen Blechtopf damit füllen, bis das nötige Wasser zusammengeschmolzen war. Endlich brodelte es, und nun kam der „Fluch der bösen Tat“. Ich habe nämlich an sich nichts gegen das ehrbare Volk der Chinesen, nur ihren ollen Tee sollen sie dort behalten, denn ich bin begeisterter Kaffeetrinker und hatte mir ganz heimlich etwas von unserem gemahlenen Mokka mitgenommen.

Mich vorsichtig umschauend, öffnete ich das Schächtelchen, steckte die Nase hinein, ah, wie das duftete, anders als der Tee, schüttete ein gutes halbes Lot in meinen Trinkbecher, griff zum kochenden Wasser und brühte mir eine Tasse herrlichen Kaffees. Während er zog, warf ich in das übrige Wasser den Tee, mochte er werden, wie er wollte, ich hatte ja meinen Kaffee fertig. Noch schnell etwas Schnee darauf, damit er sich gut setzte und schön klar wurde, so, langsam hob ich den Trank der Labe zum Munde, sah mich dabei zufällig etwas um – alle guten Geister! Im Schnee lag der schöne Kaffee, ein Griff, und ich hatte die Büchse im Anschlag, dort, keine hundert Meter ab, trollte unser Elch langsam an mir vorüber, zurück in seine alte Gegend, genau in der eigenen Fährte, kein Zweifel, das mußte er sein!

„Bauff!“ der erste Schuß war heraus, heller, harter Kugelschlag, der mächtige Körper brach zusammen wie ein Lappen, schon wollte ich in meiner begreiflichen Erregung ein Freudengeheul anstimmen, da wurde der Hirsch vorn wieder hoch und zog – Allmächtiger, diese Schweinerei! – auf den Stumpen beider abgeschossenen Hinterläufe weiter. Die Kugel hatte beide Fersen zerschmettert.

Ich zitterte vor Äger und Entsetzen, repetierte natürlich viel zu schnell, und erst der dritte Schuß riß das arme Geschöpf mit Hochblattschuß, auf das bekannte kleine Dreieck, im Feuer zusammen. Mit schußfertiger Büchse stapfte ich vorsichtig hin, blieb im Schnee stecken und mußte zurück, um erst die Schneeschuhe anzulegen.

Der Schaufler war gut, Gewicht rund eintausendzweihundert englische Pfund, Auslage hundertachtundvierzig Zentimeter, mächtige, lange Augsprossen, aber fast glatte Schaufeln, statt der Enden eine Art Wellenlinie man konnte beim besten Willen nicht viele Enden herauszählen. Und der gemeine Schuß! Da lag der Urwaldrecke, tief eingewühlt im Schnee, und die Hinterläufe kreuz und quer daneben, scheußlich. Ich hatte keine Freude dran, mißmutig kehrte ich zu meinem Kaffee zurück, ach so, den hatte ich in den Schnee fallen lassen, und der Teetopf, auch der war umgestoßen. Aufs neue fing ich an, Schnee zu schmelzen, schließlich kochte das Wasser wieder, schon griff ich zum Kaffee, da erschien, im Laufschritt, der Nasenpopel. Adieu Kaffee, und trübe lächelnd schüttete ich den Tee ins Wasser.

„Der Hirsch ist wieder eingesprungen und in der alten Fährte zurück, hat der Captain auf ihn geschossen?" Mit diesen Worten trat er ans Feuer und goß sich einen Becher voll Tee.

„Ja, ich schoß dreimal", erwiderte ich, „er liegt." Schon sauste der alte Indianer ab, kam nach kurzer Zeit zurück und erklärte: „The captain tötet, wie er will, Old Nash sah den Hirsch liegen, es ist der, den wir verfolgt haben." Mein Zweck, Hirsche nach indianischer Jagdweise „auszugehen", war zwar nicht ganz erreicht, aber ich war froh, daß dieser faule Zauber zu Ende war, ich hatte vom „running down" vollständig genug.

Während Nash eine schlittenartige Schleife nach Indianerart mit Lederstreifen zusammenband, kochte ich mir heimlich doch meinen Kaffee und half dann, die Decke und die besten Teile des Wildprets aufzupacken. Gemeinschaftlich spannten wir uns davor und „zogen" los, nach Haus, gut zehn Kilometer. Der Himmel wurde klarer und klarer, aber auch ein mehr als frischer Morgenwind erhob sich, schneidend blies er uns ins Gesicht, tief beugten wir zum Schutze unsere Köpfe und zogen, zogen wie die Droschkengäule, kurz, es war eine lebendige Illustration für das schöne Lied: „Was gleicht wohl auf Erden ..."

Todmüde erreichten wir gerade zur Essenszeit unser Blockhaus, und Albert, der Unermüdliche, ließ es sich nicht nehmen, noch ein solennes Abendessen, Elchgulasch mit Bohnen, für uns zurechtzumachen, ein Gericht, das uns nach langer „Kauzeit" vorzüglich mundete.

Als die Pfeifen brannten und wir gemütlich zusammensaßen und erzählten, meinte Albert wichtig: „Captain, der Mond scheint die ganze Nacht, eine Woche fast liegt das Luder draußen, ich war gestern dort, es spürt sich Wolf und Fuchs, auch Hirschfährten sind genug da, ich denke, Sie schlafen sich heute ordentlich aus, und ich bringe Sie morgen abend hinaus zur Hütte."

„Gern", antwortete ich und grübelte darüber nach, warum wohl Albert so verdächtigen Eifer für diese Bude zeigte, er schmunzelte so zufrieden, als ich sofort zusagte, ich sagte ihm das auch, aber er lachte bloß und ließ sich auf nichts ein. Und der Nasenpopel erklärte ernst: „Der Captain wird dort viel Fleisch machen, er wird nicht frieren, schon morgen mittag wird er den versprochenen Fellsack erhalten."

Am nächsten Abend zogen wir alle drei hinaus, denn auch Old Nash wollte helfen, es gab ja allerhand zu schleppen, Alberts strahlende Laune steckte uns alle an, und in bester Stimmung bezog ich so gegen sechs Uhr abends meinen Ansitz, wohlversorgt mit Pelz, Decken und Fellsack. Um acht Uhr früh wollten mich die Freunde mit den beiden Handschlitten wieder abholen, so sicher waren sie des Erfolges, und sie sollten sich diesmal nicht getäuscht haben, es wurde eine Nacht, wie ich sie in der Fülle der Ereignisse nie wieder erlebte.

Zunächst fand ich zu meiner freudigen Überraschung, daß der gute Albert die Bank entfernt und mir dafür einen der bequemen Lehnsessel, nach meinem bewährten Rezept, gebaut und hingestellt hatte, dazu eine Beinauflage und eine so schräge Rückenlehne, daß ich in fast liegender Stellung darin sitzen konnte, Sitz und Lehne fein mit einer Hirschdecke und Heu gepolstert. Rechts und links an den Armauflagen befanden sich Kästen, in einem lagen sechs der kleinen Probeflaschen mit Likören, in dem andern – ich staunte und heulte fast vor Rührung – sechs in Stanniol verpackte Havannazigarren, denn Albert wußte, wie gern ich die rauchte. Zwar kosteten sie ihn nichts, die Bartender erhalten durch das dort so beliebte „treaten" (zum besten geben) mehr, als sie rauchen können, aber trotzdem war es rührend, daß er, um mir eine Freude zu machen, diese Zigarren, hier in der Wildnis direkte Kostbarkeiten, geopfert hatte. Halt, da lag ja noch ein Zettel, neugierig entflammte ich ein Streichholz und las: "Don't get frozen up." (Sie sollen nicht totfrieren.)

Lachend und froh stieg ich in meinen indianischen Fellsack, das Ding reichte mir bis unter die Arme, mit einem rechts und links offenen Brustlatz, unter dem man die Hände wärmen und in die Tasche fassen konnte, und zwei hosenträgerartigen Bändern über der Achsel, ein famoses praktisches Möbel, das ich heute noch, aber nur aus einer alten Wolldecke gefertigt, beim Winteransitz verwende.

Mit der Pelzjacke darüber war mir so mollig warm, das Gedenken der Freunde tat mir so wohl, kurz, ich war in glücklichster Stimmung, und nur die Vernunft hielt mich ab, zu brüllen, hoch zu springen oder sonstwie Unfug zu treiben. Nachdem ich alles, was ich brauchte, griffbereit verstaut hatte, wobei mir die beiden Kästen am Stuhl gute Dienste leisteten, steckte ich das Pfeifchen weg und eine der köstlichen Importen an, entkorkte eins der Fläschchen, „Fine old Scotch" stand darauf, und leerte es auf das Wohl des edlen Spenders. Rechts von mir lehnte der Drilling, geladen mit Schrot Nr. 3 und 1, für Fuchs und Wolf, und links die alte

Mauserkartaune, Fernrohr aufgeschoben, für Hochwild. So, nun konnte es losgehen!

Vierzig Schritt vor mir lag das Luder, ein ganzes Alttier, von dem wir nur den Ziemer abgeschärft hatten, lieblich umrahmt von einigen Raubzeugkadavern, Hirschläufen und im Eisen verendeten Karnickeln. Langsam wurde es heller, der Mond stand seitlich über den dunklen Tannen, deren gezackte Wipfel bis hundert Meter lange Schatten über den See warfen. Der Schnee glitzerte und flimmerte, es war fast windstill, tiefste Ruhe herrschte überall, nur ab und zu unterbrochen vom Krachen des Eises und dem Knacken der gefrorenen Stämme, Geräusche, die bei zwanzig bis dreißig Grad Kälte unvermeidlich sind.

Langsam hob ich das Glas und suchte das im Schatten liegende Seeufer ab, nichts war zu sehen. Da kam, geisterhaft leicht, fast schwebend, der erste Fuchs quer über den See, direkt auf das Luder zu. Ohne irgendwie zu sichern, schnürte er näher und näher, in flottestem Tempo, schon hob ich den Drilling, doch kaum schob ich die Mündung hinaus, da, ein mächtiger Seitensprung, ein kurzes, gespanntes Verhoffen, und ab ging er, in vollster Flucht.

Was tut der Jäger in solchem Fall? Er flucht. So auch ich. „Elender Mist!", so, das erleichtert.

Der seitlich stehende Mond ließ natürlich, sobald der Lauf aus dem Schußloch herausragte, auf die hellbeschienene Wand den Schatten fallen. Ich überlegte mir die Sache und fand auch einen Ausweg. Das Viereck aus Stangen, das den vier Wänden den inneren Halt gab, lag in passender Höhe. Wenn ich eine Stange von Wand zu Wand, auf diesem Viereck aufliegend, gerade vor dem Schußloch anbrachte, so gab das eine Rast für mein Gewehr, ohne den Lauf sehen zu lassen.

Doch dazu mußte ich hinaus, aber das war nicht zu ändern. Mühsam kroch ich aus der warmen Umhüllung, schlüpfte ins Freie und holte mir, was ich brauchte, doch verging immerhin eine halbe Stunde, bis ich wieder in Ordnung war.

„Jetzt kommt ja doch nichts", dachte ich und versuchte den zweiten Whisky, doch gerade, als ich das Fläschchen entkorkt hatte, sieh mal einer an, da erschien Mister Reineke zum zweiten Male, noch dazu in Begleitung, denn ein anderer Fuchs schnürte hinterher – Ranzzeit!

Meine gute Laune war sofort wieder da, ich hatte auf einmal das Gefühl: Jetzt muß es klappen! „Prost", sagte ich leise, leerte mein Fläschchen, legte es in den Kasten, dafür den Drilling auf die Stange auf, die Beleuchtung war ausgezeichnet, der Schnaps übrigens auch, und wartete. Der vordere Fuchs, die Fähe, war neu, denn sie steuerte schnurstracks auf

das Luder los und ging sofort zum Fraß über. Der andere, der Rüde, den ich lieber haben wollte, war wohl derselbe wie vorhin, denn er machte halt und äugte unverwandt auf mein Schußloch. Schließlich kam er doch, wenn auch mißtrauisch, näher, und als er genau in Richtung der Fähe, kaum vier bis fünf Schritt dahinter, erneut sicherte, schoß ich, der Sicherheit halber, mit dem linken Lauf und Nr. 1, und, Glück muß man eben zu so etwas haben, der Rüde sprang hoch empor, überschlug sich einige Male und blieb mausetot liegen. Die Fähe fuhr tief herum, sauste flüchtig ab, wurde kürzer und kürzer, und brach nach rund achtzig Metern zusammen. Sie warf den weitgeöffneten spitzen Fang noch einige Male hoch, jappte, schlug mit der Lunte eine Art Wirbel und verendete.

Stolz wie anderthalb Spanier – einer genügt nicht – steckte ich mir die zwote Havanna ins Lokal und machte mich fertig zu neuen Taten. Das war auch sehr nötig, der Mond stand jetzt schräg hinter mir, das früher dunkle Ufer bekam mehr und mehr Licht, und in dem schmalen Schattenstreifen des Buschrandes wechselte etwas an, etwas Großes, Dunkles, zwei drei Stück, Hirsche – ja, Elche, einer etwas schwächer, wohl das Kalb. „Schade", simulierte ich und starrte mit dem Glase hin, anscheinend eine Familie, und wenn sie so weiter bummelt, habe ich sie vor dem Mond und kann kaum schießen. Aber heute hatte ich eben Glück. Kaum gedacht, schwenkten sie alle drei ab und überquerten den See, wollten wohl im Schutz der Halbinsel, auf deren Spitze ich saß und deren andere Seite im Schatten lag, weiterziehen. Direkt an mir vorbei kamen sie, kaum siebzig Schritt ab, erst das Tier, dann das gut entwickelte Kalb, endlich der Hirsch, dem natürlich all meine Aufmerksamkeit galt. Aber er war nicht viel wert, schwache Schaufeln, keinerlei Augsprossen oder Enden, nein, mag er leben. Also lieber das saftige Kalb! Ich dachte an den guten Old Nash mit seinem ewigen Fleischhunger, zog leise schmunzelnd den Kolben an die Wange und erlegte das Kalb. Es warf noch zwei-, dreimal auf, schlegelte kurz und war verendet.

Die Alten sprangen ab, aber das Tier kam zurück, umkreiste das am Boden liegende Stück, verhoffte einigemal, stampfte mit den Läufen, als ob es sagen wollte: „So komm doch, zum Donnerwetter!", bekam dann wohl frische Schweißwittrung und sprang ab. Erst am andern Ufer verhoffte es nochmals, mit dem Glase konnte ich es noch eine Weile herumtreten sehen, dann nahmen es die Schatten des Waldes auf. Wo der Schaufler geblieben war, konnte ich nicht feststellen.

Niemand wird mir verdenken, daß ich zum dritten Fläschchen griff. Beim Anbrennen der natürlich ausgegangenen Zigarre las ich zu meiner Freude: Echt Schwarzwälder Kirschwasser, Prosit, old Germany!

Was nun? Nach Hause gehen? Nein, ich hatte das Gefühl, jetzt geht's erst recht los, und blieb vergnügt sitzen. Und richtig, da kam schon wieder ein Fuchs, weit ab, längs über den See, sicherte, windete, kam näher, schlug einen großen Bogen, holte sich Wind und schnürte genau auf die Fähe, die wohl im Verenden genäßt hatte, los. Das war nun dumm, denn mit Schrot konnte ich da nicht hinlangen, und die Kugel zerriß den Balg doch zu sehr. Es kam aber anders, plötzlich machte Reineke halt, äugte starr schräg nach hinten, Lauscher scharf nach vorn gestellt, und ich visierte hin. Soll ich, oder soll ich nicht? Es waren immerhin über hundertfünfzig Meter, nein, lieber nicht. Kaum gedacht, ging mein Fuchs in voller Flucht nach dem anderen Ufer zu ab, und in wunderbaren Galoppsprüngen brach ein Rudel grauer Wölfe aus dem dunklen Buschstreifen hervor, quer über den See, fünf Stück, ein riesiger Bursche als Führer vorneweg, es machte fast den Eindruck, als ob sie den Fuchs hetzten wollten. In fieberhafter Spannung verfolgte ich dies echte Wildwestpanorama mit dem Glase, schon waren sie nahe am anderen Ufer, da mußte der Führer wohl Wind von dem frischen Schweiß des Kalbes bekommen haben, es riß ihn herum, wie mit einem Strick gezogen, und seine vier Genossen ebenfalls. „Rums!" da standen sie alle fünf, spitz nach vorn, die Lauscher hoch, regungslos bis auf die leise zitternden Ruten.

Voll von vorn fiel das Mondlicht auf sie, verschärft durch den Schein der weißen Schneefläche, ein unvergeßliches Bild. Im Glase glühten die opalisierenden Lichter wie weißflüssiges Erz, wie blinkende Spiegel, groß wie Walnüsse, man denke, fünf Paar solch blitzender Seher nebeneinander; nie im Leben, weder vorher noch später, sah ich so etwas wieder. Man nehme den bekannten Leuchtstabscheinwerfer, bestrahle damit im Dunklen einer Katze liebliches Antlitz, und man wird erschrecken, wie die Seher dieses kleinen Raubtieres aufleuchten! Wie Sterne! So ungefähr sah es aus, dazu die Wildnis, die urige Natur, die glitzernde schneebedeckte Seefläche mit den bizarren Randschatten der Tannen, das vorhergegangene Waidmannsheil, kurz, ich fing an, am ganzen Leibe zu zittern, bis in die Haarspitzen ging mir die Erregung, und die Bestien standen immer noch, äugten herüber und rührten sich nicht.

Natürlich visierte ich hin, aber, aber, ich wackelte hin und her, es ging unmöglich. Also warten. „Sie kommen, sie kommen nicht", pochte mein Herz, den Atem hielt ich an, als ob sie den bei der Entfernung hören, die Augen kniff ich zusammen, als ob sie die eräugen könnten.

Aber die Wölfe kamen nicht, wenigstens vorläufig nicht. Erst untersuchten sie die Sache, und zwar gründlich. Vorsichtig, immer nach meiner Bude zu sichernd, trottete der Führer im großen Bogen weiter, die andern in fast denselben Bewegungen hinterher. Deutlich erkannte ich jetzt die Familie, vorn der Vater, hinter ihm die Alte und dahinter drei Jungwölfe, einer stärker, vermutlich der Herr Sohn.

Mit der Zeit wurde ich ruhiger, gespannt blickte ich dem Rudel nach, bis es hinter den Büschen meiner Halbinsel entschwand. „Na, denn nicht", murmelte ich und griff zur dritten Importe, und mit dem duftenden Rauchwölkchen kam auch die Überzeugung zurück: „Die kommen gegen den Wind wieder."

Ich saß und wartete, der Mond stand jetzt genau hinter mir, günstiger konnte das Licht kaum sein, plötzlich schwebten zwei riesige Schatten herbei, meine Freunde, die Schnee-Eulen. Sie kreisten etwas über dem Luder, senkten sich herab, klak!, klappten die Schwingen zusammen, hoben einmal den rechten, dann den linken Fuß hoch, drehten den dicken Kopf mühelos nach hinten, dann wieder nach vorn, wiederholten diese Halsgymnastik nach der anderen Seite und regten sich nicht mehr.

Schon halb drei, also bereits ziemlich spät, das vierte Fläschchen konnte dran glauben. Es war Boonekamp, ach nein, den liebte ich nicht. Zweifelnd, ob ich diesen „bitteren" Bittern genehmigen sollte, sah ich wieder hinaus, die Eulen waren fort. Warum? Da schob sich links, knapp hinter den letzten Büschen meines Platzes ein Schatten vor, der Körper folgte – Wolf! Aha, sie kamen.

Langsam, fast kriechend, schlich der alte Räuber weiter, den frischen Schweißgeruch des Kalbes in der feinen, überfeinen Nase, er hatte sich wahrhaftig erst genau Wind geholt. Dahinter, im Abstand von vier bis fünf Metern, folgte das Rudel, ebenfalls Schritt für Schritt.

Kaum hob ich die Büchse, da klapperte es, erschreckt fuhr ich zusammen, da fiel mir ein, der elende Boonekamp war in den Seitenkasten gefallen, ich hatte ihn vorhin auf den breiten Rand der Armauflage gestellt. Angstvoll spähte ich nach dem Wolf, er hatte nichts gehört. Jetzt! Der Finger berührte den Drücker, es krachte mordsmäßig, da ich ziemlich schräg schoß und die Mündung noch innerhalb der Bude lag, ich sah und hörte nichts, doch der Fleck war leer, der Wolf verschwunden.

„Liegt er? Sicher liegt er. Ich war doch genau drauf, und bei nur achtzig Meter, natürlich liegt er. Wenn er aber doch nicht liegt . . .?“

Wer kennt sie nicht, diese Zweifel! Sollte ich sofort raus, nachsuchen? Welche Zeit? Dreiviertel auf vier. Ruhiger geworden, prüfte ich den Anschuß genau mit dem Glase, die Spuren sah ich zwar nicht, aber die gewaltigen Fahrer im Schnee, die er beim Absprung gerissen hatte, als ob ein Wagen dort gewendet hätte, da mußte er doch liegen. Nein, er konnte diese Löcher auch so gemacht haben, kurz und gut, ich kam zu keinem Entschluß, doch, zu einem, ich trank den Boonekamp, der Bittere paßte jetzt gut zu mir.

Die vierte Havanna kam an den Ort, wohin sie gehörte, tief sog ich das köstliche Aroma ein, lehnte mich bequem zurück und dachte scharf, so scharf, wie ich konnte, nach. Wie war es? Wo stand der Wolf? Wo kamst du ab? Wo stand das Fadenkreuz beim Abschuß? Kugelschlag – es krachte doch so – nichts gehört, aber es war ja auch sehr nahe, er liegt also. Wölfe gehen fast immer mit der Kugel noch ab, ja, er muß liegen, und wenn er nicht liegt, so ist er schwer krank, und bei dem Schnee finde ich ihn schnell. Sowie es tagt, gehe ich nachsuchen, ja, nach-su-chen . . . Müde ließ ich den Kopf sinken, schloß die Augen und duselte ein.

Als ich erwachte, schlaftrunken und fröstelnd, stand der Mond schon sehr tief, schräg hinter mir, endlos lange Schatten werfend, Wind hatte sich erhoben, und weiße Wölkchen standen am Himmel, der bereits einen schwachen Morgenschimmer trug. Wie war das doch? Ja, zwei Füchse, dort lagen sie, ein Kalb, auch da, und der Wolf? Da mußte ich schnell nachsuchen. Ob es schon hell genug ist? Welche Zeit? Schon sieben. Um acht wollten die Freunde mich ja holen . . . Halt, was war das? Drüben an dem jetzt fast dunklen Ufer bewegte sich etwas, eine lange, schwarze Linie, vier Wölfe drückten sich dort entlang, dicht hintereinander, vier? Sollte es das Rudel sein? Dann liegt der Alte doch!

Ich hielt es nicht mehr aus, runter den Pelz, raus aus dem warmen Fellsack und raus aus der Bude! Bums! Au, mein Schädel! Ich hatte im Eifer nicht an diese elende Querstange gedacht. Schneeschuhe an und los!

Anschuß, oho, der war gut. Und da lag ja der Wolf doch, hinter den ersten Büschen, keine achtzig Meter zurück, steif und kalt. Die Spuren ließen erkennen, daß das Rudel nochmals dort gewesen war, um nach dem Führer zu suchen. Mich wunderte nur, daß sie dabei nicht geheult hatten. Aber es war wohl eine besondere Nacht, denn sie war ebenso still wie für mich erfolgreich verlaufen.

Durchfroren, aber glücklich und zufrieden kroch ich zurück in mein Tuskulum, steckte mir die fünfte Havanna ins „Gefreß“ und entkorkte das fünfte Fläschchen zum Morgentrunk. Es war, und das paßte großartig, Eierpunsch.

Die Freunde trafen mich, selig lächelnd, im tiefen Schlaf, die angerauchte, kalte Importe, schief im Mundwinkel, das sechste Fläschchen zwar leer, aber trotzdem fest in der Hand.

Der Ruf: “Hallo Captain, breakfast is ready!” weckte mich, in der Tür unter dem Querholz hockte the Kid und hielt mir die offene Thermosflasche mit duftendem Mokka vor die Nase.

„Albert, Prachtmensch, großartig!“ stammelte ich, trank den wahrscheinlich miserablen, mir aber herrlich schmeckenden Kaffee und kroch, völlig munter geworden, heraus. Vor der Bude standen die beiden Handschlitten, Kalb, Wolf und Füchse lagen bereits darauf, und davor stand Old Nash, dicht bei dem Kalb, und grinste vor Freude.

Die Freunde hatten mich bis zum letzten Moment schlafen lassen, denn, so erklärte Albert, „der Captain hat die ganze Nacht für uns gewacht, und vierzehn Stunden draußen ist im Winter in dieser gesegneten Gegend allerhand.“

Etwas früher als sonst brachen die Freunde am nächsten Morgen auf, um nach den Fallen zu sehen, ich übernahm es dafür, „sauber“ zu machen, was sonst die Domäne des großen Häuptlings war. Ich benutzte diese Gelegenheit, um mal Staub zu wischen, ein Verfahren, über das sich die Balken unseres Blockhauses vor Erstaunen bogen, denn die Wände knisterten, wenn ich mit dem Lappen darüberfuhr, es kann aber auch der herabrieselnde Dreck gewesen sein. Ausfegen brauchten wir ja bei unserem Naturfußboden nicht, nur die Decken wurden gelegentlich mal draußen ausgeschüttelt, wozu aber zwei Mann nötig waren.

Dann machte auch ich mich auf den Weg und traf meine Genossen schon an dem verabredeten Platz, meiner Ansitzbude am Gabelsee, eifrig beschäftigt, die noch lebend im Eisen vorgefundenen Beutetiere zu streifen, ehe sie gefroren. Groß war der Fang nicht, ein Luchs, drei Mink, ein Rotfuchs und sieben Hermeline zierten die Strecke, die Ratten waren schon verschwunden, um erst im April wieder aufzutauchen. Ein Wolf war auch im Eisen gewesen, hatte sich aber schlecht gefangen und losgerissen.

Old Nash hatte heute den Oberbefehl und stellte mich an den Anfang des Altwasserarmes, gerade meiner Bude gegenüber, ungefähr vierhundert Meter ab, dann verschwand er mit Albert nach rechts und links im Wald; das Drücken begann.

Ich saß im Schilf bis an die Brust verborgen, auf einem vereisten Bisamrattenbau, hatte den Pelz an und fror trotzdem nach einer halben Stunde ganz kannibalisch, obgleich die Kälte für die Jahreszeit ganz normal war, so gegen dreißig bis fünfunddreißig Grad Celsius, weil ein zwar schwacher, aber doch eisiger Wind mir ständig ins Gesicht wehte.

Meine Nase knackte so verdächtig, obgleich ich sie emsig rechts und links am Pelzkragen rieb, ich zog den Handschuh aus und betastete meinen Lötkolben, er war gefühllos und hart, also erfroren. Das kam oft vor, ich kannte das und hatte nun eine schöne Beschäftigung, ich rieb mein Riechorgan so lange mit Schnee, bis es wieder weich und heiß war, und schob mich dabei ganz sacht zu meiner geschützten Bude hinüber, kroch hinein, lehnte mich tief in den bequemen Sessel und steckte mir meinen Nasenwärmer an, der, nebenbei bemerkt, auch die eine Hand gut erwärmt, wenn man ihn fest in Brand hält.

Draußen in dem unangenehmen Wind war mir das Rauchen vergangen, hier schmeckte es wieder großartig, ich qualmte mächtig und dachte kaum noch an das Drücken, da traten schon die ersten Stücke Wild aus dem Walde, ein Elchtier mit Kalb.

Ein Glück, daß ich mir die Nase erfror und deshalb zur Bude ging, denn sie zogen nicht so, wie wir angenommen hatten, den Arm entlang, sondern überquerten den See, dicht an meiner Bude vorbei. Das Tier war noch jung, der Schuß wirklich kein Kunststück, es lag im Feuer. Erschrokken machte das Kalb einige Fluchten, wendete, und der zweite Schuß streckte es tot neben seiner Mutter, ich hatte auf kaum fünfzig Schritte geschossen.

Erfreut über den schnellen Erfolg, betrachtete ich mir ziemlich geschwollen meine Doublette, wie man das so macht, da kam wie das Donnerwetter ein ganzes Rudel Deer angebraust, ich wollte gerade zählen, doch schon verschwand es im Schilf. Ziemlich weit, so gegen einhundertfünfzig Meter, kam es wieder heraus, in einzelnen Trupps, in schärfster Gangart und überquerte den See. Wahrscheinlich hatte das Echo meiner Schüsse das Rudel flüchtig werden lassen, als es im Anwechseln war.

Leider war das Fernrohr auf der Büchse, und als ich es abgenommen hatte, waren die Stücke fast schon vorüber. Zweimal noch funkte ich auf die beiden letzten, anscheinend Schmaltiere oder Spießer, doch vergebens, sie entkamen geschlossen mit dem Rudel im Wald.

Mit langem Gesicht sah ich ihnen noch nach, als ob das nützen könnte, da kam, kaum traute ich meinen Augen, die ganze Gesellschaft wieder zurück, ebenfalls in wilder Flucht, direkt auf meine Bude zu und umschlug sie im Bogen, um den Seerand links hinter mir anzunehmen.

Jetzt galt's! Besser konnten sie mir nicht anlaufen. Sauber ging ich mit, dreimal krachte die Büchse, zwei Stück lagen, das dritte zog schwerkrank in den Schilfgürtel, die nächste Deckung, wo es anscheinend sich niedertat oder verendete.

„Na ja, es geht ja noch", schmunzelte ich, lud Patronen nach und betrachtete mir meine Beute mit dem Glas, zufrieden wie selten. Und da erschienen auch schon die Freunde, aber was war das? Die kamen ja beide von derselben Seite? Nein, das waren Fremde, natürlich, ein Indianer war auch dabei, der andere schien irgendein Trapper zu sein.

Das Rudel war auf die beiden gestoßen und zurückgeprallt, denn sie kamen genau an derselben Stelle aus dem Walde heraus. Was sollte ich tun? Die beiden kamen immer näher, als ob sie meiner Bude einen Besuch machen wollten. Ich blieb ruhig sitzen und steckte, als sie auf einige fünfzig Schritt heran waren und meinen Platz sicher sehen mußten, langsam die Mündung meiner treuen alten Mauser hinaus, genauso, wie ich das mal in einer Indianergeschichte gelesen hatte.

Die Wirkung trat prompt ein. Der eine Kerl, anscheinend ein Halbblut, riß einen Büschel Schilf ab, steckte ihn an den Lauf seiner Büchse und machte Winke-Winke, der andere, der Indianer, hob die Hand zur Brusthöhe und bettelte so um gutes Wetter. Ungefähr dreißig Schritt vor der Bude blieben sie stehen, und ich ging schußfertig hinaus.

Es war eine dämliche, blöde Gesellschaft, die beiden Kerls. All meine Mühe, ein Gespräch auf Englisch, Deutsch oder Französisch in Gang zu bringen, war umsonst, sie antworteten immer nur kopfschüttelnd: „Modsch!", so klang es wenigstens, und dies Wort kannte ich wieder nicht. So meinte ich denn auf gut deutsch: „Ihr seid zwei große Hornochsen!", aber auch das machte keinen Eindruck.

Lange standen wir uns schweigend gegenüber und starrten uns an. Mich fesselte am meisten der Indianer, der noch eine der alten Kentuckybüchsen führte, mit Pulverhorn, Kugelbeutel und einem Lederstern, auf der Brust hängend, an dem die Zündhütchen im Kreise angeordnet griffbereit festgeklemmt waren. Der Lauf dieser alten Kanone, Kaliber fünfzehn Millimeter schätzte ich, ging dem glücklichen Besitzer ans Kinn und war braun von Rost. Ein Riemen war natürlich nicht daran, er stützte sich daher auf dieses Monstrum, was sollte er schließlich damit anfangen, wobei beide Hände mit den dicken Lederhandschuhen das Gewehr in Brusthöhe umklammerten. Ich mußte unwillkürlich an Lederstrumpf denken, sah demgemäß nach unten und erschrak. Statt Ledergamaschen trug der arme Kerl alte, in Streifen geschnittene Säcke um die Beine gewickelt, der immensen Dicke nach in endlosen Windungen übereinander. Vom Gürtel des kurzen Pelzrockes hing vorn ein Kehlbeutel vom Elch herab, der schwere Klumpen schien als eine Art Verschluß zu dienen, er baumelte hin und her, es sah einfach toll aus.

Der Halbblut hatte einen alten Winchester, anscheinend Modell 86, mit dem man wohl vierzehn Schuß repetieren, aber kein Großwild tot kriegen konnte, außer man verwendete eben besagte vierzehn Schuß.

Ich wußte wirklich nicht recht, was ich mit der Bande anfangen sollte. Da sie auf nichts antworteten, konnte ich sie doch nicht zu uns einladen, totschießen, vielleicht das beste, ging doch auch nicht, und ewig so stehen, nein, dazu hatte ich absolut keine Lust.

Da drehte sich der Halbblut um, ging zu den in der Nähe liegenden verendeten Elchen, der Indianer folgte, und beide untersuchten wohl die Schüsse, denn sie hoben die Hand hoch, streckten einen Finger aus und nickten; anscheinend suchte der Winchesterpumper die fehlenden dreizehn Schuß.

Ich selbst blieb stehen, Büchse im Arm, spielte Wellington und sehnte zwar nicht die Preußen, aber Old Nash herbei, der würde mit seinen roten Brüdern sicher schnell zurecht kommen. Leider ließ sich der gute Old Nash nicht sehen, aber plötzlich kam Albert angerannt, so schnell er konnte, er wähnte mich wohl in Gefahr, jedenfalls sah er aus wie ein wutschnaubender Stier, es brauste ordentlich im Schnee, mit solcher Gewalt schob er sich auf seinen Schneeschuhen heran. Erst als ich abwinkte, mäßigte er das Tempo, war aber trotzdem ganz außer Atem, als er mich erreicht hatte. „Wer ist das?“, brüllte er und fuchtelte gefährlich mit seinem Marlinkarabiner herum, ungefähr so, wie unsereiner seinen Reitstock schwingt.

„Zwei Hornochsen“, gab ich zurück.

„Das sowieso“, antwortete er, „aber was wollen sie hier, hier hat niemand was zu suchen, hier trappen wir!“

„Da hinten ist ja Old Nash“, ich sah ihn gerade aus dem Walde treten, „der wird mit der Bande sprechen, mir antworten sie nicht“, gab ich zurück.

Old Nash erschien, machte uns ein Zeichen mit der Hand und ging sofort auf die beiden zu, die bisher von uns keine Notiz weiter genommen hatten.

Ich staunte, als ich den Häuptling dabei ansah, ich kannte meinen guten Old Nash kaum wieder. Hochaufgerichtet, kerzengerade, ernst, mit dunkelglühenden Augen, trat er auf die beiden zu, gurgelte etwas in einer mir unverständlichen Sprache, nämlich in Creeindianisch, streckte herrisch den Arm aus und wies mit dem Finger in die Ferne.

„Wenn ihm einer was tut, by ginger, ich erwürge beide wie Katzen", knurrte Albert durch die Zähne und machte dabei nicht mißzuverstehende Bewegungen mit der Hand. Das Leben der armen Leute war in diesem Augenblick keinen Pfifferling wert.

Aber es ging alles gut, die beiden sahen dem Häuptling ins Gesicht, nickten, senkten den Blick und schoben ab, ohne sich umzuschauen, bald hatte sie der Wald wieder verschluckt.

„Wer war denn das?" fragten wir, und Old Nash antwortete so böse, wie ich ihn nie gesehen hatte: „Ein Roter, der nichts wert ist, ein Halbblut, ein Bastard, der zu ihm paßt. Ich bin sicher, beide suchen nach Eisen, die sie nicht gelegt, nach Fallen, die sie nicht gestellt haben. Diese Pest treibt sich herum, zieht von einem Hudsonbayposten zum anderen, räubert unterwegs die Fallen aus und verkauft dort die Beute. Nash-en-Popee wird ein scharfes Auge auf sie haben, how!"

„Lassen wir sie laufen, die kommen kaum wieder", lenkte ich ab, „wir wollen erst mal das kranke Stück suchen, dort hinten im Schilf muß es stecken." Die Gesetze im hohen Norden sind hart, das Eindringen in das Gebiet eines andern gilt als durchaus verwerflich, es ist ja so ungeheuer viel Platz, warum also andere stören? Wehe aber, wenn der Trapper den Plünderer seiner Eisen fassen kann! Er erhält ohne weiteres die Kugel oder wird, falls das Kräfteverhältnis dies gestattet, halbtot geprügelt. Man kann also die Erregung meiner Freunde verstehen, schließlich beruhigten sie sich aber und halfen mir. Wir fanden das Stück, einen jungen Hirsch, nach kurzer Suche, er lag dort, wo ich ihn stürzen sah.

Die Freunde wußten noch gar nicht, wie groß die Strecke eigentlich war, sie hatten nur die beiden Elche gesehen, bei denen die Fremden gestanden hatten. Als endlich alles zusammengeschleppt war, zwei Elche und drei Springhirsche, erheiterte sich auch das strenge Antlitz von Old Nash wieder, „fünf Hirsche", meinte er, „das ist genug Fleisch für Old Nash, er wird dies Jahr keine Not leiden."

Wir hatten jedes Stück nach meiner Ansitzbude geschleift und so echte Schweißfährten erhalten, um das Raubzeug anzuziehen. Dann machten wir uns ans Aufbrechen und Zerlegen. Alle guten Wildpretstücke wurden auf den beiden Handschlitten verpackt, die Abfälle auf den Luderhaufen vor der Bude geworfen. Leider faßten die kleinen Schlitten nicht alles, wir mußten zweimal fahren, es war wieder mal solch Tag der Schinderei, wie ich sie elend im Magen hatte. Schleppen und Schlittenziehen ist bei tiefem Schnee und großer Kälte etwas Hundsgemeines, aber es half nichts, und wir schafften es auch; am Abend war alles erledigt.

Old Nash hatte alles „Fleisch“ in zehn Zentimeter breite und zwei Zentimeter dicke Streifen geschnitten, die an einem Ende durchlocht und so auf eine Stange gezogen wurden. Diese Stangen legte er in dem Trokkenschuppen, in dem die erbeuteten Felle hingen, quer über die Balken, wo sie bis zum Frühjahr blieben. Das eigentliche Trocknen über offenem Feuer wollte er erst nach der Schneeschmelze vornehmen.

„Und was macht mein Freund dann mit all dem Zeug?“ fragte ich neugierig, „wo bringt er es unter, ohne das es verdirbt oder gestohlen oder vom Raubzeug gefressen wird?“

„Old Nash hat drei Vorratskammern, an drei versteckten Stellen im Wald, die nur er kennt. Sie liegen hoch auf Pfählen, luftig und kühl. Dort bringt er alle Vorräte unter. Das Totem an den Pfählen schützt sein Eigentum, falls je streifende Indianer dort hinkämen.“

Am nächsten Morgen kam mein schwarzer Tag, ein Tag, der mein ganzes Selbstbewußtsein erschüttern sollte, der mich stundenlang zwecklos im Kreise herumtrieb bis zur völligen Erschlaffung, total gebrochen kam ich nach Haus, mied außer den fünf Hauptmahlzeiten Speise und Trank, und erst Albert gelang es, mich wieder aufzurichten.

Um nachzusehen, ob der nach unserer erfolgreichen Drückjagd am Gabelsee neu aufgefüllte Luderhaufen angenommen sei, bummelte ich am Vormittag hinaus. Ahnungslos des Kommenden näherte ich mich der Bude, ärgerte mich noch, daß ich gegen den Wind gehen mußte, denn es war ziemlich kalt, sah hinein, fand alles in bester Ordnung und trat dann an den Luderplatz, um zu fährten, den Drilling bequem umgehängt, Arm aufgelegt, Pfeife im Mund.

Nirgends rächen sich Fehler, Unachtsamkeit und mangelnde Vorsicht so schnell und sicher, wie auf der Jagd! Es ging gegen den Wind, das Rascheln des über die Seefläche laufenden Schnees übertönte das Geräusch meiner Schneeschuhe, sehr wohl konnte hinter dem Luderhaufen etwas sitzen, ich hätte mich also unbedingt schußfertig und aufmerksam auf jede Bewegung nähern müssen. Statt dessen latschte ich einfach drauf zu, was sollte denn am hellen Vormittag da los sein?

Plötzlich durchzuckte es mich wie ein elektrischer Schlag, hinter dem Gerippe eines der Hirsche saß – ein Silberfuchs! Ganz nahe, kaum fünfundzwanzig Schritt! Fast schwarz der Balg, doch über und über schimmerten die weißen Spitzen der Behaarung, dazu die dunkle Lunte mit dem weißstrahlenden Ende – kein Zweifel, es war diesmal wirklich einer! Überrascht blickten wir uns gegenseitig an, langsam versuchte ich das Gewehr zu fassen, da sprang er ab, hoch flog der Drilling. „Bautz – Bautz“, doch der Silberne schwenkte die Lunte und sauste in das Schilf.

„Dort wird er liegen“, dachte ich, folgte der Spur und fand auch ab und zu ein winziges Tröpfchen Schweiß. Ach, hätte ich sie doch nicht gesehen! So aber glaubte ich, hinter jedem Busch den angebleiten Silberfuchs, Wert damals zweitausend bis dreitausend Mark, verendet aufheben zu können, und folgte der Spur durch dick und dünn, stundenlang, bis ich nicht mehr konnte. Dabei war der Gauner noch anständig und führte mich wenigstens im Kreise herum, denn auf einmal kam mir die Gegend so bekannt vor, ich war wieder in der Nähe meiner Bude.

Zerknirscht kehrte ich schließlich mit letzter Kraft heim, erzählte und setzte mich grollend in meine Ecke, die Welt war mir zum Ekel.

Da fand Albert the Kid, der in allen Sätteln gerechte ehemalige Landstreicher und Millionär, das rechte Wort.

„Höchste Zeit, Captain“, fing er an, „daß so etwas passiert. Hatte schon Angst, Sie hätten zu viel Glück. Nun wird alles wieder gut!“

Anscheinend hatte er vom Ring des Polykrates gehört, ich mußte lächeln und fragen: „Glauben Sie denn an so was?“

„Unbedingt!“, rief the Kid eifrig, „da ist nichts zu leugnen, es gibt eben Geister, die helfen, und Geister, die schaden, sogenannte ‚Auguste‘, wir haben einen guten immer hier, es ist unser lieber Jack, aber auch einen bösen, den August, und der war es, darauf können Sie sich verlassen, denn diese Nacht hat er immerzu gepoltert. Jetzt wird er eine Zeit Ruhe geben, wo er uns eins ausgewischt hat. Der gute Jack war wohl gerade nicht da, sehen Sie, Captain, auch Geister müssen manchmal fort, was besorgen oder so, und sowie Jack nicht da ist, kommt August und stänkert uns hier an, das war immer schon so."

„Mein Gott", ging es mir durch den Sinn, „ist denn Albert verrückt geworden?" Fragend blickte ich auf Old Nash und schüttelte unwillkürlich den Kopf.

„The Captain wird beide noch kennenlernen", ernst sah mich der alte Indianer bei diesen Worten an, „es gibt wunderbare Dinge, Old Nash hat beide gehört, den guten Jack und den bösen August, auch der Captain wird sie noch kennenlernen. Albert the Kid hat ein Buch, aus der Old Nash erzählt hat. Auch unsere Medizinmänner sprachen viel von den guten und bösen Geistern.

„Halt", unterbrach ihn Albert, „die Geister lieben es nicht, wenn man von ihnen alles sagt, der Captain wird es bald selbst spüren, by ginger!"

Mir wurde ganz unheimlich, war ich unter Verrückten? Albert schien mir ja noch auf der Höhe zu sein, aber Old Nash schielte schon ängstlich in alle Ecken. Der Deiwel hole die Nerven in solcher Lage, auch ich bohrte bei dem herrschenden Dämmerlicht meine Augen in die dunklen Winkel, irgend etwas schien sich da zu regen, ich horchte, schon knackte es in den Wänden, es raschelte und raunte, da sagte Albert, das Untier: „Ich lasse mich hängen, heute abend kommt Jack!"

Dies Wort gab mir die Ruhe wieder, ich stand auf, steckte die Lampe an und erklärte, ich hätte Hunger. Old Nash stimmte natürlich sofort zu, und Albert machte sich ans Kochen, die Geister waren einstweilen kalt gestellt, aber nicht vergessen, im Gegenteil, die machten mir noch Ärger genug, beide, der gute Jack und August, das Ekel.

Sechsundfünfzig Grad Kälte — Nordischer Winter

Inzwischen war es Mitte Januar geworden, vier Monate gingen dahin, wir wußten nicht wie, das kleine Pelzgetier verklüftete sich mehr und mehr, die Zeit der endlos langen Nächte voll grimmiger Kälte rückte heran, kurz, die Jagdzeit ging zu Ende.

Nach einem Schneesturm, der drei Tage wütete und über meterhohen Neuschnee brachte, trieb es mich hinaus, ich wollte sehen, ob ich nicht vor Toresschluß noch irgendein Stück Wild kriegen könnte.

Merkwürdig, solche Schneestürme! Wo meterhoher Schnee lag, ist alles kahl geweht, und wo vorher das Gras heraus sah, Stellen, die der Jäger genau kennt, weil dorthin das Wild zur Äsung zieht, ist jetzt nicht mehr durchzukommen. Diese Stürme bewegen in Stunden fast unvorstellbar große Schneemassen, ganze Täler werden zugeweht, Abhänge und Kuppeln frei geblasen, Waldränder durch wahre Schneedünen versperrt und Dickungen im Schnee vergraben. Man mag eine Gegend noch so gut kennen, nach solchem Sturm sieht alles ganz anders aus.

Solche eben frei gewehten Grasflächen wollte ich aufsuchen, denn es war mit Sicherheit anzunehmen, daß auch das Wild sich dort zusammenzog. Das kurze Büffelgras und die wilde Wicke, die dort überall gereadezu wucherte, waren auch in trockenem Zustande eine nahrhafte Äsung, das Wild, besonders die Springhirsche, traten auf solche Futterstellen in Rudeln aus, fast wie bei uns, um sich dann mit gefüllten Pansen im dichtesten Walde niederzutun und in Ruhe wiederzukäuen.

Eine Ausnahme machten die Elche (Moose), die als Einzelgänger oder in Familien leben und, da sie als Nahrung Blätter und Knospen der Laubbäume, besonders der Weiden, bevorzugen, sich mehr in Brüchern und Wäldern aufhalten. Wird aber der Schnee zu tief und die Kälte zu toll, so ziehen sich auch die Elche zu starken Rudeln zusammen, die unter Führung eines erfahrenen Alttieres im Busch breite Wechsel austreten und sich zur Ruhezeit in einem im Schnee getrampelten Kessel zusammenstellen.

Fast mannstief im Schnee stehen sie dann im Kreise herum, Windfang nach innen, dösen, kauen und wärmen sich gegenseitig. Der Schnee ringsum ist oft höher als die Rücken der Tiere, und da sie durchweg mit gesenkten Köpfen stehen, sind sie geradezu im Schnee verborgen.

Nur eins verrät sie leicht, wenn man zufällig in die Nähe eines solchen Kessels kommt, die intensive Wittrung, ähnlich, wie eine Herde Kühe sich auf ziemliche Entfernung durch einen gewissen „Duft" bemerkbar macht.

Die starke Ausdünstung so vieler großer Tiere genügt auch für unsere schwachen Nasen, und manche Indianer sollen solche „Schulen", wie man diese Wildkessel nennt, schon auf Hunderte von Metern wittern.

Auf meiner Suche nach freigewehten Grasflächen kam ich auch an einen großen Windbruch, der mir vom Herbst her als Brunftplatz bekannt war. Dort hatte ich auf zwei übereinander gefallenen Baumstämmen in der Krone des oben liegenden Stammes eine Art Hochsitz gebaut, von wo aus man das ganze Bruch, wohl an die zweihundert Morgen, gut übersehen konnte. Immer, wenn ich hier vorbei kam, kletterte ich hinauf und hielt Umschau. Der Aufstieg war eigentlich mehr ein Aufbaumen, denn ich mußte erst den einen, dann den anderen schräg liegenden Baumstamm hinaufturnen, um nicht abzurutschen auf allen vieren, war man erst mal oben, so saß es sich ganz gut und bequem.

Auch heute baumte ich dort auf, war aber noch nicht halb oben, als mir schon eine gewisse Wildwittrung auffiel. Ich reckte den Hals und hob die Nase gegen den Wind wie ein Vorstehhund, tatsächlich, es roch nach Moose.

Langsam und lautlos kroch ich jetzt ganz in meinen Sitz, nahm das Glas und suchte alles ab, nichts war zu sehen, aber die Wittrung blieb, mal stärker, mal schwächer, wie gerade der Wind kam. Zweifellos mußten Elche, wahrscheinlich solche Schule, wie es der Trapper nennt, in der Nähe sein.

Ich rutschte also wieder herunter, so leise wie möglich, und schob mich in Richtung der zwar scheußlichen, aber nichts desto trotz sehr anziehenden Wittrung weiter, roch dann aber nichts mehr, fing an zu faseln wie der Hund, der die Fährte verloren hat, und beschloß schließlich, auf gut Glück einen großen Bogen bis zum Waldrand zu schlagen, dort irgendwo mußte ja das Wild stehen.

Lange fand ich nichts, roch auch nichts mehr, als ich aber dicht am Walde war, bekam ich wieder leise Wittrung. Bald fand ich überall Fährten, ganze Steige, tief im Schnee, die alle in den Busch führten. Ich folgte langsam, neugierig und aufgeregt, Glas in der Hand, griff aber dann, da die Wittrung immer stärker wurde, zur Büchse und schlich schußbereit Schritt für Schritt immer „der Nase nach“. Plötzlich erschien, wie aus der Versenkung, ein mächtiger schwarzer Kopf über dem Schnee, andere folgten, verschwanden blitzschnell wieder, und prasselnd und dröhnend brach ein ganzes Rudel Elche durch den Schnee, es stiebte und rauchte förmlich, mit solch elementarer Gewalt warfen sich die viele Zentner schweren Körper durch den Schneewall, ehe ich die Sache richtig begriffen hatte, war alles schon wieder still und das Rudel im Wald in Sicherheit, an Schießen war nicht zu denken.

Direkt verdattert, anders kann

man es kaum bezeichnen, stand ich nach einigen dreißig Schritten vor dem leeren „Nest“, einem fast kreisrunden Loch, über metertief im Schnee, von gut sieben bis acht Metern Durchmesser. Hier hatten sie gestanden, „gekesselt“, mindestens vierzehn Stück, der Platz war noch warm, und es stank dort fürchterlich.

Ich folgte noch einige Zeit den frischen Fährten, gab das aber bald auf, es war doch zwecklos, und kehrte wieder auf meinen alten Weg zurück.

Leider traf ich kein Wild mehr an, es gab zwar freigelegte Flächen genug, sie wurden aber noch nicht angenommen, ich kam einen Tag zu früh, denn als ich am nächsten Vormittag meinen Pürschgang wiederholte, sah ich mehrere Rudel Hirsche, kam aber nicht heran, und ein auf große Entfernung abgegebener Verzweiflungsschuß – man soll so was ja nicht machen, ich versuchte es aber doch – ging vorbei.

Auf dem Heimweg traf ich die Freunde, die auch ohne Beute waren, alle Eisen fanden sie verschneit, alle mußten ausgegraben werden, aber nur einen Teil legten sie neu, der Rest wurde eingezogen und mitgenommen, es war kein „Geschäft“ mehr mit den kleinen Eisen, nur die größeren für Fuchs, Wolf, Luchs und Marder blieben liegen.

An den beiden nächsten Tagen wurden auch die anderen Fallen nachgesehen und teilweise eingeholt, auch dort hatte sich nichts gefangen bis auf einen geradezu kapitalen Fuchsrüden, dem aber leider die halbe Lunte fehlte, ein Vorfall, der Albert in nicht geringe Wut versetzte.

Unsere Vorbereitungen für die kalten Tage waren getroffen, es gab weniger Arbeit als früher, und um an stürmischen Tagen nicht hinaus zu müssen, hackten wir kleines Holz, das innen an der Hauswand aufgestapelt wurde. Mit Albert als Helfer ging das großartig. Old Nash suchte aus unserem Holzvorrat armdicke Stangen heraus und schlug die Äste ab. Ich nahm die Stange und zog sie, die Hände in dicken Fausthandschuhen, über den Hackeklotz. Dort stand Albert the Kid mit der Axt und hieb automatisch, sicher wie eine Maschine, jedesmal ein ofengerechtes Stück ab. Es ging wie geschmiert, ein Schlag wie der andere, ein Stück wie das andere, die Axt spielte nur so mit dem Holz.

Jetzt konnte die Kälte kommen, und sie kam, und nicht zu knapp! Vorerst war es zwar noch erträglich, und wir konnten hinaus, aber in den Fallen war fast nichts, nur ein Marder und ein allerdings selten guter Kreuzfuchs machten die Sache noch einigermaßen lohnend, ich selbst saß einen Abend ergebnislos an der Stelle an, wo die Elche gekesselt hatten, verbrachte den nächsten in meiner Ansitzbude und schoß dort am Luder einen Wolf. Hirsch sah ich wohl auch, es war aber zu weit für einen sicheren Schuß.

Klar und schön verlief der dritte Tag, aber gegen Abend fing das Thermometer an zu fallen, es knackte ordentlich in der Luft, so kalt wurde es in der Nacht.

Am Morgen sahen wir nach – sechsundfünfzig Grad, allerhand für den Anfang! Vorläufig hatte ich eine neue, schöne Beschäftigung. Alle Ritzen in meinen Wänden wurden nochmals verstopft und mit Schlägel und Eisen bearbeitet, während die Freunde draußen einen eineinhalb Meter hohen Schneewall um unser ganzes Haus schaufelten. Das half, das scheußliche Ziehen hörte auf, und wir hatten es von da ab immer gemütlich warm.

Eine Prüfung unserer Petroleumvorräte fiel so günstig aus, daß wir unbesorgt unsere kleine Lampe brennen konnten, so viel wir wollten, und so manchen langen Abend saßen wir bei ihrem traulichen, wenn auch nicht gerade hellen Schein zusammen, wenn draußen der Nordsturm tobte und alles in Kälte erstarrte. Früh schliefen wir, solange wir irgend konnten, denn vor neun Uhr wurde es doch nicht richtig hell.

Tagsüber sah Old Nash nach den wenigen Eisen, die noch fängisch standen, Albert gab sich mit stiller Emsigkeit seiner Lieblingsbeschäftigung, dem Kochen, hin, und ich pflegte meinen Leichnam, so gut es ging. Wir fingen ordentlich an, Feist anzusetzen, namentlich Albert und ich, nur unser alter Häuptling blieb mager und zäh, futterte dafür aber unglaubliche Portionen, denn es war ja überreichlich da.

Unser Koch, ein Künstler in seinem Fach, backte auch Kuchen, kleine, flache Dinger, die er in siedendes Fett warf, wo sie irrsinnig hin und her fuhren, bis sie braun waren. Dieses Zeug, eine Art Mürbeteig, schmeckte mit Marmelade ganz ausgezeichnet, leider gab es nur sehr wenig davon, denn das Mehl war kostbar und knapp.

Im großen und ganzen lebten wir nicht schlecht, eigentlich sogar sehr gut, nur hätte etwas mehr Abwechslung sein können. Der Hunger nach Brot oder gar Brötchen wurde schließlich so groß, daß es streng verpönt war, davon zu reden. Trotzdem geschah dies aber täglich, und Albert verschwor sich hoch und heilig, die ersten acht Tage nach seiner Rückkehr nur von frischen Brötchen und köstlich goldgelber Butter zu leben. Old Nash dagegen war sehr zufrieden, er war ja gewöhnt, fast nur Fleisch zu futtern, vermißte die Kulturbedürfnisse wenig und blieb dabei: „Viel Fleisch sehr gut!"

Abends tranken wir fast nur Tee, ab und zu, wenn irgend etwas Besonderes los war, mit Whisky als Grog. Reiner Schnaps kam für gewöhnlich nicht auf den Tisch. Wenn der freundliche Leser aus meinen Erzählungen einen anderen Eindruck gewonnen haben sollte, so bitte ich ihn zu bedenken, daß es sich bei den von mir geschilderten Festen, wie z. B. dem

Weihnachtsfest, nur um Ausnahmen handelte. Allerdings waren uns diese Ausnahmen immer höchst willkommen, was bei der mörderischen Kälte wohl kein Wunder war. Außerdem brachte Albert noch hin und wieder etwas Whisky an, wenn er trösten oder eine Erkältung heilen wollte.

Leider war Old Nash, als er dies merkte, so oft „erkältet", daß wir es auch merkten. Von da ab kurierten wir mit fast kochendem starken Tee ohne Zucker, und der Gesundheitszustand wurde schnell besser.

Viel getrunken wurde also nicht, aber Albert war eigentlich immer auf der Suche nach Gründen, um ein Fest zu feiern, mehr um die Langeweile zu bannen, als um zu trinken, denn er hatte ja die ganzen Vorräte mitgebracht, er hätte sich täglich unter Alkohol setzen können, aber er verwendete sie nur zur Hebung und Erhaltung der guten Stimmung, wozu er oft die verrücktesten Vorschläge machte.

„Captain", schmunzelte er vielsagend, „ich glaube, Old Nash hat heute Geburtstag, den müssen wir doch feiern."

„Ja, aber Albert, den haben wir doch erst vor drei Wochen gefeiert."

„Weiß ich, doch sehen Sie, solch Indianer, solch Wilder kennt doch den Tag seiner Geburt selbst nicht, er weiß ja nicht einmal genau, wie alt er ist, der merkt das gar nicht, und wir haben uns eben geirrt, der richtige Tag ist heute, ich bin ganz sicher!"

Also feierten wir Geburtstag, und Albert irrte sich öfter dabei. Ich bin überzeugt, wir haben den Tag, an dem unser alter Häuptling einst gesetzt wurde, mindestens sechs- bis achtmal festlich begangen.

„Sehen Sie, Captain", meinte Albert the Kid, als wir schon ziemlich ausgiebig gefeiert hatten, und sah mich so recht treuherzig an: „Old Nash ist das ganz gleich, ob sein Geburtstag ist oder nicht, wenn er nur zu trinken hat, und geboren ist er doch auf jeden Fall!"

In der Nacht erwachte ich, so tobte draußen der Sturm. Es krachte und ächzte, pfiff und heulte in allen Tonarten, als ob die Hölle los wäre. Der Sturm wirbelte den trockenen Schnee in ganzen Wolken hoch und peitschte ihn mit rasender Wucht vor sich her. Stoßweise warf er ihn gegen unsere kleinen Fenster, daß es nur so prasselte, aber die Wände hielten dicht, unser neuer Schneewall, reichlich mit Wasser begossen, war zu stark und fest, er bewährte sich glänzend.

Da an Schlafen doch nicht zu denken war, weil das ganze Haus bebte, stand ich auf, steckte meine kleine Lampe an und sah nach dem Feuer, denn es rauchte scheußlich. Sofort erhob sich auch Albert, der ebenfalls nicht schlafen konnte, und sogar Old Nash kroch eilig aus seinen Fellen hervor.

Wir setzten uns um unsern Tisch, brannten die Pfeifen an, und Albert sagte, wobei er bedeutungsvoll in eine Ecke wies: „Hört ihr, wie er poltert und klopft?"

„Hugh!", murmelte der Häuptling und sah sich fast ängstlich um, „hört es der Captain? August will herein, aber Jack ist da, er kämpft mit ihm, how!"

In der Tat hörte man deutlich in all dem Lärm ein kurzes, regelmäßiges Klopfen, dazwischen stöhnte und ächzte jemand zum Erbarmen. Natürlich war es der Sturm, denn jedesmal, wenn eine Wolke der harten Schneekristalle gegen das Haus geworfen wurde, krachten die Wände in allen Fugen, aber meine Freunde blieben dabei, es seien August und Jack, ich mußte da vorsichtig sein, um keine Mißstimmung aufkommen zu lassen. Ich lachte also nicht, sondern machte gute Miene zum bösen Spiel und sagte: „Feste Jack, gib ihm Saures!"

In demselben Augenblick fuhr aber auch ich zusammen, man soll doch mit solchen Dingen nicht spaßen. „Kerr-kerreck-Krach!" Mit furchtbarem Getöse war draußen einer der großen Bäume umgebrochen, ganz in der Nähe, wir sahen uns alle drei erschrocken an, und Albert sagte leise, fast feierlich: „Jetzt hat er ihn!", während dem guten alten Häuptling vor Entsetzen die Lippen bebten, denn seine Pfeife, die er stets im Munde hatte, zitterte rauf und runter.

Tatsächlich schien der Sturm nachzulassen, es wurde merklich ruhiger, anscheinend hatte Jack den bösen August also wirklich beim Wickel, und Albert schlug vor, wieder zu Bett zu gehen.

Wir schliefen noch einige Stunden. Als wir gegen neun Uhr aufstanden, schneite es derart unheimlich, daß es überhaupt nicht richtig Tag wurde. Jetzt bewährte sich unser Holzstapel, denn niemand hatte Lust, aus dem warmen Hause zu gehen. Wir kachelten mächtig ein, steckten mitten am Tage die Lampe an, und ich schlug vor: „Albert, erzählen Sie was."

„Von August und Jack?" fragte er und sah mich zweifelnd an, er traute mir doch wohl nicht so recht in dieser Geistersache.

„Nein, erzählen Sie lieber mal, wo Sie die mächtige Goldnadel mit dem Brillanten drin her haben."

„Oh, das war das größte ‚nugget' (Goldkorn) aus meiner Goldmine, aus der zweiten, ich fand zwei, wissen Sie, eine in Alaska und eine in Kalifornien."

„Wie kamen Sie denn da hin? Sie müssen doch da noch verdammt jung gewesen sein."

„Sehen Sie, Captain, als ich von der Marine loskam, ging ich wieder in See, auf große Fahrt. In Boston kamen wir an Land und besuchten einen „saloon“ (gespr. „saluun“, wildwestliche Bezeichnung für Bar, meist elende Holzbuden oder Schankstätten niedrigster Klasse). Nun sehe ich doch so jung aus, daher nennt man mich „the Kid“, und der Affe von Bartender dort wollte mir keinen „drink“ geben, behauptete, ich sei noch nicht achtzehn Jahre alt! Ein Wort gab das andere, ich wurde böse, und auf einmal hing dem Kerl ein Auge raus. Alles stürzte sich auf mich, ich wehrte mich und schlug so ziemlich den halben „saloon“ kurz und klein.“

„Kann ich mir denken“, stimmte ich zu.

„Well, dann kam die Polizei, nahm mich mit und steckte mich vierzehn Tage ins Loch. Als ich wieder herauskam, war mein Schiff fort und meine Papiere auch. So mußte ich denn in Boston bleiben und lernte dort meinen späteren Partner Orly Ohlsen kennen, einen feinen Kerl, er wollte nach Kalifornien, dort läge das Gold offen zutage, und als er mich bat mitzukommen, überlegte ich nicht lange und sagte zu, denn mein Geld war alle.“

„Wie wollten Sie denn von Boston ohne Geld nach Kalfornien reisen? Das ist ja quer durch die ganzen Staaten“, meinte ich erstaunt.

„Ach“, antwortete Albert, „Orly wußte doch Bescheid, wir ‚jumpten‘ einfach, sprangen auf irgendeinen westwärts gehenden Frachtzug und fuhren so lange, bis wir entdeckt und runtergeworfen wurden.“

„Hatten Sie denn was zu essen? Das dauert doch Tage, Ihr konntet doch nicht solange hungern.“

„I wo, wir hungerten doch nicht, wir aßen sogar oft dreimal warm den Tag“, sagte Albert und reckte sich stolz, „Orly war doch ein Hobo, denen geht’s überall gut.“

Entsetzt starrte ich in the Kids rosiges Antlitz, man konnte sich diesen Prachtmenschen schwer als Vagabund vorstellen, das mußte er genauer erzählen, und ich bat: „Albert, das ist interessant, wie lebtet Ihr denn als Hobos?“

„Na, wir bettelten, und Orly war ein ‚expert in this line‘, ein Meister in diesem Fache, wir bettelten oder gründeten schnell einen Verein, für den wir Gelder einkassierten, oder wir sammelten für die Überschwemmten, denn sehen Sie, Überschwemmte gibt’s immer in diesem gesegneten Lande! Wir waren doch auch nicht allein, unter den Brückenbogen trifft man jederzeit Hobos, da wird dann alles besprochen und ein Arbeitsplan gemacht. Sind manchmal feine Leute darunter, Rechtsanwälte und so was, die wissen genau, wie man’s macht.“

„Und da gingen Sie in die hohe Schule, was?“, fragte ich lachend.

„Gewiß, das heißt zuerst durfte ich nichts weiter tun, als mit Orly mitgehen, denn ich kannte die Sprache noch nicht genügend. Ich hatte den linken Arm unter die Jacke geknöpft und stand freundlich lächelnd dabei, wenn Orly in den Häusern bettelte. Fragte mich jemand was, so erklärte Orly, ich sei stumm, hätte nur den einen Arm und wolle nach Kalifornien zu einem Spezialisten, er sei mein Freund und brächte mich hin, wenn's auch noch so schwierig wäre, da uns unser Geld im Zuge gestohlen worden sei, dreitausend Dollars in guten ‚bills', aber er verließe den armen Freund nicht. Ich nickte dann und hielt mit dem einen Arm den Hut hin, und fast immer kriegten wir was. Captain, Sie glauben nicht, wie gut eigentlich diese Menschen sind, es ist ein gesegnetes Land; von den belegten Broten nahmen wir schließlich nur noch den Belag, sogar kaltes Huhn war dabei, by ginger!"

„Ja", stimmte ich bei. „Betteln ist eben ein Sammelname."

„Man muß es aber verstehen", erwiderte Albert the Kid, „so betteln, mit dem Arm, muß man in kleinen Orten und auf dem Lande. In den großen Städten sammelt man besser für die Überschwemmten.

Orly arbeitete am liebsten auf dem Lande, klapperte die kleinen Orte und Farmen ab und blieb, wo es ihm gerade gefiel. Einmal lagen wir auf einer schönen Wiese, dicht an einem Bach, hatten uns gewaschen und sonnten uns. Da kam der Farmer, ein mächtiger, grober Kerl, mit der Flinte und brüllte: „Schert euch fort, ihr Lumpen, oder ich schieße euch alle Knochen kaputt!"

„Sir", sagte Orly kläglich und stand halb auf, „wir suchen Arbeit, sind anständige Leute, aber müde vom Laufen und wollten uns nur ausruhen. Man hat uns in der Bahn, als wir schliefen, das Geld gestohlen, ich bin selbst Farmer, in Kalifornien, und fuhr nach New York, meinen Schwager aus dem old country abholen, und nun ist all sein Geld gestohlen, und der arme Kerl hat vor Schreck die Sprache verloren, dreißigtausend Dollars, Herr!"

„Uää! uäää!" brüllte ich, tat so, als ob ich sprechen wollte und mich quälte, aber nicht konnte, und nickte heftig, denn sehen Sie, Captain, ich hatte schon was gelernt.

Mitleidig sah mich der riesige Farmer an. „Well", sagte er dann, „dachte mir gleich, daß Ihr anständige Leute seid, deshalb habe ich es Euch ja auch erst im Guten gesagt, daß Ihr aus der Wiese gehen sollt. Nun kommt rein, ‚dinner is ready', das Mittagessen ist fertig."

„Albert, Albert, was sind das für Sachen!" Verwundert schüttelte ich den Kopf, aber the Kid lachte fröhlich und fuhr fort:

„Die Farmerfrau war auch ganz Mitleid, vor allem mit mir, wenn ich sprechen wollte und ‚Uää, uäää!' machte. Wir aßen gut, blieben über Nacht, frühstückten mächtig und tippelten vergnügt weiter. Orly hatte sich vorher noch Briefmarken für einen Brief nach Haus und zwei Dollar für ein Telegramm ‚geborgt', um sich Geld schicken zu lassen, ja, Orly war ein ‚expert'!"

„Na, Albert, hören Sie mal, das ist aber doch allerhand", warf ich ein, „ich hätte nie gedacht, daß Sie so etwas fertig brächten."

„Aber ich mußte doch, wir wollten doch nach Kalifornien! Es ging auch alles gut, nach vierzehn Tagen waren wir dort, wir hatten sogar Glück, es war gerade im Mississippigebiet Hochwasser, und wir sammelten sofort für die Überschwemmten, diesmal sogar auf eigene Rechnung, denn es wurde offiziell gesammelt, und da machten wir immer so mitten mang mit. Schon nach fünf Tagen hatten wir über vierhundert Dollar zusammen, genug, um unsere Ausrüstung zu kaufen, und mit dem nächsten Zug sausten wir nach dem Goldlande ab."

„Eigentlich sind das doch tolle Geschichten, lieber Albert, ich kann mir gar nicht vorstellen, daß das alles so geht", zweifelnd schüttelte ich den Kopf, aber the Kid blieb dabei, genauso hätten sie es gemacht.

„Sehen Sie, Capt'n", fuhr er fort, „das waren noch normale Zeiten, wie sie immer sind, ich meine mit den Überschwemmten, Abgebrannten usw., die es ja in solch großem Lande stets irgendwo gibt, aber Sie hätten mal sehen sollen, nach dem Erdbeben von San Francisco! Ich glaube, mindestens fünfzigtausend Hobos haben für die Opfer dieser Katastrophe mit gesammelt. Damals war Hochsaison, man sammelte mit zwei Büchsen, einer mit einem kleinen Schlitz für Silbergeld und einer mit einem großen für Dollarbills. Die ganz Schlauen hatten sogar an der Dose für Papiergeld eine Klingel hängen, und jedesmal, wenn jemand Dollars spendete, wurde feste geklingelt. Und fast alle gaben Dollars, damit es klingelte und die anderen Leute aufmerksam auf den Geber wurden."

„Und niemand merkte den Schwindel?"

„Doch, da griff allerdings die Polizei ein, denn schließlich waren die Hobos beim Sammeln meist 'drunk as lords', und das erregte Anstoß bei den Damen. Ja, damals waren andere Zeiten, das Land blühte auf, jedem ging es gut, und die Dollars saßen lockerer als heute, by ginger!"

„Wann war denn das Erdbeben und wo waren Sie damals, haben Sie auch mit gesammelt?", fragte ich, um Albert auf den Zahn zu fühlen, aber ich fiel rein, denn er antwortete prompt:

„Das war 1906, ich war damals in Seattle und wollte nach Alaska, Gold suchen, hatte aber kein Geld, war dann Gehilfe beim ‚undertaker', gerade als das Unglück kam, und lief natürlich sofort weg. Mensch, Captain, was habe ich da in den ersten Tagen gesammelt! Ich sage Ihnen, sechzig, siebzig Dollar je Tag waren gar nichts! Ich hatte das doch von

Orly gelernt, schon nach drei Tagen hatte ich meine eigene Agentur unterm Brückenbogen, ich war ‚Boss', und so sechs bis acht Hobos sammelten für mich auf halb und halb, denn ich lieferte doch die Sammelbüchsen mit Aufschrift und die Listen für die Haussammelei. Als dann die Polizei einige meiner Leute – Leute sagte er! – verhaftete, ging ich aus diesem Geschäft mit über achthundert Dollar klarem Profit."

„Na, es muß wohl schon stimmen, aber vorstellen kann ich mir das alles nicht", meinte ich, „Sie, Albert, als Hobo mit der Sammelbüchse, unglaublich!"

„Ja, Captain, Sie kennen eben dieses gesegnete Land nicht so wie ich, die Hauptsache ist, Geld machen, das *Wie* ist ganz gleich, und zur rechten Zeit dann verduften. Sehen Sie, ich nahm die achthundert und ging nach Alaska, grub nach Gold, fand eine Ader, nahm den ‚claim' auf und verkaufte ihn an einen Vertreter der Guggenheims für vierzigtausend, you bet, das war ein Tag, by ginger!"

„Und wo sind sie, die Vierzigtausend?"

„Fort, weg, verschwunden bis auf diese Nadel, ich war eben damals ein leichtsinniges Huhn, aber schadet nichts", vergnügt füllte sich Albert the Kid sein Glas, schnüffelte den Whiskyduft ein, trank und sprach gelassen das große Wort: „Wissen Sie, Captain, ohne Geld ist es auch ganz hübsch!"

Es liegt ein geheimnisvoller Zauber in solchen Goldgeschichten. Ich will ehrlich gestehen, daß ich die halbe Nacht darüber nachdachte, wie es sein muß, wenn jemand so vierzigtausend Dollar, also über hundertsechzigtausend Goldmark, einfach in der Erde findet. Wilde Pläne, auch Gold zu suchen, durchkreuzten mein Hirn, und ich mußte alle Vernunft zusammennehmen, um mir klarzumachen, daß es besser sei, man ließe die Finger davon.

Auch am nächsten Tage schneite es unentwegt weiter, richtig hell wurde es überhaupt nicht, wir taten nur das Notwendigste, freuten uns über unser kleingehacktes Holz, das so bequem zur Hand lag, heizten nach Noten ein, steckten bald unsere Lampe an und setzten uns bei einem Glase Grog gemütlich zusammen, um, wie Albert sagte, den „großen Schneefall" gebührend zu feiern.

„Nun los, Albert", ermunterte ich ihn, „Sie fuhren also mit ihrem Hobofreund in das Goldland, bitte, erzählen Sie weiter!"

Nachdenklich zog the Kid die Stirn in Falten: „Genau kann ich mich gar nicht mehr erinnern, das ging Hals über Kopf, mir war alles so neu, jedenfalls brachte uns die Bahn bis Sacramento. Von dort ging's zu Fuß weiter, tagelang, bis wir das Goldgräberlager erreichten. Orly wußte genau Bescheid, er erledigte alles, ich bewachte unterdessen unsere Vorräte und das Stück Goldland, das wir für uns abgesteckt hatten. Während er fort war, unsern ‚claim' eintragen zu lassen, baute ich aus Stangen eine kleine Hütte, gerade groß genug, um drin zu schlafen, und sowie Orly mit den Papieren zurück war, ging das Arbeiten mit Hacke und Schaufel los."

"No good", warf hier Old Nash ein und schüttelte ablehnend das Haupt.

„Diesmal war es doch gut", fuhr Albert fort, „wir fanden bald Goldspuren, aber die fanden wir hier ja alle, denn der ganze Boden war goldhaltig. Wir hatten jedoch Glück. Bald stieß ich an der Stelle, wo Orly mich zum Graben angestellt hatte, auf eine Goldader, die immer besser wurde. Schnell hatte sich dieser Fund herumgesprochen, und die Agenten der großen Ausbeuter kamen und boten uns an, zu verkaufen.

„Albert", sagte Orly zu mir, als wir nachts in der Hütte lagen, ganz leise, daß es niemand hören konnte. „Albert, Mensch, Junge, wir haben Glück! Die Mine ist gut, der Verkauf bringt genug für uns beide. Wir haben schlechte Zeiten zusammen ausgehalten, also wollen wir auch die guten zusammen tragen, aber schlau müssen wir sein, nicht auf diese Gangster reinfallen, die uns nur betrügen wollen. Willst du alles so machen, wie ich denke?"

„Aber sicher, Orly, old chap", antwortete ich und drückte seine Hand, „du bist doch der alte ‚miner', und ich nur das Grünhorn."

„Das ist gut, das mit dem Grünhorn, nun paß auf, Albert! Meist kriegen die Partner Streit, wenn sie Gold gefunden haben, wir wollen es anders machen, wollen diese Gauner von Aufkäufern reinlegen, you bet! Wir zanken uns auch, aber nur zum Schein. Du, das Grünhorn, sagst, du willst gern verkaufen, erzählst aber den Kerls, ich wollte nicht. Später sagst du dann, du glaubst, ich hätte die Absicht, dich zu betrügen, das glaubt dir hier jeder sofort, denn fast alle betrügen, wenn's geht. Sagst, ich hätte mehr Gold gefunden, als du wüßtest, du könntest aber nicht rauskriegen, wo. Sagst, du dürftest allein nicht auf dem claim suchen, ich hätte gedroht, ich schösse dir sofort ein Loch durch die Gestalt, wenn ich dich allein dort treffen würde. Ich selber wäre aber oft nachts draußen und arbeitete. Siehst du, old boy, dann denken diese Gangster, ich wollte große Goldfunde verheimlichen und dich drum betrügen. Dann bieten sie mehr. Unter dreißigtausend verkaufen wir nicht, und paß auf, sie zahlen das.“

„Allright, Orly“, versprach ich, „so wird’s gemacht, by ginger!“

Ich tat, wie er geraten, Orly schlich nachts draußen herum, die Agenten beobachteten ihn dabei, und was soll ich Ihnen sagen, sie schlugen mir vor, meinem Partner seine Hälfte abzukaufen. „Mensch“, schmunzelte Orly, als ich ihm sagte, „jetzt kommt’s“, und richtig, als ich den Kerls mitteilte, daß Orly niemals verkaufen, mich aber für meinen Teil mit fünfundzwanzigtausend abfinden wollte, griffen sie zu. Am nächsten Tag kam einer und bot dreißigtausend. Und sehen Sie, Orly war ein ‚expert‘.

„Well, gents“, erklärte er, „ich will annehmen, da mein Partner es will, aber wir verschenken ein Vermögen. Will annehmen, aber nur so: Sofortige Abfahrt zur Stadt auf eure Kosten, vorher Zahlung von tausend Dollar als Ersatz für unsere Ausrüstung, sofortige Ausfertigung der Papiere bei einem Rechtsanwalt und anschließend Auszahlung der dreißigtausend Dollar in bar, ‚cash down, you know‘, ich gebe Euch eine halbe Stunde Zeit, good bye!“ Damit drehte er sich um und ging fort.

„Albert“, meinte ich, „der Orly war ein tüchtiger Mensch, jeder andere hätte versucht, Sie reinzulegen, Sie haben da Glück gehabt.“

„Ja, Glück, viel Schwein, by ginger“, antwortete er, „aber glauben Sie mir, Captain, so leicht legt man mich nicht rein, ich war nicht umsonst bei der Marine, da wird man ‚vigilant‘, und dann hätte ich ihm bestimmt alle Knochen entzweigeschlagen, by ginger! Aber Orly war allright, er behielt recht, die Kerls sagten zu, zahlten die tausend, wir fuhren zur Stadt und erledigten alles so, wie Orly gewollt hatte.“

„Captain“, rief Albert, und seine Augen leuchteten vor Freude, „denken Sie an unsere Stimmung! Ich weiß das noch wie heute, wir standen auf der Straße, hatten uns untergefaßt und taumelten vor Wonne, als freie Männer jeder ein Paket mit fünfzehntausend Dollar unterm Arm!“

„Und dann ging’s los, was?“ lachte ich und klopfte Albert ermunternd auf die Schulter, denn er war direkt schwach vor Rührung.

„Well, es war ein großer Moment. ‚Albert‘, stammelte Orly, ‚nun sind wir vornehme Leute, mache nur alles so wie ich, ich weiß, wie man’s machen muß, come on, old friend!‘, dabei zog er mich zu einem Wagen, dem er gewinkt hatte, wir stiegen ein und fuhren in ein Magazin, wo wir uns ausstatteten. Und sehen Sie, Captain, jetzt kam der Punkt, wo ich Orly überlegen war, denn er war ein ganz ungebildeter, einfacher Mensch, ich aber hatte doch auf der Hohenzollern so allerhand gelernt. Aber ich machte alles mit, wie Orly vorschlug, um ihn nicht zu kränken. Wir gingen also in das vornehme Ausstattungsgeschäft, in unserer dreckigen Goldgräberkluft, aber die Leute dort kannten das, denn so was kam damals öfter vor. ‚Gents', brüllte Orly und reckte sich stolz auf, ‚was wollt Ihr für Euren store, wir wollen uns ausstatten!'

Die Verkäufer lachten und fragten, was wir suchten. Na, Orly wählte vor allem das Teuerste, neue Anzüge, Wäsche, zwei Ledertaschen für das Geld, Schuhe, nichts wurde vergessen. Nur Kragen nahm er nicht, sondern seidene Halstücher. Kein Mensch, sagte er, könnte diese neumodischen Knöpfe zukriegen, er hätte keine Lust, sich täglich die Nägel abzubrechen, und Kragen seien Teufelszeug!

Auf Orlys Wunsch kauften wir Anzüge mit Westen; auf Westen, die nur die Vornehmen damals trugen, legte er großen Wert, aber mit vier Taschen, dazu grüne Glacéhandschuhe, denn sehen Sie, Capt'n, das war gerade die große Mode. Wir zogen uns im Laden um, ließen alles andere in die neuen Koffer packen, das alte Zeug in Kartons, zahlten und fuhren zu einem Juwelier."

‚Albert', erklärte mir Orly, ‚das wäre die äußere Schale, nun kommt die Verzierung, das feine Benehmen bringe ich dir dann auch noch bei, mache nur alles so wie ich, 'I am an expert, you know'!'"

„Hattet Ihr die grünen Handschuhe schon an?", fragte ich dazwischen.

„Natürlich", grinste Albert und erzählte weiter:

„Wir gingen also in den Juwelierladen und kauften uns jeder vier goldene Uhren mit Kette, schöne breite, in jede Westentasche eine, die vier Ketten quer über der Brust. Dann jeder acht Brillantringe, an jedem Finger einen, die wir über die grünen Handschuhe streiften, denn Orly meinte, sehen müßte man die Dinger. Er war ein Verschwender, die Ringe kosteten allein zweitausend Dollar, aber wir hatten's ja dazu."

„Das hätte ich nicht mitgemacht", meinte ich kopfschüttelnd, „Ihr machtet Euch ja lächerlich damit."

„Es kommt noch besser", erwiderte Albert, „wir hatten jetzt also alles, was Orly für nötig hielt, und fuhren in ein gutes Hotel, wo wir zwei Zimmer nahmen mit dazwischen liegendem Bad. Sie hätten sehen sollen, wie Orly dieses Hotel betrat. Er stand in der Halle, den breitkrempigen, hellgrauen neuen Schlapphut auf, mit den grünen, mit Ringen besäten Handschuhen Nr. $10^1/_2$, richtete sich stolz auf, zog das große seidene Taschentuch, schneuzte sich rasselnd, nahm es zusammen und fächelte sich dann damit Kühlung zu. Alle Leute guckten, und Orly war sehr stolz. Dann trat er an den Manager hinter dem Pult heran, zog mich am Arm mit, fächelte weiter und sagte: „Beg your pardon, gents, es ist unangenehm heiß in der Stadt, ich vermisse die angenehme Kühle des Landes, geben Sie uns kühle Zimmer, please, mein Freund hier, der Baron, schwitzt fürchterlich.“ Damit schob er mich vor und wischte mir mit dem Tuch übers Gesicht, „Zimmer mit Bad, please, denn wir sind verdammt dreckig, you know.“

„Wünschen die Herren Zimmer im ersten Stock oder höher? Oben ist es kühler und luftiger, der Lift fährt in Sekunden hinauf“, sagte der Manager und dienerte immerzu, ließ sich aber nichts merken.

„Was meinst du, lieber Baron, ich würde oben vorziehen, wo frischere Luft weht, die Dünste der Stadt sagen mir wenig zu“, fragend sah mich Orly an, ich wollte es recht gut machen, zog mein seidenes Tuch hervor, fächelte ebenfalls und antwortete: „Ganz nach Ihren Wünschen, Mylord, nehmen wir Zimmer oben, denn es ist eine Sauhitze!“

„Albert“, tadelnd sah mich Orly an, „du verdammtes Schwein, sollst dich doch vornehm ausdrücken.“

Dann trug er uns ein als Lord Orly-Ohlsen aus Dänemark und Baron d'Albert aus Belgien, schritt stolz zum Lift, spuckte im Vorübergehen mit unfehlbarer Sicherheit in einen vier Meter entfernten Spucknapf, sah alle Leute kalt an, drehte sich vor dem Lift nochmals um und rief laut: „Schikken Sie mir schnell 'a couple of whiskybottles', einige Flaschen Whisky, herauf, mein Freund, der Baron liebt es, nach dem Bade zu trinken“, sprach's, schob mich mit den Worten „Bitte, nach Ihnen, Baron“, in den Lift, schneuzte sich nochmals ausgiebig in das seidene Taschentuch und stieg ein.“

„Das war ja das reine Theater“, meinte ich, Albert schüttelte sich vor Lachen, trank sein Glas aus und rief:

„Captain, Sie hätten Orly in dem Hotel sehen sollen, Sie hätten gebrüllt! Zwischen unsern Zimmern lag das Bad mit W. C. Sehen Sie, ich kannte diese Dinger von der Hohenzollern her, aber Orly hatte all so was noch nie gesehen. Kaum waren wir oben, da kam er schon zu mir rüber, in Hose und Hemd, alles andere hatte er runter gerissen, weil ihm warm war. „Albert, old chap“, fing er an, „feine Sache hier, aber ich werde aus dem verdammten Zeug nicht klug, komm doch mal her, das sieht hier aus wie in der Klinik, sieh mal, sogar 'ne Fußbadewanne! Oder soll man da den Kopf reinstecken zum Kopfwaschen? Das macht doch der Barbier, sieh mal, Licht habe ich schon gemacht, kenne das vom Arbeiten in den Minen her, Telefon ist auch da, aber wie macht man das?“ Er hatte wahrhaftig alle elektrischen Lampen angeknipst!

So erklärte ich ihm dann alles, er wunderte sich sehr, und das Wasserklosett gefiel ihm so gut, daß er eine ganze Weile damit beschäftigt war, an der Spülung zu ziehen. Da klopfte es, und der Boy brachte den Whisky, zwei Flaschen, in Eis gekühlt, mit Gläsern. Es war ein silberner Kühler, sah fein aus, mit den Eisstücken herum. Der Boy hörte auf das plätschernde Wasser und fragte: „Verzeihung, Sir, ist die Spülung entzwei? Das Waser läuft in einem fort. Ich werde . . .“

“Hallo, boy”, brüllte Orly aus dem Baderaum, „all allright, ich prüfe nur gerade die technischen Anlagen, I am an expert in this line, my boy!“

„Oh, I see, ich sehe das“, meinte der erstaunte Bellboy und verschwand.

Dann nahm Orly ein Bad, aber ich mußte ihm erst alles zeigen. Wir hatten aber keine Seife, vier goldene Uhren hatten wir gekauft, Seife aber vergessen.

„Los, Baron, phone for some soap“, rief Orly, als ob er es nicht anders gewohnt sei und wälzte sich wie eine Sau in der Wanne herum, denn so gut hatte er es noch nie gehabt. Die Leute im Hotel wußten aber, was los war. Sie schickten den Barbier rauf, der alles Nötige gleich mitbrachte. Der nahm uns dann in Behandlung und verließ uns erst nach Stunden, aber wir waren nun neue, saubere Menschen.

„Albert“, erklärte Orly, „du siehst aus wie ein Baron, und auch ich gebe einen guten Lord ab, you bet!“ Dabei besah er sich lange im Spiegel, zog das Tuch, schnaubte sich feste, probierte allerhand schöne Stellungen und steckte sich schließlich die Pfeife an. „Albert“, meinte er dann, „man sollte es nicht glauben, was es für sonderbare Dinge in der Welt gibt, und morgen reisen wir, ich muß nach Dünkirchen. Und jetzt habe ich Hunger.“

„Reisen? Nach Dünkirchen? Warum denn das?“

„Sage ich dir später, mein boy, ich muß hin, geschäftlich, you know! Jetzt habe ich Hunger!“

„Wir können im Hotel im Speisesaal essen, wollen wir?“

„Ganz gleich, wo, aber was Feines muß es sein, Eggsandwiches oder so was, Bohnen mag ich nicht mehr sehen, come on!“

Wir machten uns fertig und klingelten dem Lift, und Orly erstaunte sehr, als das wirklich ging. „Lieber Baron“, sagte er vor dem Liftboy, „ich werde in meinem Lustschloß am Meer auch solche Liftklingel einbauen lassen.“

„Guter Gedanke, Mylord“, erwiderte ich, „aber als Liftboy würde ich ein Girl nehmen.“ „Girls habe ich genug im Schloß“, antwortete Orly kalt, „Sie können sich ein paar bei mir aussuchen, ich habe alle Farben . . .“ Hier hielt der Lift, wir stiegen aus und „wandelten“ zum Speisesaal. Sofort eilte der Manager herbei. „Sind die Herren zufrieden? Sind die Zimmer genügend, wir haben sonst . . .“

“All allright, manager”, meinte Orly jovial und klopfte ihm auf die Schulter, „besonders das Wasserklosett. Ich habe es sofort probiert, es spült ausgezeichnet, auch mein Freund, der Baron, ist sehr zufrieden damit, er ist gerade 'in this line' sehr empfindlich, spülte zweimal, you know, da ging's."

„Bitte sehr", sagte der Manager, ohne eine Miene zu verziehen, und wies uns einen Tisch an, "dinner is ready!"

„Baron", rief Orly ganz laut, ehe er sich setzte, so daß alle Leute hersahen, „ich schlage vor, wir nehmen erst einen kleinen gin, zum Mundausspülen, und nachher some old whisky with soda, hallo boy!" Der Kellner kam, und er bestellte, dann nahm auch er Platz, den Hut behielt er auf.

Ermüdet vom Sprechen machte Albert eine Pause und trank erst mal einen Schluck.

Dann fuhr er fort:

„Wir saßen also im Speisesaal und tranken erst mal einen gin, zum Mundausspülen. Dann nahm Orly den Hut ab, legte ihn neben seinen Stuhl, fächelte sich mit dem Seidentuch Kühlung zu und griff schließlich zur Speisekarte. Lange starrte er auf den eleganten Karton, drehte ihn hin und her, zauderte ein Weilchen und schob ihn dann mir zu.

„Lieber Baron", sagte er laut, „please, wählen Sie", dabei beugte er sich zu mir herüber und flüsterte: „Ich werde aus dem verdammten Zeug nicht klug, da steht zuerst „Hórs döfres", noch nie habe ich so etwas gehört, geschweige denn gegessen, klingt wie „horse apples", you know, ich würde das nicht essen."

„Das ist ein Vorgericht, allerhand Fisch- und Räuchersachen und Salate", erklärte ich ihm, „vornehme Leuten essen das immer."

„So, so", murmelte Orly überrascht, „das wußte ich nicht, das nehmen wir dann natürlich auch! Hallo boy! Some Hórs döfres, please, aber gute Portionen, mein Freund, der Baron, ist einer der stärksten Esser von Belgien!"

Zufrieden schenkte sich Orly einen Whisky mit Soda ein, lehnte sich weit zurück, legte das eine Bein auf den Sessel nebenan und meinte:

„Albert, old boy, ich finde das vornehme Leben ganz angenehm." Dabei begann er seelenruhig, die acht Ringe abzustreifen, zog die grünen Handschuhe aus, warf sie auf seinen Hut am Boden und steckte die Ringe wieder an, sie wollten aber nicht sitzen, waren natürlich zu groß, er wußte sich jedoch zu helfen, indem er sie zusammen auf die dickeren Finger schob, und ich, sehen Sie, Captain, ich machte es ebenso, doch nur, um den lieben Kerl nicht zu kränken."

„Ja, Albert, und das war recht so, hätte das auch gemacht", stimmte ich ihm sofort bei, schon um ihn nicht in Verlegenheit zu setzen, da die Geschichte hätte darunter leiden können.

„Ja, aber es war doch schwer, denn sehen Sie, an den andern Tischen begannen die Leute herzusehen und zu lachen, mir zuckte es schon in der Hand, wenn ich die höhnischen Gesichter sah, aber Orly merkte nichts, er leerte sein Glas, klopfte am Tischbein seine Pfeife aus und begann, sich neuen Plattentabak zu schneiden, wobei er das Funkeln seiner Brillanten wohlgefällig betrachtete.

Plötzlich fuhr er erschrocken auf – vor ihm stand der Boy mit einer mächtigen Platte, den Hors d'oeuvres, die dort auf einer riesigen Schüssel zum Aussuchen nach Belieben serviert wurden. Stumm, bewegungslos wie eine Statue, stand der wohlerzogene Kellner, vorschriftsmäßig vornüber gebeugt, Kopf zurück, den freien Arm auf dem Rücken, und hielt Orly die Platte hin. Lange starrte Lord Orly-Ohlsen auf dieses Rieseninstrument, sah den Kellner an, der keine Miene verzog, blickte wieder auf die umfangreiche Schüssel und fragte schließlich etwas beklommen: „Albert, old boy, du sagst, das müsse man essen? By Jimmy, muß man da einen Appetit haben, ich könnte das nicht schaffen! Das ist ja ein Athletenfrühstück! Boy, ist das alles 'for yours truly'?"

„Bitte, ganz nach Belieben", antwortete der Kellner mit eisigem Gesicht.

„Und wo ist die Platte für meinen Freund, den Baron, er ist bekannt als ein starker Esser ..."

„Die Platte ist für beide Herren, zum Aussuchen, ganz nach Belieben, darf ich bitten?" sagte der Kellner mit letzter Kraft der Selbstbeherrschung, stellte die Schüssel schnell mitten auf den Tisch und machte, daß er fort kam.

"Now we got her!" jetzt haben wir sie, meinte Orly erfreut, „go ahead, los, fang an, Baron!", dabei ergriff er einen Löffel und begann, eine der kleinen Salatschüsseln nach der anderen auszulöffeln. Zwischendurch spießte er mit der Vorlegegabel die „festen Sachen", Toaststückchen, Ölsardinen, Aal, Sardellen, Lachsscheiben, Anchovis, Gurken, was weiß ich alles, auf und schob sie in den Mund."

„Albert", rief ich, „er wird doch nicht die ganze Schüssel aufgefressen haben?"

„Natürlich", lachte the Kid fröhlich, „ab und zu sah er auf, warf mir einen aufmunternden Blick zu, schenkte uns einen neuen Whisky mit Soda ein, rief laut: „Auf Ihre werte Gesundheit, Baron!", leerte sein Glas mit einem Zuge und stopfte dann weiter.

Was sollte ich machen, Captain? Ich aß eben mit, um ihn nicht lächerlich zu machen oder gar zu beleidigen, und so nach zehn Minuten war die fürchterliche Schüssel leer. Orly rülpste, wischte sich mit der Serviette den Schweiß ab, lehnte sich zurück und meinte leise: „Albert, ich bin 'filled up'!“ Dann griff er nach den Zahnstochern und sagte ganz laut: „Gutes Essen hier Baron, und reichlich!“ Dabei rülpste er wieder und stocherte mit dem Zahnstocher in seinem Gebiß herum.“

„Na, na, Albert, ich glaube, Sie übertreiben mit dem Rülpsen“, warf ich ein.

„So?“, antwortete er eifrig, „ich sage Ihnen, die Leute an den Nebentischen standen auf und verließen fluchtartig das Lokal, sie konnten vor Lachen nicht mehr sitzen.“

„Hattet Ihr denn wirklich alles aufgefressen?“, fragte ich, als ich einigermaßen wieder sprechen konnte, „das war doch die Schüssel für das ganze Lokal, die den Abend reichen sollte.“

„Alles weg, bis auf die grüne Garnierung, und im Hintergrund stand der Manager mit den Kellnern, sie starrten zu uns herüber, und keiner traute sich, bei uns abzuräumen, aus Angst loszulachen. Als aber Orly seine vier Uhren rausholte, um nachzusehen, welche Zeit es war, verschwanden auch die Kellner, nur der Manager hielt noch stand.

Er reckte sich, fuhr sich übers Gesicht, straffte den Rock und kam an unsern Tisch, todernst. „Hat es den Herren geschmeckt? Noch etwas gefällig?“

“Hallo, manager”, brüllte Orly, “take a seat!”; und zog ihn wie ein Kind auf den Stuhl neben sich, „ich bin zufrieden, es war gut solch 'Hórs döfres', der Baron . . .“

Weiter kam er nicht, der Manager riß sich los, sprang auf und ergriff die Flucht. Orly störte das nicht weiter, er meinte nur ruhig: „Scheint verdammt viel zu tun zu haben, er hat Eile, und geschäftige Leute soll man nicht aufhalten.“

So saßen wir noch eine Weile und tranken unsern Whisky aus. Alle Augenblicke erschienen aber in der Tür, durch die die Kellner gingen, allerhand Leute und spannten herüber zu uns, sie wollten den ‚Lord‘ und den ‚Baron‘ sehen, die eine ganze Hors d'oeuvres-Platte aufgefressen hatten, eine Platte, die für alle Gäste reichen sollte.

„Albert“ fing Orly dann an, „morgen müssen wir tickets besorgen für den train eastbond, ostwärts, nach New York, wir müssen auf den steamer nach Dünkirchen, ich habe geschäftlich dort zu tun, und du mußt mit!“

„Was sollen wir denn in Dünkirchen, dem Saunest?“, fragte ich, denn ich kannte das Dorf von meiner Matrosenzeit her, war dort an Land und wurde elend geneppt.

„You see, siehst du, mein Junge“, erklärte Orly, „in meinen jungen Jahren, als Schiffsjunge, war ich dort, bei den ‚girls‘, you know, und ich stand da und hatte kein Geld, heute habe ich, und nun muß ich dort hin, will den girls dort zeigen, wer Orly Ohlsen ist! Springen sollen sie, wenn Orly Ohlsen kommt, by Jove!“

„Mein Gott, Albert, jeder Mensch hat doch seine Schwäche. Der Orly war doch sonst solch kühl denkender Mensch, und nun so was. Das hätte ich nicht erwartet.“

„Er ließ sich nicht davon abbringen, Captain, es half alles nichts, und sehen Sie, Old Albert war immer ein treuer Freund, wenn's drauf ankam, ich ließ ihn nicht im Stich, ich fuhr mit.“

„Orly“, sagte ich, „old friend, wenn es sein muß, dann komme ich mit, aber auch ich muß eins tun vorher, jetzt sofort, ich habe eine alte Mutter zu Haus, der schicke ich erst fünfhundert Dollar, denn ...“

Weiter kam ich nicht. “Three cheers for your dear mother, old chap”, brüllte Orly, griff in die Tasche und zählte fünf Hundertdollarbills auf, „hier ist mein Anteil, Freund, ich habe keine Mutter mehr, deine Mutter ist meine Mutter, hier nimm, senden wir der old lady tausend!“

„Donnerwetter, ein feiner Kerl“, rief ich erfreut und nickte Albert zu, „das war ja famos von euch!“

„Was sollte ich machen? Orly ließ keine Ruhe, ich mußte die fünfhundert nehmen, wir gingen zum Hoteloffice und ließen sie gleich dort einpacken und absenden. Captain, für meine alte Mutter war das ein Vermögen, und es war alles, was uns von den dreißigtausend blieb, denn als sie starb, war das Geld noch da, sie hatte nur die Zinsen verbraucht. Sehen Sie, Captain, nach und nach merkte ich doch, daß Orly uns zugrunde richtete, er hatte ja keine Ahnung von dem Wert des Geldes, aber nach dieser Sache mit meiner Mutter konnte ich nicht anders, ich mußte eben bei ihm bleiben.“

„Ja, lieber Albert, das kann ich verstehen, es ist aber ein geradezu tragisches Schicksal, so sein Glück wieder von sich zu stoßen, allein hätten Sie etwas angefangen oder ruhig von dem Geld im Heimatdörfchen gelebt, als wohlhabender Rentner, und nun ...“

„Nee, Capt'n, das ist ja mein Trost, allein hätte ich das Geld auch durchgebracht, denn als ich die zweite Goldader fand, bekam ich vierzigtausend und war auch bald damit fertig, nur nach Dünkirchen wäre ich nicht gegangen, wer geht denn nach Dünkirchen? Sie etwa?“

„Ich denke im Traum nicht daran.“

„Na also, wir hätten die Südsee, Honolulu und die Salomoninseln bereisen sollen, mal Menschenfresser sehen, das hätte doch Spaß gemacht.“

„Ihre Vorliebe für Menschenfresser teile ich ja gerade nicht, aber in der Südsee reisen ist entschieden schöner, als in Dünkirchen sitzen, das gebe ich zu."

„Jedenfalls fuhren wir am nächsten Tag ab, nach New York, natürlich Luxuswagen, hatten beide einen kleinen Raum für uns, ein ‚apartment', wo wir schliefen. Orly hatte sich ein Doppelglas, fünfzehnfach, gekauft, er saß meistens in der „observationscar", hinten auf der Plattform, und genoß die Aussicht. Er gewöhnte sich eigentlich schnell an die neuen Verhältnisse, konnte es aber nicht unterlassen, seine neu erworbenen Kenntnisse an den Mann zu bringen. So bestellte er zum Dinner im Speisewagen ‚Hórs döfres' und hörte zu seinem Erstaunen, daß es dort das nicht gab. ‚So, das habt Ihr nicht?', meinte er und sah den armen Schwarzen scharf an, ‚mein Freund, der Baron, speist nichts anderes, sage der Eisenbahnkompagnie, ich sei peinlich berührt!'"

„Aber sonst ging alles gut?" fragte ich, „nur schön, daß er nie Krach gemacht hat."

„Nein, er war viel zu zufrieden mit seinem Geschick, wollte ja nur protzen mit seinem Wissen. Als wir in New York ins Hotel kamen, war seine erste Frage: ‚Hórs döfres?' Die Klerks sahen sich verwundert an und holten den Manager. ‚Was ist Ihr Wunsch, Sir?' ‚You see, sonny, sich mal, mein Junge', sagte Orly von oben herab, ‚mein Freund, der Baron d'Albert aus Amsterdam, Belgien, you know, ist sehr empfindlich. Der Baron bevorzugt zum Dinner ‚hórs döfres'."

„Gewiß, Sir, kann jederzeit serviert werden."

Orly nickte, „allright, und noch eins, haben Sie W. C.?" „Aber natürlich, Sir, W. C., warmes Wasser in allen Zimmern, Zimmer mit separatem Bad und eigenem W. C., ganze Apartments ..."

Orly winkte ab, „allright, manager, ich sehe, wir sind am richtigen Platz", dann wandte er sich an mich: „Lieber Baron, ich denke, wir nehmen das Zimmer mit eigenem W. C., ich weiß, Sie legen Wert darauf." Der Manager sah uns erstaunt an, doch Orly drehte sich seelenruhig wieder um, deutete mit dem grünbehandschuhten Daumen über die Schulter auf mich armes Wurm und erklärte: „Der Baron ist nämlich einer der stärksten Esser von Belgien!""

„Habt Ihr denn wirklich immer dies alte Fischzeugs gegessen?", fragte ich verwundert, „das kriegt man doch bald über."

„I wo", lachte Albert, „wir hatten noch von der ersten Schüssel genug, Orly fand das nur so vornehm. Er kannte den Rummel jetzt und aß jedesmal das große Diner von oben bis unten durch. Wir fielen auch nicht mehr so auf, da wir aufgegeben hatten, die Ringe über den Handschuhen zu tragen. Das ewige Ringewechseln war Orly zu dumm, und dann hatte er eine Lady gesehen, die zwei Finger mit Ringen übersät hatte, das hatte ihm gefallen, und so trugen wir jetzt alle Ringe an der linken Hand, vier am Ring- und drei am kleinen Finger und nur einen am kleinen Finger der rechten."

„Das muß ja erschütternd ausgesehen haben", warf ich ein, „solch gepanzerte Finger, Handschuhnummer zehneinhalb!"

„Ja, es flimmerte ganz anständig, und Orly wackelte immer mit der Linken, er freute sich so, wenn es blinkerte, und, Captain, einen Wert hatte die Sache doch, sobald man diese Ringsammlung sah, behandelte man uns mit größter Hochachtung oder tat wenigstens so, sogar der Kapitän auf dem Dampfer sprach mit uns, wir gehörten zu den Prominenten, nur der Ringe wegen, denn wir waren doch man ganz dämliche Kerls unter all den feinen Leuten dort."

„Das zu bezweifeln wäre Grobheit", erwiderte ich voll innerster Überzeugung, „aber nicht die Schulweisheit, sondern der innere Wert macht den Menschen, und Orly war ein anständiger Kerl."

„Das war er und treu wie Gold, aber sehen Sie, so'n bißchen verdreht ist eben jeder", meinte the Kid und kratzte sich den Kopf, er dachte wohl an die vergeudeten Gelder.

Am Morgen erwachte ich, vor meinem Bett stand Albert, lachte und rief: „Captain, wir sind zugeweht, kommen Sie, ansehen, alles voll Schnee!"

Im Hause herrschte Halbdunkel, vor den kleinen Fenstern lag Schnee, nur eine kleine Ecke war frei geblieben, die Tür ließ sich nicht öffnen, und das Feuer war aus, wir hatten so fest geschlafen, daß niemand nachgelegt hatte. So langsam fing die Kälte an, durchzudringen, und Old Nash war eifrig dabei, Feuer anzumachen.

Gemeinschaftlich versuchten wir dann, die Tür aufzubekommen, vergeblich! Nicht einmal ein Spalt, durch den ein Mensch sich hätte durchzwängen können, war zu erreichen, das Haus mußte mit der Vorderwand völlig im Schnee stecken.

„Halt", sagte Albert, „nichts überstürzen, wir haben viel Zeit. Erst mal Feuer in beiden Öfen, damit es warm wird. Dann nehmen wir das eine Fenster raus, ich klettere durch und schaufele uns frei."

Erst nach langem Bemühen konnten wir die Tür öffnen, fast zwei Meter hoch saßen wir drin, eine Schneewehe hatte sich gerade an unserm Haus gebildet. Den ganzen Tag hatten wir zu tun, um uns einen einigermaßen gangbaren Weg zu schaufeln, damit wir an unsere Schuppen und unser Fleisch herankonnten. Einen Vorteil hatte die Sache aber doch, wir saßen jetzt so schön warm im Schnee wie nie zuvor, jede Zugluft war unterbunden. Wir machten noch einen kleinen Ausflug auf Schneeschuhen und fanden, daß es draußen nicht so schlimm war, der Sturm hatte eben gerade unser Blockhaus so reichlich bedacht.

„Morgen müssen wir nach den Eisen sehen, heute ist es schon zu spät", sagte Albert, und Old Nash stimmte zu, schlug aber vor, gleich im Schnee Zwangspässe zu trampeln und die Eisen zu legen. Da ich dies noch nicht kannte, wollte ich mit, und es wurde, falls das Wetter es erlauben sollte, eine gemeinschaftliche Tagestour beschlossen.

Kaum brannte die Lampe, mußte Albert weitererzählen.

„Wir fuhren also mit dem Steamer nach Dünkirchen, doch die Seereise an sich bot uns nichts Neues, da wir ja beide Seeleute waren. Orly spielte den Leutseligen, drückte sich bei den Matrosen rum, spendierte viel und war daher dort sehr beliebt. Auch Bordspiele machten wir mit, wir kannten sie ja alle, und ich gewann bei einem Wettspiel im ‚Cakesklopfen' den ersten Preis."

„Was ist denn das für ein Spiel?", fragte ich, denn ich kannte es nicht.

„Da sitzt man auf eine Flasche und hat einen Cakes auf dem Kopf liegen. Mit einer Papprolle muß man nun versuchen, dem anderen den Cakes zu zerschlagen, und sehen Sie, jedesmal, wenn ich einem auf den Dätz kloppte, war der Cakes in tausend Fetzen, und der Gegner klappte um wie'ne Padde."

„Aber Albert, Sie mußten doch nicht so grob sein!"

„Was heißt da grob? So spielten wir Seeleute das immer, und Orly war sehr stolz auf mich. Er ging zu den Herren, die gegen mich verloren hatten, und sagte: „Seid nicht ärgerlich, gents, gegen meinen Freund, den Baron, hattet ihr nichts zu bestellen, er ist der ‚Champignon von Belgien, you know." Und als einer lachte, klopfte er ihm auf die Schulter und meinte: „Ich sage dir, mein Junge, laß das den Baron nicht sehen, oder du bist 'a dead man in half a minute'", so daß der Herr, blaß vor Angst, machte, daß er fortkam."

„Da hätte es aber beinahe doch Krach gegeben, sehen Sie!"

„O nein, Orly brachte das alles so gemütlich, so ulkig raus, keiner war ihm böse, im Gegenteil, man freute sich, daß er dem Kerl solche Antwort gegeben hatte, denn der war unbeliebt, wollte was rausbeißen, wie das bei manchem so ist. Ich konnte ihn auch nicht leiden."

„Die Leute wußten wahrscheinlich auch alle schon, was mit euch los war, so etwas spricht sich doch herum, man nahm euch deshalb auch nichts übel."

„Wahrscheinlich, Captain, alle waren eigentlich furchtbar nett mit uns, und als wir den Dampfer verließen, standen fast alle Passagiere an der Reling und winkten uns 'good bye'. Genau mittags um zwölf kamen wir in Dünkirchen an, und Orly, der immer aufgeregter wurde, je näher wir dem Nest kamen, sprang sofort an Land auf einen der herumstehenden Matrosen zu und fragte ihn etwas. Der Kerl lachte so recht breit übers ganze Gesicht und nickte.

„Albert", sprach Orly und war ganz blaß vor Erregung, „Albert, das Haus mit den Girls ist noch da, wir steigen in dem großen Hotel ab, und heute abend geht's los, du wirst staunen." ---

Trübe sah Albert uns an, fuhr sich langsam über die Stirn, als ob er Sorgen fortwischen wollte, und sagte leise: „Wir büßten schwer dafür. Als wir am Nachmittag des Tages, der dieser verfluchten Nacht folgte, erwachten, waren wir wieder Bettler, das 'maison' war leer, die Alte und sämtliche Mädels abgereist und unsere Geldtaschen verschwunden. Lange irrten wir in dem Hause herum, bis uns die scheußliche Wahrheit klar wurde, es half alles nichts, das Geld war fort.

Alle acht Uhren waren weg, Orlys Ringe ebenfalls, ich hatte noch einen, den am kleinen Finger der rechten Hand, mit einem großen Diamanten, er saß zu fest, die Mädels hatten ihn nicht abbekommen.

Blaß, die Haare zerwühlt, saß ‚Lord Orly-Ohlsen' auf einem zerdrückten, alten Divan, rauchte und sprach kein Wort. Sehen Sie, Captain, als ich ihn so sah, in diesem fürchterlichen Zustand, da durchzuckte es mich: ‚Da sitzt er, der Champignon von Dünkirchen', ich konnte mir nicht helfen, ich mußte lachen, und das machte mich wieder frei und gesund. Ich wurde eiskalt und ruhig und dachte nach, was da zu machen sei. Polizei? Unser Geld und unsere Wertsachen waren fort, wir sahen beides doch nie wieder, auch nicht, wenn wir Anzeige machten, hatten dann nur noch die Blamage dazu. Nein, hier hieß es, gute Miene zum bösen Spiel machen. Leise zog ich den einen, letzten Ring vom Finger und steckte ihn in die Tasche, er sollte uns bleiben für die äußerste Not. Lord Orly-Ohlsen hatte ausgespielt, er war völlig gebrochen, jetzt übernahm ich das Kommando."

Hier machte Albert eine Pause, sah uns trimphierend an, lachte und fragte mich, wobei in seinen lieben Augen wieder der Schalk blitzte:

„Glauben Sie, Captain, daß die alten verdrehten Westen mit den vier Taschen, die wir nur kauften, um die vier Uhren unterzubringen, uns retteten? Denken Sie, gerade in diesem Augenblick fiel mir ein, daß ich, um nicht in Verlegenheit zu kommen, wenn ich mal meine Brieftasche vergessen hätte oder falls sie mir gestohlen werden sollte, in die vorderen

Spitzen der Weste je zwei fein zusammengekniffene zwanzig Dollarnoten gesteckt hatte! Ein Bekannter gab mir mal diesen Rat, und ich segne ihn heute noch dafür."

„Das merkt man doch aber, das knistert doch, das hätte die Bande doch auch gefunden", meinte ich zweifelnd.

„Nein, das findet niemand, denn dort sucht niemand. Man trennt die unteren Westentaschen in der Ecke etwas auf, schiebt die Noten, schmal zusammengefaltet, durch das Loch, so daß sie in der Spitze der Weste zwischen Futter und umgenähten Stoffrand zu liegen kommen, wissen Sie, wo immer bei alten Sachen so viel abgeschabte Wolle sitzt, und näht die Taschen wieder zu. Kein Mensch fühlt da das Geld, und richtig, meine achtzig Dollar waren noch da. Na, das war 'ne Freude."

„Donnerwetter", erstaunt sah ich Albert an, „das war aber mehr als Dusel, aber der Gedanke ist gut, sollte man sich merken und auch machen."

„Tun Sie das, Captain", rief Albert eifrig, „man kann nie wissen, wie es kommt, jedenfalls uns rettete dies Geld, wir faßten wieder Mut, steckten uns die Taschen voll Rauchzeug, nahmen jeder eine gute Pulle in den Arm und zogen los, zum Bahnhof.

Schon am frühen Morgen waren wir in Calais, und am nächsten Tage kamen wir in London an.

Dort wußten wir Bescheid und verkauften alles, was wir hatten, auch die guten Anzüge, gegen zwei Matrosenausrüstungen nebst Kleidern. Das Geld teilten wir, holten unsere Papiere hervor ..."

„Halt", rief ich, „ich denke, Sie hatten keine, sie wurden Ihnen doch gestohlen, und Hobos ..."

„Stimmt", unterbrach mich Albert und strahlte mich vergnügt an, „Sie haben gut aufgepaßt, Captain, Orly hatte selbstredend auch keine, aber als uns damals das Geld ausgezahlt wurde, haben wir uns sofort auch Papiere, so wie wir sie brauchten, ausstellen lassen, und für Geld bekam man, damals wenigstens, im Westen alles."

„Und diese Papiere, was stand denn drin? Sie lauteten doch nicht etwa auf Lord Orly-Ohlsen und Baron d'Albert?"

„Keine Spur! Auf unsere Namen, früher Matrosen, da und da gefahren, dann Prospectors, ganz, wie wir es haben wollten, denn wer Geld hat, dem wird geglaubt, wenn er zahlt. Wir holten also unsere Papiere hervor, gingen zu den Büros und suchten Heuer als Matrosen für große Fahrt zusammen auf einem Schiff. Wir fanden bald, was wir suchten, auf einem Frachtdampfer nach New York, aber kurz vor der Abfahrt wurde Orly krank, sehr krank und ging ins Krankenhaus. Ich durfte meinen Kontrakt nicht brechen, mußte also fahren, da half alles nichts, und so kamen wir doch auseinander. Ich ließ ihm alles Geld, hatte ja auch noch für den Notfall den Ring, und nahm traurigen Abschied."

Ernst starrte the Kid in sein Glas, es schimmerte verdächtig in seinen sonst so leuchtend frohen Augen, mir selbst fehlten die rechten Worte, dieser Schluß hatte mich doch ergriffen, da erhob sich der alte Häuptling, der sonst so schweigsame alte Krieger, nahm die schöne neue Pfeife aus dem Munde, hielt sie hoch empor und sprach feierlich:

„Mein Freund Albert the Kid tat recht, er folgte nur dem ‚call of the wilds', dem Ruf der Wildnis. Er mußte das, denn wer diesen Ruf einmal gehört, wer unsere Prärien durchstreift, wer in unseren Nordwäldern gelebt hat, der kehrt zurück, immer wieder, how!" Hoch aufgerichtet, das Gesicht gerötet, mit glühenden Sehern, stand der Häuptling da, das Abbild eines Propheten, und leuchtend ruhte sein Auge auf Albert the Kid.

Ob der Alte recht hatte? Auch mich zog es immer und immer wieder hinaus. Dieser geheimnisvolle Ruf, man fühlt ihn, er ist da, auch wenn man dagegen ankämpft, ist nicht zu bannen, und heute noch, nach Jahren, lockt und winkt die Wildnis, sie umgaukelt mich in meinen Träumen, sie umschmeichelt meine Gedanken, wenn ich ruhen will, und schwer, sehr schwer wird das Verzichten.

Auch dort, in jener kalten Winternacht in unserer kleinen Hütte am vereisten Churchill, packten mich die prophetischen Worte des alten Indianers, keiner sprach weiter, wir saßen, wir rauchten, sahen den blauen Tabakswolken zu, wie sie hin und her wogten, und mit ihnen zogen unsere Gedanken, hin und her, auf und nieder, tiefe Stille ringsum, nur draußen erscholl leise, aus weiter Ferne, wie mahnend, der uralte Gesang der Wildnis, das Heulen des grauen Wolfes – the call of the wilds!

Bei vierzig Grad Kälte ist es im allgemeinen kalt, man friert und geht schleunigst wieder nach Hause, um sich hinter den warmen Ofen zu setzen. Auch wir hatten vierzig Grad, aber wir froren absolut nicht, im Gegenteil, wir schwitzten, und wie, denn wir trampelten durch den metertiefen Schnee Zwangspässe für die edlen Pelzträger.

Vorneweg, wie immer, Albert, der Stier, der den ersten Weg brach, dann ich, der ihn einigermaßen glatt trampelte, und hinterher Old Nash, der mit der Gerissenheit des alten Pelzjägers die Eisen legte.

So entstand ein richtiges Wegenetz, eine Hauptstraße mit Nebenstraßen, Übergängen, Durchlässen, Engpässen und kleinen Plätzen, auf denen etwas Luder lag, und so alle einhundert Meter lauerte versteckt der Verkehrspolizist, eine der guten „Oneida-Jump-Traps", klein und leicht, aber von größter Federkraft.

Alle Eisen mußten vorher an den alten Plätzen ausgegraben werden, manche lagen so tief im Schnee, daß man lange buddeln und suchen mußte, um sie überhaupt wiederzufinden, gefangen hatte sich nichts.

Wir arbeiteten und quälten uns den ganzen Tag, der allerdings um diese Jahreszeit nicht sehr lange dauert, und ich glaube, daß wir gut zehn Kilometer Weg gebrochen haben.

Fast alle Eisen lagen blind, also ohne Köder, nur auf den Plätzen war, wie bereits gesagt, etwas Luder ausgelegt, um „anziehend“ zu wirken, und über den Luchseisen hing ein roter Lappen, denn Luchse sind Augentiere, und der rote Lappen wird von ihnen auf unglaubliche Entfernung bemerkt und sofort genau untersucht. Daher der Name „Luchsaugen“!

Diese Räuber, sonst kaum zu finden, waren jetzt zu erwarten. Der Mangel an Kleingetier zwingt sie zu weiten Raubzügen, während sie sonst in den tiefen Wäldern stecken, wo man weder Eisen legen noch durchkommen, geschweige denn jagen kann.

Aber man findet ja parkähnliche, lichtere Wälder, vermischt mit freien Präriefläden, genug, mehr als man ablaufen kann, und die gefrorenen Wasserläufe und Seen geben gute und leicht passierbare Wege ab. Dort zieht das Wild, dort folgt ihm der Jäger, dort stellt der Trapper seine Fallen.

Solch Wegenetz, das sich nach Möglichkeit den alten Wechseln der Pelztiere anpaßt, bietet zur Zeit der Kälte und des tiefen Schnees die einzige Möglichkeit, noch einigermaßen mit Erfolg zu trappen.

Da es im nördlichen Kanada während des Winters, also in der Zeit von Anfang Oktober bis Ende April, weder regnet noch taut, liegen die Eisen im Schnee sicher und gut, sie frieren nie ein, außer an den Rändern von Seen und Flüssen, wo manchmal aus Gott weiß welchen Gründen an weniger kalten Tagen über bestimmte Stellen, unter denen wohl warme Quellen liegen, das Wasser hoch kommt und die Eisen überspült oder den Schnee anfeuchtet. Dann erstarrt natürlich alles wieder zu Eis, und man kann oft lange mit dem kleinen, unentbehrlichen Beil herumhacken, bis man sein Eisen wieder heraus hat.

Es kommt auch vor, wenn auf diese Stellen neuer Schnee fällt und alle Spuren und Zeichen verdeckt, daß man sein Gerät erst nach stundenlangem Suchen oder gar nicht wiederfindet. Viele Eisen gehen auf solche Weise verloren.

So entdeckte ich mal, als ich ein verlorenes Eisen suchte, im Modder des Schellriver in der Nähe von Mistavasis ein uraltes Eisen, drei Viertel vom Rost aufgefressen, ein wahres Untier, handgeschmiedet, mit mächtigen Bügeln, von Spitzen starrend, fast drei Viertel Meter lang.

Ehrfürchtig besah ich mir dieses Monstrum und bildete mir ein, eine Falle aus der Zeit der historischen Fallensteller, der Biberjäger, gefunden zu haben, denn ein Bibereisen war es, wie ich später im Museum von Quebeck feststellte. Ich nahm das Ding als Rarität mit, schleppte es eine Zeit mit herum und warf es schließlich doch wieder fort. Um das alte Eisen war es schade, es wäre eine Zierde für jedes Museum geworden, aber so ist der Mensch, er wirft sein Glück einfach weg!

Als unsere Fangstraßen fertig waren, setzten wir uns erst mal eine Weile hin und ruhten uns aus. Albert zog eine Tafel Schokolade hervor, verteilte sie schmunzelnd, denn er liebte solche Überraschungen, man mußte sich dann aber auch gebührend freuen, und warf das beigepackte Pappdeckelchen fort.

Aus Langeweile holte ich es mir und malte mit dem dicken, kurzen Tintenstift, dick muß er sein, sonst bricht er, ein Schild: „Verbotener Weg!“, klemmte es in einen Ast und steckte es an einem Seitenpfad, der zum Gabelsee führte, in den Schnee.

„Guter Gedanke“, meinte Albert, der für jeden Unfug zu haben war, „wir sollten eigentlich alle Wege mit Namen versehen, wollen wir?“

„Nein, lieber nicht“, antwortete ich, „wollen erst sehen, ob sich auf dem verbotenen Weg was fängt.“

„Der Captain hat einen guten Papierzauber gemacht“, meinte Old Nash und starrte bewundernd auf das V und das W. Die Buchstaben schienen ihm zu gefallen, „wir werden morgen hier viele Pelze erbeuten.“

„Will mein Freund auch solchen Papierzauber haben“, erwiderte ich aus Ulk, und Old Nash geriet darüber so in Aufregung und Freude, daß ich es nicht fertig brachte, ihn aufzuklären, sondern zusagte, ihm einen ganz besonders starken Zauber anzufertigen.

Den ganzen Abend sprachen wir von weiter nichts als von Zauber, Besprechen, Wahrsagen, Geisterbeschwören, Weiterleben nach dem Tode, Schalten und Walten der Geister auf der Erde wie auch im Weltall, kurz, es war erschütternd, bis Albert schließlich behauptete, es gäbe überall Geister. Er erhob sich, krabbelte in seiner Wohnecke herum und kam mit einem schmutzigen, zerfledderten Buch an, broschiert, schlechtes Papier, aber über dreihundert Seiten stark, dem „Lehrbuch des gesamten Spiritismus nebst einer Anleitung zum Geisterbeschwören, mit vielen Bildern und Photographien, Volksausgabe".

Sobald er mit diesem alten Schmöker erschien, nahm Old Nash eine besonders achtungsvolle, fast ängstliche Haltung an, seine Pupillen wurden zusehends größer, sie saugten sich an dem Buch fest und ließen es nicht mehr los.

Auch Albert preßte dieses kostbare Werk an sich, als ich die Hand danach ausstreckte, nein, hergeben tat er diesen Schatz nicht.

In diesem Augenblick fing es oben an der Decke des Blockhauses an zu klopfen, „tock, tock, tock, tock...", Old Nash stellte sich für alle Fälle schnell mit dem Rücken gegen die Wand, aber auch Albert und ich sahen nach oben und horchten.

„Tock, tock, tock ...", es klopfte weiter, mal schneller, mal langsamer. „Pst", sagte Albert erblassend und legte den Zeigefinger auf den Mund. Es klopfte weiter.

Da, eine Pause, und mit leiser Stimme fragte Albert: „Bist du da, Jack?" Als Antwort folgte ein wahres Rasseln von Klopftönen, es kratzte scharrend in unserem blechernen Ofenrohr, dann war es still, nur draußen heulte der Wind, der sich, ohne daß wir es bemerkt hatten, gegen Abend erhoben hatte.

„Captain", sagte Albert, „hörten Sie es? Das war Jack, er ist böse, er ist fort, ich glaube, Sie lachen? Tun Sie das nicht, es schadet, die Geister lieben das nicht, es gibt so etwas, verlassen Sie sich drauf, es wird jetzt allerhand passieren, bis auch Sie es merken, das war bei mir auch so, passen Sie auf.

„Dieser Jack, lieber Albert, war kein Jack, sondern ein Ast, den der Sturm zufällig in oder gegen unser Ofenrohr schleuderte, wo er im Wind hin und her schlug, und dabei klopfte, bis ihn ein Windstoß wieder fortriß, wenn wir hinausgehen, werden wir ihn liegen sehen.

„Mag alles sein", erwiderte Albert, „aber warum geschah dies gerade in diesem Augenblick? Sehen Sie, das ist die Sache, Jack benutzte eben diesen Ast, um uns eine Warnung zu geben."

„Warum soll denn Ihr guter Jack grade hier in dieser gottverlassenen

Ecke stecken? War er immer schon hier, oder habt ihr ihn mitgebracht? Und sein Freund August, wie kommt der hierher?"

„Captain, ich sehe, Sie haben von diesen Sachen keine Ahnung", rief Albert, „und das beruhigt mich etwas, denn Unwissenheit kränkt die Geister nicht, nur Spott können sie nicht vertragen."

„Also, Albert, klären Sie mich auf, erschließen Sie mir die Geisterwelt, ich gebe zu, mich damit noch nie beschäftigt zu haben."

„Ich weiß nicht, ob ich das kann, ich bin selber nur ein Anfänger, Sie sollten dazu mal in einen der großen Klubs gehen, in New York zum Beispiel, wo die Aureolen erstrahlen, wo Hände und Füße materialisiert werden, wo sich durch die Gabe der Medien selbst die Gesichter der Geister so weit materialisieren, daß man Gipsabgüsse davon nehmen kann, bedenken Sie, Captain, Gipsabgüsse! Da schweben die Geister durch den Raum, da beantworten sie alle Fragen, da erlebt man die unfaßbarsten Sachen!"

„Ja, das kenne ich", meinte ich beherrscht, „das ist aber alles jedesmal als grober Schwindel entlarvt worden."

„So?" Erbost sah Albert mich an, seine Augen funkelten, er hob sein Buch hoch, schlug mit der Hand drauf und rief: „Hier ist das Buch, hier steht's nicht geschrieben, sondern gedruckt! Ich selbst war in solcher Sitzung, ich sage Ihnen, unglaublich! Ein schwerer Tisch wandelte hin und her, er hob ordentlich die Beine, als er über den Teppich lief, lange Reihen von Hüten flogen durch den Raum, riesige Büfetts kamen durchs Zimmer gerollt ..."

„Kalte Büfetts, mit was zu essen drauf?" unterbrach ich ihn.

„Nein", brüllte Albert erregt, „Geister essen nicht, die nippen nur am Tau ...

Hier konnte ich mich nicht mehr halten, ich platzte los und lachte, lachte, bis mir die Tränen herabliefen. Entsetzt sahen Albert und Old Nash zu, jeden Augenblick erwarteten sie, daß die Strafe des Himmels für diesen Frevel auf mich herabstürzen würde, ratlos blickten sich die beiden an, sie schienen sogar etwas enttäuscht zu sein, daß nichts weiter geschah, schließlich stotterte Albert: „Captain, Captain, passen Sie auf, jetzt ist's vorbei, wir fangen nichts mehr, Sie haben durch dieses Lachen alles vergrämt!"

„Abwarten, Freunde", antwortete ich, noch immer lachend, „abwarten", denn auch Old Nash sah mich vorwurfsvoll an, „wir werden ja sehen! Sagen Sie, Albert, sagen Sie mir nur das eine, und ich will alles glauben, sagen Sie mir: Was hat das für einen Zweck, wenn Reihen von Hüten durchs Zimmer fliegen, wenn ganze Büfetts durchs Zimmer rollen?

Nein, Geister, die solchen Unfug treiben, können mir gestohlen bleiben! Nein, lieber Albert, Geister, die bei fünfzig Grad Kälte am Tau nippen wollen, an solche Geister glaubt kein vernünftiger Mensch."

„Und das Buch?" fragte Albert, „das Buch, wo alles gedruckt ist, mit Bildern, ja sogar mit Photographien?"

„Ist Schwindel", erklärte ich, „Schwindel und nur geschrieben, um den Dummen das Geld aus der Tasche zu locken."

„Dumme", sagte Albert leise, wie in tiefstem Nachdenken, „Dumme gibt's immer ..."

„Richtig, Freund", antwortete ich und klopfte ihm auf die Schulter, „richtig, Dumme gibt's immer, am meisten unter den einfachen Leuten."

„Aber es sind auch eine Menge sehr hoher Personen dabei, in England glauben sogar Lords an Geister, in dem Buch sind die Namen ..."

„Namen? Lords", unterbrach ich ihn, „aber lieber Albert, was hat das zu besagen, denken Sie doch an Lord Orly-Ohlsen, der ..."

„Ach der, der war doch ein ganz dummes Luder!"

„So?" fragte ich höhnisch, „ich denke, er war der Champignon von Dünkirchen? Ist das etwa nichts? Und ein gewisser Baron d'Albert aus Amsterdam in Belgien glaubt doch auch an Geister, wie ich eben gehört habe ..."

„Sie meinen wirklich, diese Namen seien genauso verdreht, wie unsere damals?", rief Albert dazwischen, „dann glaube ich überhaupt nichts mehr."

Enttäuscht warf er sein schönes Buch wieder auf den Tisch, brannte die ausgegangene Pfeife wieder an und setzte sich grollend in seine Ecke.

Ungehindert konnte ich diese kostbare Volksausgabe jetzt zur Hand nehmen, ich schlug eine x-beliebige Seite auf und las: ... „So hat es dieser berühmte englische Lord, einer der erfolgreichsten Spiritisten der neueren Zeit, durch viele Experimente bewiesen, daß die Geister nicht, wie man bisher annahm, geschlechtslos, sondern durchweg männlichen Geschlechtes sind ..."

Da hatte ich genug, klappte das Buch zu, warf es wieder auf den Tisch und erklärte:

„Nein, Albert, dies Buch ist Blödsinn, dann noch lieber Dünkirchen!"

Mit großen, interessierten Augen hatte Old Nash während dieser Verhandlungen zugehört, jetzt hielt er die Zeit für gekommen, seinem von Zweifeln gequälten Herzen Luft zu machen, er kam zu mir und fragte zögernd, geradezu zaghaft:

„Old Nash glaubte, daß alles Gedruckte und Geschriebene großer Zauber, große Medizin sei, er kann selber nicht lesen, aber der Captain kann es, ebenso wie mein Freund Albert the Kid, der eine sagt so, der andere so, wer hat recht?"

Was sollte ich darauf antworten? Ich sagte nur lächelnd: „Genauso, wie jeder Mensch seine Ansicht, seine Meinung aussprechen kann, kann er sie auch aufschreiben oder drucken, und genauso, wie das gesprochene Wort ein Irrtum oder falsch sein kann, kann auch Geschriebenes oder Gedrucktes ein Irrtum oder falsch sein. Die Leute, die dies Buch über Geister geschrieben haben, glauben daran, andere glauben das nicht. Fest steht bis heute, daß es in dieser Welt keinerlei Zauber gibt, jeder Zauber wurde bisher als Schwindel entlarvt. Man sucht gerade in diesen übersinnlichen Vorgängen nach der Wahrheit, aber gefunden wurde sie noch nicht."

„Old Nash hat verstanden, aber warum hat der Captain den Papierzauber an unseren Fallen gemacht?"

„Aus Ulk, mein Lieber, das Papier hat gar keinen Einfluß auf das Fangergebnis, höchstens könnte es Tiere vergrämen, vielleicht sogar aus Neugierde anlocken, die ganze Sache war nur ein Spaß!"

Eine Weile starrte Old Nash nachdenklich vor sich hin, dann sagte er mit Nachdruck: „Nash-en-Popee will den Papierzauber, den der Captain ihm geben wollte, lieber nicht haben!" Sprach's, stand auf und verzog sich unter seine Decken, ein Beweis, wie sehr ihn diese Sache mitgenommen hatte, ein Idol, an das er geglaubt, war ins Wanken gekommen.

„Captain", fing Albert dafür an, „wenn morgen wirklich was in den Eisen hängt, sollen Sie recht haben, aber ich fürchte ...", und damit ging auch er in seine Ecke, auch in ihm rumorte der Zweifel an der Unantastbarkeit seines schönen Buches, von der er so lange überzeugt gewesen war.

So hing denn mein guter Ruf wirklich von der lächerlichen Frage ab, ob sich in unseren neu gelegten Fallen etwas fangen würde oder nicht, ja unser ganzes bis heute so glänzendes Zusammenleben stand auf dem Spiel, ich war so wehrlos wie ein Kind, konnte nur abwarten und hoffen, daß diese vermaledeite Situation ein gutes Ende nahm.

Achselzuckend stand ich auf, murmelte etwas Unaussprechliches und ging ebenfalls zu Bett.

Lange konnte ich keinen Schlaf finden, ich wälzte mich unruhig hin und her, stand schließlich wieder auf, zog mich an, ergriff den Drilling und ging fort.

„Bleiben Sie hier, Cap!" rief Albert, der ebenfalls nicht schlafen konnte, mir nach, „Sie verunglücken ...", aber ich hörte nicht, schob ab und strebte meiner Bude am Gabelsee zu.

Es war so gegen Mitternacht, der Mond gerade im Aufgehen, und ich konnte des Schnees wegen ganz gut sehen.

Meine Stimmung war schlecht. Sollte durch diesen Humbug unser ganzes friedliches Leben gestört werden? Aber was sollte ich tun? Nur ein glücklicher Zufall konnte mir helfen.

Der Mond stand schon höher, und es war bereits Büchsenlicht, als ich mich vorsichtig, Schritt für Schritt, meiner Bude näherte. Lautlos schlich ich hinter dieser guten Deckung heran, hob langsam den Kopf und sah nach dem Luder – eine ganze Rotte Wölfe war dort versammelt, sieben Stück!

Und da glückte mir, was mir nie wieder gelingen wollte, eine Dublette! Zwei Schrotschüsse mit Nummer eins, den ersten gezielt, den zweiten automatisch in der vorher gemerkten Richtung abgegeben, und zwei starke Wölfe lagen im Feuer.

Sofort schlug meine Stimmung um, das war ja mehr als Dusel, erfreut schleifte ich beide hinter meine Bude und überlegte, ob ich trotz der Schüsse hierbleiben oder weiterpürschen sollte. Die Bequemlichkeit siegte, ich verkroch mich doch lieber in meinen behaglichen Lehnstuhl, stopfte mir eine neue Pfeife und wartete auf „mehr".

Leider kam nichts, aber ich schlief ein, schlief sogar lange und gut, als ich erwachte, graute bereits der Morgen. Am Luder war leider nichts. Nun aber schnell raus, der Schlaf hatte mich so erquickt, daß ich mich aufmachte, um unsere Eisen nachzusehen, ich war doch neugierig, ob wirklich, wie Albert behauptete, sich nichts mehr fangen würde.

Und siehe da, der Himmel hatte ein Einsehen gehabt, der Erfolg war über alles Erwarten groß! Schon im dritten Eisen hing ein guter Fuchs, etwas weiter einer der sehr seltenen Fischer, ferner noch drei Füchse, ein Wolf und ein Luchs, ein mächtiger Kerl, den ich nicht, wie die andern, erschlagen konnte, sondern totschießen mußte, so tobte er herum, als ich kam.

Dann ging ich hinüber zum andern „trail", dem mit dem Papierzauber, und auch hier war alles gut. Der verbotene Weg hatte anscheinend gewirkt, denn in den dort liegenden acht Eisen hingen ein Luchs, ein Marder und zwei Hermeline, im ganzen eine Strecke, wie wir sie nie wieder gehabt haben.

Drei Tage hatte es gestürmt und geschneit, der vierte war klar und schön, natürlich war alles Raubwild nachts unterwegs, kam in dem tiefen Schnee schlecht vorwärts, fand die von uns getrampelten Pfade und nahm sie sofort an. So erklärte sich unser Erfolg auf die einfachste Weise.

Na, die Freunde werden ja Augen machen, dachte ich und marschierte auf dem kürzesten Wege nach Haus, traf aber unterwegs Albert, der nach mir forschen wollte; er glaubte, wie er später gestand, ich hätte mich „aufgehängt".

Meine Laune war glänzend, alle Sorgen verflogen, der alte Übermut war wieder da, und dieser Übermut, diese Ulkstimmung ließ mich das einzig Richtige tun, ich sagte ernst:

„Albert, kommen Sie mit nach Haus, dort werde ich sprechen."

„Ist wieder was passiert?" fragte er und sah mich ängstlich an.

„Eine ganze Menge, zu Haus werde ich sprechen, kommen Sie!"

Schweigend legten wir den Weg zu unserer Blockhütte zurück, so oft Albert etwas sagen wollte, schüttelte ich nur abweisend den Kopf.

Wir trafen Old Nash vor dem Hause, er war dabei, nach dem Ast, der an unserem Ofenrohr geklopft hatte, zu suchen, es lagen aber so viele Holzstücke herum, daß er zu keinem Resultat kam. Ich nahm auch den Häuptling mit hinein, stellte beide nebeneinander, sah ihnen ernst und fest in die Augen und sprach:

„Liebe Freunde, erschreckt nicht, aber ich habe diese Nacht den Zauber endgültig erledigt, ich habe Jack und August erschossen, sie liegen beide hinter der Bude am Gabelsee . . ."

„Wa-was-was, erschossen?", stammelte Albert.

„Ruhig, hört weiter", fuhr ich fort, „in den Eisen werdet ihr eine Beute finden, wie wir sie noch nie gehabt haben, vier Füchse, zwei Luchse, einen Fischer, einen Wolf, einen Marder und zwei Hermeline . . ."

Weit riß Old Nash den Mund auf vor Staunen, „Hugh", grunzte er, aber ich blieb hart.

„Ruhig", und drohend hob ich den Finger, „es darf nicht gesprochen werden, ihr geht jetzt hin, nehmt die beiden Schlitten mit, holt die Biester und bringt die Eisen wieder in Ordnung, dann fahrt ihr zum Gabelsee, dicht hinter der Bude werdet ihr die Leichen von Jack und August finden. Ihr legt auf jeden Schlitten eine und kommt sofort zurück. Aber hütet euch, ein Wort zu sprechen, oder ihr werdet beide sofort in Gerippe verwandelt. Erst wenn ihr zurück seid, und ich erkläre den Zauber für gebrochen, dann erst dürft ihr reden. Verstanden? Ich bin müde und bleibe zu Haus."

Die beiden wollten antworten, aber ich legte drohend den Finger auf die Lippen, so nickten sie nur, nahmen ihr Zeug und fuhren ab.

Vergnügt frühstückte ich und legte mich voll Hoffnung schlafen, es sollte und mußte jetzt wieder Frieden und gute Laune bei uns einziehen. –

Lautes Klopfen weckte mich, am Bett standen die Freunde einträchtig nebeneinander und sahen mich an.

„Na, seid ihr schon zurück?“, fragte ich schlaftrunken.

Beide nickten, wahrhaftig, sie trauten sich nicht zu sprechen. „Habt ihr alles gefunden“, fuhr ich fort und stand auf. Erneutes heftiges Nicken.

„Na, dann kommt, wollen mal sehen.“

Vor dem Blockhaus standen die Schlitten, bepackt mit der Beute, und oben drauf lagen, wie ich gesagt, die beiden Wölfe.

„Brav gemacht, Freunde“, erklärte ich, „jetzt ist der Zauber gebrochen!“ Mit diesen Worten nahm ich beide bei der Hand, führte sie ins Zimmer und sprach weiter: „Seht, Freunde, nun sind sie tot, nun haltet aber auch Frieden und Freundschaft wie früher und laßt den Blödsinn endgültig sein. Ihr seht, daß wir gerade heute viel mehr im Eisen hatten als sonst, und die beiden Wölfe sind weiter nichts als zwei Wölfe, die ich heute nacht am Luder überrascht habe, es gibt also keine Geister, keinen Zauber, denn sonst hätten wir nichts gefangen.“

„Es scheint wahrhaftig so“, meinte Albert, „Captain, ich glaube fast, Sie haben recht!“

Hastig machten sich beide daran, die Beute abzubalgen und aufzuspannen, im Eifer der Festesfreude vergaßen sie ganz, daß es keine Wölfe, sondern eigentlich die erschossenen Geister Jack und August waren, die sie gerade bearbeiteten, ich selbst aber legte mich zufrieden wieder hin und schlief weiter, Gott sei Dank, der Geisterfimmel schien überwunden.

Als wir am Abend nach dem Essen gemütlich beim Grog saßen, erhob ich mich und sprach: „Liebe Freunde! Großes Ungemach ist an uns glücklich vorübergegangen, beinahe hätte unser glücklicher Frieden sich in Zank und Streit verwandelt, und das alles wegen einer lächerlichen Sache, einer Sache, die keiner Prüfung standhält. Was wäre geworden, wenn wir heute zufällig nichts in den Eisen vorgefunden hätten?

Daß wir heute einen Fang hatten wie noch nie, eine Beute im Werte von über zweihundert Dollar, ist genauso unabhängig von allem Übersinnlichen, wie es ein Mißerfolg gewesen wäre.

Alles geht ganz natürlich zu, denn es war anzunehmen, daß nach dreitägigem Schneefall das hungrige Raubzeug unterwegs sein und natürlich nicht mühselig durch den tiefen Schnee waten, sondern die bequemen Pässe benutzen würde. Die von unserem Häuptling meisterhaft gelegten Eisen taten das übrige, und so war der große Fang nur die Folge unserer richtigen Fangmethoden, unserer Kenntnisse als Jäger und Trapper.

Freuen wir uns über unser Glück, und nie wieder soll in Zukunft unser Zusammensein gestört werden. Darum, Freunde, reicht mir die Hand, wir leeren unser Glas auf gute Kameradschaft!"

Wir tranken und aßen eine Weile ganz still, ein Beweis, daß meine Worte gewirkt hatten.

„Los, Albert", griff ich jetzt ein, „erzählen Sie weiter, ich weiß immer noch nicht, wo Sie die Nadel mit dem Diamanten herhaben."

„Ja, unser Freund Albert the Kid mag sprechen", stimmte Old Nash zu, und so blieb Albert nichts weiter übrig, er trank einen Schluck, brachte die Pfeife in Gang und begann:

„Wie ich bereits sagte, blieb Orly krank zurück, ich fuhr mit dem Frachtdampfer nach New York, musterte dort ab und wanderte wieder als Hobo nach Westen, immer nach Westen, wollte nach dem alten Goldlande, um wieder nach Gold zu graben. Geld hatte ich etwas, meine Heuer, aber als Hobo brauchte ich ja fast nichts."

„Sie bettelten also wieder?" fragte ich.

„Teils, teils", war die Antwort, „ich ‚jumpte', so oft es ging, fand unter den Brückenbögen Kameraden, mit denen ich für die Mission sammelte, denn das war damals ein neuer Trick, die innere Mission, weil es so viel Gottlose gab, aber meine größte Sorge war der wertvolle Ring. Bei dem Herumliegen mit allerhand Pennbrüdern konnte er leicht ‚Beine bekommen', mir gestohlen werden, kurz, ich fürchtete, ihn los zu werden, irgend etwas mußte also geschehen."

„Sie hätten ihn doch verkaufen können", warf ich ein.

„Das wollte ich nicht, er sollte doch für die äußerste Not sein, mir auch die Mittel zur Ausrüstung geben, nein, ich fand einen anderen Ausweg. Als ich in die nächste größere Stadt kam, Pittsburg, glaube ich, brach ich den Stein heraus, ging in ein gutes Goldwarenhaus und verkaufte den Ring ohne Stein, als Gold. Er brachte vierzehn Dollar, die ich zur Reisekasse hinzufügte. Den Stein galt es, so aufzubewahren, daß ich ihn nicht verlieren und er mir nicht gestohlen werden konnte, niemand durfte ihn finden."

„Aha", sagte ich, „nun kommt wieder die Westentasche!"

„Diesmal nicht, Cap, nein, erstens wäre das für solchen Stein nicht sicher genug gewesen, und dann, was denken Sie, Westen hatte ich doch nicht mehr, ging doch als Hobo! Nein, ich machte es ganz schlau, kaufte mir starkes Heftpflaster, preßte den Stein in meinen Nabel und klebte kreuzweise Heftpflaster drüber ..."

„Mensch", lachte ich los, „weiß der Deiwel, was Sie aber auch alles fertigkriegen!"

„Was denn?“ meinte er, „was lachen Sie denn da, das war doch der sicherste Platz, selbst wenn jemand die Pflaster gesehen hätte, hätte er gedacht, ich hätte ’nen Nabelbruch, niemand hätte da angefaßt, niemand wäre auf den Gedanken gekommen, daß auf meinem Nabel ein wertvoller Stein läge, oder Sie etwa?“

„Bestimmt nicht“, mußte ich zugeben.

„Na also, sehen Sie, der Gedanke war gar nicht dumm, im Gegenteil, so hatte ich den Stein sicher, selbst die Polizei hätte ihn nicht gefunden, falls man mich irgendwie mal aufgegriffen hätte, und das Ding drückte so, daß ich es sofort gefühlt hätte, wenn sich ein Pflaster lösen würde. Außerdem habe ich es natürlich öfter erneuert. Sie müssen bedenken, Captain, daß der Stein gut seine fünfhundert Dollar wert war, denn es war der größte, den wir damals kauften. Orly meinte, am kleinsten Finger den größten Stein, nur das sei wirklich vornehm.

„Natürlich“, stimmte ich zu und lachte.

„Sie lachen immer“, etwas unwillig sah Albert mich an, „haben Sie schon mal in so ’ner Herberge genächtigt, einer geheimen, wohl bemerkt, keiner offiziellen?“

„Bis jetzt, Gott sei Dank, noch nicht!“

„Seien Sie froh, sehen Sie, da gibt’s Leute, die reisen auf den Artikel! Die schlafen da, schleichen nachts herum, untersuchen die müden, armen Kerls, die dort liegen, froh, mal ein Dach über dem Schädel zu haben, und die natürlich feste pennen, und wo sie was finden, nehmen sie es weg. Manch armer Teufel ist in solcher Penne seine letzten Cents losgeworden. Aber an solch Pflaster über einem Nabelbruch, da ging keiner ran.“

„Nein, Sie hatten ganz recht, die Sache war gar nicht dumm, im Gegenteil, ganz gerissen.“

„Gut, daß Sie es einsehen, Cap, aus Ihnen kann noch was werden“, erfreut nickte the Kid mir zu, sein Unmut war schon wieder verflogen.

„So hatte ich denn meinen Stein sicher untergebracht und doch stets zur Hand, an Geld besaß ich zusammen siebenunddreißig Dollar, also genug, um nicht als Hobo, sondern sogar als Gentlementramp nach Franzisko zu reisen.“

„Gentlementramp? Was ist denn das für eine Nummer?“ fragte ich dazwischen.

„Das wissen Sie nicht? Nun, der Hobo ist ein Pennbruder, er arbeitet nie, tut jedoch niemandem etwas. Der Tramp dagegen wandert, ist Landstreicher, arbeitet selten, bettelt dagegen nicht, sondern nimmt, wo er was findet. Der Gentlementramp aber ist sauber gekleidet, hat etwas Geld, zahlt, wenn’s sein muß, arbeitet etwas, wenn er Geld braucht, er ist eben ein Gent, er bettelt oder stiehlt nie. Er jumpt auch, aber nur auf D-Züge, und zahlt dem Konduktor, wenn er ihn findet, fünfzig Cents Abstand. Es reist sich gut als Gentlementramp. Es geht schneller, auch ich jumpte jetzt auf D-Züge, zahlte jedesmal, wenn nach einer Station der Beamte kam, meine fünfzig Cents und war in fünf Tagen schon in Frisko!"

„Und der Stein? Wurde der jetzt versilbert?"

„Was wollen Sie bloß immer mit dem Stein", knurrte Albert, „nein, ich dachte gar nicht daran, ihn wegzugeben, das ist doch der Stein, den ich in der Nadel habe, mein Glücksstein!"

„Aha", rief ich, „dachte mir das beinahe schon, drum legen Sie solchen Wert darauf, natürlich, ein liebes Andenken. Nun weiter!"

„In San Franzisko war gerade Frühling, herrliches Wetter, eine Luft wie Balsam! Ich schlenderte an den Strand, legte mich an einer einsamen Stelle unter die Palmen und ruhte mich ordentlich aus, dabei überlegte ich meine weiteren Pläne. Vor allem riß ich die Pflaster ab, schälte den Stein heraus, machte ihn fein sauber und verpflasterte ihn wieder auf die alte Weise. Dann las ich ein Bündel Zeitungen, die ich mir mitgebracht hatte, alle aus den großen Papierkörben von der Strandpromenade, und fand, daß der „boom" (Blütezeit) in Kalifornien vorbei sei, alle Goldsucher gingen jetzt nach Alaska, dem Goldland der Zukunft. Dazu gehörte aber Geld, viel Geld, denn die Reise war weit und alles dort überteuert, viele blieben unterwegs liegen und starben im Elend. Sollte ich den Stein verkaufen? Nein, sagte ich mir, niemals, das Geld muß so kommen, ganz gleich, wie. Du suchst Arbeit, sparst und studierst bis dahin die Verhältnisse."

„Das war nur klug und richtig", stimmte ich zu, „erst wägen, dann wagen!"

„Arbeit fand ich schnell, wurde Assistent beim ‚Undertaker', beim Leichenbestatter, in Seattle, der in der Zeitung einen Gehilfen suchte, denn sehen Sie, es wollte nicht jeder immer bei den Leichen sitzen, und ich kam dadurch ein Stück näher an Alaska ran. Ich fuhr hin, stellte mich vor und wurde eingestellt.

Da kam das Erdbeben, und sofort erkannte ich meine Chance, ging ab und sammelte, Sie wissen das ja schon, by ginger, dies Erdbeben kam mir wie gerufen!

Ganz Amerika stand damals auf dem Kopf, und in Seattle war alles vor Aufregung außer Rand und Band. Ich sagte dem ‚Undertaker', ich könnte es bei den Leichen nicht mehr aushalten, er meinte, es täte ihm leid, das ging leider vielen so, und zahlte mich aus.

Sofort fuhr ich in einen anderen Stadtteil und fing mit zwei Büchsen, einer mit 'ner Klingel, an zu sammeln, ließ mir dann schnell Zettel und Listen drucken, kaufte einige neue Sammelbüchsen, genau wie die amtlichen, ging unter die Brückenbogen, holte mir die nötigen Hobos und hatte am nächsten Tag schon sieben Sammler unterwegs.

Wie ich schon sagte, kam dann die Polizei dahinter, sofort machte ich Schluß, doch blieben mir immerhin über achthundert Dollar klarer Profit.

Die Ausrüstung war bald besorgt, in solcher Stadt, durch die der Strom der Goldsucher geht, gibt es alles, was man braucht, und Geld hatte ich genug, aber Sorge machte mir der Stein, mein Diamant.

Ich konnte ihn doch nicht beim Goldsuchen, beim Hacken und Graben auf dem Nabel tragen, denn bei solch harter Arbeit schwitzt man so, daß sogar starkes Pflaster nicht festhält. Schließlich ging ich zum Versatzamt und versetzte den Stein für zweitausend Dollar, Zinsen auf ein Jahr im voraus bezahlt. Den Versatzschein und das Geld deponierte ich auf einer Bank mit der Bestimmung, mir je nach Wunsch Geld zu senden, den Stein auszulösen oder, im Falle meines Todes, ihn zu verkaufen und den Erlös meiner Mutter zu überweisen. Das Leihamt verständigte ich über mein Abkommen mit der Bank, so kontrollierten sich beide, denn trauen, sehen Sie, Captain, trauen darf man niemandem.

Sobald ich den Stein los war, fuhr ich ab, gen Norden, Cap, es war eine feine Fahrt mit dem Dampfer bis Nome. Waren Sie schon mal dort?"

„Leider noch nicht, lieber Albert, aber was nicht ist, kann werden, nach Alaska möchte ich wohl mal hin."

„Sie müßten Nome sehen, wenn nach einem Sturm das Meer wieder glatt und ruhig ist, ich sage Ihnen, die ganze Meeresfläche, viele Meilen weit, glänzt dann wie Gold, alles von dem Gold, das dort noch liegt."

„Holt denn das niemand?", fragte ich.

„Niemand kann das, dies Gold ist ölig, ist unausbeutbar, es schwimmt als dünner Hauch auf der Wasserfläche, weder mit Quecksilber noch mit den gerissensten Apparaten, die die Guggenheims dort aufstellten, ließ es sich fassen. An der Küste wird überhaupt kein Gold gegraben, man sucht dort nach ‚pockets', jedesmal nach den fürchterlichen Stürmen und Springfluten gibt es neue Pockets, manchmal sogar sehr ergiebige."

„Pockets, Taschen? Da lag das Gold also im Ufersand?"

„Richtig, im Sand in Löchern versunken. Das Meer spült es vom Grund aus an, denn der ganze Meeresgrund ist dort voll Gold. Immer und immer wieder wird die ganze Küste umgeschaufelt, diese Pocketsucher haben ein Gestell mit rauhen Säcken darüber, da werfen sie den nassen Sand gegen, das Gold bleibt dann in den rauhen Säcken hängen und wird mit Quecksilber gesammelt, aus dem es später wieder herausdestilliert wird.

Ich sage Ihnen, Cap, ich habe Leute gesehen, denen das Quecksilber zwischen den Zähnen wieder raus kaum und die doch weitermachen!"

„Entsetzlich! Und da machten Sie mit?"

„Ich? Nein, ich ging ins Land, wo die Minen waren, und nahm einen Claim auf. Ich hatte das Gefühl, daß es klappen würde, als ich das Stück Land, ein altes Bachbett, besichtigte."

„Und da liegt das Gold, in alten Bachbetten?"

„Natürlich nicht immer oder überall, aber sehen Sie, früher, als die Eisberge noch auf dem Meer in der Polgegend kreisten und langsam abschmolzen, blieben sie natürlich zuerst auf den Bergen sitzen, und das schwere Gold, das immer unten liegt, lagerte sich auf diesen Bergen ab, von wo es die Sturzwasser zu Tal rissen, aber immer unten, und so kommt es, daß man Waschgold oft im Grunde alter Bachbetten findet, alter, sage ich, es braucht seit Jahrhunderten kein Wasser mehr dort gelaufen zu sein, außerdem ist ja in Nome alles neun bis zehn Monate gefroren."

Überrascht sah ich Albert an. „Nun sagen Sie bloß, woher wissen Sie denn das alles?"

Albert lächelte. „Jeder Goldsucher, der eine Ahnung vom Geschäft hat, weiß das, er muß im Gelände ahnen können, wo Gold liegt, das sind die wirklichen ‚Goldsucher', die Prospektors, die anderen, die nichts verstehen, sind nur Arbeiter, das sind die Pocketsucher. Ich hatte das von Orly gelernt, er war ein ‚expert', kannte die Sache ganz genau! Ja, ihm danke ich auch den zweiten Erfolg, wenn auch mein Gefühl viel mitgeholfen haben mag. Ich fand wieder Gold, fast da, wo ich es vermutet hatte, ‚nuggets' von Hirsekorn- bis Haselnußgröße!"

„Donnerwetter noch mal, das war 'ne Sache, was?", rief ich und schlug ihm auf die Schulter.

„Ja, aber man weiß nie, wie es weitergeht, sehen Sie, solche Fundstelle kann besser, kann schlechter werden, kann ganz aufhören, denn niemand kann sagen, wo das Goldlager anfängt, aufhört oder am besten ist. Die Guggenheims kauften damals alles auf, um das Monopol, das sie heute noch haben, aufzubauen, sie boten mir vierzigtausend, ich griff sofort zu und verkaufte, vielleicht haben sie vierhunderttausend herausgeholt, vielleicht gar nichts weiter, denn die Kompanie schweigt über alle Funde. Ich war jedenfalls jedes Risiko los und fuhr zufrieden zurück nach Seattle, ließ mir mein Geld auszahlen, holte sofort meinen Glücksstein, versteckte ihn wieder im Nabel unter dem Pflaster, nahm ein gutes Zimmer in einem anständigen Hotel und überlegte, was ich nun anfangen sollte, denn so wie mit Orly wollte ich es nicht wieder machen, diesmal gedachte ich doch von meinem Gelde mehr zu haben, by ginger!"

„Na, Gott sei Dank, das meine ich auch", sagte ich, „Sie hätten sofort nach Haus fahren sollen, zur Mutter."

„Kommt alles, Cap", meinte Albert und sah mich so eigen an, „kommt alles, und doch war es zu spät, na, Sie werden ja hören, ich bin müde, diese Erinnerung greift mich an, kommen Sie, wir wollen schlafen gehen, good night!"

„Ja, aber erst endlich mal das mit dem Diamanten, was wurde aus ihm?"

„Den habe ich doch noch, ich hatte das größte ‚nugget', Goldkorn, aus meiner Mine aufgehoben, brachte es zum Goldschmied und ließ mir eine Krawattennadel daraus machen, mitten hinein kam mein Diamant, es ist die Nadel, die ich in Mistavasis trug, als wir uns kennen lernten, Captain, meine Glücksnadel, sie sagte mir, als Sie ankamen, ‚Achtung, Albert, das ist ein feiner Kerl, der Captain', denn sehen Sie, wenn ich die Nadel mit dem Stein anhabe, fühle ich alles, was der Stein mir sagen will, und der hat sich noch nie geirrt!"

Treuherzig kam Albert auf mich zu, schüttelte mir die Hand, lächelte mich an und sagte ernster, als ich es an ihm gewohnt war: „Ja, in solchen Steinen liegt oft eine geheime Kraft, man weiß das bloß nicht immer, gute Nacht."

Gold, Gold, das gleißende, glänzende Metall, das die Welt beherrscht, ich konnte den Gedanken daran nicht los werden. Schlaflos wälzte ich mich auf meinem Lager herum, auch ich wollte Gold suchen, nach Alaska oder sonstwo hin, man konnte das doch auch mal versuchen, und die Freunde sollten mit!

Sofort am Morgen wollte ich mit Albert alles besprechen, schon im Frühjahr sollte es los gehen, Gold, Gold, der Gedanke daran ließ mich nicht mehr los, und als ich endlich einschlief, träumte ich von riesigen Goldfunden, ich saß in einem tiefen Schacht und polkte aus den Seitenwänden die dicken Goldkörner nur so raus, es wurden mehr und immer mehr, sie lagen um mich herum, höher und immer höher, gingen mir bis an die Brust, bis an den Hals und drohten, mich zu ersticken.

Ich wollte nach den Freunden rufen, mir herauszuhelfen, aber ich quälte mich umsonst, kein Laut kam aus meiner Kehle, sie war wie ausgedörrt, und immer weiter versank ich im Gold, bis mir endlich in höchster Not der erlösende Schrei gelang und ich erwachte.

Langsam kehrte mir der Verstand zurück, Alpdrücken, dachte ich, legte mich auf die andere Seite und versuchte zu schlafen, vergebens, immer und immer wieder blieben meine Gedanken am Gold hängen.

Schon beim Frühstück fing ich an, den Freunden meine Pläne zu entwickeln, aber sowohl Albert, als auch Old Nash wollten nichts davon wissen. Der Häuptling erklärte, er verachte das Gold, er wäre alt, und in der Wildnis brauchte er kein Gold, und Albert lehnte kraß ab.

„Captain“, meinte er, „lassen Sie das, Sie gehen zugrunde dabei, es liegt kein Segen im Gold, verlassen Sie sich darauf. Nie wieder gehe ich, denn ich würde doch nichts finden, mein Stein sagt mir das, nein, nein, lassen wir die Hände davon! Außerdem sind augenblicklich keine Funde gemacht worden, man wüßte ja gar nicht wohin, und überall laufen die armen, verbohrten Prospektoren herum, suchen und suchen, ohne Erfolg, bis sie irgendwo elend verrecken, nein, das machen wir nicht, und Sie, lieber Captain, auch nicht, wenn ich es verhindern kann.“

Noch nie hatte Albert mit mir so energisch gesprochen, ich war ganz verblüfft, er merkte das wohl, denn er kam nochmals zu mir, drückte mir die Hand und sagte ernst: „Der Goldrausch faßt jeden von uns, jeden, und schwer ist es, zu widerstehen. Tausende gehen suchen, Tausende gehen dabei zugrunde, und nur einer findet, und dem bringt es keinen Segen, nein, Cap, Sie sind zu gut für so etwas, kämpfen Sie dagegen an, und Sie werden es mir danken, wenn Sie es überwunden haben.“

Auch Old Nash kam, sah mir tief in die Augen, schüttelte ablehnend das Haupt und flüsterte: "No good!" Mir nochmals zuwinkend verließen beide das Haus, um nach den Fallen zu sehen, es hatte wieder etwas geweht, die Eisen mußten zum Teil neu gelegt werden, und die Freunde hatten bis zum Abend reichlich zu tun.

Allein blieb ich mit meinen Gedanken zurück. Wer hatte recht? Sollte es wirklich so schwer sein, Gold zu finden? Die Freunde hatten abgelehnt, mitzumachen. Sollte ich es allein wagen? Ich sann und sann, ohne zu einem Entschluß zu kommen, nahm schließlich die Büchse und ging ebenfalls fort, es trieb mich hinaus, ich hatte keine Ruhe mehr, das Goldfieber hatte mich gepackt!

Es war ein trüber, nicht allzu kalter Tag, schwer hingen dunkle Wolken am Himmel, es wurde dunkler und immer dunkler, ich achtete nicht darauf, bis ein dumpfes Bullern mich aufhorchen ließ. Prüfend blickte ich mich um, das war ja eine nette Überraschung! Der ganze Horizont im Nordosten war schwarz, stoßweise fegte heftiger Wind daher, Wolkenfetzen jagten fast am Boden dahin, es heulte und dröhnte dumpf in der Ferne – ein „blizzard“, der gefürchtete Schneesturm war im Anzuge.

Was tun? Nach Haus konnte ich nicht mehr, das wußte ich, jeden Augenblick konnte es losgehen, und dann war jedes Weiterkommen ausgeschlossen, ich wäre nur zwecklos in der Wildnis umhergeirrt. Meine Ansitzbude war eher noch zu erreichen. Wenn es gelang, vor Ausbruch des Sturmes bis an den See zu kommen, mußte ich sie finden, wenn ich immer am Seeufer entlanglief, denn ich brauchte nur am Waldrande zu bleiben, ich konnte mich im Fall der Not an den Bäumen weiterfühlen, also den Weg nicht verfehlen, selbst wenn ich gegen den Sturm an mußte und nicht mehr sehen konnte.

Schnell entschlossen, denn höchste Eile tat not, sauste ich los, so schnell ich konnte, mit langen Schritten, noch war der Weg zu erkennen. „Huuiiisss!" heulte der Wind, pfiff durch die Wipfel und schüttelte sie, daß es rauschte und stöhnte, krachte und ächzte, ein Rudel Wölfe erschien und strebte dem tiefen Wald zu, ich ließ sie laufen und eilte weiter, schon wurde es lichter, schon schimmerte die Schneefläche des Sees, noch einige hundert Meter und ich hatte gewonnen!

Da, gerade, als ich das Seeufer erreicht hatte, brach es los mit elementarer Gewalt! Es wurde fast Nacht, begann zu schneien, und der Wind wuchs zum Orkan. Schwarz, haushoch, wälzte sich eine Schneewolke heran, mit rasender Wucht und Schnelle, es dröhnte und bullerte, zischte und brauste, der Bodenschnee erhob sich und fegte sausend über den See dahin, aber ich hatte Glück, der Blizzard traf mich schräg von hinten, er trieb mich gerade vorwärts, seine Stöße trafen mich oft mit solcher Wucht, daß ich gegen die Stämme geschleudert wurde, aber es gelang!

Von Baum zu Baum, immer am See entlang, schob ich mich weiter, bis an die schmale Stelle, an deren anderer Seite meine Bude stand. Zweihundert Meter, hier mußte ich hinüber, über die ungeschützte Fläche! Würde ich es schaffen?

Sehen konnte ich nichts mehr, der tobende, körnige Schnee zwang mich, die Augen fest zusammenzukneifen. Wo stand meine Bude? Ich hatte es mir doch leichter gedacht!

Ob ich mich lieber hier im Walde verkriechen sollte? Aber die bequeme, windfreie Bude lockte doch zu sehr, ich beschloß, es zu versuchen. Zweihundertfünfzig Schritte wollte ich vorwärts gehen und mich dann, falls ich nicht ans andere Ufer kam, nach rechts halten, dann mußte ich unbedingt auf die Halbinsel stoßen, an deren Spitze meine Bude stand.

Sorgfältig merkte ich mir die Richtung, in der ich zu gehen hatte, schloß die Augen, holte tief Atem, beugte mich ganz zu Boden und ging los, Schritt für Schritt sorgfältig zählend, wenn ich nicht ganz außergewöhnlich weit abgetrieben wurde, mußte ich das Ufer treffen.

Der Weg war fürchterlich! Jeder Meter eine Tortur, ich schwankte und wankte, hielt aber stramm durch, und bei 237 hatte ich den Uferrand erreicht, das erste Gebüsch erschien, und bald stand ich hinter dem ersten

Baumstamm und erholte mich. Links von mir mußte nun die Bude liegen, weit konnte es nicht sein. Die Spitze der Landzunge war baumlos, die ersten Stämme standen über hundert Meter von der Bude ab, soweit mußte also auch ich jetzt entfernt sein.

Nach einer kurzen Erholungspause bog ich nach links ab, folgte dem Uferrand, die Bäume hörten auf, das Buschwerk wurde niedriger, jetzt mußte meine Bude kommen. Ich wußte genau, wo ich war, am Ende der Landzunge, dicht an der Bude, und doch, ich sah nichts, der Schnee raste an mir entlang, über mich hinweg, mir ins Gesicht, ich stand wie in Wolken, schwankte hin und her, suchte und suchte, wo war die Bude? Taumelnd kämpfte ich mich weiter, fand die Spitze der Landzunge, wo die großen Steine lagen, die freigeweht waren, und war gerettet, denn einige Meter hinter diesen Steinen mußte es sein. Langsam schob ich mich, jetzt fast gegen den wütenden Sturm, zurück, fühlte mit dem Stock herum, endlich, meine Bude war gefunden!

Mühsam öffnete und verschloß ich die Tür, legte meinen Kram ab, setzte mich in meinen Lehnstuhl, kühlte meine schmerzenden Augen und säuberte Gesicht, Hals und Ohren vom Schnee. Bald war es ganz gemütlich, mochte es draußen toben, ich saß hier fürs erste warm und gut.

Die wichtigste Frage war nun: Wie lange würde der Schneesturm dauern? Zu essen und zu trinken hatte ich nichts. Ein Tag ging, aber zwei oder gar drei? Und die Freunde? Was war ihr Schicksal? Waren sie noch rechtzeitig nach Haus gegangen, oder saßen sie auch draußen? Sie wußten nicht, wo ich war, zu Haus würden sie sich um mich sorgen, mich eventuell sogar suchen! Was sollte ich tun? Ich zerbrach mir den Kopf, überlegte hin und her, und das war gut, es brachte mich über die Langeweile hin, vertrieb mir die Zeit und ließ mich Hunger und Durst vergessen.

Die Nacht brach an, noch immer wütete das Unwetter, das ewige Sausen und Brausen machte mich ganz dumm, es summte und brummte in meinen Ohren, Hunger und Durst stellten sich ein, die Kälte drang durch, mit einem Wort, es wurde mehr als unangenehm. Ich lutschte Schnee, fluchte und wetterte, machte Freiübungen mit Armen und Beinen, suchte die kleinen Fläschchen hervor, die noch in den Kästen lagen, roch daran und versuchte, ob noch was drin war, natürlich vergeblich, und drusselte schließlich so vor mich hin, halb schlafend, halb wachend, bis ich einschlief.

Müde, sehr müde muß ich gewesen sein, denn die Nacht vorher fand ich kaum Schlaf und die Anstrengungen während des Kampfes mit dem Sturm hatten mich doch angegriffen, ich vergaß Hunger und Durst und schlief fest und ruhig.

Da, ich fuhr auf, ein Schuß! Langsam besann ich mich, wo ich war, richtig, der Blizzard, ich saß ja in der Bude, Herrgott, das war ja schon hell, der Sturm vorbei, und der Schuß – das waren die Freunde, die mich suchten. Nun aber raus!

So schnell es ging, kroch ich ins Freie, riß die Mauser hoch und gab einen Signalschuß ab. „Bauff!", kam sofort die Antwort, und ich machte mich fertig zum Abmarsch. Nach einer Weile schoß ich wieder, und sofort kam Antwort, die Freunde waren fast heran. Langsam ging ich ihnen entgegen, sie kamen von zu Haus, und bald waren wir wieder vereint.

„Hurra!" brüllte Albert, „ich glaubte schon, Sie seien Gold suchen, by ginger! Hier, kommen Sie, schnell." Dabei hielt er mir eine Flasche Kaffee und etwas zu essen hin, ich aß und trank im Gehen, und Albert erzählte.

Der Häuptling hatte den Sturm kommen sehen, sie wären rechtzeitig umgekehrt und hätten die ganze Nacht nicht geschlafen, aus Sorge um mich. Sie hätten ja gehofft, daß ich die Bude aufgesucht haben würde, aber sie hätten doch Angst um mich gehabt.

Dann erzählte ich, schilderte meinen Kampf mit dem Sturm, den Marsch über den See und war ordentlich geschwollen, ich fühlte mich als großer Westmann, als eine Art Held, und war doch nur ein Schafskopf gewesen, denn der wahre Waldläufer, der alte Häuptling war der Schlaue, er roch den Braten beizeiten und ging nach Haus.

„Ich bin bloß froh, daß Sie wieder da sind, Cap", meinte Albert, „ich fürchtete tatsächlich, das Goldfieber hätte Sie gefaßt und Sie wären ab, nach Alaska!"

„Aber Mensch, jetzt im Hochwinter", erwiderte ich, „so dämlich bin ich doch nicht!"

„Captain, ich kenne das Goldfieber", sagte Albert, und auch Old Nash nickte zustimmend bei diesen Worten, „wer Goldfieber hat, macht die tollsten Sachen, Tausende marschieren im Winter durch Eis und Schnee, über Gebirge und Schluchten im Goldrausch nach Klondyke, der ganze Weg ist eine Straße des Todes, rechts und links bleichen die Knochen der elend erforenen Opfer dieser verfluchten Krankheit . . ."

„Halt, lieber Albert", rief ich und lachte froh, „halt, es ist schon vorbei, ich habe die Krankheit schon überwunden, der gestrige Sturm hat mich geheilt."

„Hoffentlich für immer", erwiderte the Kid, „und wißt Ihr was, Freunde?" Verschmitzt lächelnd sah uns Albert an und erklärte strahlend: „Das ist endlich mal wieder ein Grund, ein solennes Fest zu feiern, auf, nach Haus!"

„Hugh", flüsterte da Nash und deutete zum Waldrand, „deer!"

Drüben am Seeufer zogen sie entlang, ein ganzes Rudel, und suchten wohl nach frischer Äsung nach dem Sturm, fast dreihundert Meter ab.

„Langt es, Cap?“ fragte Albert und sah mich lüstern an, „näher ran kommen wir nicht.“

„Versuchen will ich’s, schon um den Festbraten zu liefern“, antwortete ich, „legen Sie sich mal hin, damit ich auf Ihrem Rücken auflegen kann.

Es war ja verteufelt weit, aber das Bild stand haarscharf und klar im Fernrohr, denn das Morgenlicht stand sehr günstig. Ich hielt gut einen Fuß über den Rücken, dicht hinter dem Halsansatz. „Rums!“ Der Spießer sprang fast meterhoch in die Luft und blieb liegen.

„Hugh!“ grunzte Old Nash überrascht und sah mich wohlwollend an, „noch nie sah Old Nash solchen Schuß.“

„Zufall“, meinte ich, „denn Jack und August sind tot.“

Wir lachten und freuten uns, brachen den Hirsch gleich auf und nahmen ihn mit: „Ich werde die Nieren am Spieß rösten“, sagte Albert tief befriedigt, „die Zunge kochen wir für kalten Aufschnitt, und aus der Leber mache ich diesmal Leberknödel mit Sauerkraut, eine Büchse ist noch davon da, heute wird gefeiert, nach den Eisen können wir morgen sehen, die sind doch alle verschneit.“

Bald saßen wir glücklich und zufrieden in unserem kleinen Blockhaus, Albert machte sich mit wichtiger Geschäftigkeit ans Kochen, Old Nash zerlegte den Hirsch, und ich verkroch mich in meine Decken, um etwas Schlaf nachzuholen, mir taten noch alle Knochen weh, denn solch ein Kampf mit dem Schneesturm ist kein Kinderspiel, sondern ein Ringen auf Leben und Tod.

Endlich war es soweit, das Essen vorbei und alles wieder aufgeräumt. Kaum saßen wir am gemütlichen Herdfeuer, rief ich: „Los Albert!“

„Na, wenn’s sein muß“, antwortete er heuchlerisch, denn er lauerte ja nur darauf, „will ich fortfahren.“

„Ja, es muß! Nicht wahr, Old Nash?“ sagte ich und lachte, und der Häuptling lächelte ebenfalls und nickte.

Sichtlich geschmeichelt setzte sich the Kid zurecht und begann:

„Ich saß also in meinem Hotelzimmer und überlegte, wie ich es besser machen sollte. ‘Broke’, also vollständig mittellos, durfte ich nie wieder werden, das stand bombenfest. Ich teilte also mein Geld, zwanzigtausend für mich, zwanzigtausend für die Zukunft.“

„Das war nur vernünftig, und wie teilten Sie, ich meine, was machten Sie damit?“

„Kommt schon, von den zwanzigtausend für mich gab ich zehntausend auf Leibrente, das brachte mir acht Prozent, also rund fünfzehn Dollar je Woche, und schützte mich für alle Zeiten vor jeder Not. Ein Glück, daß ich es tat, und so tat, daß ich es nicht wieder ändern konnte, ich habe die Rente heute noch, und glauben Sie mir, Captain, diese Rente gibt mir das Sicherheitsgefühl, die Freude am Leben, mag kommen, was da will. Ich arbeite, gewiß, denn es macht mir Freude, ich bin gern in der Bar, ein Witz jagt dort den andern, man lernt viele Menschen kennen, hat gut zu essen, trinken und rauchen, wöchentlich seinen ganzen freien Tag und verdient gut. Nur wer säuft, für den ist das dort nichts, der geht zugrunde, aber ich trinke wenig, es schmeckt mir ganz gut, aber es lockt mich nicht."

„Seien Sie froh", warf ich ein, „Trinker sind unglückliche Menschen, sie tragen meist selber schwer an diesem Laster!"

„Hast du gehört, Nash?", unterbrach mich Albert, „der Captain sagt, du leidest schwer unter diesem Laster!"

„Was ist das, Laster? Old Nash kennt dieses Wort nicht, aber er trinkt gern und immer so lange, wie er was hat, denn es läßt ihn das Unglück seines Volkes vergessen."

„Also halten wir fest, Cap", und in Alberts Augen spielte wieder mal der Schalk, „unser Häuptling ist eine Ausnahme, sonst mögen Sie recht haben."

„Lassen wir ihn trinken", erwiderte ich, „aber erzählen Sie weiter, was wurde mit dem andern Geld?"

„Also zehntausend gab ich auf die Leibrente, die andern zehntausend behielt ich zum Ausgeben für all das, was ich brauchte, in der Tasche."

„Na", meinte ich, „hören Sie mal, zehntausend Dollar, ein ganz netter Betrag für solche Zwecke."

„Ich brauchte doch viel Geld, mußte mir doch alles neu anschaffen, Kleider und so weiter, nein, lassen Sie nur, das war gar nicht so viel, es langte gerade für das, was ich vorhatte. Für die nächsten zehntausend kaufte ich 'shares', Aktien, und zwar nur von Ölfeldern, Gold- und Silberminen, als Spekulationen, die letzten zehntausend legte ich auf meine Bank, zu meiner Verfügung, falls ich mal etwas anfangen, etwas kaufen oder sonstwie Geld brauchen würde, und ich denke noch an den Stolz, mit dem ich mein erstes Scheckbuch in die Brusttasche schob. Die Bank übernahm auch gleichzeitig die Aufbewahrung und Überwachung meiner shares und der Leibrente, und erst als alles so geordnet war, fühlte ich mich erleichtert und beruhigt, nun konnte es kommen, wie es wollte, ich war gesichert."

Stolz sah the Kid sich um, trank einen Schluck und fuhr fort:

„Vor allem ließ ich zwei Inserate los, eins für Orly und eins für eine elegante Wohnung, möbliert, mit allem, was man braucht."

„Für Orly? Ich denke, der war verschollen?"

„Eben deshalb, ich inserierte: ‚Lord Orly, kehre zurück! Albert. Nachricht an die Expedition dieser Zeitung', aber es meldete sich niemand. Dagegen erhielt ich unzählige Wohnungsangebote und wählte eine nette Etage, alles fix und fertig, aus. Die Bude war frei, und schon am nächsten Tage zog ich ein. Es hatten da immer vornehme Junggesellen gewohnt, die saubere und freundliche Portiersfrau hielt alles in Ordnung, und ich fühlte mich in meinen Räumen überaus wohl."

„Natürlich, das ist immer so, die erste eigene Wohnung ist immer ein Ereignis, das dicke Ende kommt aber meist nach."

„Das stimmt", antwortete Albert, „ging mir auch so. Sehen Sie, ich wollte ja zuerst eine große Etage mieten, mit einer Flucht von Zimmern, wie es die vornehmen Leute haben ,wollte mir auch so 'ne Art Hofmeister anschaffen, wissen Sie, so einen, der bei meinem Erscheinen immer dreimal aufstoßen muß . . ."

„Das hätte ja gerade noch gefehlt!"

„Na ja, ich kam auch davon ab, wollte mir aber doch die nötige Bildung aneignen, denn so wie mit Ohlsen wollte ich mich nicht wieder blamieren. Ich ließ also noch ein Inserat los, in dem ein 'Selfmademan' eine Dame sucht, die ihn mit den Gepflogenheiten der besseren Gesellschaft bekannt macht, vorzustellen da und da. Leider gab ich meine Wohnung an, und, Captain, es wurde furchtbar! Ein Weibsbild nach dem andern rückte an, Große, Kleine, Dicke, Dünne, Alte, Junge, es war schrecklich."

„Und fanden Sie denn überhaupt eine?"

„Ja, eine nahm ich, eine gemütliche, dicke Person, sie sollte jeden Tag eine Stunde mit mir üben, wie man sich benimmt, und mit mir fortgehen, zum Essen, Theater, Konzert, Geselligkeit, denn ich wußte ganz genau, daß mir da vieles fehlte. Sie kam auch pünktlich, und als die Sache losgehen sollte, setzte sie eine hoheitsvolle Miene auf, streckte den rechten Arm aus, kam auf mich zu, hielt mir die Hand hin und lispelte süßlich: ‚Das erste, was der Kavalier tut, er küßt der Dame seines Herzens die Hand, bitte sehr?' Und dabei hob sie ihre olle Pfote gegen mein Gesicht. Das war mir denn doch zu dumm, ich drehte ihr einfach den Rücken zu und schmiß sie raus!"

„Aber Albert, die hatte doch ganz recht!"

„Das mag ja stimmen", meinte the Kid, „aber ich hatte keine Lust, mit der alten Schraube alles durchzuprobieren, und in diesem Lande muß man vorsichtig sein, auf einmal hat einen solch Frauenzimmer geschnappt, und man muß sie heiraten oder riesigen Abstand zahlen, man liest das doch immer in den Zeitungen. Mit der hatte ich noch Glück, sie ging wenigstens, meinte aber im Fortgehen noch: ‚Oller Schweinigel', aber das war mir ja ganz egal, wenn sie nur ging!"

„Da haben Sie ja allerhand erlebt, warum kauften Sie sich denn nicht einfach ein Buch über den ‚guten Ton', da steht doch alles drin."

„Was wußte ich von Büchern, Cap, gar nichts, ich beschloß, mir einen Sekretär zu mieten, ich wollte nämlich mein Heimatdorf und meine Mutter besuchen, und dabei sollte es fein zugehen, ich wollte im eigenen Kraftreisewagen mit Chauffeur und Geheimschreiber ankommen, das hatte ich mir immer gewünscht."

„Oha, nun fuhren Sie also mit Ihrem Geheimsekretär nach Haus . . ."

„Soweit sind wir noch nicht, ich hatte ja noch gar keinen, es wurde überhaupt nichts daraus. Die ganze Sache mit dem vornehmen Getue fing an, mich zu langweilen, eines Tages ging ich einfach wieder in einen der alten ‚salons', die ich kannte, in eine Bar im Hafenviertel, und sehen Sie, da war Leben in der Bude, da war's fein! ‚Hallo, Kid!' rief der Bartender, ‚lange nicht gesehen, come on, old boy, ich gebe den ersten aus!', ich hob einen nach dem andern, es war wie ein Lied aus alter, glücklicher, sorgloser Zeit. Da rief auf einmal einer: ‚Albert, old chap, wo kommst du denn wieder her, und in solch feiner Kluft, Mensch, Mensch, wie hast du dich verändert', es war Billy, der berühmte Billy, ein Gentlemantramp, der gewiegteste Eisenbahn-Jumper des Westens, ein feiner, vornehmer Mensch, mit dem ich einst beim Jumpen zusammengetroffen war. Na, Cap, ich ließ mich nicht lumpen, ‚Billy, und Ihr boys', rief ich laut, ‚was wollt Ihr haben, all is my turn, ich zahle alles, los', und warf erstmal eine Zehn-Dollar-Note auf den Schanktisch. Es waren auch zwei Hobos da, die mich kannten, und es wurde toll, ganz toll, alle Fremden gingen weg, so tobten wir herum, ich kam in hohe Fahrt, und, was soll ich Ihnen sagen, Captain, schließlich ließ ich den Barkeeper, den Besitzer, kommen, kaufte ihm seinen ganzen Krempel ab und schmiß ihn raus. Jetzt trat ich selbst hinter den Schanktisch und brüllte: ‚Hallo, boys, what you take, was wollt Ihr haben? Alles umsonst, los!' Na, wir tranken, bis wir wie die Viecher waren, Bill hatte sich vorher gedrückt, denn sehen Sie, er war und blieb der Gentleman, aber die Hobos blieben, und es wurden immer mehr, weiß der Deiwel, wo sie alle herkamen, kurz und gut, wir tranken, bis alles leer war, und schlugen zum Schluß die ganze Bude kurz und klein, denn ich hatte ja dafür bezahlt, es gehörte mir doch. Aber der Lärm wurde zu groß, die Hobos klauten ganze Flaschen, liefen hinaus und torkelten damit grölend und johlend auf der Straße rum, warfen die leeren Pullen krachend gegen die Häuser, forderten die Passanten auf, mit ihnen aus der Pulle zu trinken, es gab Schlägerei, und am Ende griff die Polizei ein."

„War höchste Zeit", warf ich ein.

„Es hatte wohl jemand das Überfallkommando alarmiert, was weiß ich, jedenfalls war auf einmal alles voller Beamten, wir wurden mitgenommen und über Nacht ins Kittchen gesteckt. Am Morgen war Verhandlung vorm Polizeirichter, na, es ging gnädig ab, jeder zwanzig Dollar Geldstrafe oder vier Tage Haft, acht Mann waren wir, ich zahlte achtmal zwanzig Dollar, und wir konnten gehen."

„Das war euch ganz recht, aber viel Geld war's doch", meinte ich bedauernd.

„Das Geld war noch nicht so schlimm, aber ich wurde die Hobos nicht mehr los. Sie wollten mir ihre Dankbarkeit bezeugen und brachten mich im Triumph in meine Wohnung, mit Mühe entwischte ich ihnen an der Haustür. Sie gingen aber nicht, sondern blieben vor dem Hause stehen. Die ganze Bande grölte mit den versoffenen Stimmen das Ragtimelied: 'Come on and hear, come on and hear, Alexanders ragtime-band . . .!' und dazu steppten sie wie die Blödsinnigen immer auf dem Asphalt herum. Leute kamen, blieben stehen und sahen zu. Sofort sammelte einer der Hobos mit dem Hut, sie kriegten auch was und steppten weiter, bis wieder die Polizei kam und dem Treiben ein Ende machte. Ich hatte aber keine Ruhe mehr, Tag und Nacht war mein Haus belagert, sowie ich mich zeigte, brüllten sie ‚Hurra!', und ich konnte meine Wohnung nicht mehr verlassen, ohne daß alle, die gerade da waren, mir im Gänsemarsch folgten, immer in der Hoffnung, daß ich wieder in eine Bar ging. Glauben Sie mir, Cap, ich weiß nicht, ob Sie das verstehen können, aber immer so sechs bis zehn Hobos im Gänsemarsch hinter einem her, das hält kein Mensch aus. Und alle zehn Minuten klingelte es, wenn ich zu Haus war, und irgendeiner bettelte, sie ‚hätten Durst', nein, das ging nicht mehr."

Lachend kraulte sich the Kid den Lockenkopf, schüttelte sich noch nachträglich und fragte: „Was hätten Sie in solchem Fall gemacht, Captain?"

„Ich? Na, ich hätte die Polizei geholt."

„Das hätte gar nichts genutzt, die war sowieso da, damit nicht getanzt und gegrölt wurde, nein, ich beschloß, die Reise nach Haus, die ich erst als feiner gebildeter Mann machen wollte, gleich anzutreten, packte mein ganzes Gepäck, ließ es zur Bahn bringen und nach New York aufgeben, und mein Rechtsanwalt, dem ich den ganzen Zauber erzählt und der mir hierzu geraten hatte, ließ einen Büroschreiber mit meinem Mantel, Handgepäck und der Fahrkarte bis zur ersten Station vorausfahren. Ich selber bummelte, sieben Hobos hinter mir, eines Morgens durch die Straßen, als ob ich was besorgen wollte. Vor dem Haus des Anwalts hielt ein gutes Auto, Schlag offen, das auf mich wartete. Mit einem Satz war ich drin, schlug die Tür zu, und mit Vollgas sauste ich ab, bestieg den Zug, nahm meine Sachen, Fahrkarte und Platz in Besitz, und der junge Mann meines Anwalts fuhr mit dem nächsten Zuge zurück. Fort war ich, und meine Freunde hatten das Nachsehen."

„Das war ja die reine Flucht aus dem Kerker, mit allen Schikanen, da fehlte ja nur noch das Flugzeug, tolle Sache", meinte ich lachend.

„Sie kennen die Hobos nicht, Cap, an sich harmlose Leute, aber in Massen wie Ungeziefer! Doch ich werde müde, wollen es kurz machen, denn es endet traurig, ich kam heim, meine liebe, gute Mutter sah ich nicht mehr, sie starb gerade an dem Tage, an dem ich die Goldmine verkaufte, und Briefe, wo ich war und was ich machte, hatte ich nie geschrieben, niemand konnte mir Nachricht geben, und ich wollte doch zu Haus überraschen, freute mich wochenlang darauf, und seitdem hasse ich alle Überraschungen! Ich fuhr wieder ab, traurig und heimatlos, Cap, mein Geld freute mich nicht mehr, am liebsten hätte ich es fortgeworfen und wäre wieder Gold graben gegangen."

„Nicht das Gold, der Ruf der Wildnis war es, der meinen Bruder Albert the Kid bedrückt hat, dieser Ruf zwang ihn, zurückzukehren", sagte Old Nash und nickte seinem Freunde zu.

„Ja, mein Lieber, auch die Wildnis lockte, das freie Leben, die Natur, die ganze Art und Weise der Menschen dort, unter denen ich etwas gegolten hatte, es fehlte mir. Ich bekam dies Getue satt, fuhr zurück nach Seattle, pfiff auf das, was man in diesem gesegneten Lande 'society' nennt, trieb mich in den alten Schanklokalen herum, verkehrte mit einigen anderen Goldsuchern, die auch Glück gehabt hatten, und gab das Geld mit vollen Händen aus. Bald war unsere Kolonne in der ganzen Stadt bekannt, wo wir hinkamen, war sofort der Teufel los, jeder, der wollte, konnte mittrinken, wir zahlten alles, kauften meist dem Besitzer sein Lokal mit allem Mobilar ab und schlugen zum Schluß alles kurz und klein."

„Albert, Albert, schade um das schöne Geld", meinte ich bedauernd.

„Ach was, Geld, Geld hat nur Wert, wenn man keins hat, und wir hatten doch die Taschen voll."

„Aber wie lange?"

„Na ja, lange gedauert hat's ja nicht, aber es war doch 'ne feine Zeit."

„Gerade als ich anfing, so langsam der Sache müde zu werden, tauchte ein neuer Kerl auf, ein Südafrikaner, auch Prospektor, der von Kapstadt gekommen war, um mal in Alaska sein Glück zu versuchen, hatte eine mächtige Pocket gefunden, ich glaube, die ertragreichste, die je entdeckt wurde, und so an sechzigtausend rausgeholt. Cap, das war der Mann für mich! Er kam rein, als wir gerade wieder eine Bar vorhatten, die ‚geplündert' werden sollte, und brüllte: 'Hallo, place for Buck Watson, you selfish lobsters, ihr selbstsüchtigen Hummern, Afrika für die Afrikaner, wer was dagegen hat, der soll nur kommen, ich will 'treat him allright', ihn gebührend behandeln!' Dabei setzte er eine stählerne Kassette, die er an einem Handgriff in der Hand trug, vor sich auf den Schanktisch, streifte die Ärmel hoch, ließ ein Paar muskulöse Minerarme sehen und trat kampfbereit zurück."

„Na, das war ja wohl was für Sie, Albert, was?"

„Cap, es war ein feiner Kerl, ich trat sofort vor, zog den Rock aus, machte mich ebenfalls fertig und sagte höflich: 'Sir, I shall try to accommodate you, ich werde versuchen, Ihnen gefällig zu sein, come on!'

„Hurra", grölte die ganze Bande, „drei Hurras for the Kid, hau ihn!", der Kampf begann, und nach zehn Sekunden legte ich ihn mit einem blitzschnellen Kinnhaken schlafen. Der Jubel war unbeschreiblich, alles brüllte und tobte, aber Buck Watson war der Sache gewachsen. Er erhob sich, taumelte noch etwas, griff dann nach seiner Kassette, stieg auf einen Tisch und rief: „Gents, ich merke, ich bin hier am rechten Platz! Gents, von jetzt an zahle ich, Afrika den Afrikanern! Three cheers for the Kid, he treated me allright!"

Er stolperte herab, ging zum Schanktisch, öffnete die Kassette, griff hinein, nahm eine Handvoll Zehn-Dollar-Billetts heraus, warf sie dem Bartender zu und grölte: „Mach das alle, sonny, und dann melde dich!"

„Captain, mir gefiel der Mann, er erinnerte mich in seinem ganzen Auftreten an Orly, ich stand immer mit ihm zusammen, wir kamen ins Erzählen, ein Wort gab das andere, und wir wurden Freunde."

„Das muß aber doch auch ein ziemlich verwilderter Vertreter gewesen sein", warf ich ein, „konnten Sie denn keinen anderen Freund finden, der in geordneten Verhältnissen lebte, von dem Sie was hatten, der Sie ..."

„Bloß nicht", rief the Kid, „Buck war der Mann für mich, wir umarmten uns schließlich, schworen, nie mehr auseinanderzugehen, zahlten, was noch zu begleichen war, und verließen untergefaßt die Bar, ohne daß die andern viel davon merkten, und als ich nach Haus wollte, kam Buck mit und schlief bei mir im Bett, wie wir es ja gewohnt waren, denn in Wildwest schlafen ja immer zwei zusammen.

Am Morgen beratschlagten wir, wie wir nun unser Leben einrichten wollten. Buck hatte all sein Geld in cash, also in bar, in der Kassette, die mit einem geheimen Springschloß versehen war, also nicht so einfach von irgend jemand geöffnet werden konnte. Nie ging er ohne dies Geld aus, stets hatte er die Kassette in der Hand und griff hinein, zahlte und kümmerte sich den Deiwel drum, wieviel es waren. Das mußte ich stoppen, so viel war mir klar, Geld ausgeben wollte ich ja auch, feste, aber eine Art Kontrolle mußte sein.

Buck dagegen war außer sich, daß ich Geld auf der Bank hatte, „alles selfish lobsters", meinte er, „sie betrügen dich drum", auch von den shares wollte er nichts wissen. „Sauzeug" nannte er sie, nur für „cash down" war er zu haben.

Schließlich beschlossen wir, Seattle zu verlassen und nach Kapstadt zu reisen, denn, so meinte Buck, Kapstadt sei die Stadt der Zukunft, der kommende Mittelpunkt der Welt, Afrika den Afrikanern, das sei seine Parole, und gegen das geeinte Afrika könne keiner an.

„Sie wollten doch aber zu den Menschenfressern, nach der Südsee, hatten Sie das ganz vergessen?"

„Natürlich hatte ich das vorgeschlagen, aber Buck wollte nicht."

„Albert", so sagte er, „was wollen wir in der Südsee, wo es nicht einmal eine 'honourable bar' gibt, bloß der Menschenfresser wegen? Das, mein boy, haben wir in Südafrika auch und viel bequemer. Wir gehen in irgendeine Bar, wo Nigger verkehren, geben denen ein paar Dollar, und die fressen sich gegenseitig, darauf kannst du dich verlassen, du kennst unsere Kaffern nicht, sonny!"

„Was soll ich noch lange erzählen", fuhr Albert fort, „Buck setzte seinen Willen durch, ich holte meine andern Zehntausend von der Bank, ließ mir auch solche Kassette machen, wir kleideten uns absolut gleichmäßig ein, jeder mit einem mächtigen hellgrauen Schlapphut, hellgrauen Beinkleidern, in deren hinteren beiden Taschen zwei Revolver steckten, und schwarzem Gehrock mit langen Schößen, um die Revolver zu verdecken. Wir fuhren tatsächlich nach Kapstadt und trieben es dort genauso, wenn nicht noch ärger als vorher, bis schließlich Buck in einer Bar meuchlings erschossen und seine Kassette gestohlen wurde, ohne daß ich es verhindern konnte. Die Polizei war natürlich sofort da, untersuchte den Fall, nahm mich mit und schob mich nach den Staaten ab, ich hatte noch hohe Strafe zu bezahlen, und mein Geld war wieder mal zu Ende."

„Und Ihre shares waren in der Zwischenzeit natürlich auch wertlos geworden, und nun war Schluß, nicht wahr?" fragte ich und wußte nicht, ob ich Albert bedauern oder beglückwünschen sollte, daß er nun gezwungen war, wieder vernünftig zu werden.

„Beinahe stimmt's, Cap", antwortete the Kid, „die Öl- und Goldpapiere hatten falliert, aber die Silbershares standen gut. Ich hatte das Toben jetzt über, machte die Papiere zu Geld und übernahm eine Bar im Hafenviertel, wurde also Barkeeper und lernte dabei das Geschäft genau kennen."

„Na, endlich mal etwas Positives", rief ich, „und warum blieben Sie nicht dabei?"

„Ich wollte nun ruhiger Bürger werden, mietete ein Haus, möblierte es und heiratete, meine Ehe wurde aber nicht glücklich. Meine Frau verschwendete Unsummen, während ich in meiner Bar stand. Sie machte auf mein Geschäft und meinen Namen Schulden, kurz, wir gerieten schließlich aneinander, und eines Tages ging sie einfach weg, erzählte das ja schon.

Alles, was Wert besaß, nahm sie mit, eine Forderung nach der andern kam von Leuten, wo sie gekauft und geborgt hatte, ich zahlte, bis ich blank war, verkaufte schließlich das Geschäft und ging wieder nach Norden, in die Freiheit.

Dort lebe ich seitdem sorglos und glücklich, habe meine Rente, bin im Sommer Bartender und verbringe den Winter in den Wäldern, und jetzt bin ich müde vom vielen Sprechen, prosit!"

Wir leerten die Gläser, drückten uns die Hand und gingen schlafen, jeder mit seinen Gedanken beschäftigt, ein merkwürdiges Menschenschicksal war vor uns aufgerollt worden, unerhörtes Glück, schon beinahe Dusel, und sträflicher Leichtsinn, und noch im Einschlafen ging mir das Wort im Kopf herum: „Wie gewonnen, so zerronnen!"

Die Zeit verging, es wurde April, die ersten warmen Winde kamen von den Rocky Mountains herab, der Schnee schwand in der trockenen, milden Luft schnell dahin, und das Eis fing an, aufzubrechen.

Die Freunde verbrachten den ganzen Tag draußen, um die günstige Zeit nach Möglichkeit auszunutzen, während ich tagtäglich weite Streifen in die Umgegend machte, um nach Bären zu suchen, die um diese Zeit aus dem Winterschlaf erwachen. Die Decke des schwarzen Bären ist dann erstklassig, während sie sonst immer mehr oder weniger beschädigt und ruppig ist.

Leider fand ich nichts, da meldete Old Nash, daß er eine Höhle entdeckt habe, in der ein Bär stecke.

Am Morgen waren wir dort, in einem Windbruch hatte sich Meister Petz unter einem Wurzelboden sein Lager eingerichtet. Dort hatte er den ganzen Winter über in Ruhe geschlafen, ohne daß wir etwas davon merkten, jetzt war er herausgekommen, um sich mal auszulüften, und so wurde sein Versteck durch die Fährten verraten.

Wir umstellten das Lager und machten Krach, aber nichts rührte sich. Old Nash ging hin und stöckerte mit einer Stange, umsonst. Dann machten wir ein Feuer an, warfen Laub hinein und verräucherten die ganze Gegend, da endlich fing es an zu rumoren, und der Bär fuhr heraus, rückwärts, wie vom Deiwel gejagt.

Er kam gerade auf Albert los, der ihm natürlich sofort aus seinem Marlin-Kaliber drei Kugeln in das Hinterteil pumpte. Wütend drehte sich der Getroffene im Kreise, biß nach den Wunden, wälzte sich herum und benahm sich – na, jedenfalls ganz anders, als man in „Jagdgeschichten“ von Bären liest.

„Zum Donnerwetter“, brüllte ich wütend, „schießen Sie ihn doch in den Kopf, das kann man ja nicht mit ansehen!“

Albert schoß natürlich zweimal vorbei, der Bär wurde jetzt auf ihn aufmerksam und rückte ihm zu Leibe, kam mir dabei frei und erhielt meine Kugel hochblatt auf kaum zehn Schritte, fiel um und verendete.

„Warum schossen Sie denn so dämlich“, schnauzte ich Albert an, „man schießt doch einen Bären nicht hinten in die Keulen, der Deiwel...“

„So!“ rief Albert dagegen, „soll ich warten, bis er mir mit dem Waidloch – Albert drückte sich nicht ganz so ‚waidmännisch‘ aus – mit dem Waidloch ins Gesicht fährt? Ich danke für so etwas, das Biest stinkt doch wie die Pest!“

Das stimmte allerdings, man merkte deutlich, daß der Bär monatelang nicht an der frischen Luft gewesen war, aber um so herrlicher war der schwarze, bläulich schimmernde Pelz, so dicht und fein, ohne jeden Fehler, ein Prachtstück.

Trotz allem gehörte der Bär dem Meisterschützen Albert, der darob sehr stolz war, „denn“, so meinte er, „einen schwerkranken Bären, der nicht mehr fort kann, auf ein paar Schritt totschießen, das kann jeder, aber ihn fassen, wenn er mit dem Waidloch zuerst auf einen los kommt, das ist die Kunst!“

Old Nash verstand den Spaß nicht, sondern meinte tadelnd: „Mein

Freund Albert the Kid ist zu hitzig, der Captain hat recht, ein Bär ist keine Ratte, auf die man schießen kann, wohin man will. Er hätte warten müssen, bis der Bär sich gedreht oder aufgerichtet hatte..."

„Und bis dahin hättest du ihn geschossen und dann wieder gesagt, ich sei kein Jäger, nein, mein Junge, wer hat, hat, und ich habe ihn, by ginger!"

Stolz zog Albert sein Messer und begann, unterstützt von Old Nash, seine Beute aufzubrechen. „Cap", meinte er, „ob man den essen kann?"

„Es heißt ja, Bärenfleisch schmeckt gut, aber ich verzichte", antwortete ich aus sicherer Entfernung und dampfte wie ein Schlot.

„Ich glaube, ich auch, der Bär stinkt zu fürchterlich, ich denke, wir lassen es", war die Antwort, aber Old Nash streikte, er wollte zum mindesten die Tatzen futtern, und Albert gab ihm großmütig die Erlaubnis, sie alle vier abzuschärfen, er solle damit machen, was er wolle, nur in die Blockhütte dürfe er sie nicht bringen.

„Allright", meinte der Häuptling in seiner unglaublichen Ruhe. „Nash-en-Popee wird die Tatzen einige Tage vergraben, bis sie mürbe werden, und dann draußen über dem Feuer braten."

„Tue das, o Häuptling", erwiderte ihm sein Freund, „und mögen dir die Maden, die dann sicher schon da dran sind, gut bekommen."

„Nash-en-Popee weiß, was er tut", ruhig schärfte sich Old Nash die vier Tatzen ab, wickelte sie in etwas Moos und versenkte sie in einen Packsack.

Albert hing sich die Bärendecke um die Schultern, tanzte vor Freude herum und versuchte jeden, dem er nahekam, nach Bärenart zu umschlingen, so daß wir uns verdammt vorsehen mußten, denn vor seiner gewaltigen Kraft hatten wir doch heillosen Respekt. Schließlich griff ich kühn in den Aufbruch, faßte eine Handvoll und drohte, ihm diese Pastete ins Gesicht zu werfen, so daß jetzt Albert ausreißen mußte. Old Nash stand schmunzelnd dabei, ein Zeichen, daß er diese Art Spaß verstand.

Natürlich wurde am Abend ein Fest gefeiert, das „Bärenfest", wobei Albert vorschlug, „auf allen Vieren" zu feiern und jedesmal, ehe man etwas sagte, zu brummen. Ersteres lehnte ich entschieden ab, aber mitgebrummt habe ich auch, nur Old Nash wollte nicht so recht, seine Kriegerwürde ließ so etwas nicht zu. Da erklärte der schlaue Albert, nur wer brummen würde, bekäme zu trinken, und siehe da, auf einmal brummte der Häuptling auch, wenn auch ziemlich schüchtern, aber er lernte es schnell. Dies mag alles kindisch erscheinen, wer aber selbst mal lange Monate in solcher Einsamkeit gelebt hat und die dort so leicht entstehenden „Krankheiten", wie Langeweile, Zank und Streit, Haß und

Mißgunst, ja sogar Mord und Totschlag, kennt, der weiß auch, das gerade solch offenbarer Blödsinn die Stimmung erhält, denn andere Zerstreuung hat man eben nicht, es sei denn, daß sich heute jemand Radio mit hinausnimmt, was es damals noch nicht gab.

Noch einmal kam ein Wetterrückschlag, es fror, schneite und stürmte wie mitten im Winter, vier Tage lang saßen wir zu Hause, ohne fort zu gehen, denn es war doch nichts los bei solchem Wetter, und wir kamen nochmals auf das Gold zu sprechen.

„Wollen Sie wirklich nie wieder nach Gold suchen, Albert?“ fragte ich, denn die Sache ging mir immer noch im Kopf herum.

„So wie bisher nie wieder“, antwortete er und sah lange nachdenklich vor sich hin.

Endlich, Ende April, schien die Wintersmacht gebrochen. Es kamen klare schöne Tage mit viel Sonnenschein, und zwar leichtem, aber stetigem warmem Wind, der die Feuchtigkeit der Luft aufnahm und den Schnee schnell schmelzen ließ. Bald waren die Gewässer offen, der Schnee verschwunden, und der erste schwache grüne Schimmer wurde sichtbar, um von Millionen Krokusblüten abgelöst zu werden, die fast jede freie Grasfläche bedeckten. Kaum war der Winter vergangen, wurde es auch schon Sommer, von Frühling wie in unsern Breiten war nicht viel zu spüren.

Eines Tages, ohne daß ich etwas davon gemerkt hätte, wimmelte es von Enten, die über Nacht bei uns eingefallen waren und sämtliche Gewässer bedeckten, überall, auch auf den kleinsten Tümpeln, lagen sie, bald stellten sich auch Gänse und Kraniche ein, und auch die Sing- und anderen Zugvögel kehrten zurück.

Wir schossen einige Enten und Gänse zum Essen, aber es war die alte Sache, sie schmeckten nicht.

Allmählig fingen wir an, von François zu sprechen, der ja bald kommen mußte, um uns zurückzubringen, die Sehnsucht nach den Genüssen der Kultur wurde immer stärker, und unsere Gespräche bewegten sich meist um all das, was wir machen wollten, wenn wir erst wieder in der Stadt wären. Frische Brötchen, Milch, Butter und Kartoffeln spielten dabei die Hauptrolle.

François, der Halbblut, der uns im Herbst herausbrachte und uns im Frühjahr wieder holen mußte, konnte natürlich erst fahren, wenn der Schnee vergangen und der Boden wieder trocken geworden war, er brauchte immerhin zwei bis drei Wochen für die beschwerliche Fahrt, wenn auch sein Wagen unbelastet war, wir konnten ihn also vor Anfang Mai kaum erwarten.

Inzwischen wurde es fast Sommer, es grünte, blühte und gedieh alles hier so überraschend schnell, und schon nach Tagen konnten wir in Eiern schwelgen. Albert mit seinen langen Gummistiefeln war unermüdlich auf der Suche danach.

Arbeit gab es jetzt auch wieder genug, die erbeuteten Felle mußten gereinigt, geklopft, sortiert und gebündelt werden, und da es allein über tausend Bisamrattenfelle waren, hatten die Freunde gehörig zu tun, wenn auch die Trapperei zu Ende war.

Dann ging es an die Säuberung der Fallen und Geräte, die alle so zurecht gemacht und verpackt werden mußten, daß sie bis zum nächsten Herbst nicht litten, sie wurden an einer versteckten Stelle vergraben.

Old Nash begann schließlich mit dem Trocknen seines Fleischvorrats, die auf Stangen gehängten Streifen kamen ans offene Feuer und hingen dort so lange, bis der erforderliche Grad der Trockenheit erreicht war. Das Fleisch schrumpfte bei diesem Verfahren gewaltig ein, es wurde immer weniger, und als der Häuptling den fertigen Trockenproviant in Säcke verstaut hatte, hielt man es kaum für möglich, daß der Inhalt vor kurzem noch als Hirsche im Walde herumgelaufen war, so wenig war es geworden, aber der ganze Nährwert sollte drin geblieben sein, wenigstens behauptete das Old Nash, und der mußte das schließlich wissen. „Mehr Fleisch“, meinte er, „als Nash-en-Popee essen kann, aber er wird es schaffen!“

Endlich war es soweit, François konnte jeden Tag mit dem Wagen eintreffen, und täglich ging einer von uns auf einen Hügel, der einige Fernsicht bot, um Ausschau zu halten.

Wir warteten ja auch auf François, gewiß, denn wir wollten wieder zurück, aber wichtiger war uns das, was er mitbringen würde, nämlich Brot, Mehl, Kartoffeln, Butter und – Post!

Wir schauten und schauten, standen täglich abwechselnd auf unserm Hügel, aber François kam nicht, wir wurden so langsam etwas besorgt, und Albert meinte mit weit aufgerissenen Augen: „Paßt auf, der hat die Kartoffeln oder das Brot vergessen und ist nochmal umgekehrt!“

Old Nash beteiligte sich an diesen Gesprächen nicht, für ihn war François eine Null, ein notwendiges Übel, denn er war ja der Bruder von twofingered Jack, der den Häuptling einst so schwer gekränkt hatte.

Ich hatte erst darüber gelacht, dann fand ich die Sache doch zu dumm, und ich hatte die bestimmte Absicht, die beiden wieder zu versöhnen, da mir viel daran lag, twofingered Jack, der ein erstklassiger Jäger war, später mit bei uns zu haben.

Da, am fünften Mai, als wir längst alles fix und fertig zum Abtransport hatten, erschien Albert im Galopp und brüllte: „Er kommt, er kommt!“ und rannte wieder los, den „Kartoffeln“ entgegen.

Bis der Wagen hier war, verging immerhin noch eine ganze Weile, die ich zu nutzen beschloß.

„Mein Freund Old Nash freut sich anscheinend nicht, daß François endlich gekommen ist“, begann ich das Gespräch.

Ein unartikuliertes Grunzen war die Antwort.

„François und sein Bruder twofingered Jack sind zwei tüchtige Männer, ich habe nur Gutes über sie gehört.“

„Old Nash will mit Halbblut nichts zu tun haben“, meinte er darauf, „Halbblut ist Halbblut, no good!“

„Mich wundert, daß Old Nash, der doch ein kluger Mann ist, so denkt. Rote sind Rote, Halbbluts sind Halbbluts, und Weiße sind Weiße, und doch sind alle verschieden, es gibt Gute dort und Gute dort, Böse da und Böse da. Es gibt auch noch schwarze und gelbe Menschen, Volksstämme, viel zahlreicher als die Roten, zu denen mein Freund Old Nash gehört, und von allen diesen Stämmen gibt es Mischlinge, und unter allen diesen finden sich Männer und Feiglinge, Gute und Böse, Starke und Schwache, wie überall. Auch die Roten sind nicht alle gut, auch unter ihnen gibt es schlechte Menschen, das sollte Old Nash doch wissen!“

„Der Captain hat gut gesprochen, wie immer“, antwortete der Häuptling nach einigem Zögern, „aber Nash-en-Popee ist kein altes Weib, mit dem ein anderer seine Späße macht, der rote Krieger ist ein Freund des Kampfes, aber er haßt es, andere zum besten zu haben, how!“

„Aber lieber Häuptling“, lächelnd sah ich ihn dabei an, „haben wir, Albert the Kid und ich, nicht immerzu unsere Späße gemacht, auch mit unserm Freund Old Nash? Und hätten wir diese Späße gemacht, wenn unsere Absicht gewesen wäre, zu kränken oder zu beleidigen? Nein, mein Freund irrt, ein harmloser Spaß ist nie eine Beleidigung, sondern vielmehr ein Beweis der Freundschaft, der Zuneigung, denn mit seinem Feinde spaßt man nicht, den Feind beleidigt, bekämpft und vernichtet der Krieger, aber mit dem Freunde scherzt er gern, das sollte sich Old Nash merken."

Lange starrte der Häuptling vor sich hin, er schien in seinem Haß unsicher zu werden und meinte schließlich ernst: „Old Nash ist alt, er hat viel erlebt, und es liegt ihm wenig daran, sich Feinde zu schaffen, aber das Halbblut glaubt, es sei besser als der rote Krieger, nur weil ihm etwas weißes Blut in den Adern rollt."

„Old Nash mag recht haben, wenn es sich um ganze Völker handelt, aber kann der einzelne dafür, wessen Kind er ist? Gerade twofingered Jack ist ein ganzer Mann, ein erstklassiger Jäger, ein..."

„Hugh!", unterbrach mich hier der Alte, „der Captain hat wahr gesprochen, Jack ist ein guter Jäger, Old Nash hat viel mit ihm gejagt, er ist ein alter Krieger und erfahren in allem, was der Trapper und Jäger braucht, aber twofingered Jack hat oft bewiesen, daß er Old Nash überlegen ist, er ist aber auch noch jünger."

„Siehst du! Und mir hat twofingered Jack erzählt, er hätte ebensogern mit Nash-en-Popee gejagt und er sei auch ein alter Jäger, aber Old Nash sei ihm überlegen."

„Das hat twofingered Jack gesagt?" Die Augen des Häuptlings fingen an zu leuchten, er stand auf, ging auf und ab und sprach voll Würde:

„Old Nash hat nichts mehr gegen twofingered Jack, er wollte nicht mit zurückfahren, wird es aber jetzt tun und Jack bitten, wieder mit ihm zu jagen. Will der Captain ihm das mitteilen?"

„Gern, sehr gern, und Jack wird sich ebenso freuen wie sein Bruder François; komm, wir wollen dem Wagen entgegengehen."

Wir erhoben uns und wollten gerade hinaus, als die Tür aufgerissen wurde und Albert erschien, ein mächtiges Stück Brot in der Hand, von dem er kräftig abbiß. „Los", brüllte er voll Freude, „los, er hat Brot, kommt schnell, er ist schon da!"

Unter Peitschenknallen fuhr François vor das Blockhaus, lachend über das ganze Gesicht, aber wie sahen er und der Wagen aus! Er mußte eine fürchterliche Fahrt hinter sich haben. Geschäftig griffen wir alle zu, spannten aus, ließen die Pferde frei laufen, die sich sofort heißhungrig über das frische Gras hermachten, und luden ab. Albert keuchte zuerst unter der Last eines mächtigen Kartoffelsackes heran, warf ihn in eine Ecke und rief: „Macht nur allein weiter, ich koche schnell erst Kartoffeln!"

Sobald abgeladen, nahm ich meine Briefe vor, leider waren es nur einige, es war Gott sei Dank alles in Ordnung, und beruhigt folgte ich Alberts Ruf: „Die Kartoffeln sind fertig!"

„Achtung!" kommandierte Albert, „erster Gang: Kartoffeln!"

Jeder erhielt eine Pellkartoffel, die er sich schälte und verzehrte.

François stand lächelnd dabei, für ihn hatte dies Gericht natürlich keinen Reiz.

„Zweiter Gang", brüllte Albert weiter, „Kartoffeln mit Salz!"

Wieder bekam jeder eine Kartoffel, die er in Salz tunken durfte.

„Dritter Gang: Salz und Kartoffeln!"

„Vierter Gang: Kartoffeln und Butter!" Mit strahlender Miene schob the Kid ein mächtiges Stück Butter, allerdings schon etwas von der Reise mitgenommen, auf den Tisch und teilte jedem ein Stückchen zu.

„Fünfter Gang: Butter mit Kartoffeln;"

„Sechster Gang: Kartoffeln mit Butter und Salz!"

„Siebenter Gang: Brot!" Jeder erhielt eine Scheibe Brot, trockenes Brot, und es schmeckte mehr als köstlich!

„Achter Gang: Brot mit Butter!" Donnerwetter, war das ein Genuß, es wurde ja immer besser!

„Neunter Gang", schrie Albert und lachte über das ganze Gesicht: „Kartoffeln mit Brot, Butter und Salz!"

„Zehnter Gang: Verlosung der letzten Kartoffel", denn eine war übrig geblieben, Albert hatte sich in der Aufregung und Eile verzählt, aber ich verzichtete, denn neun Kartoffeln und drei mächtige Brotschnitten sind schon allerhand, ich war absolut satt.

„Teilt sie doch", schlug ich vor, aber Albert erklärte, er sei auch bereits übersättigt, und so erhielt die letzte Kartoffel Old Nash, der sie nach einigem Zögern grinsend verzehrte. Kaum jemals hat mir ein Festdiner besser geschmeckt als dieses Kartoffelessen an der Grenze des Polarkreises, der merkwürdigen Gegend, wo Lachs und Forelle alltägliche Nahrung, die Kartoffeln aber eine Delikatesse sind.

„So", sprach Albert und klopfte sich auf den Magen, „nun könnt Ihr machen, was Ihr wollt, ich habe keine Zeit, ich backe jetzt Brötchen!"

„Drei Hurras für the Kid", rief ich, „und starken Kaffee und Butter!"

„Natürlich, Cap, für jeden acht Brötchen, wird das genügen?"

„Man los, soviel wie möglich", antwortete ich.

„Also für jeden zwölf", meinte Albert und machte sich an die Arbeit, während wir hinausgingen, nach dem Wagen zu sehen.

Draußen nahm ich François und den Häuptling beiseite, faßte jeden bei einer Hand und sagte freundlich: „François, in der langen Winternacht hier sind Old Nash und ich Freunde geworden. Du und dein Bruder twofingered Jack seid auch meine Freunde, es geht daher nicht an, daß meine Freunde sich untereinander böse sind, wir wollen das Kriegsbeil begraben, alles soll wieder sein wie früher, und dann gehen wir hinein, Old Nash und François Hand in Hand, und unser lieber Albert wird sich auch von Herzen freuen, wollt Ihr?

„Gern, sofort", rief François schnell.

Auch der Häuptling nickte ernst, beide reichten sich die Hand, und die Sache war erledigt, ein alter, dummer Streit war vorbei, und ich war sehr stolz und froh darüber.

Gemeinsam luden wir den Wagen ab, verstauten alles im Hause, brachten die Pferde in den Kral, wo sie Schutz vor den Wölfen hatten, und reinigten das über und über mit Morast bedeckte Untergestell, Wasser hatten wir ja aus unserm Wasserfall genug und bequem zur Hand, Eimer auf Eimer wurden darüber gegossen, bis endlich das Holz wieder zum Vorschein kam. Speichen waren gebrochen, die Deichsel angeknickt, kurz, der ganze Wagen mußte auseinandergenommen und gründlich repariert werden, fort konnten wir fürs erste noch nicht, doch war dies nicht so schlimm, da wir den abgehetzten Pferden ja doch einige Tage Ruhe gönnen mußten.

Auch François hatte trotz seines stählernen Körpers eine Erholung nötig, wir legten deshalb einen vollständigen Ruhetag ein, einen Tag, an dem nur gegessen, getrunken und geschlafen werden sollte. Es wurde aber nicht viel daraus, denn als ich die Büchse nahm, um eine kleine Streife auf Hochwild zu machen, kam François an und wollte mit. Er war natürlich wild darauf, etwas zu schießen, denn in seiner Ansiedlung war jagdlich nicht mehr viel los.

Endlich war der Wagen fertig, die Pferde waren ausgeruht, und der Abschiedstag nahte heran. Wehmütig stand ich vor dem Wasserfall, freute mich zum letztenmal über meine geniale Erfindung, ließ den Eimer noch einmal hinunter in die tosenden Wasser und zog ihn gefüllt wieder hoch – zum letztenmal, oder sollte ich doch nochmal hierher kommen? Eine Ahnung sagte mir, nein!

Es war am zehnten Mai, morgens sieben Uhr, da knallte die Peitsche, die Pferde zogen an, und wir fuhren ab, zurück in die Kultur, zurück zu den Menschen.

Und wenn wir uns auch immer nach Haus gesehnt hatten, jetzt, wo es fortging, war die Stimmung trübe.

„Captain", meinte Albert und kam dicht an mich heran, „Captain, es war eine herrliche Zeit, sie ist dahin, kommt so nie wieder, ich weiß nicht, am liebsten bliebe ich hier."

„Wollen wir?", antwortete ich, „ich bin gleich dabei und Old Nash auch."

„Schön wäre es, aber es geht ja nicht, wir haben ja nichts zu essen, ach was, nächstes Jahr geht's wieder raus, by ginger!" –

„Heimwärts!" Wie schön das klingt, wie treu und beruhigend für den, der seinem Heim, seinen Lieben entgegenzieht. Hatten wir denn solch „Heim"? Eigentlich nur François, und der war ja gerade erst von zu Haus gekommen, aber wir andern drei, wir, die wir sieben Monate dem nordischen Winter getrotzt hatten?

Old Nash sicher nicht, seine Heimat war der Wald, die Steppe, überall, wo er gerade umherschweifte, ruhelos, wie eben die Art der Roten ist. Und Albert the Kid? War die Bar, in der er tätig war, wirklich sein Heim, sein „zu Hause"? Ich glaube, nein, und ebenso konnte auch ich meine Heimstätte in der Nähe der damals nördlichsten Siedlung Mistavasis nicht als Heimat bezeichnen, sie war für mich ja nur das Sprungbrett, der Ausgangspunkt für weitere Jagdfahrten gewesen und wurde wertlos mit dem Augenblick, wo ich diese Streifen aufgab.

Und trotzdem waren wir fröhlich und guter Dinge, ging es doch wieder unter Menschen, zurück in die Kultur, und ich für mein Teil freute mich zwar nicht auf meine Heimstätte, die war mir ziemlich gleichgültig, aber auf das Hotel in Prinz Albert, auf die guten, weichen Betten, das feine Essen, warme Bäder, frischen guten Kaffee, knusprige Brötchen, köstliche Butter, auf einen anständigen Haarschnitt mit Kopfwäsche, auf das Gesicht, das mein Freund, der gute Polizeichef von Prinz Albert, bei meinen Erzählungen machen würde, denn, by ginger, ich war fest entschlossen, dafür zu sorgen, daß er aus dem Wundern nicht herauskommen würde, und auf die neuesten Zeitungen

An mein zu Hause, meine Heimat im fernen Deutschland, dachte ich eigentlich kaum, sie lag zu fern, noch zu unerreichbar, ich dachte noch lange nicht an Rückkehr. Auch ich war, ähnlich wie Old Nash, in den kanadischen Wäldern überall zu Hause, wo ich gerade meine Büchse führte. Ein glücklicher Zufall hatte uns drei zusammengebracht, und wenn wir die nötigen Vorräte gehabt hätten, ich glaube, wir wären sofort wieder umgekehrt, auch ein zweiter Winter hätte uns nichts anhaben können.

Viel Reiz hatte es für mich, all die Plätze wiederzusehen, die wir auf unserer Hinfahrt berührt hatten. Schon am zweiten Marschtage erreichten wir die Stelle, an der ich die starken Bärenfährten gesehen und wo François in der Mondnacht einen Bären, der unser Lager besuchen wollte, gefehlt hatte.

Wieder sahen wir das mächtige Wasserbecken des Lac la Ronge in der Ferne schimmern, und schon am vierten Tag lagerten wir am Ufer des Montrealriver, nicht weit von der Gegend, wo wir die Bärenmutter mit den beiden Jungen getroffen und ich den kapitalen Wapiti geschossen hatte.

Die weitere Fahrt immer an dem in der Sonne blitzenden Fluß entlang, durch das frische Grün der Wiesen, Auen und Wälder, war herrlich, viel angenehmer, als bei der Herfahrt im Herbst, als wir uns meist durch meterhohes Gestrüpp durchquälen mußten. Wer müde war, setzte sich auf den ruhig und sanft fahrenden Wagen, aber meist bummelten wir vergnügt nebenher.

Wir kamen durch das alte Flußbett mit den Versteinerungen, hielten uns aber nicht weiter auf, sondern fuhren bis spät am Abend weiter, bis wir den ersten Ruheplatz vor dem Aufstieg, den Montrealsee, erreicht hatten.

Montrealsee, alles Schöne, alles Herrliche, was ich mir unter dem Begriff Wildnis vorstellen kann, bot dieser wunderbare See in überreicher Fülle! Wir lagerten am alten Platz, warm und schön war die Nacht, leise und zart lullten die Wellen uns in den Schlaf, aber die Moskitos rückten an, in Massen, und machten das Idyll zur Hölle. Und wir waren doch alle so müde, ach, so müde. Immer und immer wieder sprang einer von uns auf und schlug um sich, ein mächtiges Feuer wurde angemacht und durch nasses Laub zum Qualmen gebracht, umsonst, die Biester lachten singend und summend über unsere Anstrengungen, sie blieben da, zu Tausenden, auch die armen Pferde hatten darunter zu leiden, sie schüttelten die Hälse, traten hin und her und stampften den Boden, doch die Moskitos blieben.

François erhob sich, ging zu seinen Pferden, machte sie los und führte sie mitten ins dichte Buschwerk, und die klugen Tiere folgten ohne weiteres, sie wußten genau, daß dort die Plage geringer sein würde. Wir aber gaben den aussichtslosen Kampf auf, setzten uns um das Feuer, rauchten und wedelten jeder mit einem mächtigen Zweig, so daß der Rauch uns in dünnen Wolken umgab. Das half, man konnte zwar nicht schlafen, aber wenigstens in Ruhe sitzen und etwas duseln.

Schon am frühen Morgen wurde ich wach, der unbeschreibliche Lärm der Vogelwelt weckte mich. Da war ein Kreischen und Singen, ein Flöten und Jubilieren, ein Schnattern und Piepen, daß es aufhörte, schön zu sein.

Stolz und gravitätisch stelzten die Reiher und Kraniche im seichten Wasser einher, weiter draußen gründelten die Enten in unzählbaren Schwärmen, stiegen auf, um klingelnd abzustreichen, andere kamen dafür an, um rauschend einzufallen, mitten im See lagen die Gänse in auf- und abwogenden, grauweiß schimmernden Massen, hin und her segelten die Seeschwalben und Möwen, erfüllten die Luft mit kreischenden Rufen und jagten sich gegenseitig die gemachte Beute wieder ab, hier und da stand eine Rohrdommel auf, um ungeschickten, wippenden Fluges am Ufer entlang zu streichen, und überall im Schilf erscholl das unruhige, ewig gleichbleibende „karre-karre-kiek“ des Drosselrohrsängers, kräftig unterstützt von seines Vetters, des Teichrohrsängers lustigem „tiri-tiri-zäck-zäck-zäck“!

Laut rufend, wie jubelnde Fanfaren der Lebensfreude, begrüßten sich die Kraniche, wenn neue Gefährten angestrichen kamen, hoch in den Lüften gigackten die Flüge hin- und herziehender Gänse, überall pakten die Enten in allerhand verschiedenen Tonarten, und scharf und jauchzend, alles übertönend ließ der Fischadler seinen Kriegsruf erschallen.

Am Strande selbst liefen allerhand kleinere Wasservögel geschäftig hin und her, Strandläufer und Rallen, Wasserläufer und Regenpfeifer, wer kannte sie alle? Ich leider nicht, aber ich stand da und hörte, nahm das Glas und schaute, bis die Augen versagten, an Schießen, nein, an Schießen dachte ich nicht.

Der praktische Albert dagegen watete bereits in seinen Gummistiefeln im Schilf umher und suchte Eier, gefolgt von Old Nash, der den Korb nachtrug, die Pfeife im Munde, und so in seiner endlosen Hagerkeit und den engen Lederleggins, die er selbst im Wasser anbehielt, stark an einen der großen Watvögel erinnerte, so gravitätisch hob er seine Stelzen, um sich nicht mehr als nötig naß zu machen.

Gemütlich bummelte ich zurück zum Lager, wir hatten ja Ruhetag, warum also eilen, holte mein Angelzeug, ergriff einen Eimer und pilgerte wieder zum Strand. Am Schilf fing ich mir einige Fliegen, nahm die kleine Rute und angelte auf kleine Fische, bis ich einige passende hatte, so handlang, die ich in meinen Eimer setzte. „Wupp!“, einer sprang sofort heraus, ich mußte das Gefäß also zudecken, nahm mein Taschentuch und legte es darüber, aber es hielt nicht, es war zu klein. Kurz entschlossen klemmte ich einfach meinen Hut in den Eimer und setzte das Tuch mit vier niedlichen Knoten, etwas naßgemacht, als Sonnenschutz auf.

Dann nahm ich die Spinnrute, watete bis ans Gesäß ins Wasser, um über das Schilf hinweg zu kommen, hakte einen Fisch an und ließ ihn im großen Bogen über den Schilfgürtel hinausfliegen, ins tiefere Wasser, der zweite Wurf glückte, und mein Köder „pumpte" kräftig rauf und runter, hin und her, aber nicht lange, schon nach einer halben Minute ging es „ptsch", „ssssss", und Fisch samt Leine sausten los, in die Tiefe.

Ein kräftiger, kurzer Anhieb, und der Kampf mit Mister Essox, dem Hecht, begann. Ich hatte mir die Sache einfacher gedacht, als sie war, denn mein Gegner zog mit aller Macht ins Schilf. Das mußte ich verhindern, sonst war er ziemlich sicher verloren. Ich mußte also tiefer hinein, rollte Schnur auf, bis ich ihn sicher führen konnte, und zog ihn immer am Schilfrand entlang, auf Biegen oder Brechen, selbst bis an die Ellenbogen im Wasser, es spritzte und schäumte, der Fisch wollte durchaus nicht, was man ihm ja auch nicht verdenken konnte, aber die starke Schnur hielt, diese Behandlung war ihm doch zuviel, er ergab sich und kam, den weißen Bauch nach oben, doch fassen konnte ich ihn so nicht, hatte zu viel mit mir selber zu tun.

Ich brüllte also um Hilfe, und François, der den Kampf vom Ufer aus schon lange interessiert beobachtet hatte, strebte zu mir hin, kam aber nicht weit, denn er war nur ein kleiner Mann, und schwimmen konnte er nicht.

Inzwischen war mein Hecht wieder mobiler geworden und drängte in ruhigem Zuge nach der Seemitte, das Geplantsch im Schilf schien er zu scheuen. Das war mir lieb, ich ließ ihm Leine, soviel er wollte, und strebte meinerseits immer nach der Seite, wo der Schilfgürtel aufhörte und statt dessen eine sandige, seichte Uferstelle war.

Ich erreichte sie auch, hatte aber so an fünfundsiebzig Meter Schnur draußen, ging daher langsam rückwärts, bis ich nur noch im knietiefen Wasser stand, und begann aufzurollen, was das Zeug hielt. François war inzwischen herangekommen, naß bis an den Hals, und wollte helfen, ich mußte fast grob werden, da er die Schnur fassen und „ziehen" wollte, endlich kam der Hecht aber doch, der fortgesetzte Zug hatte ihn fertiggemacht, er wehrte sich nicht mehr, und François kam doch noch zu seinem Recht, er hatte es ja auch verdient. Als der große Fisch dicht heran war, führte ich ihn so nahe an ihm vorbei, daß er ihn packen und herausnehmen konnte.

„Pike, pike, Hecht, Hecht!" brüllte er, schlug die Arme um ihn und sprang in langen Sätzen damit ans Ufer, dort aber stolperte er, der Fisch entwischte und schlitterte im flachen Wasser seitwärts weiter, François brüllend hinterher, Schlamm und Sand, Wasser und allerhand Grünzeug wurden umhergeschleudert, aber das Wasser war doch zu flach, er erwischte seinen Hecht wieder, warf sich über ihn und packte ihn diesmal unter den Kiemen. Stolz trug er ihn zum Lager, wo er ihn höchst eigenhändig mit den sinnreichen Worten schlachtete: „Ich will dir helfen, du son of a gun!"

Langsam folgte ich nach, gewiß, die Sache war mehr als komisch, und doch hatte ich als passionierter Angler nichts davon empfunden, sondern um meinen Hecht gezittert und gebebt. Wenn François ihn fortgelassen hätte, ich hätte ihm nie wieder gut werden können, denn es war ein Mordshecht!

Eben hatten wir unsern Fang nach gebührender Bewunderung im Schatten unter Blättern verstaut, da kam Albert zurück, sah uns an, schüttelte den Kopf, blickte wieder auf François und sagte: „By ginger, wie sieht das Schwein aus!", wobei er sich vor Lachen krümmte. Als wir aber den Hecht vorführten, wurde er wieder der praktische Küchenhengst, er griff zu, packte den Fisch und schob ab, in einer Hand den Korb mit Eiern, in der andern den großen Hecht, wobei er vor sich hin murmelte: „Erster Gang: Eier in Tomatentunke, zweiter Gang: Hecht gebraten . . .", er kochte nun mal mit ganzer Seele, der gute Albert, und wir hatten den Vorteil davon.

Während Albert als der einzige Trockne von uns am Feuer hantierte, legten wir andern uns in die Sonne und dampften da, bis unsere Kleider wieder in normalem Zustand waren, wenigstens taten das François und Old Nash, ich legte mich zwar dazu, hatte aber meine Sachen ausgezogen und aufgehängt und dafür einen dünnen Mantel umgenommen, es lag sich gut im weichen, warmen Sand, und ich schlief prächtig, bis Alberts Ruf zum Essen mich weckte, und ich aß mit gutem Appetit Eier in Tomatentunke und gebratene Hechtsteaks, das „Menu" war mir ja bereits bekannt.

Unsere gute Zeit, will heißen der gute Weg, war nun vorbei, wir mußten durch die mächtigen Tannen, durch die Sümpfe, dann hinab in das Bachtal, den Canon, diesen stromauf bis zu dem fürchterlichen Abhang der Schlucht und dort, das Schlimmste, hinauf, eine mehr als gefährliche Sache, dann erst war unsere Heimkehr gesichert.

Sorgfältig prüften wir Wagen und Geschirre, doppelt sorgfältig wurde alles fest verpackt, und am nächsten Morgen, sowie der Tag graute, ging es los, zuerst den scharfen Abhang am ausgespülten Seeufer hinunter, wo die Riesentannen standen. Er wurde, da wir zu viert mit starken Stangen als Hebel nachhalfen, glatt überwunden. Hier hatten wir bei der Herfahrt umgeworfen, und es war nur eine ausgleichende Gerechtigkeit, daß die Rückfahrt um so besser glückte.

In kunstvollen Schlangenlinien wanden wir uns jetzt durch die dunklen Tannen, eine angenehme Kühle herrschte, und schon vor der Mittagszeit hatten wir die Sümpfe erreicht.

Hier war François bei seiner Fahrt zu uns stecken geblieben, die Pferde gerieten bis an den Leib in den Morast, der Wagen drohte zu versinken, und es gelang ihm nur mit Mühe und weil er fast keine Last zu fahren hatte, wieder herauszukommen. Schritt für Schritt mußte er vorausgehen und einen Weg erkunden, mußte große Bogen machen und verlor so zwei Tage, wir hatten also Grund zur Besorgnis, denn jetzt war unser Wagen nicht leer, sondern schwer beladen, wir mußten, einmal im Sumpf drin, auch durch, umwenden hätten wir kaum können, das Gestell hätte das nicht ausgehalten, selbst wenn die Pferde es fertiggebracht hätten.

Wieder war es Albert, der die Hauptarbeit und Gefahr übernahm, er watete mit seinen hohen Gummistiefeln, auf die er übrigens sehr stolz war, voraus, prüfte den Grund mit einer Stange, Old Nash folgte und steckte den als gut erkannten Weg mit dünnen, langen Ruten aus. Als sie damit fertig waren, war auch der Tag fast herum, wir wagten die Fahrt nicht mehr, sondern verschoben sie auf den frühen Morgen.

Wir lagerten unter den letzten der schönen Tannen, das Lagerfeuer brannte, und seine flackernden Lichter boten unter den dunklen Riesenbäumen mit den mächtigen, bis zur Erde hängenden Zweigen ein wildromantisches Bild, es duftete herrlich nach würzigem Waldozon, nur die Frösche störten, sie quakten in solchen Massen und mit solcher Ausdauer, daß ich schließlich ab und zu einen Schrotschuß über den Sumpf feuerte, dann war es wenigstens einige Minuten still, bis wir endlich doch einschliefen.

Am Morgen ging's los, Schritt für Schritt durch das kalte Wasser, durch federnden, quatschenden Sumpf und schwarzen Morast, zwei Stunden lang; anstrengend war der Weg, denn wir mußten natürlich nebenher gehen, aber alles ging glatt, wir kamen durch, der Boden wurde wieder fest, und von jetzt ab ging es bergan, langsam, aber sicher, bis das Bachtal erreicht war, wo wir wieder einen steilen, fast vier Meter tiefen Schluchtabhang hinab mußten.

Wie bei der Hinfahrt wurde der Flaschenzug angebracht, die Pferde rutschten den Hang hinunter, wurden vor das lange Seil gespannt und ließen so, langsam rückwärts gehend, den Wagen, Deichsel zuletzt, vorsichtig hinabgleiten.

Unter Holpern und Stolpern fuhren wir im Bach entlang, immer stromauf. An der breiten Stelle, wo ich bei der Herfahrt die Wölfe und das Kalb erlegt hatte, meinte Albert bedeutungsvoll: „Captain, wissen Sie noch?", wir gingen aber nicht wie damals vorneweg, sondern blieben hübsch im Wagen, denn das Wasser war oft über einen halben Meter tief.

Auch dieses Mal trafen wir auf Hirsche, ein Rudel „deer" hatte uns bei dem Rauschen des Baches nicht kommen hören, und sprang nun in Riesensätzen ab, aber keiner von uns kam zum Schuß, es ging zu schnell.

Am Abend war die Stelle, an der wir die Schlucht verlassen und auf Biegen oder Brechen den steilen, zwanzig bis dreißig Meter hohen Abhang hinauf mußten, erreicht. Es war dies die schlimmste und schwerste Arbeit für unsere armen Pferde, einmal oben, war der Heimweg nur noch ein Kinderspiel.

Sobald es anfing zu tagen, ging der Zauber los. Der Wagen wurde bis auf Kleinigkeiten abgeladen und, Deichsel nach oben, an die Böschung herangefahren. Der Flaschenzug kam oben wieder an den alten Baumstamm, das Seil wurde mit der Kette verlängert, die Pferde unten davorgespannt, und Albert, Old Nash und ich standen mit dicken Knüppeln zum Bremsen bereit.

François faßte die Zügel, ließ anziehen, und die Pferde zogen unsern schweren Wagen verhältnismäßig leicht hinauf.

Oben sicherten wir die Räder durch untergelegte Hölzer, Old Nash machte die Kette ab und turnte damit wieder hinunter, um die einzelnen schweren Gepäckstücke anzuhängen. François zog sie mit den Pferden auf dieselbe Art hinauf, und Albert und ich machten sie oben ab und legten sie an einen sicheren Platz.

Als alles oben war, nahmen François und der Häuptling jeder ein Pferd am Zügel und kletterten damit schräg den Berg hinauf, alles klappte großartig, denn die Pferde kannten den Weg ja schon genau, bald war auch der Wagen wieder beladen, und unser Marsch konnte weitergehen.

Ich muß gestehen, daß ich es fast für unmöglich gehalten hatte, mit dem schweren Gefährt derartige Schluchten zu überwinden, und dabei ging dies so glatt und leicht, entschieden besser als hinunter, weil damals der Wagen beladen war und die Gäule rückwärts gehen und aufhalten mußten.

Der Weg durch das langgestreckte, feuchte und holperige Bruch, der jetzt folgte, war entschieden viel unangenehmer. Gehen konnte man da kaum, fahren war auch solche Sache, da man bei dem ruckweisen Anziehen der schweren Pferde gewaltig hin- und hergeworfen wurde, man schlug gegen die Wagenwände, verstauchte sich das Kreuz und versuchte doch wieder, nebenher zu laufen, wobei man alle zehn Schritt in Löcher trat oder über im Gebüsch versteckte Erdhaufen stolperte.

Mit einigen Ruhepausen schafften wir es aber doch noch, wir kamen durch und noch vor Nachtanbruch an unser Ziel, die Rasthütte aus Stangen am Forellenbach, spannten die Pferde aus, ließen sie im dortigen Kral grasen, tranken einen Schluck Wasser, warfen uns auf die Bettstatt aus federnden, mit Moos belegten Stangen, deckten uns unsere Decken über und schliefen sofort ein, Schlaf war uns nach diesem Gewaltmarsch nötiger als Essen.

Hier war es, wo ich auf der Herfahrt im Herbst zum erstenmal die Hirsche schreien hörte, wo ich zum erstenmal in tiefster Wildnis auf Nachtwache gestanden, wo ich, tief ergriffen von so viel Schönheit und Urnatur, still vor mich hingeschluchzt hatte, daran dachte ich im Einschlafen, und herrliche Träume umgaukelten mich die ganze Nacht.

„Kommen Sie, Cap, Forellen schießen", rief Albert und weckte mich. Schlaftrunken besann ich mich, wo ich war, ach so, ja, hier hatten wir damals am Bach eine Menge Forellen erlegt, zum größten Erstaunen Alberts, der das noch nicht kannte. Schnell stand ich auf, trank etwas Kaffee, aß ein Stück Brot und folgte ihm zum Bach, der aber jetzt mehr Wasser führte als im Spätsommer, Forellen waren wohl da, aber sie standen zu tief zum Schießen.

Wir gingen deshalb zurück, ich frühstückte erst noch in Ruhe, nahm dann die Rute mit, machte den meiner Ansicht nach besten Forellenspinner, den Devon Bait, an und fischte den Bach ab, Albert mit einem Korb in fürchterlicher Aufregung hinterher.

Der Spinner war den Fischen natürlich absolut neu, sie nahmen ihn ohne weiteres, und in einer Stunde hatten wir unsere vierzehn Forellen, zusammen acht bis zehn Pfund, gefangen. Wie bei der Herfahrt gab es also auch diesmal Forelle blau, sogar mit Kartoffeln, allerdings wieder nur mit dem Jagdmesser gegessen, und es schmeckte prächtig.

François hatte den Ruhetag benutzt, um mit seinem wiedergewonnenen Freunde Nash-en-Popee zu jagen, sie waren den ganzen Tag unterwegs und kamen erst spät zurück, gebeugt unter der Last eines Spießers, den François für seine hungrigen Mäuler zu Haus mitnehmen wollte. Mehr hatten sie nicht bekommen, da das Wild bereits zuviel Deckung hatte und es schon der reine Zufall war, wenn man etwas zu Gesicht bekam.

Einer der Glücklichsten war aber heute abend unser lieber Albert. Auf seinen Wunsch hatte ich ihm meine Forellenangel geborgt, und er stand den ganzen lieben Nachmittag und Abend am Bach und fischte, fing aber fast nichts, erst gegen Sonnenuntergang fingen die Forellen an zu springen und zu beißen, was ich ihm übrigens vorher gesagt hatte, aber er wußte es wieder mal besser. Albert kam und kam nicht, wir warteten sehnsüchtig auf Abendbrot, aber er angelte, bis es fast Nacht und er, weil er nichts mehr sehen konnte, mit dem Spinner hängen geblieben war.

„Er hängt da noch, ich hole ihn morgen", meinte er optimistisch und zeigte seinen Fang, acht Forellen, darunter eine von fast drei Pfund, auf die er so stolz war, daß er sie am liebsten mit ins Bett genommen hätte.

„Lassen Sie nur", erwiderte ich ihm, „den Spinner finden Sie doch nicht wieder, machen Sie nur was zu Essen, wir haben Hunger, es ist ja schon Nacht."

„Ja, gleich", rief er fröhlich, „aber die ‚Große' esse ich allein, by ginger!"

Er hatte sich diesmal beinahe selbst übertroffen, es gab Forellen in Butter, allerdings der letzten, gebraten, es war ein Genuß, und er brachte es nicht nur fertig, einen Drei-Pfund-Fisch zu verdrücken, sondern er langte sich auch noch einen kleineren hinterher, denn, so meinte er entschuldigend: „Selbst fangen und selbst braten, das macht Appetit!"

Nur mit Mühe gelang es uns am nächsten Morgen, unsern lieben Albert von dem Bach fortzukriegen. Als ich aufwachte, stand er schon wieder und angelte, allerdings mit Würmern, denn der Spinner war natürlich nicht zu finden. Er wollte durchaus noch einen Tag bleiben, aber François streikte, er wollte nach Haus, es eilte, da er sein Feld bestellen mußte.

Noch drei Tage, und wir waren wieder daheim, der Weg bot keinerlei Schwierigkeiten mehr, schon am nächsten Tage machten sich die ersten Spuren der nahen Siedlung bemerkbar, wir trafen auf alte Wagengeleise, denen wir folgen konnten, die ersten Häuser wurden sichtbar, allerdings weit, weit zerstreut, so alle zehn Kilometer eins, wir sahen den See, an dem François wohnte, in der Ferne blinken, und pünktlich am Abend des dritten Tages näherten wir uns seinem Blockhause, aus dem uns twofingered Jack freudig winkend entgegenkam, gefolgt von François' Frau, den beiden niedlichen Töchtern und einem Klumpen kleinerer Kinder, die sich eng an die Röcke der Großmutter, der alten Indianersquaw, klammerten, denn so ganz trauten die Kleinen den fremden Männern noch nicht. Unser Ziel war erreicht, wir waren wieder zurück, und alles war gut gegangen.

Noch ehe twofingered Jack ganz herangekommen war, stutzte er, blieb stehen und starrte scharf auf Old Nash, seinen „Feind“. Sofort sprang ich vom Wagen, bat François, langsam zu fahren, und ging Jack entgegen, der mich freudig begrüßte, dabei aber fragend ansah, ich wußte genau, was er meinte, er wunderte sich, daß der Häuptling mit uns gefahren war.

„Jack“, sagte ich, faßte ihn unter und ging mit ihm dem Hause zu, „Nash-en-Popee will das Kriegsbeil begraben, er sehnt sich danach, wieder mit seinem alten Freund, dem guten Jäger twofingered Jack, zu jagen, will mein Freund ihn freundlich aufnehmen?“

„Der Häuptling ist ein guter Jäger“, meinte Jack, und seine dunklen Augen leuchteten freudig auf, „er ist mir willkommen.“

Wir blieben stehen, ich winkte und rief: „Hallo, Nash!“, der Alte kam, beide sahen sich in die Augen, schüttelten sich die Hand und schoben sofort eng aneinander und heftig gestikulierend nach dem Hause zu ab. Der alte, dumme Streit war vergessen und begraben, und Albert rief mir zu: „Captain, das ist der schönste Abschluß unserer gesegneten Fahrt, by ginger!“

Weiter konnten wir diesen Abend nicht mehr, wir blieben daher bei den Halbbluts über Nacht, und François ließ es sich nicht nehmen, uns festlich zu bewirten. Er kannte solche monatelangen Jagdfahrten aus eigener Erfahrung und wußte genau, womit er uns erfreuen konnte. Ein mächtiger Schweinebraten stand auf dem Tisch, dazu der erste grüne Salat, herrliche Kartoffeln, soviel man wollte, und schneeweißes Weizenbrot, teils frisch, teils geröstet.

„Heute wird ausverkauft“, schrie Albert und brachte die letzten beiden Flaschen Whisky an, wovon er jedesmal mit sachverständiger Miene dem Tee den nötigen Zuschuß gab. Lange, bis tief in die Nacht saßen wir beisammen, aßen, tranken und erzählten, und sogar die sonst stets unsichtbare Hausfrau und die hübschen Töchter blieben heute da, um zu bedienen, und es machte mir unendliches Vergnügen, die beiden Mädels zu beobachten, die zuerst vor Schüchternheit kaum zu gehen wagten, dann aber zutraulicher wurden, schließlich wohl auch etwas viel von Alberts „Tee“ getrunken hatten und von da ab immer eng zusammensteckten und jedesmal, wenn ich hinsah, vor Lachen zu ersticken drohten. Warum die Mädels lachten? Ich habe es nie herausgebracht, es waren eben Backfische, genau wie bei uns.

Den ganzen folgenden Tag verbrachte ich bei Schwarz, dem deutschen Farmer, mit dessen Hilfe ich bis zu meiner Heimstätte vorgedrungen war. Diese Heimstätte machte mir Sorge, was wollte ich damit? Wer weiß, ob ich je wieder hierher kam, denn es zog mich nach dem Westen, nach British Columbia, in die „mountains“, der Grislybären wegen, denen ich jetzt zu Leibe gehen wollte.

Es war ein schönes, herrlich gelegenes Stück Land, diese Heimstätte, dicht am Wald, zwischen zwei fischreichen Seen, guter Boden, trocken und doch fruchtbar, beste Weide.

Schwarz schien jetzt andern Sinnes geworden zu sein, denn er fragte, ob ich sie nicht seinem ältesten Sohn übertragen wollte, der in zwei Jahren achtzehn Jahre alt würde und dann eine Heimstätte aufnehmen könnte. Das war mir lieb, ich wurde das Land los, ohne daß es mir leid tat, und dem jungen Schwarz, einem netten Jungen, tat ich gern den Gefallen.

Meine Sachen, Zelt, Ausrüstung usw., die ich aus Raummangel auf der Fahrt zum Churchill nicht hatte mitnehmen können, hatte ich bei Schwarz zurückgelassen, alles war in bester Verfassung, aber doch eine Menge Zeug, zuviel, um mich damit zu belasten.

Auf meine Bitte fuhr mich Schwarz mit dem ganzen Kram zu François, und hier hielt ich „Großreinemachen“ ab, verteilte an die Freunde, was ich doch nicht bei mir behalten konnte, besonders schwere Dinge, und so erhielt jeder noch ein Andenken an den „sonderbaren Herrn“, der all diese Unkosten und Beschwerden auf sich nahm, nur um Hirsche zu schießen, die doch, wenigstens sagte der kluge Schwarz das, „bei jedem vor der Haustür herumlaufen“.

Wichtig war für meine Freunde Albert und Old Nash die gute Verwertung der erbeuteten Felle. Auf meinen Rat hin entschlossen sie sich, sie nicht hier an die reisenden Aufkäufer, sondern direkt in Prinz Albert zu versteigern, und Albert übernahm es, damit hinzufahren, während der Häuptling lieber bei seinem wiedergefundenen Freunde Jack blieb.

So hatte ich wenigstens Gesellschaft auf der langweiligen Fahrt zur Stadt, und wir konnten den Wagen, der uns bis Mistavasis bringen mußte, gemeinsam benutzen. Francois übernahm auch diesen Transport. Schon vor Tagesanbruch wollten wir abfahren, um während der jetzt sehr störenden Mittagshitze rasten zu können.

Schon am Abend wurde alles verpackt und fertig gemacht, um ja pünktlich fortzukommen, und auch ich hatte noch etwas vor, eine Überraschung für meinen guten, alten Nasenpopel, den „großen Häuptling“. Unter meinem Gepäck war noch ein alter Hahndrilling, den ich für den

Notfall mitgenommen, aber nie gebraucht hatte, fein verpackt im Futteral, mit einem daran befestigten Paket mit hundert Schrot- und fünfzig Kugelpatronen, noch die alte 9,3 mit Kupfermantelgeschoß und Naßbrandpulver.

Den sollte der Alte haben, ich packte alles aus, Gewehr, Futteral und Patronen, sogar ein dreiteiliger Putzstock war dabei, legte es auf dem Tisch zurecht und holte Albert, um ihn an meiner Vorfreude teilnehmen zu lassen.

„Cap!“ brüllte Albert the Kid und tanzte im Zimmer herum, „Cap, da wird er verrückt! Soll ich ihn holen?“

Ich nickte, Albert stürzte fort und erschien bald wieder, seinen Freund am Arm hinter sich herziehend. „Komm, unser Captain hat was für dich“, mit diesen Worten schob er ihn vor mich hin.

Verdutzt stand Old Nash da und sah mich fragend an.

„Nash-en-Popee ist ein großer Krieger und guter Jäger“, begann ich nach Indianerart, „wir sind Freunde geworden in der langen Zeit, die wir in den Wäldern des fernen Nordens verbracht haben. Ich will, daß mein Freund Nash-en-Popee mich nicht vergißt, darum gebe ich ihm jetzt ein Geschenk, das ihn immer an seinen Freund, den Captain, erinnern soll!“ Bei diesen Worten nahm ich den Drilling, drückte ihm das Gewehr in die Hand, legte das Futteral, Patronen und Zubehör vor ihn hin und ging leise, gefolgt von Albert, hinaus, denn der Häuptling stand wie versteinert.

„Cap“, meinte Albert draußen, „er wird doch nicht überschnappen?“ Vorsichtig öffnete er die Tür, und wir schielten hinein, Old Nash stand noch genau wie vorhin, das Gewehr in der Hand, und rührte sich nicht.

„Lassen wir ihn in seinem Glück“, sagte ich, „kommen Sie, Albert, wir wollen schlafen.“ Leise schlichen wir uns fort und verkrochen uns mit unseren Decken im Heu, denn schon in drei Stunden wollten wir aufbrechen, zum Ausziehen und um ins Bett zu gehen, lohnte es sich nicht mehr.

Schon um halb zwei in der Nacht weckte uns François, alles fertig, frühstücken wollten wir unterwegs bei der ersten Rast, und leise fuhren wir ab. Plötzlich, wir waren schon ein gutes Ende weg, erscholl ein Schrei, so jauchzend, so froh, wir sahen uns um, oben vor dem Haus stand Old Nash, hielt das Gewehr hoch empor, grüßte uns mit dem Kriegsruf seines Volkes und winkte, bis uns der Wald aufgenommmen hatte.

„Captain“, sagte Albert, „er schämte sich zu danken, er freute sich zu sehr, es war der schönste Tag seines Lebens, by ginger!“

„Das scheint auch mir so, und das freut mich“, gab ich zur Antwort, griff dankend zu und steckte mir die Havanna an, die mir Albert hingehalten hatte. Schweigend fuhren wir weiter, in Gedanken versunken, denn die schöne, die wilde, die freie Zeit war vorbei, und schwer war uns der Abschied doch geworden.

Spät am Abend erreichten wir Mistavasis, wo wir in Alberts shanty, einer Bretterbude, übernachteten. Am Morgen brachten wir noch unser Gepäck mit dem Wagen an die Bahn, dann fuhr auch François ab, und wir waren allein.

Es war keine richtige Eisenbahnlinie, sondern nur eine provisorische Lumberbahn, für Holztransport, und die Züge verkehrten „nach Bedarf“, aber wir hatten Glück, das im Winter geschlagene Holz war noch nicht alles abtransportiert, die Züge gingen jeden Tag, so daß wir schon am Nachmittag die erste Station, Shellbrook, erreichten.

Dort nahm uns das Hotel auf, ein Western Hotel, von Komfort war noch keine Rede, aber es gab gutes Essen, eine Bar und – das erste Glas Bier. Wir aßen gut zu Abend, tranken „etliche Pullen“, denn es war Flaschenbier, sprachen aber kaum, jeder hing lieber seinen Gedanken nach, und gingen früh zu Bett, beide in einem Raum, wo es urgemütlich war, hatten wir doch seit gut acht Monaten zum erstenmal wieder eine richtige Bettstelle mit Stahlmatratze, Auflage und Federbett!

„Uff“, stöhnte Albert und streckte sich so lang wie er konnte, „Captain, solch Bett ist ’ne feine Sache, vorläufig stehe ich nicht so bald wieder auf, by ginger!“

Da klopfte es an unsere Tür, kurz und energisch, als ob es etwas sehr Wichtiges wäre.

„Was ist denn los!“ rief ich, mich aufrichtend.

„Halloh, wir wollen die Felle kaufen, hier ist ‚the Blackworth-Fur-Compagnie, Toronto’!“

„Go to hell mit deiner Compagnie, wir schlafen!“ brüllte Albert, „wir verkaufen erst in Prinz Albert.“

„Warum in Prinz Albert? Wir zahlen die besten Preise, niemand kann mehr zahlen als wir…“

„Zum Donnerwetter, wir wollen schlafen!“ Wütend fuhr Albert hoch.

„Wünsche angenehme Ruh', aber deshalb können Sie uns doch die Felle verkaufen, die Blackworth-Fur-Compagnie zahlt die höchsten..."

„Ruhe!" schrie, nein kreischte Albert jetzt und sprang aus dem Bett, „ich bin Albert the Kid, verstehst du, und wenn du nicht sofort..."

Energisches Klopfen an der Tür unterbrach ihn. „Mister Albert, wollen Sie uns nicht morgen früh die Felle..."

Jetzt war es mit Alberts Ruhe vorbei, er sprang, nein er raste gegen die Tür, riß sie auf, ein Griff, und er zerrte ein hilfloses Bündel Mensch ins Zimmer, schüttelte es, daß Arme und Beine nur so hin und her flogen, und warf es dann krachend gegen die Wand, wo es zusammenbrach und liegen blieb. Mir wurde himmelangst dabei.

Vorsichtig faßte the Kid das Häufchen Unglück am Kragen, hob es hoch und warf es hinaus, schloß die Tür und kletterte wieder ins Bett mit der mit tiefster Befriedigung ausgesprochenen Behauptung: „So, der klopft bei uns nicht wieder!"

„Uff", wohlig dehnte sich Albert in seinem schönen Bett. „Cap, nun stehe ich aber nicht nochmal auf, mag kommen..."

Da raschelte es, knisterte es wie Papier, wir richteten uns auf und horchten, da, unter der Tür erschien ein weißes Stück Papier, bewegte sich hin und her und kam, fst!, mit einem Ruck ins Zimmer gerutscht. Dann klopfte es dreimal kurz und laut, man hörte eilig verschwindende Schritte, und alles war wieder still.

„Cap", sagte Albert und starrte auf den Boden, „das ist ein Stück Papier." Ein Zweifel meinerseits war vollkommen ausgeschlossen, so viel sah ich auch, mochte er doch nachsehen, was ging mich das an, ich hatte keine Felle zu verkaufen, die paar, die mir gehörten, nahm ich mit, legte mich also wieder lang und murmelte nur, „da wird wieder einer Felle kaufen wollen."

„Was?" schrie Albert, „schon wieder?" Mit einem Satz war er aus dem Bett, nahm das Papier und las laut: „Wir werden uns erlauben, morgen wieder vorzusprechen. Blackworth-Fur-Compagnie. Toronto."

„Da hat er also doch wieder geklopft", ulkte ich, „sehen Sie, dem sind Sie nicht gewachsen."

„Ja, was soll ich denn mit solchem Kerl noch alles machen, um ihn loszuwerden?"

„Totschlagen", erklärte ich lachend, „skalpieren und die Knochen in die Knochenmühle, dann sind Sie ihn los, unter Garantie!"

„Werde es mir überlegen, Cap", brummte the Kid und stieg wieder ins Bett, zu unserm Glück kam keiner wieder an unsere Tür – und zu seinem, er hätte sie nur als Leiche wieder verlassen.

Wir erwachten, es war so gegen sechs, die Sonne schien durch die Vorhänge, wir öffneten weit die Fenster, legten uns nochmals hin und nahmen ein Sonnenbad. Da pumperte es wieder an der Tür, anscheinend mit der Faust.

„Warte, du Aas", murmelte Albert, ergriff unsern Eimer, riß die Tür mit einem Ruck auf und goß dem Kerl, der uns die ganze Nacht gestört hatte, den Inhalt mit solcher Wucht gegen die Gestalt, daß der fremde Etranger aus Toronto umfiel und am Boden entlang rollte.

Laut erscholl unser Freudengeheul über diese schwarze Tat, und Albert meinte: „Kommt er nochmal, so tauche ich ihn mit dem Kopf rein, bis er geschluckt hat."

Zum Schlafen hatten wir aber nach diesem Theater keine Lust mehr, unter fortwährenden Lachanfällen zogen wir uns an und machten uns fertig zur Fahrt nach Prinz Albert, frühstückten, bummelten etwas herum, nahmen einen kleinen Frühschoppen, der wenig kostete, aber trotzdem gut und reichlich ausfiel, da Albert den Bartender gut kannte, borgten uns einen kleinen Wagen und fuhren unser Gepäck zur Bahn, denn selbst ist der Mann in dieser Gegend, „Dienstmänner" und dergleichen gibt es dort nicht.

Neben der Station, einem Bretterhäuschen, lag ein „drugstore", eine Drogerie, ein Geschäft, das in Amerika so ziemlich alles führt außer Bekleidung und Automobilen, und im Fenster war eine Karte ausgestellt mit dem Vermerk: „Ganz neu!", es war eine Ansichtskarte von Shellbrook.

Sofort kaufte ich einige, mit Marken, die gab's da auch, und sandte an Schwarz, François, twofingered Jack und Old Nash je einen Kartengruß mit dem Vermerk, daß wir gut angelangt und bei der Abreise nach Prinz Albert wären. Albert unterschrieb auch, schmunzelte aber dabei so niederträchtig, daß es mir auffiel.

„Was haben Sie denn?" fragte ich, und the Kid stellte die Gegenfrage: „Warum schreiben Sie denn gerade an die?"

„Aber Albert, weil es unsere Freunde sind, von denen wir uns eben erst getrennt haben und die bestimmt sehnsüchtig auf Nachricht von uns warten, das ist doch ganz klar!"

„So ganz klar doch nicht, die können nämlich alle vier nicht lesen und schreiben."

Daran hatte ich allerdings nicht gedacht, ich schickte die Karten aber doch ab und bin überzeugt, daß es die einzige Postsache geblieben ist, die der große Häuptling Nash-en-Popee in seinem Leben erhalten hat.

„Schadet nichts", meinte auch Albert, „ich werde der Bande die Karten vorlesen, wenn ich wieder hinkomme, und Sie können sicher sein, Cap, daß dann allerhand drin stehen wird."

„Das kann ich mir denken", erwiderte ich lachend und steckte die Karten in den Postkasten, denn der Zug nahte.

Prinz Albert! Vor elf Monaten zog ich von hier aus, nun war ich endlich zurück, gesund und froh, meine Jagdfahrt in den hohen Norden war zu Ende.

Die Stadt hatte damals nur an achttausend Einwohner, war aber der nördlichste Platz, der Handelsmittelpunkt zwischen den Waldgebieten im Norden und der Prärie, zwischen Siedlung und Wildnis.

Nach so langer Einsamkeit kam mir das Leben und Treiben dort direkt großstädtisch vor. Es „wimmelte" von Menschen, Beamte eilten hin und her, die Hotelboys standen bereit, Autos ebenso, Polizisten gingen auf und ab, Verkäufer mit Zeitungen rasten brüllend am Zug entlang, überall gab es Verkaufsbuden mit Obst, Limonaden, Süßigkeiten, besonders Eis, und aus der Bar des Bahnhofshotels drang laute Schallplattenmusik, als gerade ein Betrunkener hinausgeworfen wurde.

„Albert". sagte ich und deutete hin, „ist das nicht einer von Ihren Hobos?"

„Möglich", meinte er, „es kann aber auch ein ‚honourable workingman', ein ehrlicher Arbeiter, sein, ‚drunk is drunk', sehen kann man das nicht."

Vor dem Bahnhofsgebäude standen die Boys vom Cityhotel, in dem ich gewohnt hatte, mit dem Wagen, sie kannten mich nicht. Wir übergaben ihnen die Besorgung des Gepäcks, nahmen ein Auto und fuhren zum Hotel, der alte Manager, der gleiche Clerk empfing uns, aber man kannte mich nicht.

Wir gingen zur Bar, einen Kognak trinken, der alte Bartender begrüßte uns freundlich, wie er alle Gäste begrüßte, er kannte mich nicht.

Wir fuhren mit dem Lift hinauf in unsere Zimmer, der Liftboy sah an mir vorbei, er kannte mich nicht.

Da ich Albert erzählt hatte, ich hätte hier gewohnt und sei gut bekannt, war mir ziemlich sonderbar zumute, daß man mir so absolut fremd entgegenkam, hatte ich doch öfter sogar mit seiner Herrlichkeit, dem Polizeichef, hier zusammengesessen, gehörte also unbedingt zu den „ganz Prominenten". Wie kam das bloß? Ahnungsvoll trat ich vor den Spiegel, einen großen, klaren Kristallspiegel, blickte hinein, erschrak und hatte sofort des Rätsels Lösung. Nein, mich konnte so niemand wiedererkennen! Als eleganter Sportsmann, glatt rasiert und fein frisiert, mit weißem Kragen und Seidenkrawatte, Hände und Nägel gepflegt, die hohen Schnürstiefel blitzblank, in breit gebügelten Breeches und braungrün karierter Sportmütze war ich hier herumgetanzt und kehrte zurück als ein ruppiger, bärtiger Trapper, Haare fast bis in den Nacken, mit braunroten Flecken auf Nase, Wangen, Stirn und Kinn, eine Folge des öfteren Erfrierens, die Haut gegerbt von Wind und Wetter, alle Poren voll Ruß und Fett, die Hände schwarz von Harz, alle Nägel abgebrochen, mit abgelaufenen, fleckigen, ölgetränkten Mokassins, schmierigen Beinkleidern, die Knie doppelt aufgesetzt, mit alter selbst geflickter Jacke, ohne Kragen, nur ein Tuch um den Hals, das Hemd dafür aber weit offen, und einem verwitterten alten Schlapphut. Nein! man konnte mich nicht kennen und Albert, der ähnlich aussah, auch nicht.

Ob ich so mal zum „chief of Police“ ginge? Lieber nicht, er hätte mich möglicherweise sofort ins Loch gesteckt, nein, war ich nun mal wieder hier in kultivierteren Gegenden, mußte ich mich auch dementsprechend kleiden und benehmen.

Da klopfte es, man brachte meine Koffer, das andere Gepäck, die Ausrüstung, hatte ich gleich auf dem Bahnhof abgegeben.

„Schickt mir doch schnell einen guten Friseur herauf“, sagte ich zu dem Boy und drückte ihm einen Quarter, fünfundzwanzig Cents, in die Hand. Dann packte ich meinen Anzug aus, denselben, in dem ich hier bekannt war, zog mich aus und verschwand auf eine halbe Stunde im heißen Bade.

Der Figaro erschien, ich ließ mich geduldig eine Stunde lang schinden, denn der amerikanische Friseur, na, reden wir nicht darüber, aber eine Rasur ist dort die höchste Schinderei, und zog mich dann ganz langsam – es war mir vieles dabei so ungewohnt – aber sorgfältig an. So, nun noch das Kunstwerk des Gents, die Krawatte, und es konnte losgehen. Zuerst schlich ich leise nebenan zu Albert und klopfte, dreimal, kurz und energisch.

„Hallo, ich ziehe mich gerade an“, ertönte drinnen eine Stimme.

Ich klopfte nochmals, unterdrückte den aufsteigenden Lachreiz und sagte: „Hier ist the Blackworth-Fur-Compagnie, Toronto...“

Ein Krachen, als ob ein Stuhl an der Wand zerschmettert wurde, ließ mich schleunigst flüchten, es war die höchste Zeit, die Tür flog auf, und heraus stürzte the Kid, in Unterbeinkleidern, die muskelstrotzenden Arme weit vorgestreckt, griffbereit, aber ich war, wie gesagt, schon fort, und das war mein Glück.

Gemütlich, aber hoch aufgerichtet und elegant, kam ich den Gang herunter spaziert, warf einen erstaunten Blick auf den „Kerl in Unterhosen“, klemmte mein Einglas ein, denn auch dieser Blödsinn gehörte damals zu meiner „Ausrüstung“, und näselte:

„Pardon, was machen Sie denn hier in diesem Aufzuge, äh-äh, das W.C. ist dort drüben, mein Herr, ich bin der Hoteldetektiv."

Verblüfft glotzte mich Albert the Kid an, trat einen Schritt vor, ich natürlich gleichzeitig zwei zurück, und brüllte ärgerlich: „Äh-äh-äh, du Hanswurst, du dämlicher, dein Glück, daß du nicht von der Blackworth-Fur-Compagnie bist, oder du stecktest jetzt mit dem Kopf drin, in deinem W.C., äh-äh ..."

Weiter kam er nicht, denn was nun passierte, machte ihn sprachlos vor Staunen. Der beleidigte Hoteldetektiv lehnte gekrümmt an der Wand, hielt sich den Bauch und stammelte: „Albert – Albert, ich sterbe – vor – La – Lachen!"

Da erkannte er mich, holte mich in sein Zimmer, legte mich aufs Sofa und lachte mit. „By ginger, Captain", meinte er, „das war aber mal ein Spaß!"

Endlich war auch Albert fertig, er war vorher schon beim Barbier gewesen, als „neue Menschen" gingen wir hinab zum Essen, und siehe da, jetzt kannte man mich sofort wieder, der Manager, der Clerk, kurz alle, alle kamen und wollten wissen, wie es mir „dort oben" ergangen sei.

Plötzlich wurde die Tür aufgerissen, und herein stürzte — der „chief"!

„Ich wollte es nicht glauben, ich konnte es nicht glauben, dachte, Sie wären längst tot, ‚eat up by the moskitos', wahrhaftig, er ist wieder zurück!"

Immer und immer wieder schüttelte er meine Hand, es war beinahe rührend, wie der gute Mensch sich freute, fühlte er sich doch sogar in gewissem Maße für mich verantwortlich, nur weil er mir auf meine Bitte geholfen und mir gute Ratschläge gegeben hatte.

Er frühstückte mit uns, „lunchen" nannte er es, weil es schon Mittagszeit war, und sah mit Staunen, daß Albert und ich uns mit Kaffee, Butter und frischen Brötchen „begnügten". Einen Teller „hot rolls" nach dem andern ließen wir kommen, und als der Herr Polizeichef längst fertig „geluncht" hatte, tranken wir immer noch Kaffee und aßen frische Brötchen mit Butter, dick geschmiert.

Wieviel waren es? Ich dachte siebzehn. Doch der gute Chief, der staunend zugesehen hatte, schob, als ich zahlen wollte, mein Geld zurück, schüttelte sich vor Lachen, stammelte „No, Sir, that's very true, aber Sie haben einundzwanzig, ich habe genau gezählt."

Die Zeit verging schneller, als uns lieb war, Albert verkaufte seine Pelze, zwar nicht an die Blackworth-Fur-Compagnie, Toronto, sondern an eine New Yorker Firma und erzielte einen guten Preis. Die Heldenbrust gepanzert mit dicken Bündeln der beliebten Dollarbills sah ich ihn traurig scheiden, es wurde uns beiden so schwer, ach so schwer, und nie werde ich seinen letzten Schrei vergessen, als der Zug die Halle verließ und ich grüßend den Arm ausstreckte: „Captain!“ klang es angstvoll durch die dort stets geschlossenen Doppelfenster, und an den Scheiben drückte sich Alberts verzweifeltes Gesicht die Nase platt.

Guter, lieber, prächtiger Albert!

Schäfer